中世ヨーロッパの精神

堀越孝一 著

悠書館

著者もかかわっていた同人誌『象』第8号（1964年暮）。修士論文をまとめた本書第1論文を転載した。≪同年中に、当時わたしも加わっていた同人誌『象』に転載し、一冊、渡辺先生に「象呈」した。これははっきり憶えている。≫

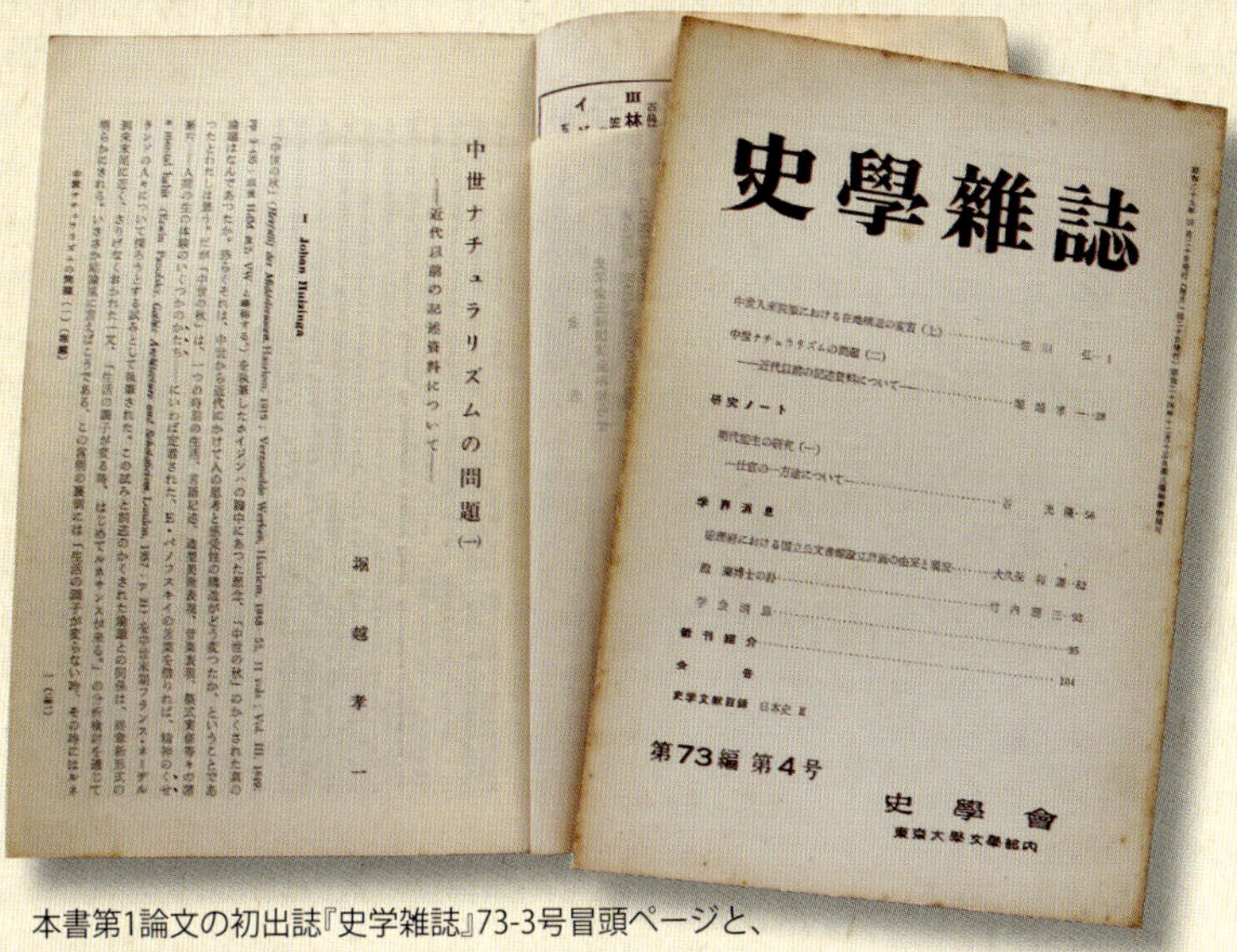

本書第1論文の初出誌『史学雑誌』73-3号冒頭ページと、
同誌73-4号表紙。

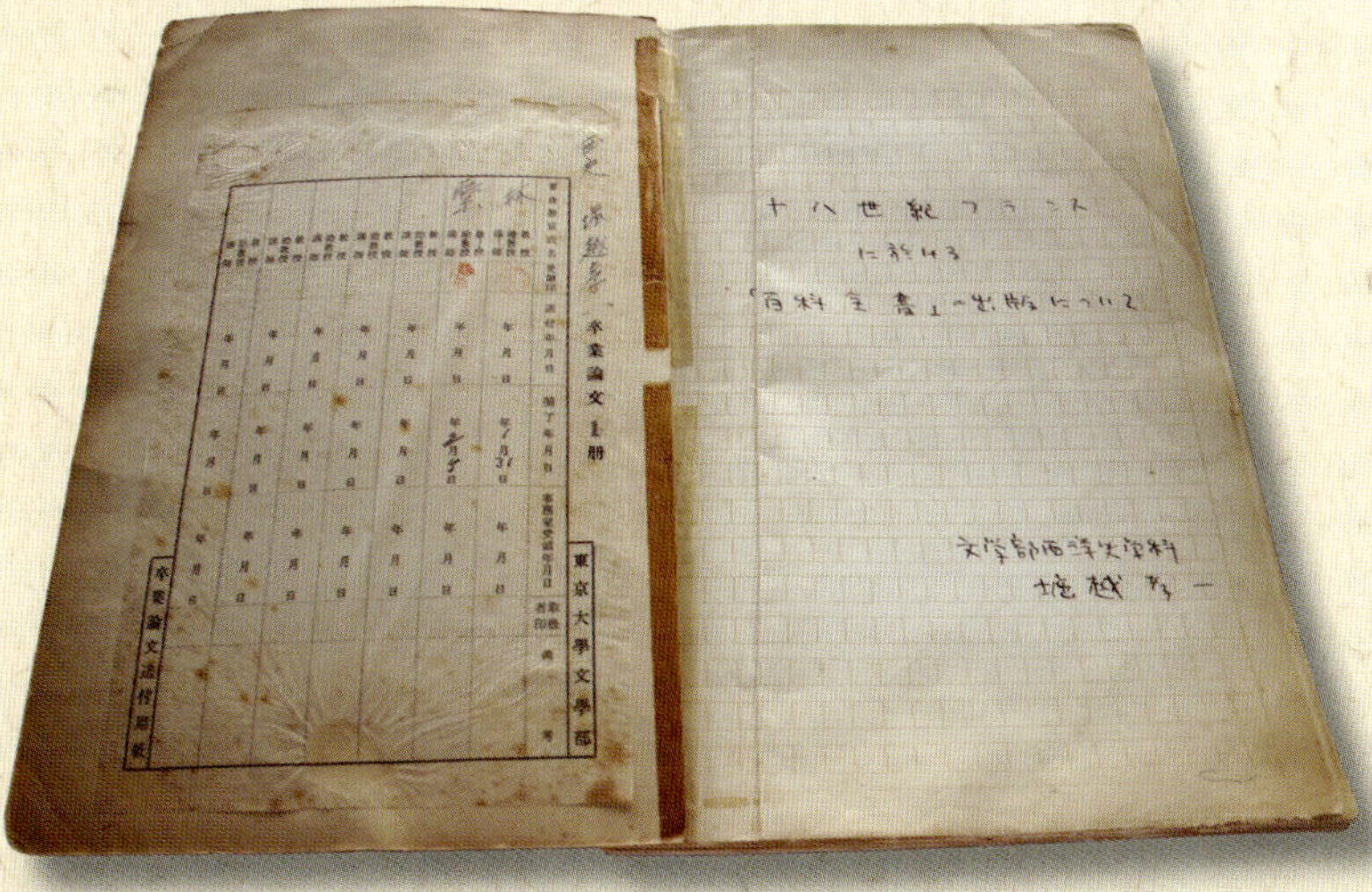

≪私のいわゆる卒論のテーマは「十八世紀フランスにおける『百科全書』の出版について」といい、編集者ドゥニ・ディドロに関心を向けている。……私の出身校の図書館には百科全書が二部あって、わたしはその分厚い本の頁をはぐって古体の活字の集塊に目をさらすのが楽しかった。いってみれば、これがわたしの歴史との出会いであった。……気負い立った文章が、おはずかしくもいまのわたしにつながっている。≫

中世ヨーロッパの精神　目次

第I部　中世の精神

第Ⅰ部　中世の精神

1　中世ナチュラリズムの問題

——近代以前の記述資料について

1　ヨーハン・ホイジンガ

『中世の秋』[1]を執筆したホイジンガの胸中にあった想念、『中世の秋』の隠された真の論題はなんであったか。おそらくそれは、中世から近代にかけて人の思考と感受性の構造がどう変ったか、ということであったとわたしは思う。だが『中世の秋』は、一つの時期の生活、言語記述、造型美術表現、音楽表現、祭式実修の諸断片——人間の生の体験のいくつかのかたち——に定着された、アーウィン・パノフスキーの言葉を借りれば、精神のくせ a mental habit[2] を中世末期フランスとネーデルラントの人々について探ろうとする試みとして執筆された。この試みと前述の隠された論題との関係は、終章「新形式の到来」末尾に近く、さりげなくおかれた一文、「生活の調子が変る時、はじめてルネサンスが来る」の分析を通じて明らかにされる。いささか結論ふうにいえばこうである、この言明の裏側には「生活の調子が変らない時、その時にはルネサンスは来ない」という文章が透し彫りにされている。また、終章すべてが書物の体裁を整えるためのつけ足しにすぎず、『中世の秋』は第二十一章「言葉と絵」をもって終っている。ここでいう生活の調子とは前述の精神のくせとほとんど同義であり、ホイジンガはこの書物全章を通じて、中世末期の精神のくせがいかに近代のそれとは異なるかを丹念に確かめているのである。中世末期が近代ではないことをなぜ執拗に説かねばならなかったか。これはいわゆるルネサンス問題との関連において考えられなければならない。

ホイジンガは確かに、さきの言明が示している通り、ルネサンスという時期区分概念を使用している。だが彼はルネサンスという語をそのもともとの意味において、いわば専門語として理解するよう提案しているのであり（Herfsttij, p. 342）、さらにいうならば、彼はその語を、いわば必要悪ででもあるかのように扱っているという強い印象をわたしは抱くのである。だから十六世紀以降現世紀にいたるまでの「ルネサンス」に関する史観のほとんど完全な展望を行なったウォーレス・K・ファーガソンが、ホイジンガは「ルネサンス」が時期区分概念として有用性をもっていることを認めるにやぶさかではなかったと認めながらも、なおホイジンガを「中世の継続あるいは衰亡として説明されたルネサンス」観をもつ歴史家たちの筆頭に据え、「伝統的にこれまでルネサンスに属するものとされていた際立った諸特徴を彼がルネサンスから剝ぎとってしまった時、もはやルネサンス概念には戦ってこれを守るべきものはほとんど残されていないかのように見えるのである」とホイジンガについての論述を結語する時、おそらくファーガソンは間違ってはいないのである。(3)

一つの呪文があった。すなわち「ルネサンス」という一つの時間及び空間区分をもった精神期が中世と近代の間に介在するという牢固たる信念である。その呪力はなかなかに強く、過渡の時期に関してである故一つの徴候をもって他を律する無謀さを言葉柔らかく戒め、諸要素が平衡する時点を求めるべきだと今後の研究調査の方向を示唆するファーガソンにしてもなお、その結語において「ヨーロッパ的現象としての一体性という視角からするルネサンス文明の本性という基本疑義、問題の核心」を云々するという事態を見るのである（Ferguson, p. 396 f.）。『中世の秋』のホイジンガは、賢明にもこの問題に対する判断を保留した。そうして、いわばルネサンスにはかまわず、ルネサンス以前の一つの精神期についての調査を丹念に行なうことによって一つの重大な提言を行なったのである。すなわち、ルネサンス問題なるものは中世から近代にかけての人の意識構造の変化という、より大きな問題のほんの一部分を占めるにしかすぎないのではないかという提言がそれである。判断保留は問題からの回避ではなかったのである。かくてホイジンガにとって「ルネサンス」とは、もはやその歴史的使命を果し終り実体を喪失した空虚な概念にすぎず、その眼はさらに深く問題の根をみつめ、中世から近代への全的変化ということがあったとするならば、その変更点をどこに求めるべきかという問題意識が「ルネサンス問題」意識にとってかわっているのである[4]。

その変更点とはなにか。ホイジンガのいう生活の調子、精神のくせが中世のそれから近代のそれへと変化した地点であり、その変化は事の性質上漸進性をもつものではあろうが、しかもなお明白にその様相を探ることを得る、そのような変化の現象なのである。十四、十五世紀のフランスとネーデルラントについてその様相を探ろうとするホイジンガの調査から浮びあがったのはどういう事態であったか。ホイジンガはこの時期の人々の精神に「眼で見る傾向」のくせが、強いのを見た。「後期中世の思考の際立った特徴」を「考えられ得るものすべてを徹頭徹尾描きつくすこと、人間の内面生活を形ある想念の限りない系列でみたすこと」に見た。[5] 中世後期の人々は絵画 image にとりまかれ、絵画 image の系列を通じて現実を了解していた。言葉もまた記述論理を担う道具としてではなく、生の経験のなんらかの項目の代理物 symbol として機能し、したがって言葉は絵画 image の中に溶解し、絵画 image の非連続の系列は記述論理の文法構造をうけつけない。ホイジンガはこういっているのである。このような精神のくせは、近代の知性にとってははなはだしく異質のものである。それ故、言語＝記述論理に従って科学的に検証される知識が歴史であり、その方法論を歴史学と呼ぶならば、そのような精神風土において歴史学が自己を貫徹し得ぬ部分を見出して途方にくれるということもあり得るではないか。「われわれの文化に妥当する歴史、それは科学的歴史でしかあり得ない」と述べるホイジンガ自身が、それを身をもって示している。[6]

彼が中世後期の世界にひかれた直接のきっかけはファン・アイクへの関心、つまり絵画であった。[7] 中世末期の人々の生の経験の一つのかたち、ファン・アイクの「仔羊の祈り」を中世末期の精神のくせを調査する際の史料としていかに読みとるか。このはなはだ無謀な企てを、彼は第二十章「絵と言葉」、第二十一章「言葉と絵」に展開し、そうしてみじめに挫折した。結局は絵画史料は記述不能だと彼はあきらめたとわたしは感じる。しかしそれで事は終らない。いったいどういうことになるのか？　ファン・アイクの絵は一つの際立った表われでしかない。もしも後期中世の精神においては絵画imageが優先的位置を占めるというホイジンガの意見が妥当であるならば、わたしたちは、後期中世の生の経験がよりよい形で定着したでもあろう部分が、わたしたちの知的了解から常に逃れ去ってしまうという不都合に耐えなければならないことになるではないか。絵画あるいは絵的なるものは補助史料の位置しか与えられない。歴史学は知的に処理し得る史料によって充分時代の像を描き出すことができるという反論は容易に成立し得るかに見える。だが、まさしくそのような反論が成立し得るかに見えるが故にこそ、ホイジンガはいうのである、「確かに各文化期はそれぞれの洞察と物指とに従って歴史を理解する。そうしかなし得ない[8]」。近代の科学に裏打ちされた知性は、なんの権利をもって、絵画imageは人間の経験の主たる表現ではない、と宣告するのか。「言語が決してわれわれの唯一の明晰に表現された所産ではない」。スーザン・K・ランガーの言はホイジンガの苦悶に豊かに共鳴する[9]。

実際、このランガーの仕事をはじめとして、『中世の秋』出版以降、認識論、美学、美術史学、心理学、文明論等々の分野に、アルフレッド・N・ホワイトヘッドを旗手として展開されている知性の動きは、ホイジンガの試みとその挫折の意味を強烈に照らし出しているかのようである。シンボルのかたち――人間がその生の経験の代理物としておくもの――が歴史において変化する。このことが確認されつつある。ハーバート・リードは一般に感性による了解が知性によるそれに先んじ、近代以前にあってはシンボルのかたちになおそのことが明らかであったと述べる[10]。ランガーは「諸事実を処理するための知的な図式であり、その中で諸事実の全部類が理解できるような広大で比較的安定した脈絡」である科学の、近代思惟において占める優越とその不遜について述べ、その脈絡から逃れ去る「論弁的なシンボル形式（言語）以外のあるシンボル体系的図式によって表象されることを要求する事柄」が豊かに存在すること（『シンボルの哲学』、p. 343）、そしてそのような「非論弁的パターンの可能性を実証するには、単にあらゆるシンボル構造のための論理的諸条件を再吟味すれば十分である」との確信を語る（前掲書 p. 109）。美学者である彼女は、その専門領域において作業を開始する。「哲学の仕事は諸概念のもつれを解きほぐし組織づけること、なんらかの論題について語る時にわたしたちが使用する語彙に対し、限界づけられ確定された十分な意味を付与することにある。この書物においては、その論題は Art である」[11]。知性の網の目から逃れ去る人間経験のより感性的な記録、非論弁的シンボル形式によって定着された人間経験を、わたしたちの知性はどこまでその了解圏内にひきいれることができるか。もしも近代以前の精神の<u>くせ</u>が感性的なるものにより優先する位置を与えているという一般見解が妥当であるならば[12]、わたしたちはこの問いかけから逃れることはできないのである。

「この書物においては、その論題は歴史である」と宣言するものの到来が待ち望まれているとわたしは信ずる。そのものは歴史学における「科学的」という概念の容量と効用とを測定し、歴史にあってはなにが認識可能かについてのより深い洞察をもたらすであろう。そのものはまず次のようなエルンスト・カッシーラーの素朴な要請に応えるものとなるであろう。「我々は物理的世界のうちに行動しているのではなく、シンボル的宇宙のうちに行動しているのである。そしてシンボルを了解し解釈するために、我々は原因を探求する方法とは別の方法を発展させねばならない。意味のカテゴリーは存在のカテゴリーに還元されるべきものではない。もし我々が歴史的認識を包摂すべき一般的題目を見出すならば、我々はそれを物理学の一分野としてではなく、意味論の一分野として記述しうるのである。歴史的思考の一般的原理は意味論の規則であって、自然の法則ではない。歴史は解釈学の領域に含まれるものであって、自然科学の領域に含まれるものではない[13]」。そのものはかくてホイジンガの試みとその挫折の意味を明らかにするであろう。

ホイジンガが現代の歴史学に提起した問題の実相は以上の如くである。わたしたちはホイジンガを化石化し、歴史学のもつ豊かな可能性を自ら窒死せしめるほど愚かであってはならない。そうして賢くなるに明日を待つことはない。わたしたちは『中世の秋』から、今日すぐに役立つ教訓をひき出すことができる。

おそらくは以上のような心の定位から、ホイジンガが『中世の秋』執筆に際し常に持していたであろう慎重な配慮があったと思われる、近代以前の記述史料の読みとりに際して近代の言語＝記述論理をもちこむことへの自戒がそれである。『中世の秋』第十五章「凋落する象徴主義」の結語に近く、ホイジンガは、ボナヴェントゥーラ、ジェルソン等に見られる比喩の表現を批判するマルティン・ルターの言葉を紹介する、「比喩の学問は仕事のない連中のすることだ。あらゆる被造物について比喩を弄ぶことがわたしにはできないと思うのか。いったい比喩を操作することができないほど、それほど貧しい知力の持主がいるだろうか！」（Herfsttij, p. 259）すでにルターにして、これら中世神学の大学者たちにとって比喩とは知力の問題ではないということが理解されていないという事態をここに見ることができる。たとえば比喩、この感性の構造体を近代の知性が対象とする時、いったいどのような理解が可能であろうか。わたしたちはただ、わたしたちが抽象概念を操作して思考をその最終の帰結にまでもっていくことができるとまったく同じありかたにおいて比喩を操作する精神構造を中世の世界に想定することによってのみ、比喩の表現についての正しい認識に到達し得るであろう。これはほんの一例にすぎない。わたしたちはいたる所でわたしたちのふつうの思考から逃れ去る中世人の精神活動の痕跡を見出す。だからといって、その場合、それはふつうの思考があってそれからの逸脱だと考えてはならない。わたしたちの理解からすれば不整合な思考あるいは行動の脈絡が見られる時、それを無理に整合化しようとしてはならない。わたしたちは、わたしたちの精神のくせをもって近代以前の世界に臨んではならないのである。

ホイジンガはブルゴーニュ侯国について述べた文章中にそのような誤りを anachronism と表現し、穏やかに警告を発している。「歴史家は anachronisme を常に警戒しなければならない。anachronisme を避けること、これが歴史科学の半ばである。そうしてそれには、その時代の人々の視点に身をおけばそれでよい。その時代の人たちは、と人はいうかも知れぬ、彼らには限界があった、彼らは無知だった。我々に状況を判断することを許す全般的概観が彼らには欠けていた。彼らは王党派的あるいは封建的幻想にとらわれていた、と。わたしは思うのだが、歴史を正しく理解するためにはまさしくこの幻想を認識することが重要なのだ。なぜといって、中世の政治行動は理性、計算、熟考された利害関係によってよりも、より強くかの幻想に支配されていたのだから[14]」。anachronism を避けよ。そのためには中世人の視点に立て。あまりにも素朴に表明されているだけにいささか拍子ぬけの感がある。このことがどんなに困難なことであるか、『中世の秋』においてホイジンガが身をもって示しているだけに。

できる得る限り中世人の精神のくせを身に体して中世の史料を読みとろうとする試みは、わたしたちの理解しかねる事態については一応判断停止を行なう節制を必要とする。一例をあげよう。ホイジンガは第十三章「信仰生活の諸典型」において、ユースタシュ・デシャン、アントワーヌ・ド・ラ・サル等の詩人の作品が、あるものは卑俗な、あるものは敬虔な性格を示しているところから、これは世俗の時代の作、あれは瞑想の時代の作などと分類して考えようとする傾向を批判し、近代詩人の場合とは異なり、そのような方法論は誤りであるとして退け、「ほとんど我々に理解しかねる矛盾はそのままうけいれられるべきである」と述べている（Herfsttij, p. 216）。これは確かに判断停止である。だがホイジンガは、卑俗と敬虔といった、およそ際立つ対照が交互に表われる中世人の精神の傾向を各所において指摘しているのであり（cf. esp. chap. XIII）、それ故、実はこれは判断停止ではない。まさに anachronism を避けよとの自戒の実践にほかならないのである。

この節制を堅く持して中世の記述について陳述するホイジンガの陳述の形式は、その原型として以下の如くとなる。「ルイ十一世が王太子としてブルゴーニュの宮廷に滞在していた間中、しばしばむせび泣き涙を流す彼をシャトランは描述している」（Herfsttij, p. 12）。ルイ王の涙もろさについてのホイジンガ自身の見解はどこにも見られない。彼はただ、シャトランが涙を流す王を見て、それを記述する眼をもっていたことを陳述することに専念しているのである。ホイジンガが責任を負うべきことはただ一つ、彼がこの記述をルイ王についての証言の一つとして採用したこと、そのことである。『中世の秋』に登場するルイ十一世王の肖像は、かくて、ジョルジュ・シャトランをはじめとして、フィリップ・ド・コミーヌ、ジャン・モリネ、ジャン・ド・ロワ等の記述者たちの眼によって眺められた、いわば複眼による肖像画である。ホイジンガはただそれを忠実に複製してみせているにすぎない。その複製画を示せば以下の如くとなる。ルイ王は執念深く、涙もろく、事物を象徴として考え、ぜいたくを好まず、迷信をかつぎ、常に寵臣を帯同し、主と聖処女への敬虔を持し、聖遺物、聖人に対する蒐集癖と実利的関心を抱いていた（Herfsttij, pp. 8, 12, 60, 63, 100, 125, 177, 184, 224-6, 292, 299, 327）。中世人の匂いが濃いと、まず批評してよいであろう。いかにルイ王のある部分において近代性を強調し得ようとも、その徴候を一元化し、これらすべての証言は中世的迷妄の所産であると断じ去ったり、またそれを恣意的に整合化しようと試みたりしてはならない。わたしたちはまずここに描き出された像をもってルイ王の原型としなければならないであろう。だが、それならば、ホイジンガはいかなる確信に基いて、ルイ王に関するこの、あるいはあの記述を採用したのか。

ルイ王の迷信かつぎについて、ホイジンガは、罪なき子たちの厄日の慣習に関するコミーヌの記述を採用し、ルイ王がこの慣習を細心に守ったことの証言としている（Herfsttij, p. 184）。ところがコミーヌの記述の該当個所は次のように伝える。この厄日には王は一切の政務をとらず、それに違反するものに対しては激怒した。だがわたしコミーヌは事の重大さを慮り、敢えて禁を犯し王に話しかけた。王は少しも気分を害されず云々、と[15]。つまり王がこの慣習を破ったことを証言する記述をもって、細心にこれを守っていたとする証言としているかのようなのである。王はこの慣習を重んじていた。ある日それを破った。これがコミーヌの記述である。その前半の部分のみをホイジンガは採用している。ところでわたしたちの精神のくせは、この記述を別の角度から読みとることを可能にする。すなわち、この禁を犯しても怒られないほど、それほどに王の寵をうけていたと強調するための、これは記述である。従ってこの記述には強い作為性が認められ、ルイ王の迷信かつぎに関する証言としては不適当である。ホイジンガの読みとりはおかしいのではないか……。

問題になるのはコミーヌの記述の性格である。王はこれを禁じていた。その禁をすらわたしは破り得たのである、と読みとるか。あるいはホイジンガのように、王はこれを禁じていた、そしてある時わたしは敢えてその禁を破った、と読みとるか。どちらがコミーヌの記述の調子により則しているか。コミーヌの精神のくせはどちらの読みとりになじむか。コミーヌについてのみではない。ルイ王に関する他の記述のすべてについて、ホイジンガが『中世の秋』において採用した記述、また記述以外のシンボル体系による記録の諸断片について同様の問いかけがなされ得よう。ホイジンガ自身、常にこのことを自問自答しながら「中世の秋」の世界をまさぐったのである。

中世後期の人々の生の経験の記録を読みとり了解する場合、その了解のしかたは、それら個々の記録それぞれの全体の調子に則したしかたでなければならない。わたしたちは「anachronism を避け、中世の人の視点に立つこと」を要請されているのである。中世人の個々の眼がもっている一定したみかたにおいて、その眼が見た世界を了解しなければならない。そうしなければ、わたしたちは、史料の読みとりに恣意的な整合化、誤った近代主義をもちこみ、いたずらに中世に近代を発見する始末となってしまうであろうからである。そうしてここにいう、全体の調子、眼の一定したみかたとは、つまりはそれらの記録者たちの精神のくせの記述の構造における、あるいは絵画 image の構造における表われにほかならない。かくして、わたしたちは、史料読みとりの実践において、すでに極めて困難な場に立たされているのである。だが歴史学はその困難を克服しなければならない。

一九六〇年に創刊された「歴史と理論」誌第一号の巻頭論文に、アイザイア・バーリンはまさにそのことを要請している。「それ故にこそ歴史家につきまとい、自然科学者のまったく関知しない困難さがここに認められるのである。すなわち、何が過去に起ったかを、ただに我々の概念、語彙においてではなしにとはもちろんのこと、それらの出来事がそれに与り、またはそれに影響をうけた人々にどのように見られていたかという見地から再構成するという困難さである。その出来事、それは心理的事実となり、逆に出来事に影響を与える。我々がなんであり、なにを目指し、また現在の我々にいかにして到達したかについての正しい意識に目覚めるということは、それだけでも大変困難なことである。しかも、我々とは異なる状況の下におかれていた人々にとって、その知覚及び自己意識がどのようなものであったかについてはっきり理解するよう要請されているのだ。だが、これは真の歴史家に対するに過大な要求ではない。（中略）歴史家である以上、避けることのできない仕事として彼の問うべきことは、ただ何が起ったかということだけではない。さまざまな代表的ギリシア人あるいはローマ人、またアレクサンダー、ジュリアス・シーザー、そうしてなかんずくツキジデス、タキッス、無名の中世の記録者たち（中略）等々にその状況がどう見えていたかを知ることもまた、歴史家の仕事のうちに含まれるのである。いってみれば想像力によって我々自身を過去へ投げかえすこと、我々自身のとはまったく異なる諸概念、語彙を、我々自身のものでしかない諸概念、語彙によって把握しようと試みること、このことは我々がそれに成功しはじめたと確信することなど絶対にできない、といってこれを棄却することの許されない仕事なのである。（中略）そうして、その行動と言語とが完全に我々自身のと同じではないにしても、なお我々と共通の過去となし得ないほど、それほどには相違していない人間存在の行動と言語であるとするならば、それら諸個人または諸社会にとって世界がどう見えていたかという問に答えることを試みずして、歴史的説明と称することはできないのである。物理学者に必修とされるもの以外に、共感と想像力の能力を欠いては、過去あるいは現在、他あるいは我々自身双方についての像 vision は作られず、それどころかこれを欠いては正常の――歴史的と同様――思考はまったく機能しないのである」[16]。この論述はその副題の示す如く、科学的歴史なるものについての反省と批判である。わたしはここにホイジンガの抱いた問題意識に応える豊かな反響をきく。

わたしがホイジンガの心の定位を探り、そこからひき出した記述の調子という概念をバーリンは端的に指摘する。「それらすべての科学的史料処理は欠くべからざるものであろう。だがそれで十分なのではない。終局において彼ら言語学者、あるいは文献学者たちを導くものは、所与の記述者が何を言い得、また何を言い得なかったか、すなわち彼の思考の一般構造 the general pattern of his thought に何がなじみ、何がなじまないかについての知覚 the sense である」(Berlin, p. 27)。そうしてこの発言は、生の経験とその記録についての以下の如き定言に基いている。人間の意識及び行為は「わたしも加えて全ての人と共有するものとわたしが想定する単一の、すべてを包括する図柄 pattern に現実の諸断片をあてはめていくという仕事に常時従事することにほかならない。そうしてわたしはこの図柄 pattern をこそ reality と呼ぶ」(Berlin, p. 22)。そのような pattern を知覚するのには帰納法等々の科学的処理は必要としない。「この経験の全的脈絡の知覚、そのような pattern の最も初源的な覚知がこの種の非‐帰納法的、非‐演繹法的知識を構成する。この我々の最も一般的な諸仮定の網目、常識すなわち知識をこそ歴史家は正しく前提しなければならないのである」(Berlin, p.10)。以上の定言はバーリンの以前の著作『歴史的不可避性』(17)に詳論されたものであり、その著作においては未だ明白に意識されていなかった問題、いうところのその pattern がわたしたちの経験の知覚とは異なったしかたで構成されたものである場合、それをいかに歴史家が、いわば再知覚するかという問題意識に前述の論述は根付いているように思われる。バーリンはホイジンガの亡霊を呼び出しているのである。

かくしてわたしたちは、『中世の秋』を遺産として受け継ぎ、バーリンの要請に応えるべく、中世の記録の読みとりにあたって細心の配慮をはらわなければならない。わたしたち自身が近代の子であるが故に、否応なしに近代以前の人が見なかったものを見、知り得なかったことを知ってしまうという不都合に対しては十分寛容でなければならないにしても、なおかつできうる限り中世の人の心の定位に近づこうとする試みを怠ってはならない。裏側からいうならば、否応なしにせまられる中世以後の認識のくせについての自覚を一層深めることによって、わたしたちは中世のよりよい現実へと沈潜することを得るであろう。その時、わたしたちは歴史のなかに身をおいているのである。

以下、続く2、3節は、十五世紀フランスの二つの記述資料について、ホイジンガのすすめる節制を守り、バーリンの要請に応えようとするささやかな試みにすぎない。第2節、フィリップ・ド・コミーヌの記述については実利の精神の濃いあらわれを、また第3節、パリの一住民の記述については中世ナチュラリズムの徴表を、わたしは指摘するであろう。それら徴表が、近代以前の精神構造を理解する上で重要な手掛りとなるであろうと予感しながらも、なお、わたしは、この論述においては、ただそれを提示するに止める。なお幾多の記述を読み、同様の試みを重ねなければならない。あるいはその試みの果てには、近代以前の記述者たちの心の像をたしかに摑みうることにもなるであろうか。

2　フィリップ・ド・コミーヌ

前節にいささかふれたように、フィリップ・ド・コミーヌの残した記述は、まさに中世と近代の境界線上にある精神のくせを示しているかのようである。そうして通常、人はコミーヌに近代を見ることにためらいを覚えない。比喩ということについてコミーヌは記述する。

ここにいたって運命 Fortune について何をあげつらおうか?（中略）この大いなる秘儀は Fortune に由って来るものではなく、Fortune とはなにものでもなく、ただ詩人の虚構 la fiction poétique にすぎず、（中略）手を下した Fortune、それは神に他ならぬ。（*Mém.* II p. 86 f.）

この記述から、比喩は思考の手段として適当ではないとコミーヌは考えていた、と論述するのは正しい。実際、そこから簡単にコミーヌの近代性をひき出しうるかのようである。だが危険がそこに潜んでいる。比喩の思考の束縛から事実コミーヌが脱け出ていたという結論はそう簡単には出てこない。そう結論することができるのは、わたしたちが実際にコミーヌの思考のありようを、その記述の構造に則して調査し、事実コミーヌの思考が比喩の影におおわれていないという展望を得た時である。同様に、たとえば騎士道について、聖性について等々、コミーヌがそれについての見解を記述しているなんらかの項目をとりあげ、そこに表明されている見解に基いて、それら生の諸項目を見るコミーヌの眼について云々することの危険さ加減は今更いうまでもないことであろう。コミーヌの精神の構造は、それら諸見解の総和としては表われない。個々の項目についてのコミーヌの思考のありよう、考え方のくせの、いわば常数値として表われる。以下、わたしは主として騎士道に対するコミーヌの心の定位を調査し、一つの数値を提供したいと思う。

一四七四年夏から翌年夏にかけて、ブルゴーニュ侯シャルルはバヴァリアの内政問題に干渉し、ノイスに皇帝軍と対峙する。英王はフランス侵入を企図し、シャルルの決断を待ち、ルイ十一世はシャルルとの和解を計る。コミーヌは冷静にシャルルを批判する。

> 英軍の準備整い、ブルターニュその他いたる所彼らを迎え入れる用意万端整えられていた、まさにその時に、シャルルはとうてい実現不可能な一つのことに執着してしまったのである。（中略）だからブルゴーニュ侯は英王と合体すべく名誉ある陣の引払いをしようと思えばそれはできたのである。彼はそれをしようとはしなかった。そうして英軍に対し、名誉の問題だから、と弁明したのである。もしも陣をひきあげるなら、それはふみにじられることになろう、と。そうしてその他問題にもならぬ理由をいろいろならべた。もはや彼の父の時代、かつてのフランス戦争の時に生きていた英兵たちではない。今の英兵たちはみな新参者でフランスの事情についてはなにも知ってはいない、だから、などと。かくて彼は近い将来彼らを用いたく思うことがあるかも知れないのに不明

にもかくふるまってしまったのだ。(*Mém.* II p. 14 f.)

またもやコミーヌの記述に近代が見出されるかのようである。騎士道語彙の中枢ともいうべき名辞〈名誉 honneur〉(18)が「不明に」ふるまったシャルルの弁明の言葉として使用されている。〈名誉〉はすでにコミーヌにとって「問題にもならぬ理由」の一つであったのか？ ホイジンガは陳述する。「コミーヌがそうしたように、これ(騎士道に則った生活形式)を醒めた現実感覚をもって眺めた人の眼には、誉れも高い騎士道のすべてはむだな擬物で、作りあげられた見世物、笑うべき時代錯誤と映ったのであった」(Herfsttij, p. 152)。そうしてまた述べる。「コミーヌは〈名誉〉という言葉をほとんど使っていない。そうして名誉ということをあたかも必要悪ででもあるかのようにとり扱っている」(Herfsttij, p. 126)。そうしてその一つの証例としてあげているコミーヌの記述は、

私の考えはこうだ、王は、もしその夜出立しようと望んだならば、護衛の百人の弓隊も、側近の人々も何人かいたことだし、また近くには三百の軍勢が控えていたのだから、なんなく行けたことだったろう。だが事は名誉にかかわっていたのだったから、王は確かに臆病者との譏をうけたくなかったのだろう。(*Mém.* I p. 160)

これは、一四六八年、ペロンヌにおいてシャルルによって軟禁されたルイ王が、恐らくは王自身の

画策によりシャルルに反抗したリエージュ攻めに同行するよう強要され、いよいよ出陣を明朝にひかえたその前夜、リエージュ攻めに参加する、しないは王の自由、と王の自由意志を認めたシャルルに対し、あくまでここにとどまって明朝行を共にする旨返答したルイ王に対する批評である。ホイジンガはこの記述にもコミーヌのいわば近代を認めているわけだが、これはおかしい。この記述をその前後との関連において、いくら叮嚀に読みとっても、そこからはただ、シャルルが、いわば騎士たるにふさわしい申出をしたこと、それに対し王が、これまた誉れ高き騎士としての態度を示した、という印象しか生れない。そうわたしは思う。騎士道の誉れも高きルイ王、といった評価が、これに拠って下されても少しも不思議ではないと思う。『中世の秋』のホイジンガには、〈名誉〉に対する、ひいては〈騎士道〉一般に対するコミーヌの心の定位について、前述の陳述に表われているような予断があったと思われる。『中世の秋』以後、ホイジンガは、自身のコミーヌ観を修正する機会をもった。そのことについては後に述べる。今はただコミーヌの〈名誉〉観についての調査を続ける。

コミーヌの「内的語彙 “moral” language」を集成、註解したW・B・ネフは、〈名誉 honneur〉の項にただ上述の記述のみを指摘し、これを註解して「評判――〈忠誠・義務の内的感情〉よりもむしろ――」とする。(19) 確かにこの場合、honneur という文字を評判あるいは世評と読みとれば、なんの抵抗感も感ぜずに、この記述を読みすごすことができる。およそ註解とはそうした営為であって、今の思考構造に整合する意味内容を昔の言葉にあてはめていくという作業なのかも知れない。だがそれは近代の思考のくせをもって中世の記述に対する、ということではないか。ネフの理解はおそらくこうである。シャルルについていう場合とは異なり、ルイ王についていう場合の honneur は、これはすでに騎士道語彙には属さず、卑俗には評判とも訳しうる、なんらかの倫理規範を示すものではないか。コミーヌの眼の鋭さは虚飾の騎士道世界から、時代を越えて認められる人間行動の動機ともいうべき、この普遍の志向を抽出し得たところに認められるのではないか、と。後述の如くネフは〈寛仁の徳〉についても同様の発想に立っているのである。しかし、どうであろうか。シャルルについていう場合はこうだ、ルイ王についていう場合はこう、この場合にはこの意味、あの場合にはこう、といった問題ではないはずだ。肝心なことはコミーヌが抱いていた、honneur なる言葉に対する絵画 image である。わたしたちはたとえば生物学の語彙から抽出された〈進化〉という単語を一般的な抽象概念として使用するが、それと同様の精神活動をコミーヌに認めることができるかどうか。ネフが考えているような思考の抽象作用を認めることができるかどうかは、その絵画 image を調査することによって判明する。

コミーヌの使用する honneur は勿論かなりの意味の変奏を示している。慣用句もしくは他の名辞と連語を作る場合、この場合にはむしろ意味はない（cf. *Mém.* II p. 97; III p. 140）。コミーヌはほとんど書き流している。だがその場合でも、たとえば主君より給与としてうける土地、財物、金銭の意を構成する honneur et biens という言い廻し（*Mém.* I p. 246）、また共にルイ王に対抗すべき立場にありながら、寄せられた期待を裏切って敢えてサン・ポール伯を見殺しにしたシャルルに対する批判の一節にみられる foy et honneur という成句（*Mém.* II p. 139）等には、なお騎士道語彙の絵画 image

が豊かにあふれている。これは修辞だ、と反論するのは容易である。だが思考のくせは、そのようなあるいは修辞といってもよいかも知れない語句の使用にこそはっきり認められるのではなかろうか。

次に紹介する記述はいささか厄介な問題を含んでいる。前述のノイスの陣にあるシャルル評の一節である。

> ブルゴーニュ侯は栄光に満ちてドイツの諸侯、聖職諸侯、自治都市の大軍を支えていた。その当時生きていた人々は勿論、はるか昔の人も記憶にもたぬほどの大軍であった。だがそれだけ集まってもブルゴーニュ侯をそこから引揚げさせることはできなかったのだ。この栄光は高くついた。なぜならば戦いでは利を得るものが honneur を得るのであるから。[20]

「利を得る」という、それこそ実利への関心を示す言明と honneur という言葉とが等置されているのである。

とすると、コミーヌの思考にあっては〈名誉〉とは「利を得る」ことであると、この記述から推論することが許されるのだろうか。騎士道感情はすでに失なわれているのか？

この記述はなお問題を提供する。honneur とならんで騎士道語彙の中枢語である gloire についてである。文中、〈栄光〉と訳した言葉である。わたしはこれを〈栄光〉と訳すが、ネフは、これも含めて一般にコミーヌの使用するこの語を「虚栄、傲慢、僭越」と註解する（Neff, p. 133）。たしかに大方のところ妥当するかのようである（cf. *Mém.* I pp. 92, 140; II p. 332; III p. 196）。だが注意しなければならない、コミーヌは神の摂理について述べる時、しばしばこの語に「むなしい栄光、傲慢」の意を含ませている（cf. I pp. 109, 130; III p. 102）。たとえばこの記述、運命がかつて見られなかったほどの繁盛ぶりを示すブルゴーニュ家の当主へとシャルルを押しあげて、彼がもはや他の君侯たちを怖れなくなってしまった時以来、「神は彼がこの gloire のうちに落ち込むがままにしておかれ、健全な判断力を奪われたので」云々（I p. 79）中の gloire は、これはまさに「人間の栄光」であって神の眼からみればそれは虚しいという感慨を背景にした言葉であった。これを単純に〈傲慢〉と訳してはなるまい。まして問題の記述の場合、シャルルは「傲慢にも」あるいは「虚栄心から」云々と読みとることはできない。シャルルはやはり「栄光に満ちて」皇帝の大軍を支えていたのであり、たしかにそれは高くついたとコミーヌは批評するのだが、しかしシャルル豪胆侯の豪胆さを讃美するコミーヌもまたそこにはいるのである。シャルル戦死の記述に続けて、その事績を回顧している第五書第九章に、「多くの勝利と栄光とによって四隣八方にその名を伝えた」侯家のことを記し（*Mém.* II p. 157）、また、

彼は大いなる栄光を欲した。これこそ何よりもまして彼を戦場へと赴かせたところのものであった。

と記述するコミーヌなのである（II p. 155）。

かくてhonneur, gloire二語についてのコミーヌの心の定位は曖昧を極めている、といわなければならない。だがその疑念を、たとえば次の記述は一掃してくれるかのようだ。ルイ王は迅速に英王エドワードと協定を結んでしまう。シャルルはエドワードを難詰する。

ブルゴーニュ侯はいきりたち、英語で話し、フランスを転戦した英王たちの華やかな事績と〈名誉〉を求めて彼らがしのんだ労苦の数々とを言いたてて、この協定を激しく非難した。(II p. 53 f.)

傍点を施した個所は動詞 alleguer であり、これはもともと法律用語であって、「申したてる、主張する」等の訳語が考えられ、コミーヌにもその残照を見ることができる(cf. II pp. 222, 197 f.)。更に「列挙する、論拠として引用する」等の意での使用例も一応は考えられるが(cf. I p. 174; II p. 139)、この記述の場合をはじめとして「いいはる、いいたてる、いわずもがなのことをいう」の意に使用されている場合が目立って多い。ルイ王は、ブルゴーニュとイギリスの結合を画策するリュクサンブール伯サン・ポールを除こうと、彼に出頭を命ずる。伯は王に聖ローの十字架にかけて身の安全を保証してもらいたいと要求する。伯はそのことを言いたてる(I pp. 240 ff.)。また、シャルル八世のイタリアからの帰還に際し、あるイタリア人騎士はただ一人独自の情勢判断を抱き、そのことを説きたてる(III p. 198)。現法王に対立する市民たちは、法王のこもる城の城壁が崩れたことについてあらぬ取沙汰をする(III p. 88)。ピッキニイの和約に反対するガスコーニュの一貴族は、人々のいう吉祥に一人異をとなえる（II p. 70）。これらの諸例に共通する調子は？　ルイ王に対するサン・ポールの立場は、まさに劣者のそれであり、イタリア人貴族は、結局は容れられなかった主張に固執し、市民たちに対してはコミーヌは一段高い立場に立っていて、彼らの見解はとうてい受け入れ難いものであったのであり、ガスコーニュ人の意見をコミーヌはさかしらと感じていた。つまりは彼らの「言いて」はすべて無益な繰言にしかすぎなかったのである。allegure という述語を使用する時、コミーヌの抱いていた絵画 image は、少数者の、あるいは劣者の無益な自己主張とでも一口に表現できるものであった[21]。

かくて明らかである。シャルルは英王たちの「華やかな事績、栄誉」を言いたてた。その「言いたて」は愚かな繰言にすぎず、豪胆侯シャルルは、コミーヌの眼からすればすでに敗者であった。〈名誉〉を〈あげつらう〉と、この二語はぴったりと密着しているのである。

honneur と gloire 二語についてのわたしの調査は、どちらかといえば、この両概念、ひいては騎士道に対するコミーヌの心の批判的定位を認め、ホイジンガの見解を追認する方向に向っているかのようである。しかし、それならば、シャルル戦死を記述したコミーヌが、すぐ続けて第五書九章に綴った、honneur と gloire 両語をちりばめた、端的に評して〈シャルル頌〉の記述を、いったいどう理解したらよいであろうか（*Mém.* II pp. 153-8）。それは書き出しからして、騎士道の絵画 image に富んでいる。コミーヌはミラノで、シャルルの紋章が彫り込まれた、かつてシャルルの胴衣に吊げられているのを見たことがある印章が二デュカットで取引されるのを見た、と挿話を語る。だから、今、

「彼の honneurs は彼から去った」、彼と彼の家とは亡んだのである、とコミーヌが第一段の記述をしめくくる時、この複数の honneur には、火打金の紋章、胴衣その他王侯にふさわしい服飾品等の絵画 image が密着していると了解されなければならない。すでに述べた如く、具象の image から完全に抽象された名辞を近代以前に想定することは危険なのである。[22]

続けてコミーヌは、彼が神からうけた恩寵と honneurs とを自身の徳に由来するものと思いこんだのは無理からぬことであった、彼には徳深い面もあったのだから、と記述し、次いでシャルルの〈寛仁の徳〉を讃える。そうして彼が「無情に」なったのは晩年のことであると述べ、さらに外国人に対するに「大いなる honneur をもってした」こと、「大いなる gloire」が彼を戦場へと赴かせたこと、しかるに「彼の心づもりはすべてここに絶たれ、すべては不利となり、恥となった。まこと利を得るものが常に honneur を得るのであるが故に」と荘重に語る。続いて、残された家臣たちへの同情と、彼らが、晩年の彼らの主君同様、とりかえしのつかぬ誤りを重ねたことへの批判を述べる。さらにコミーヌは侯家の盛衰を想う。禍は〈ノイスの陣〉にはじまった。〈ナンシーの戦い〉に「侯家の家政を執り、honneur を守り得、またそう望んでもいたであろう彼の家臣たち」はすべて亡んでしまった。だがその破滅は繁栄と釣り合っていた。侯国はその拡がり、富、調度品、建物、また宴楽においてヨーロッパ最良の土地であり、「多くの勝利と gloire とによって四隣八方に名声を伝えた」侯家は近隣諸国を悩ませ、またそれら諸国が侯家に援助を求めることもしばしばであった。そうして不意に形勢が逆転したのである。この繁栄と滅亡とは一重に神の御心によるものであったのだと、コミーヌは記述を結ぶ。

この記述に使用されている honneur, gloire には、どれ一つとして評判、傲慢等々と読みとらなければならないものはない。人は反論するかも知れない。これは虚文である。シャルルへの悼詞として敢えてとった公式的な文章形式である……。しかし、この反論は無意味である。問題は、そのような公式的な文章を作ることができたコミーヌの精神構造にある。実際これは〈誉れ高き騎士シャルル頌〉である。ブルゴーニュ侯家の名誉という認識、侯家の紋章についての描述、〈寛仁の徳〉の強調、訪れるもの、庇護を求めるものに対する歓待への注目、シャルルの行動の動因としての〈栄光〉への飽くなき欲求の指摘、家臣の忠誠と悲運への同情、侯家の没落に神の配慮を見ること等々、これら騎士道の諸項目を記述する筆調に、「騎士道に対し嘲笑と軽蔑の気持しかもっていなかった皮肉好みの精神、コミーヌ」(Herfsttij, p. 125) を見ることはできない。わたしはこの記述に、中世末期の人々の知性と感性の鋳型となった、ということはすでに志向の型として登録され、その型にはめこんで現実の絵画 image を作ることのできる、そのような意味での鋳型となった〈騎士道〉に対する極めて素朴なコミーヌの眼を見ることが許されると思う[23]。

そうしてこの素朴な、というよりも primitive な眼こそが、〈騎士道〉を見るコミーヌの眼のふつうの調子を示すものであるとわたしは考える。このことを一つの事例に則してなお考えてみよう。

シャルル頌の一項目として〈寛仁の徳 largesse〉が強調されている。十三世紀の一詩人により、礼節 courtoisie と対をなして、剛勇 prouesse の二つの翼と歌われた徳目である[24]。これは、しかし、ルイ王についても強調されている徳目なのである（*Mém.* I p. 67）。ホイジンガは、一般に初代ブルゴーニュ侯フィリップ・ル・アルディについての鋭い性格批評とされているフロワサールの評言について、ところがフロワサールはこれをだれにでも適用しているのだ、と指摘しているが（Herfsttij, p. 365）、それとほぼ同じ事態がここに認められる。これはルイ王及びコミーヌに近代を見出そうとする註解者ネフにとってははなはだ不都合な事態である。そこでネフは解説する。「この寛仁の徳は、性格の騎士的特性の単純な表われとしてではなく、実際的な理由、自分にとって有益であるという判断からルイ王によって実践されたのだ。寛仁の徳とは、これは決定的に中世である。だがこのように実際的な角度から説明されるその運用は、これはまったく近代である」（Neff, p. 5）。この見解は honneur をルイ王については〈評判〉、シャルルについては〈名誉〉と註解しようとする場合とまったく同じ判断の定位の表われである。いったい「性格の騎士的特性の単純な表われ」とはなにか？　騎士道規範を遵守していた王侯貴族たちは、それではいったいどんな理由からこの徳目を実践したというのか？　わたしは、原則として、その実践もまた「実際的な理由」からであったと考える。騎士道の理想主義にぴったり密着して、はなはだ実利的な精神が働いていたのである。このことはさらに後述する。ルイ王、シャルル両者について、ともに〈寛仁の徳〉をいうコミーヌの記述から、わたしが読みとる記述者の心の定位は、そもそも〈寛仁の徳〉なるものに対してのこだわりのなさである。そのこだわりのなさにわたしはこだわるのである。

なぜ、ルイ王については honneur は〈評判〉なのか。largesse には、実際的な効果をねらって、と註をつけなければならないのか。なぜシャルルについてはgloireは〈虚栄〉であり、largesseは〈騎士的特性の単純な表われ〉なのか。なぜ〈シャルル頌〉は「シャルルの性格を示す二、三のちょっとした特性」とかたづけられ（Neff, p. 47）、あるいは、コミーヌのシャルルに対する感情が公平無私なものであったことを示す記述、と評価されてしまうのか（*Mém.* II p. 154 n. 2; cf. also I, Introduction, p. XVII）。これらの註解者たちが『中世の秋』のホイジンガと同様、一つの思いこみに陥っていたからである、すなわち、シャルルは騎士道心酔者、ルイ王は醒めたものとコミーヌは見ていたという思いこみに。その思いこみは誤っている。シャルルが、またルイ王が事実そうであったかどうかについての判断はここでは避けよう。わたしがここではっきりいえることはこうである。コミーヌの意識にあっては、騎士道に心酔しているか否かの評価が両者をわける指標とはなっていない。また、これは以下の調査で一層明らかにされるであろう点であるが、一般にコミーヌはこの両者を、時代の迷妄とその克服という角度から観察しているわけではない。コミーヌにあっては、騎士道は問題として意識されていなかったのである。それではコミーヌの意識の焦点はどこに結ばれていたのか。

すでに紹介した〈ノイスの陣〉にあるシャルル評の記述の冒頭に、

> ブルゴーニュ侯は片意地をはった。神は彼のsensと分別を狂わせてしまわれたのである。

とあり（*Mém.* II p. 14）、さらに〈シャルル頌〉において、この〈ノイスの陣〉こそシャルル没落のはじまりであった、と評価している。これとまったく同様に、コミーヌは、ルイ十一世の終生の計画、ブルゴーニュ侯国のフランスへの合併を挫折させた王の〈sens の狂い〉を指摘する。それは侯家相続をめぐる交渉の際、マリー・ド・ブルゴーニュへの使者としてオリヴィエ・ル・ダンなる、「このような重大な事柄をとりさばくには無能な小人物」を派遣したことであり、

生涯のこの時期に神はわたしたちの王の sens を狂わせてしまったかと思われる。

とコミーヌは批評し、この大失敗がなかったら侯国のすべては王のものとなっていたであろう、と結論している（II p. 181）。

〈寛仁の徳〉の場合とほぼ同様の事態がここに認められる。しかもこれは人の生涯を展望しての言である。コミーヌに人間個性の描出力を認めようとするものは、この点に眼を塞いではならないであろう。このことはさらに後述する。ところで sens とはなにか。これを〈判断力〉と訳すのは容易だが、コミーヌがこれをいう時、心中にいかなる絵画 image を抱いているかの判断は容易ではない。注目すべき記述例を二、三あげれば、

すべての知識の先に立つ、すぐれた生来の sens（I p. 130）

彼の sens と徳とから生ずる幸いな運命（II p. 95）

しっかりした sens から生れる、便宜方策と巧みな遣口とをもって、大きな危険、大損害、大損失を避ける（I p. 114）

等々をあげることができるが、この最後の記述に、コミーヌがはっきり意識してこの名辞を使った一例を認めうると思う。sens とは「便宜方策、巧みな遣口」を工夫する能力、時に応じての機敏な判断力をいう。このことを、おそらく〈覚書〉中もっとも精彩にあふれていると思われる記述において、コミーヌはわたしに確信させる。リエージュ攻めに同行を強いられたルイ王は、その前夜、夜襲との報らせにシャルルのもとへかけつける。

ブルゴーニュ侯は決して豪胆さをなくすことはなかったが、実にしばしば混乱してしまうことがあった。さて、この時、王の面前だからというわけで彼の家臣たちが切実に望んでいた落ちついた態度を、彼は示さなかった。そこで王が指揮権をとり、命令を下した。「あなたの部下をつれてあそこへ行きなさい。もし敵勢がやってくるとすればそれはそこからなのだから。」その言葉といい態度振舞といい、実に偉大な力と sens とにあふれた王である。このような場合、王はいつもこうであった。（*Mém.* I p. 152 f.）

多少大胆にいえば、コミーヌにおける sens とは、常に実践を前提とする、これこれしかじかの場合にはどのように判断し行動したらよいかについての、非常に大きな部分を教育と経験に負うている人間の能力、ということになろうか。コミーヌがいかにこれを重視し、人に対する評価基準としていたかは以下の記述に明らかである。

彼は人と金とに極めて恵まれた人だ。だが彼には、彼の計画を遂行するに必要なだけの十分な sens も狡智もない。征服をすすめるのに都合のよいものを沢山もってはいても、もしすぐれた sens を欠くならば、その他のものはすべて意味がないのだ。（I p. 189）

それ故、sens をよく保持し得たものが勝ち、勝ったものが名誉を得る。敗けたものにとって、すべては不利となり、恥となる。わたしは動詞 alleguer の分析調査により、コミーヌの騎士道を見る醒めた眼を確認しうるかも知れないと述べた。しかしそれは浅薄な考えであった。わたしは alleguer の絵画 image は、「少数者、劣者の無益な自己主張」とでもいうべきものであると結論した。その結論によって確認すべきであったことは、騎士道を見るコミーヌの眼についてではなかったのである。わたしは、敗れたもの、sens においてより劣るものを見るコミーヌの眼の直截さを確認しなければならなかったのである。この直截さを念頭において、〈ノイスの陣〉にあるシャルル評の記述を読みかえす時、記述はその本来の意味をわたしに伝える。「彼は大いなる栄光を欲した」。それ故彼はノイスに陣を構えた。そうして「栄光にみちて」皇帝の大軍を支えた。だが彼の sens は狂った。彼は適切な状況判断を誤った。そうして「名誉の問題だから」と弁明した。シャルルの凋落はかくしてはじまった。わたしは今この記述を整理してみて気付くのである、〈名誉〉などというものに執着したからシャルルは状況判断を誤ったのだ、とはコミーヌは記述していない、と。コミーヌはただシャルルが「とうてい実現不可能な一つのこと」、すなわちライン沿岸の完全な併合ということに執着して適切な状況判断を誤ったこと、そのこと自体を難じているのであって、彼の意識の焦点は〈名誉〉ということなどにはないのである。今更ながら、〈名誉〉とはむなしく、人の行動を狂わせるものだなどと、コミーヌは〈覚書〉中のどこにも記述していない、ということにわたしは気付くのである。

『中世の秋』出版後五年ほどして、ホイジンガは、カルメット編註のコミーヌの『覚書』紹介批判において次のようにコミーヌを断罪している。「『けれども大した出来事は何も起らなかった』とコミーヌは、たまたま一四六五年パリを前にして戦われた戦闘にふれて述べている。この言葉を彼の全著作のモットーとみなすことができる。常時認められるちょっとした動き、揺れ動く事態、不確かな挫折した事件、コミーヌの狐の眼からみれば出来事全てはこういったとるに足らないことのうちに融解してしまうのだ。彼のような精神は、ものごとを大したものと認めうる具合にはなっていないのだ。このような精神は、迷妄錯誤に対し身を守ることを得よう。だがおそらく、それと同時に、真実に対してもまた身を守ってしまうのだ[25]」。たとえば騎士道理想への執着、それは迷妄錯誤でもあったろうが、しかしそれが中世末期の人々の生活に大きな意味をもっていたこと、これは真実であると、ホイジンガは『中世の秋』に語った。いま、ホイジンガは、コミーヌから〈醒めている〉という形容詞

(nuchter, cf. Herfsttij, pp. 125, 152, 226) をとりあげる。その真実に盲目である彼にどうしてこの形容が許されよう。「実際私の考えでは、コミーヌの精神は結局深いところまでいってはいないのだ。こんなふうに感じられる、この公平無私な人物は、彼が嘲笑っている思考の中世的フォームとスタイルとを、結局のところ彼自身清算することができなかったのだ、と。そんなことは気にもとめていない。事件は、彼にあっては、ただ外交術策に凝集されてしまうのだ」(*ibid.*, p. 576 f.)。さらにホイジンガは、コミーヌから realist という評価をも剥奪する。ホイジンガはかつてこう陳述した、「コミーヌのモン・ル・エリー合戦の記述は、その醒めているリアリズムにおいて完全に近代的である」(Herfsttij, p. 125)。いま、彼はこの見解を撤回する (Boekbespreking, p. 576)。

ホイジンガは『中世の秋』出版の翌年、ロンドンにおいて、「ルネサンスとリアリズム」を主題に講演を行ない、以下のことを強調した。リアリズムとは時代の迷妄錯誤を暴く批判である。それは特定の一時期を支配する精神傾向ではなく、「かなり偶発的な、文化のこぶ」であり、そのこぶの効用は時代の文化のひずみを修正する pragmatic な機能として表われる。だからそのこぶの出没は、文化が現実から遊離する度合に応じている。それ故、現実からの逃避の様を華やかに展開した中世末期という時代にこそ、リアリズムは病的増殖を示したのであって、リアリズムをルネサンスの一特徴と見るブルクハルトの眼は斜視症状を呈しているといわなければならない[26]。リアリズムについての議論はここでは措こう。騎士道に対するはなはだ primitive な心の定位をコミーヌに見たわたしとしては、ただコミーヌが時代の真実に対する深い洞察をもち得なかったということをホイジンガとともに確認し、コミーヌにリアリストを見るような誤った評価をしりぞけたいと思うだけである。それ故わたしは、近代の徴表として、個性の描出力、マキアヴェリとならべてのすぐれた客観的批判力等をコミーヌに見ようとする諸見解にはまったく同調できない[27]。

これらの諸見解に反論するのは容易だが、さらに指摘される一つの徴表についてはこれは容易ではない。すなわち、ホイジンガが「その醒めているリアリズムにより完全に近代的である」と評したモン・ル・エリーの合戦についての記述、またジェームズ・W・トムソンがその記述を第一に指摘してコミーヌを「ルネサンスの肖像画家」と呼んだ（Thompson, I p. 513 f.）、ルイ王晩年の日々についての詳細な報告等に見られる、確かに一見リアルとも見える記述についてはどう考えたらよいのかということである。わたしは、ホイジンガがラブレーに関して文学史家アベル・ルフランに対してなしたと同様の答をここに提出しうると思う。すなわち、そのような一見リアルな記述、個々の動き、個々の事物の配置を詳細に見、報告する記述は中世 naturalism の定位の上に立つものである、と[28]。

わたしがコミーヌの、そうしてまた次節に語ろうと思うパリの一住民の記述のうちに感得した、中世末期の人々の精神構造の見取図が実にこれである。わたしは次節において、その見取図を、より一層鮮明に浮びあがらせるべく努めるであろう。今はただ、コミーヌの心の定位についてのわたしの陳述を、一応の帰結点にまでもっていかなければならない。

ホイジンガは、わたしがこの論述にまさぐってきたコミーヌの思考のくせを、ただ一行で批評しつくしている、すなわち「そんなことは気にもとめていない。事件は彼にあってはただ外交術策のみに凝集されてしまうのだ」、と。騎士道、そうしてその語彙はコミーヌの意識の中で楽々と眠りこけている。そうしてコミーヌの思考の焦点は「外交術策」、すなわちわたしの理解でいえば sens にあるのだ。騎士道等、一般に前近代に対する近代の批判をコミーヌに聞こうとするものに必要なのは、この sens についての適確な認識である。sens とは、宗教の、あるいは騎士道の包含する価値の体系にぴったりよりそって、常に活動し続けてきた実利の精神の一変奏である、とわたしは考える。わたしはこの理解を、またもやスーザン・K・ランガーに負うている。彼女は陳述する、「最も人目をひきつける事実は実践において常に重んじられた。そうでなければわれわれはこの世に存在しないだろう。しかし宗教的シンボルのみに精神を奪われた社会では、事実をまったく実利的な精神 a purely practical spirit で取り扱い、それが生じてくるや否やそれを処理する。それらの事実が相伴って変化することや、それらの継起性や、それらの一様性に対し哲学的関心を抱くには観点の変化をまたねばならないのである」(『シンボルの哲学』p. 339)。

それはまたホイジンガにより騎士道との関係から適確に考察された精神の働きであって、ホイジンガは、中世において実際に歴史を動かしていたのは冷静な政治家や商人たちであったとして、騎士道に心酔する人々から歴史への参与権を奪ってしまう考え方を批判し、騎士理想に身も心も打ちこんだ王侯貴族の、それでいてはなはだ実利に則した処生術の様々な例をあげ、また逆に、市民たちの生活への騎士理想の浸透の様を詳細に解説することによって、このことを示したのである (cf. esp. Herfsttij, chap. VII)。これはまた信仰の問題についてもホイジンガの指摘する精神の働きであって、彼は簡潔に忠告する、民衆の一部が信心深く、一部は無信仰で世俗の事物にかまけていた、と説明するのはよくない、と（cf. esp. Herfsttij, chap. XV）。宗教の、あるいは騎士道の価値の体系の拘束力が弱まれば、その度合に応じてそれだけ強く、この実利の精神は、一見独自の価値体系を構成するかの観を呈するであろう。そうしてそれがコミーヌの場合に他ならなかったとわたしは思う。この実利の精神の強調をもって近代の徴表とみなすものの眼は明瞭に斜視症状を呈している。これが中世から近代への移り行きの徴表である、とする定言をすらわたしは躊躇する。わたしが中世と近代との境界に位置しているとみなす、幾人かの精神の典型に、その定言はほとんどなじまないからである。

3　パリの一住民

一四一八年夏、パリはアルマニャック派の暴政に苦しんでいた。

だがすべてをお見通しの神は憐れみのうちにその民を御覧になり、運命 fortune を目覚めさせた。

パリの一住民は、五月から八月にかけて展開されたブルゴーニュ軍のパリ奪回と、それに呼応した民衆によるアルマニャック派大虐殺事件の記述の筆をこう起こす。

民衆の隊長たる貪欲 convoitise は旗を持ち、その前に控えた裏切り trayson と復讐 vengeance は声高に叫びはじめた、「殺せ、このアルマニャックの犬ども、裏切りものどもを殺せ、今夜やつらをとりにがすようなことがあったら、神様なんか知ったこっちゃない！」と。

これはまさに比喩の花盛りである（*Jour.* II pp. 650, 652）。ホイジンガは『中世の秋』第十五章「凋落する象徴主義」においてこの記述に言及し、この悲惨な出来事を叙するに際し、記述者は「この恐ろしい事件を、人間の意図するところを越えた、なにかもっとより高い意図に基くものと見たいという気持にかられていた」のであり、その時彼は比喩を必要としたのだ、と判断を下している（Herfsttij, p. 256 f.）。わたしもまたこの判断を追認する。この記述者の思考と感受性の構造がまさに中世のそれであるという確かな覚知が、その判断をわたしに追認させるのである。ここに、意味が強度に充塡されていると感じとられる出来事が生じた時、それを記述しようとする衝動が比喩の操作を誘い出す意識の風土がある。以下試みる論述は、その風土の片隅なりとでも確かな想像力の画布に描き出そうとするはなはだ無謀な企ての、そのほんの下書きにすぎない。

『シャルル六世・シャルル七世治下のパリの一住民の日記』(29)の筆者の思考と感受性を示す徴表に、まず手間を省かぬ列挙と詳細な描述とがある。一例をあげよう。一四二九年、パリに説教僧リシャール某がいたり、

> 四月第十六日土曜にサント・ジュヌヴィエーヴにおいてはじめ、続く日曜とそれに続く週間、すなわち月曜、火曜、水曜、木曜、金曜、土曜、日曜と、イノサンスにおいて朝の五時頃よりその説教をはじめ……（*Jour.* III p. 253）

なんのために曜日を列挙するのか。たとえ次のような記述に見られる場合でも、それは文学ではない。

> 十二月はすぎ、一月、二月、王と王妃はパリに戻らず、常にトロワの町にあり、常にパリ周辺にアルマニャック勢は走り廻り、奪い、掠め、火を放ち、殺し、母娘を犯し、さらには神に仕える女をも。（II p. 663）

あるいは三週間の間、連日行なわれた祭列を、ただの一日の分も省略せずに報告している記述（II p. 634 f.）、あるいは租税の数字を多寡に応じて列挙する記述（III p. 282 f.）、また、その時々の商品の価格の報告（passim）、アルマニャック派の要人を収容した牢獄を列挙する記述（II p. 652）等々をあげよう。一週間という概念が更に細分される時、記述の衝動は静まり満ち足りるのである。連日起った出来事は連日のこととして記録されて、はじめて記録者にとって現実となる。結局、細部描写ということも同じ心の定位を示していよう。それはいわばより絵画性 imagery 豊かな列挙である。サン・ドニ門に飾りつけられたパリ市の紋章の細かな描述にはじまる、一四三一年王ヘンリーを迎えての記述を一つのまとまりとして指摘しよう（III p. 266 f.）。だが、この徴表が記述の殆んど各節に認められるということにこそ、むしろ注目しなければならない。祭列の情景を写して一住民は述べる。

　そうして大学の人々は二人づつ進んだ。先生方一人一人の傍らに、少し下がって、町の人がついたのだ。（II p. 653）

　あるいは一四二九年、パリ奪回を図った王太子軍とパリとの攻防戦を記述する一住民は「パリの壕割を埋めるべく三本の箍に縛り括った雑木の大束」と記す（III p. 256）。あるいはまたアルマニャック派が強制通用せしめた貨幣の裏表の模様の描写（II p. 654）、さらにはこの特性の奇妙な変奏として、一見正確そうな数字への執着を指摘することができる。前述のアルマニャック派虐殺事件の記述に際し、五月二十九日には五二二人、六月十二日には一五一八人が殺害された、と一住民は報告する（II pp. 651, 653. なお III p. 242 にも同様の記述が見られる）。おそるべき素朴さではないか。ジュヴェナル・デ・ジュルサンの「七百から二千」という控え目な報告の前に、一住民の信用がた落ちである。[30] フランソワ・ラブレーがこれに類する詳細な数字の指摘を遊びとして楽しんでいることをわたしは想起し、ラブレーと一住民の意識構造を分ける一つの徴表をこれに見る。以上、列挙と細部描写のことが一住民の思考と感受性の一般構造において占める位置については、なお後に論述の展開を試みるであろう。さらにわたしは、一住民の記述に表われた注目すべき徴表をたずねなければならない。

同種の出来事を書きとめた記述がいくつかある。例を悪疫流行のことにとり、比較的接近した時点にそれぞれ立つ四つの記述を見てみよう。一四一三年のそれは「Tac または Horion と呼ばれ、百日咳に似た症状の悪疫で、死者は少なかった（*Jour.* II p. 641 f.)。一四一八年のそれは la boce と呼ばれ、「聖母御生誕日より御孕りの日にいたるまでに（九月八日から十二月八日まで）十万人以上を葬った」ほどの猛威を振ったということである（II p. 657)。一四二七年のそれは la dando と呼ばれ、おそらく流行性感冒であった（III p. 249)。一四三三年、ふたたび la boce が荒れ狂い、

一三四八年のそれ以来、これほど多くの死者を出し、これほどはびこった悪疫は見られなかった。

と一住民の筆は重い（III p. 272)。以上四回にわたる悪疫流行を記述するにあたって、以前の類似する経験を一住民は想起していない。一四一八年、三三年のそれは、おそらく黒死病の一種であり、他の二回はおそらく流行性感冒と耳下腺炎であって類似する症状を示したであろうに、一住民は数年前のそれを想い出していないのである。わずかに想起するのは一世紀前の黒死病大流行のことである。四度の悪疫は、おそらくこの黒死病を媒介として他との類似性を主張しうるのみである。しかもその類似性とは、一住民の脳裡にあっては、流行したということ、そのことに他ならない。関心はいかに

それが流行したかに集中している。一四一八年の記述は、一切悪疫の実相についての記述を含んでいないのである。いささか図式化してみよう。四度の悪疫という特殊体験は、流行という性質によってそれぞれ十四世紀の黒死病に結びつけられた。黒死病とは流行という性質を完全に表現した事例であり、それ故にこれら四度の同種の経験の symbol となり得るものであったのだ。ある経験においてそれに類似する経験を想起するということは、先行する経験を symbol として、新たな経験を了解するために使うということに他ならない。一住民の意識の風土にあっては、たとえば一四一八年のそれは三三年のそれの symbol とはなり得なかったのである。

かくて出来事は、たとえ同質の内容のものであっても、個々に独立するものとして記述される。一住民以後のわたしたちにとって、数年の間隔をおいて継起した複数の出来事を相互に比較し、それぞれの特殊性と共通性とを項分けにし、そこからそれらの出来事に関する定式を導き出すという操作は、これはもう当然のことであろう。だが、わたしたちに当然のこと、必ずしも一住民にも当然とはいえないのである。なお類例をあげれば、一四二八年、三一年と、同じ王宮の広間に催された祝宴の記述があり（III pp. 251, 267）、ここにも後者が前者をまったく想起していないという事態を見ることができる。さらに詳細な参会者の紹介、くばられたパンについての熱心な説明、大混乱ぶりの楽しげな描述などに表われた記述の調子のうちに、いかに一市民が今起った出来事そのものに心を奪われ、その時々の事態をその時々に完結し、終了し、一つの記述の世界を作るものとして記述することにいかに没頭していたか。そうしてその時、いかに熱心に列挙と細部描写が実修されたかということをわたしは感じとるのである。列挙ということの記述例としてすでに指摘した商品価格の報告についてもまた、以上のことを確認し得るであろう。年に頻度十回を数えることもあるほど（一四二〇年度）、頻繁に見られるものの値段の列挙は、あくまでその時々の、麦あるいはぶどうといった個々の商品の価格の列挙であって、ある一定期間もしくはこの日記全体に係わる価格の統計学、あるいは種々の商品の総体に係わる物価として記述しようとする配慮はついに見出されないのである。簡単にいえば、半月前に較べてこの頃は五円あがった、というような記述は望むべくもないのである。

次に同時期に属するいくつかの記述相互間の関係を見てみよう。一四一八年、アルマニャック派虐殺事件の記述に例をとる。五月二十九日ブルゴーニュ軍のパリ侵入にはじまり、八月の終り、パリ民衆による近郊のアルマニャック残党攻撃のことまでで一つの段落を作る、全体で三六項の記述である。[31]

一住民の記述するままに事件の推移を見てみよう。

1、（第一項、以下同）アルマニャック派軍兵の乱行　2、五月二十九日日曜夜ブルゴーニュ軍が侵入し、アルマニャック派の要人たちがサン・タントワーヌ門塔に逃げこみ、六月一日水曜朝反攻にでること　3、民衆による防衛と大虐殺　4、捕虜となった要人たちの紹介　5、その一人についての註釈　6、彼らを牢獄に収容したこと　7、警戒　8、六月九日聖アンドレ会結成のこと　9、ルーアンへの援軍派遣　10、11、12、六月十二日夜から翌朝にかけての民衆の牢獄襲撃、大虐殺及び殺された要人たちの死体処理のこと　13、町奉行の更迭　14、ブルゴーニュ侯の消息不明のこと

15、16、アルマニャック派の騎士、商人らの処刑　17、サン・タントワーヌ門が塞がれたこと　18、大市中止のこと　19、六月二十四日道路の鎖修復のこと　20、七月三日祭列執行のこと　21、七月八日アルマニャック勢がパリを襲い、民衆勢がこれを追撃し、パリに戻った時、ふたたび牢獄の囚人を虐殺しようとすること　22、ソワソンがブルゴーニュ勢の手に入ること、ならびにソワソンでのアルマニャック派の悪行のこと　23、パリでの悪行への回想　24、七月十四日ブルゴーニュ侯が王妃イザボーとともにパリに帰ること　25、サン・ドニのブルゴーニュの某隊長横死　26、近郊でのアルマニャック勢の跳梁　27、ボン・ド・ラルシュが英勢の手に陥ること　28、ある騎馬警備士の奇矯な振舞　29、商品価格の列挙　30、八月二十一日シャトレ牢獄の囚人虐殺　31、続いて民衆は小シャトレ牢獄を襲撃し、ブルゴーニュ侯の制止は効を奏さなかったこと　32、次いで民衆はブルボン館の牢を襲うこと　33、その夜の不穏な情勢　34、数日後、妊婦殺害の罪である死刑執行人が斬首されたこと　35、la boce と呼ばれた疫病が流行すること　36、民衆によるモン・ル・エリーのアルマニャック勢攻撃が「貴族たち」の裏切りによって失敗すること（*Jour.* II pp. 650-656）。

以上が、継起する出来事から作られた、一住民の眼によるこの夏のパリの現実である。この現実以外に、同時期の別の記述者による、あるいは半世紀ほど後の記述者による現実、また歴史学が構成した、この時期についての過去の現実がわたしたちに与えられている。それらとの対比において見る時、一住民の作る現実はどのような型のものか。まず、一住民が運命女神の働きと説明してしまっているブルゴーニュ勢侵入の件について、ジュヴェナル・デ・ジュルサンは、ある裕福な鉄商人による手引通報のことを述べ、上層市民と占領軍たるブルゴーニュ勢との協力関係を示唆しているかのようである（des Ursins, p. 541）。さらにブルゴーニュ勢の指導者層の連中がこの時大儲けしたとデ・ジュルサンは報じ（*ibid*., p. 512）、ピエール・ド・フェナンもまたそのことを証言している。[32] このような細かな点についての比較対照はここでは措こう。主として第30項以下の記述について見てみる。シャトレ牢獄襲撃のことより後の事態の推移を、主としてモンストルレに拠っているジャック・ダヴウは次のようにまとめている。アルマニャック派囚人に対する裁判の遅延と食糧難とに苛立った民衆は、首斬役人カプルシュを指導者として再び暴動を起した。それはかつてのカボシュ暴動の残照である。ブルゴーニュ侯は最初宥和策をとったが、ついに上層市民の賛意をとりつけて、首謀者たちの関心を各所の市門の危機ということに集中させ、他方民衆に対し外の敵勢討伐に参加せよと呼びかけた。かくて「即席の軍隊」が、ブルゴーニュ侯輩下の騎士に率いられて、モン・ル・エリーに向った。ただちにカプルシュは捕えられ、処刑された。パリは武装した上層市民たちに守られ、暴動は鎮圧されたのである。「ジャン・サン・プールはかくてパリに決定的に平穏を導き入れた。ブルゴーニュの勝利はここに永く保証されたのである」、とダヴウは結語する。[33] 歴史学によるこのまとめはデ・ジュルサン、トマ・バザン等の証言によって裏打ちされる。デ・ジュルサンは明白に「首斬役人カプルシュがその首謀者であると人はいっている」と証言し、カプルシュ処刑に関して、上述のまとめに同調する（des Ursins, p. 543）。またデ・ジュルサンに欠けているモン・ル・エリー攻撃のことについてはトマ・

バザンの記述があり、これまた上述のまとめと全く同調している[34]。

同世紀の二人の記述者、また歴史学によって作られた、これら一連の出来事の現実と比較する時、一住民の作る現実はなんと疎漏に見えることか。一住民はブルゴーニュ侯の画策、階層対立等の諸契機に対する洞察を全く示していない。ブルゴーニュ侯は暴動に対処する術を知らず、ただ民衆をむなしく宥めようとする。カプルシュのことはその名も記述していない。ただ妊婦殺害という残忍な行為を働いた一首斬役人が、自分の後継者にいかにして首を斬るかを教え、自分の首を実験材料に供したことを熱心に記述する。モン・ル・エリーについては、ただ民衆と「貴族たち」の対立のことを報じ、その「貴族たち」がつまりはブルゴーニュ侯なのだという上述の理解は、一住民には通用しないのである。歴史学による上述のまとめが、この一連の出来事についてのよい形での理解であるかどうかについての判断は、ここでは措こう。一住民の理解のありようを探っているいま、確認すべきことは、これら一連の出来事に対して一住民が、いわば挿話ふう処理をもって臨んでいるということである。上述の諸契機を使っての構造的理解は、一住民の思考と感受性の型には無縁なものなのである。このことはまた第八項についても認められる。

虐殺の夜があけた六月九日木曜日、サン・ユスタシュ教区では聖アンドレ会結成のことが計画され、信者たちは紅バラの花笠をつけて教会堂に集まる。僧侶たちも花笠をつけていた。「だから教会の中はまるでバラの水で洗われたように、いい匂いでいっぽいになった」、と一住民は記述する。

聖アンドレはブルゴーニュ侯家の守護聖人であり、その殉教の斜型十字架は侯家の標識と見られていた、ちょうどフランス王家の百合花と同様[35]。だからこれは親ブルゴーニュ気配の濃い信者講であり、しかも四年前、一住民の記述するところによれば、この教会堂前の橋の上で一青年が拳を切りとられた。アルマニャック派が着用を強制した聖ユスタシュの肖像模様の帯を、たまたま成立した休戦を愚かにも和平と信じこんで、とりはずし、ひきちぎったのを咎められてのことである（*Jour*, II p. 643）。してみれば聖ユスタシュ及びその名を冠する教会堂は一住民にとって忌わしい記憶に結びつき、聖アンドレ会結成ということは、アルマニャック派の専制とそれからの解放という、まさに一住民の記述の主題の一つの見事な変奏とわたしたちには容易に読みとれるではないか。だが一住民は、ただバラの花笠にみとれ、その芳香に酔っているのみである。同様に、この記述とその前日まで展開された大虐殺を叙する記述との関係についても、わたしたちの感受性は戸惑いを覚えるのである。ホイジンガはこの記述を紹介し、「この時代の無情さのうちには、なにかしら『無邪気で卒直な』ところがあり、それが我々の非難の言葉を唇の上に押し殺させるのである」、と批評している（Herfsttij, p. 28）。血とバラの香り、地獄の恐怖と子供っぽいいたずら心、その間を子供の頭をもつ巨人のように、民衆はゆれ動いていた（cf. Herfsttij, chap. I）。一住民は、前項に凄惨な情景を、いまこの項に無邪気な景色を描述することに、それぞれ熱中し、はからずも中世末期の人々の感性の構造を明かしてくれたと思うのである。

第20項祭列執行のこともまた、記述者の心の定位を明らかにする。一住民は、なんのために祭列が行なわれたかには全く関心を払わない。ただ、いかにそれが「かつて見たことがなかったほど美々しく、いと敬虔に、恭々しく」街を行ったかを記述することに専念している。その専念に細部描写の特性が認められることは前述した。この祭列のこともまた、これら一連の出来事から歴史学が作る理解の、あるいは重要な一つの環であったかも知れないが（それについてのわたしの知識は十分ではない）、ともかくそれは一住民の理解ではなかった。だから前出のダヴゥが、この祭列のことを秩序規制策の表現と解説する時（D'Avout, p. 269）、儀式行為即秩序規制という連想がわたしたちにとって極めて了解し易い論法であるだけに、わたしはそれに同調することをためらうのである。

次に、一つの記述のまとまり（その多くは項に合致する）の内部構造を見てみよう。前段にとりあげた記述例の第3項がまず恰好の材料となる。

人々ノ殺サレルヲ目撃シテ後、百歩モ進マヌウチニ、下帯一ツの裸体ノ屍ガ横タハル有様ナリキ。泥土ニ塗レタル豚ノ群レノ如ク、実ニ哀憐ノ極ミナリキ。即チ、コノ週間、豪雨ノナカリシ日ハ少カリシガ為ナリ。かの日、五月二十九日日曜日、道傍で剣その他の武器で殺されたものは、屋内で殺されたものを除いて五二二人であった。ソノ夜大雨降リタル為、死体ハ些カモ悪臭ヲ発セザリシノミカ、傷口モ篠突ク豪雨ニ洗ハレテ、翌朝、傷口ニハ、凝結セル血ノミ附着セルニスギズ、汚穢れ物ハ跡ヲ止メザリキ[36]。

この記述を三つの段落に分けて、「……少カリシガ為ナリ。」までは六月一日水曜日を時点として、もしくは時点と想定して記述されたものである。とすれば第三段に「ソノ夜」といっている、その夜とは六月一日の夜か。それとも中段の「かの日、五月二十九日」をうけて、その夜なのか。渡辺一夫教授はその『日記解題』において、中段の部分を省略され、「五二二人」という人数は五月二十九日以降の殺戮全体に係わる数字との想定に立たれて、上下段を直接結びつけられている。教授はそれ故、「ソノ夜」を六月一日の夜、と読みとられていることになる。だが「かの日」とあって「ソノ夜」とある以上、五月二十九日の夜、と読みとるのが最も妥当であろう[37]。

中段の部分を括弧に入れる、つまり挿入と見る必要はない。三つの段落は連続しているのである。その繋がり具合は確かに奇妙である。一住民は「泥土ニ塗レタル豚ノ群レノ如ク」という絵画imageから「かの日」以下の記述の主題を作っているのであり、だから「屋内で殺されたものを除いて」などと、はなはだ妙な註釈を加えているのだ。一住民はまず六月一日の時点で路上に放置されてある屍体を描述する。そうしてその泥塗れの状態から降り続く雨のことへと意識の対象が移行した時、すでに一住民は六月一日の時点から去り、五月二十九日のことを記述しているのである。雨がすべてを洗い流したとは「豚ノ群レ」の如く泥にまみれた屍のことではない。いいかえれば、第一段に展開した論述の帰着として第三段が記述されたのではない。すでに一住民は新しい主題を記述しているのである。さらに別の記述を見てみよう。

オルレアンでの武装せる娘ジャンヌ・ダルクのことを記述して、一住民はいう。

人のいうところによれば、彼女が英勢の隊長に向っていうには、その軍勢とともに陣営より出立せよ。さもなくば汝ら全てに禍と恥とがいたるであろう、と。かの隊長は娘を口汚なく罵り、淫売、売女と呼んだ。すると娘はいった、彼ら軍勢は彼らの意に反し、時を移さず出立することになろう。だが彼は（その出立を）決して見ないであろう、と。そうしてそのようになった。なぜならば殺戮が行なわれた前の日に彼は溺れ死んでしまったのであるから、……

さて、ここまで読んでわたしは予想する、一住民は続けてジャンヌの予言力について批評するか、そうでなければ隊長に死なれた隊士たちの困惑ぶりでも記述するのだろう、と。ある記述Aの後にはどんな記述Bでも置かれ得るというものではない。記述Aに提出された主題の性質に則応して、記述Bは、ある限定された範囲内での主題を記述する。その主題の限定についての共通の了解をわたしたちはもっている。だが一住民は平然として、続けて隊長の屍体処理のことを記述し、わたしの予想を裏切る。

……その後、引揚げられ、四肢を分断され、煮られ、臭気止めを施され、サン・メリーに運ばれ、酒倉の前の教会に八日から十日の間置かれた。そうして夜となく昼となく、屍体の前には四本のローソクもしくは松明が焚かれた。そのことの後、埋葬のため故国へ運ばれた。（*Jour.* III p. 254）

いったい、この項全体の主たる主題は何であり、それに対し従たる主題は何であるのか。そのような構造的理解は、おそらく一住民の記述には通用しないのだ。一住民の関心は主たる主題から主たる主題へと移行するのである。わたしはさらに、一四二九年、説教僧リシャール某が民衆に説教し、翌年大いなる出来事が生ずるであろうという予言を残したことを記述する一住民の筆が、おそらくその者が「よき教化を及ぼした」ということからの連想によって、マダゴワール草（ちょうせんあさがお）に関する迷信かつぎのことに滑っていく記述例を（III p. 253 f.）、また、一四三二年、ラニイを攻略しようとした英勢の敗退を述べる一住民の関心が、その敗退の原因と一住民が考えた異常な暑さのことからの連想と考えられるのだが、ぶどう酒の値上りのことに移行してしまっている記述例（III p. 269 f.）等々をあげることができる。

わたしが一住民の記述に見る、一住民の思考と感受性の特性はどのようなものであるか。記述の一つ一つのまとまりが、独立と完結への強い志向を示しているのである。一つの出来事についての記述は、たとえそれと同内容の出来事についてのそれであっても、他の記述との聯関を主張しない。一つの記述は、それ自体の持続性のうちに成立し、完結する。しかもなお、それら一つ一つの記述が集まって「日記」を構成する、ちょうど絵巻物とその一つ一つの画面との関係にも似て。その一つ一つの画面を作るのは、見る眼であり描く眼である。それは畸形児誕生のことを記述する時（III p. 254）、また大風による被害を報告する時（III p. 273 f.）、「この眼で見た」と強調するところに記述者の強い志向として表われ、そうしてとりわけて以下の如き、ジャンヌ・ダルクの旗持ちの死を述べる記述に、その最も強度な表現として定着された精神の働きである。

そこに彼らの娘は壕割の土手の上にあってその旗を守り、パリの人々に呼びかけて、イエスにかけて直ちに我らに降伏せよ、（中略）なにおう、とあるものがいった、この助平女め、淫売め。そうしてそのものはなつ弩の矢はまっすぐに彼女に向い、彼女の脚を貫き通したので彼女は逃れ去る。もう一筋の矢は彼女の旗をもっていた者の足を貫き通す。その者は傷ついたと知るとその瞼甲をあげ、足にささった旋転矢をひきぬこうとする。その時、さらに一筋の矢が彼にいたり、両眼の間を貫ぬき血に染める、彼を傷つけ死に追いやる……（III p. 256）

わたしが現在形に訳したのではない。もともと現在形なのである。これを記述した時、一住民の意識は極度に緊張していたに相違ない。つまりは写実ということであろう。それが細部描写、列挙ということに端的に表われる。見聞したことを説明するのではなく、見た人物の動きを動きのままに、見た事物をその配置のままに記録しようとする衝動に、この時一住民は衝き動かされている。その視野に入る全ての形態とその配置の状況そのものに独自の意味がある、という認識がそこにある。一住民の眼は分析しない。ただ見るのである。見た事象を彼は記述する。そうして視線は全ての出来事、事物に及ぶ。

ホイジンガは『中世の秋』にポルトガルの画家某のフランドル絵画評言を引用し、これを批評している。画家某はいう。それは「事物の外観をそっくりそのままであるかのように再現する」ことを狙っている。「だがそこには芸術もなければ理性もまたない。そこには均斉もなく釣合もなく、そこでは選択が行なわれず、そこには偉大さがない。一口にいえば、この絵画芸術には、力あるいは卓越性といったものが欠けている。この芸術は全ての事物を同時に完全に描こうとする、全力を費やすのは、そのうちの一つの重要な事物だけで十分だというのに。」ホイジンガは批評する、ここで非難されているのは中世末期の精神の諸特徴に他ならない、と（Herfsttij, p. 332）。ホイジンガに倣ってわたしはいおう、この一文中の「芸術」を「記述」と読みかえれば、まさに画家某の非難の対象は一住民の記述に他ならない、と。この画家某の言は、事象全ての配置を、事象それぞれの性質に則して統合し、全体の意味の拡がりを一点に凝集せしめる構図の原理を説いている。そうして例えば上述のジャンヌの旗持ちの死の記述を、ジャンヌに関する記述の全て、あるいは前後のいくつかの記述のうちの、画家某のいう「全力を費やす」に足る「一つの重要な事物」と考えることは不可能であろう。それは挿話でしかないと、たしかにこの画家某と共通の心の定位に余儀なく立たされているわたしたちは判断する。それならば、その挿話に写実の腕をふるう一住民の心の定位はどう考えたらよいのか。出来事は全て現実とされるべく一住民の眼前に継起する。そうして、ファン・アイク、またヒエロニムス・ボッスにとって、画面の一隅に慎しやかな場所を占めるにすぎない一本の草木が細密極まる描写の対象となり得たのと同様に、一住民にとって、継起する出来事は、すべて同じ資格において描述の対象たり得たのである。

一住民は「全力を費やすに足る一つの重要な事物」を選択したりなどはしない。あたかも感光板に映しとるが如くに、すべてを記述しつくそうとする。もとより、心の定位においてそうだ、というのである。すべてを記述しつくすことはできない。一住民はいくつかの出来事を記述する。だから、わたしは一住民に問いかけたい衝動にかられる。どのような見通しから、あなたは、継起する無数の出来事から、これ、あるいは、あれを記述したのか、と。この時わたしの脳裡には、たとえば前述のアルマニャック派虐殺事件についての36項の記述と、この件について歴史学の作った見通し、事件の筋道との対比がある。歴史学が「様々の事象の大洋のうちに」発見した「時代の動きの乗り越えられた一つ一つの階梯」、「主要な変化のいくつか」についての洞察を全く示していない一住民への非難の言葉が、いま、わたしの咽喉から出かかっている[38]。

だがわたしは、その非難が不当なものであると知っている。その非難を口にする前に、歴史学の作った見通しは、あくまで一住民以後の近代の知性の作ったものでしかないということを反省してみる必要がある。そうして、一住民の記述全体の調子に則して、歴史学の発見した事実の脈絡とはおよそ異質の、近代の知性の了解を拒む事実の脈絡が、一住民の記述には隠されているのではないか。わたしたちには不整合としか映じない記述と記述の連鎖が、一住民の意識の風土にあっては、それはそれなりに整合しているのではないか、と考えてみなければならない。わたしたちには挿話としか見えない主題に写実の筆を駆使するのを見て、なんと無駄なことを、と肩をすくめてはならないのである。そのような一住民の記述への衝動は、出来事に充塡されている意味の強度に対応しているのではないか、という疑いがあくまで残されているのである。この問題の究明に当っては、補助線を認識論の方へ強くひかなければならないであろう。わたしたちはわたしたちの感性、知性とは恐らく異質の部分を多く含んでいる感性、知性の持主の、世界についての認識を相手にしているのではなかろうか、と思うからである。

以上論述した、一住民の記述に認められるいくつかの徴表をして、わたしはホイジンガとともに中世 naturalism の表われとするのである（cf. esp. Herfsttij, p. 346）。「日記」を解題し、また史料として読もうとするものは、まずこのことを念頭におかなければならない。たとえば『ジャンヌ・ダルクが出た頃の人々の生活』を書いたフランスの一史家が、『日記』をしてこの時代の反英感情の標準値を示すものだとし、一四三一年英及び仏王ヘンリーが主催した、王宮の広間を民衆に開放しての大宴会の記述をもって、その例証としているが如き誤ちを犯してはならないのである。[39] 一住民は確かに、その史家が指摘するように、「料理がしみったれていた」こと、無秩序であったことを述べてはいる。だが接待の係がイギリス人であったからそうなったのだ、とは記述していないし、また行間にその意を汲むこともできない。一住民は、無秩序大混乱の様を、ほとんど楽しげに描述する。料理が不味かった事態そのことに絶大の関心を示す。それだけの話である。この史家は『日記』全体が反英感情を示しているという予断をもっている。その予断が誘い出した、記述の読みの歪みをここに見ることができる。ところで、その予断、それはこの史家の全くの独断にすぎない。このことは従来一住民について下されてきた、ブルゴーニュ派である、という評価と深く関聯している[40]。

確かに一住民は、いわば親ブルゴーニュ侯派ではある。第二代ブルゴーニュ侯ジャン・サン・プールに対する親愛の情は、前述の大虐殺事件の記述にも窺われる。ブルゴーニュ侯とは一住民にとって「王国とその人民との共通の利益の擁護者フィリップ・ル・アルディ[41]」の後継者として、この「苦しみの舞踏」から、パリを、そうして王国を解放してくれるものとして待たれている存在なのである。一住民は自己の抱懐する政治理念の具現者、あるいは自己の利益の賭けられている権力者として、侯に期待をかけているのではない。中世後期の世界にあってはなお幻想が、夢が、一つの人格を支配し得たとホイジンガはいう。その一つの実例がここにある（cf. esp. *L'Etat bourguignon*, ……）

その期待に背く侯の行為に対する一住民の筆は厳しい。前述の「苦しみの舞踏」という言葉をもって打ち続く戦乱を形容した一住民の記述は、「彼ら（英勢）のため、また前述の輩共のため、土を耕やし、種を蒔くこと能わざりき」にはじまる一節であり、「前述の輩共」とはブルゴーニュ勢のことなのである（*Jour.* II p. 670）。あるいはジャン・サン・プールその人に対する、いつまでも侯がパリに居座っているから諸物価が上り云々、というモン・ル・エリーの事件直後の記述（II p. 656）、またブルゴーニュ勢の悪行を難ずるいくつかの記述をあげることができる（nov. 1417, II p. 648; oct. 1417, II p. 649）。まして奇妙なのは悪行の程度の順列を、一に英勢、二にブルゴーニュ勢、三にアルマニャック勢としている記述の見られることである（II p. 649）。ところがある時には、一にアルマニャック、二に英勢としている（II p. 663）。そうして確かにアルマニャック勢の乱暴狼籍を難ずる記述の方が多いし、非難の熱度もまた高い。実際ここからブルゴーニュ派だという見方が出ているかと思われる。反アルマニャックだから親ブルゴーニュだ、という判断である。ここに、この時期のフランス史をアルマニャック、ブルゴーニュ、そうしてイギリスの三概念をもってまとめようとする、歴史学の作り出した図式の強制力が、いかに一住民の記述についての誤った予断として作用しているかを見てとることができる。

パリを包囲し、パリを苦しめる三つの軍勢についての観察はあり、その観察からアルマニャック勢を最も悪質と見る一住民の判断を読みとることはできるが、如上の三概念を操作して継起する出来事を理解しようとする姿勢を一住民に見ることはできない。おそらく、この三概念を使っての理解にとっては極めて「重要な時代の動きの乗り越えられた一つ一つの階梯」でもあったろう、一四二〇年トロワ条約、一四三五年アラス和議に対する徹底した関心の薄さはどうだろう。前者についてはただその協定が結ばれたという報告（II p. 664）、後者については、パリにはなんの関係もないことだという寸評（III p. 276）しか見られないのである。一口にいって、一住民の記述には、歴史学がこの時期にその確固たる形成を想定する国家意識が全く欠けているのである。わたしは、一般に十五世紀における国家概念は「今日アメリカ社会学者のいう我々‐集団 we-group 以上のものではない」とするホイジンガの判断を正当化する好実例を一住民の記述に見る（*L'Etat bourguignon*, ……, VW II p. 168）。だからこそアルマニャック勢はあくまで「外国人たち gens estrangers」だったのであり[42]、英勢はフランス国家に侵入したものという見地からは裁かれず、パリと同盟関係を結ぶ以上はパリの味方であるという判断が出て来ているのである。[43]

だから、トロワ条約についての一住民の寡黙さのうちに「何か歯を喰ひしばつて、この苛酷な史実を、なるべく目立たぬやうに、しかも陰蔽することなく記録しようとしてゐるやうな感じ」を感じとられ、それというのも自己の「ブゥルゴーニュ派的色彩」が「親英・容英策」を含むものであることを覚った時「文字通り、筆舌に尽し難い複雑な感情、あきらめと後悔との感情も加った気持」を一住民が抱いたためであろう、と判断される渡辺教授にはわたしは全く賛同できない（『群像』sept. pp. 172 ff.）。一住民がこの出来事について抱いた感想は、この記述に表われている通りである。彼はともかくもこのことを記述している。そうして一住民が記述しているということは、これはそれだけで大したことなのだ。おそらく、事実、この時期に継起した出来事のなかで、これはそれ程意味の充塡されている出来事ではなかったから、一住民にとってはそうであったから、一住民の視線はこの程度の反応しか示さなかったのである。

この一例にも見られるように、渡辺教授の「日記解題」には、前述した一住民の記述態度についての確かな認識に欠けるところが多分に認められると思う。そうして、それが〈解題〉の形をとり、しかも『日記』を日本においてほとんどはじめて紹介するものであるだけに、『日記』についての誤った先入見を植えつけるものとなるのではないかと惧れる。それ故、僭越とは思いながらも、以下若干の批判めいた言葉を弄させていただきたいと思う。問題をジャンヌ・ダルクについての一住民の記述にしぼり、以下の記述についての教授の御意見をまず紹介する。

同じく、この年五月十二日と十三日に、三十年来見られなかった程美しく大粒の沢山の実をつけているのが見られた葡萄畑は、すべて凍りついた。毎日毎日のことで明らかなように、この世の事には何一つ確かなことのないことを我々にお示しなさろうと、このことが起るのを神はお望みになられたのだ。

同じく、五月二十三日、コンピエーニュ前面にて、アルマニャック軍のジャンヌ・ラ・ピュセル殿は、ジャン・ド・リュクサンブール殿とその手勢並びにパリに到着していた千余りの英勢によって捕えられ、ラ・ピュセルに従う者たち四百余りは、或いは殺傷され、或いは水に溺れた。その後、続く日曜日、千の軍勢がパリに到り、サン・モール・デ・フォッセ僧院にいたアルマニャック勢を襲った。アルマニャック勢は支え切れず、僧院を退去し、生命からがら、手にした棒一本の他は何物ももたず逃げ出した。その数は百余りであり、そしてその日は一四三〇年六月二日であった。

同じく、この頃、塩バター一リーヴルの値段は銀貨三ソル・パリジスであり、くるみ油一パントは六ソル・パリジスであった。そうして確かなことであるが、アルマニャック勢が退去するや否や、英勢は、隊長たちの意向によってでのことか、反してでのことか、僧院と町をきれいさっぱり掠奪しつくしてしまって、おたまじゃくしさえ残さなかった。みんなもっていってしまったのであり、彼らが入りこむ前にいた連中がいい加減掠奪した後で、次に来た連中もまた何も残さなかったのである。なんとみじめな！（*Jour.* III p. 259）

教授は前二項を訳出され、まず「御時世の推移に対して、段々自信がなくなってゆくやうな気配を見せてゐる」ようだとの印象をもたれた。そうしてジャンヌの出現を報ずる記述の前後に、すみれの狂い咲きとか畸形児誕生とかの記述があったことを指摘され、「今度の場合もさうで、葡萄が冷害を蒙ったことにかこつけて」世の定めなきことを述べ、「更に、ジャンヌ・ダルクの逮捕事件を記録してゐます」と判断される。そうして今まで「生娘《ラ・ピュセル》」と呼び続けていたのに、今は「妙にかしこまつて、『ジャンヌ殿』*Dame jehanne* などとも呼んでゐるのは、若干滑稽です。『日記』の筆者の心理は、複雑で、一寸つかみにくいと思ひます」と述べられ、さらに、大のアルマニャック嫌いの一住民も「流石に、破竹の勢を示して、イギリス軍を撃破したジャンヌ・ダルクに対しては、一種異様な感じを持してゐたのではないかと思ひます。『ジャンヌ殿』と呼ぶ気持には、それが若干現れてゐるのかもしれません。」あるいは周囲の人々のジャンヌに対する好意的な気持の反映かもしれない、とも述べられる。だから教授は一住民がジャンヌをいくらか見直しているのではないか、と推論されるのだが、だが「勿論特に、ジャンヌ・ダルクを見直してゐるとは考へられません。ジャンヌ・ダルクがブゥルゴーニュ軍の捕虜となり、その軍兵の多数が戦死した旨を、極めて無表情に記録しながらも、敗残のアルマニャック軍の兵士たちが、サン・モール・デ・フォッセ修道院からみじめな姿で退却してゆくことを、多少小気味よげに描いてゐる点は、終始一貫してゐます。しかし、ジャンヌ・ダルクが捕へられた後、その勢力が一掃されてしまつたといふ事件は、『日記』の筆者にも、何か衝撃を与へたと見えまして、『一四三〇年六月二日のことなりき』などと、神妙に記してもゐるわけです」と結論される（『群像』nov. p. 203）。

さて、問題の二項は三つの部分に分けられる。葡萄畑冷害の記述と、第二項を分けてジャンヌの捕われとアルマニャック勢の僧院退去のことである。教授は様々な留保をつけられながらも、結局は、この三記述は相互に関聯し、そこには一住民のある一つのまとまりをもった想いが連続して流れている、と読みとられている。だが、第一に、葡萄畑冷害の主題とジャンヌの主題とを結びつけられる、その根拠はなにか。一住民の記述全体の調子から見て、それは教授自身の感情移入の操作による判断にすぎない。指摘される、すみれの狂い咲き、また畸形児誕生のこと、また同様である。(44)

つまりは出来事を記録しようとする極めて素朴な心の定位の表われにすぎない。教授は天変地異めいた出来事を記述する一住民の記述について陳述される時、「特に」「言外に」「わざわざ」等の語彙を使用される（参照、『群像』oct. p. 245）。これはまさに感情移入の操作を示すものであろう。「神はお望みになられたのだ」という感想が添加されてあろうとも、事情は変らない。「毎日毎日のこと」の一例として、次項にジャンヌ捕われのことを記述したと見るのは、記述全体の調子に則した読みではないのである。

第二項の二つの部分相互の関係についても同様である。同時に書かれたと想定される記述の内部においても関心の移行という現象が見出されるとわたしは判断したが、その一例をここにも見ることができよう。そのことは、教授が意識されてかされずにか、紹介されていない第三項英勢の僧院掠奪の記述を考慮に入れてみれば、さらに明らかとなろう。一住民はジャンヌの捕われ、僧院を占拠していたアルマニャック勢の退去、英勢の僧院掠奪と、継起する事件の流れにのって、主題を移行させ、書きつぐのである(45)。

日付の問題にしても教授のお考えすぎである。文中「続く日曜日」をさらに強調して「その日は六月二日であった」としているのならばともかく、日曜は英勢がパリにいたった日であり、それから一週間後が六月二日である。一住民は記述の最後に人数及び日付を付記しているだけのことである。確かに一住民が日付を文末に記し、なにか感慨深げであるかの筆調を見せている記述もある。たとえば、アルマニャックの一隊長により残忍な刑に処せられた、子を孕む女の最期を述べる記述である（II p. 672 f.）。それは、妊婦に対する残酷ということに敏感な一住民の感性の発露でもあったろう。前述のカプルシュの件を《妊婦殺害》という主題で理解していた一住民なのであるから。それはあるいは中世後期という時代の感性が結ぶ一つの焦点であったのかも知れない。なによりもまずペーテル・ブリューゲルの「死の勝利」図をわたしは想起する。だが、この場合にそのような感性の発動を見るには、その発現をうながす一住民の関心の的を探さねばならず、教授によればそれがジャンヌなのだ、ということになる。

結局、こうである。葡萄畑冷害、ジャンヌの捕われ、アルマニャックの退却、英勢の掠奪行為、この四主題のうち前三者のみを一つのまとまりとして教授はとりあげられる。そうして、ジャンヌの捕われを主たる主題とされ他の二者をそれとの関聯において従たる主題とされる。この整然とした御解釈に対し、わたしはただこうお尋ねしたいだけである、すなわち、一住民はなぜ教授がお考えになられている程ジャンヌ・ダルクのことを気にしなければならないのか、と。

一住民の記述は、オルレアン前後からの事態の動き、「御時世の推移」の要所要所を適確にとらえている。すでに一四二八年八月から十月にかけて、ソールズベリ伯指揮下の英勢がオルレアンを攻囲したこと（III p. 251）、翌年二月、コーヴィエ・アン・ボース附近での英勢とアルマニャック勢との合戦のこと（III p. 252）が記述され、更に四月二十六日の日付を含む項の次項にジャンヌ・ダルクのオルレアン入市のこと、続けての項に「アルマニャック勢が英勢をオルレアンの前より出立せしめた」こと（III p. 254）、次いで六月の項に、ロワール中流域をめぐる勢力争いの天王山ともいうべきパテーの会戦のことが記述されている。さらに七月の項に、王太子軍の北上ぶりがたたみかけるように記述される、七月十日の日付を含む項に続けて「この週」オーセール、トロワが陥ち、ほどなくコンピエーニュにアルマニャック勢がいたった、と。次いで七月末、サンリス、ボーヴェが、また八月の項に、二十五日サン・ドニが陥ち、パリ市門近くまでアルマニャック勢が出没しはじめ、九月第一週に帰順勧告書がパリにあてられ、パリはこれを拒否した、と報じている。さらに九月七日八日両日のパリ攻防戦と翌九日のことが記述され（以上III p. 255 f.）、続けて摂政ベッドフォード侯及びブルゴーニュ侯のパリ到来とブルゴーニュ侯の摂政就任、三カ月間の休戦協定、それに伴なうアルマニャック勢の跳梁等のことが記述され、一四三〇年の項に入り、五月十二日の日付を含む問題の三項にいたっている。

以上の諸事件中、ジャンヌの名が見えるのは、オルレアン攻防に関する二項、及びパリ攻防戦の一項のみである。それらの記述の内容を見れば、ジャンヌがオルレアンに入る時、英勢は金縛りにあったかの如くであったとのこと、英軍隊長に対する脅迫の予言とその実現、またパリ前面での降伏勧告の演説、負傷、そうして味方のものたちに対するパリ陥落の予言とその挫折、以上の諸点に要約され得る。しかもオルレアンに関することについては「人のいうところによれば」と但し書きされ、「真実には偽りのものもある」と、噂伝聞に対する懐疑が表明されている。総じて一住民のジャンヌについての感想は、奇跡めいたことをする娘が現われたということだが、実見したところそうでもないではないか、といったところであろう。問題になっている時点での、一住民のジャンヌに対する関心はこれに止っている。ジャンヌは上述の情勢の推移における主役としては描かれていない。パテーの会戦の記述には、日付も地名もジャンヌの名も記されてはいない。しかし、だからといって教授がお考えのように（『群像』oct. p. 244）、それはジャンヌに対する敵意の表われかも知れないとする推定は成り立ちようもないのである。オルレアンの娘のことをごく自然に記述しているのを見た直後ではあるし、一住民の記述態度からして、パテーの野に娘の率いる軍勢が英勢を敗ったという噂がパリに流れれば、まず間違いなく一住民はその旨記述したことであろう、とわたしは考える。それ故、パテーの会戦のことはそれほど評判にならなかったのではないかという疑念がここに生じるのであって、むしろそれほど評判にもならなかったであろう出来事を記述している一住民の念入り極まる弥次馬根性に、わたしは敬意を表したく思うくらいなのである。

この時期のフランス史をジャンヌ史詩に歌おうとする型の歴史観[46]を批判し、王太子シャルルに完璧な指導性を見出しているルネ・アドリアン・ムーニエの綿密な論証によれば、五月八日オルレアンを解放した後、直ちに北進しようと主張したジャンヌの意向を押え、ロワール河畔、ボースの野に展開された一連の英勢掃討作戦の最後の仕上げがパテー会戦であり、戦闘の帰趨はボーマノワール以下下級身分の諸将の指揮する前衛軍が、パテーの野に陣を構えようとする英軍の行動を阻止し得た時にほぼ定まった。ダランソン侯等、ジャンヌも含めて、本隊の諸将の果した役割は小さかった、ということである[47]。

わたしは、確かな実証による如上の知識を楯にとって、だからパテー会戦の記述にジャンヌの名が見えないのは当り前だといいたいのではない。実相はどうであったかの議論はここでは必要ない。ただ、ムーニエの作ったような理解もまた、《ジャンヌ史詩》ふうの理解とならんで正当な権利を主張しうるのだ、ということを想像するだけの想像力さえもつならば、パテー会戦はジャンヌの指揮下に展開されたフランス軍の大勝利なのに、一住民の記述にジャンヌの名が見えないのはおかしい、というような論法自体がむしろおかしいのだということに簡単に気付くのではないか、といいたいだけなのである。王太子軍の行動をジャンヌの名の下に眺めるようになったのはジャンヌ以後のことではなかろうか。だから教授がしばしば使用される「ジャンヌ・ダルクに率ゐられたアルマニャック軍」という言廻しにわたしは戸惑うのである（参照、『群像』oct. p. 244）。一住民は一度もそのようには記述していないし、ムーニエの実証もまた一住民の記述のしかたを正当化している[48]。

渡辺教授は、王太子軍の北上ぶりを報ずる記述に、ランスでの戴冠のことが見られないという事態についての評言において、判断の定位を明らかにされる。教授は、「どのジャンヌ・ダーク伝にでも特筆されるのが常」であるこのことについての記述が一行も見られないのは、一住民が「シャルル七世に敬愛の情を示していない」証拠だとされ、次いでパリ市民の「『非愛国的』郷土愛」について論述されている（nov. p. 200 f.）。ところで、ムーニエの綿密な実証によれば、オーセールはロワール河畔から北上する途の出発点であり、トロワは北上行の最大の障害であり、コンピエーニュはパリ北部制圧を妨げるブルゴーニュ勢力の拠点とみなされる（Meunier, pp. 149, 152 ff., 165, 174）。一住民は確かにランスを見てはいないが、だからといって事態の進行の要所要所を見落してはいないのである。パテー会戦についてと同様、一住民の記述全体の調子からして、ランスのことについて記述していないのは、その噂がそれほどパリには流れなかったからではないかということを推測させるのであり、さらにまたこのことは、常にパリを中心とする一住民の観察の姿勢を示すものと考えることができる。なぜならば、一住民の眼からみれば、北上するアルマニャック勢はランスへ向ってではなくパリに向って進んできているのであったから。確かに教授も指摘されているように、「郷土愛」が一住民の記述全体を貫いている。そうして、それを「非愛国的」と形容されるところに、一住民の記述読みとりに際しての教授の眼の曇りが認められるのである。ランスとは、ついに一住民にとって一つの虚構であった、とわたしは判断する。ジャンヌに率いられたフランス軍がランスへ向って進撃、という図式は一住民の記述にはそぐわない。一住民は、アルマニャック勢が不思議な娘を伴なってパリへやってくる、と事態の推移をうけとめている。

続けて一住民の記述する、ジャンヌ・ダルクの裁判と処刑のことについても（*Jour.* III p. 263 f.）、教授の解題は（『群像』dec. pp. 170 ff.）ジャンヌを見る一住民の眼の作る像を正しく伝えているとはいえないと思う。詳細な検討はここでは措こう。いささか結論ふうにいえば、ここでもまた、一住民が何に関心をもち、何を記述しているかを陳述されていない教授の姿勢をわたしは見るのである。一住民の記述が作るジャンヌ・ダルクの像は異端者ジャンヌ以外の何者でもなく、一住民の視線が執拗にまつわりつくところを見れば、そこには男装するジャンヌ、一旦は教会に服従しながら、ふたたび背く、もどり異端としてのジャンヌがいる、ということをわたしは確認する。そうしてその像にこそ、ジャンヌ・ダルクという出来事から一住民の作った現実 reality がある、とわたしは判断する。政略党争の犠牲となった救国の女傑ジャンヌといった像を、一住民は作っていないのである。

前出の葡萄畑冷害の記述以下二項についての評言中、教授は「『日記』の筆者の心理は、複雑で、一寸つかみにくいと思ひます」と陳述された。教授がそうお感じになるのは、結局教授御自身の心理を濾過紙として『日記』を読みとろうとされているからである。いいかえれば、記述の筆者にわたしたちと同じ「心理」構造を想定されているからである。その想定がごく自然に、御自身「史実」とお考えになる事実の脈絡が、また一住民にとってのそれでもある、という誤った予断を誘い出す。それを直接の前提とされて『日記』を読みとられている。御自身「史実」とお考えになる事実の脈絡に含まれる出来事について一住民が沈黙していれば、その沈黙そのものに意味を読みとろうとされる。含まれない出来事についての記述が見られると、そこに「言外の」意味を汲みとろうとされる。それは近代以前の記述に対する正しい《解題》の態度ではないと批判させていただきたい。この論述第一章に紹介したバーリンの言葉を借りていえば、一住民の意識の「図柄 pattern」が、教授御自身の、つまりは一住民以後の「図柄」と一致するという保証はどこにもないのである。

確かに教授は、一住民の記述の本来の調子を、その「図柄」の基本線を敏感に感じとられてはいるのである。僧院よりのアルマニャック勢退去の記述を「極めて無表情に記録してゐる」と陳述されている教授なのだから。その「無表情」の様に敢えて表情を読みとろうとされるところに、教授の解題に対するわたしの疑念が根付いているのだが、それはともかく、この「無表情」にという評言を諾うものがわたしの心にはある。おそらく、前述したように、この「無表情」の様は、継起する出来事そのものに意味があるという確信に基いている。一住民はただ出来事を見えるがままに記述することによって、世界という意味の総体に参与しているという幸福感に浸っていたのかも知れない。『日記』は一四四九年十月、聖シモン、聖ユダの祭日、サン・マルタン通りにしつらえられた、

美しく飾られた舞台では、平和と戦いの華麗な歴史が演じられていた。それは語るに永い話であり、人は聞くのを止めてしまうだろう。

という記述（*Jour.* III p. 300）をもって終っている。してみると、一住民の眼には、出来事の推移が

舞台の上の華麗な歴史絵巻と映じていたのかも知れないという妄想すら、わたしには起るのである。その幸福感、あるいは神の摂理への信頼と言い直してもいいかも知れない、それが失なわれる時、近代が胎動する。[49]

その胎動はすでに開始されている。一住民の精神のくせになじまない、驚くべき一つの記述をわたしは見出すのである。一四二六年六月、セーヌ川の大氾濫があった（III p. 245）。翌年同じく六月、またもやセーヌ川は氾濫し、「ノートル・ダームの島」は水に浸り、対岸の家々は軒なみ水浸しになり、酒倉の酒はだめになり、家畜小屋の馬共は溺死し、さらに「グレーヴ広場の十字架の第六段目の所まで」水があがった、と例の如く熱心に記述した一住民は、手短かにいえば、と総評をつけ加える。

手短かにいえば、出水の規模は、前年のそれに較べて、高さにして二フィートばかり大きかったのである（III p. 247）。

総評、と書いたのは言葉の綾ではない。わたしはこの記述に出水を批評する一住民を見出すのである。この時、一四二六年の出水と二七年のそれとは、相互に独立する二つの特殊体験ではない。前者が後者の symbol として使用され、出水という出来事の総体を構成する幾つかの項のうちの、水の量という項目に関して比較対照がなされている。一住民の記述の示す調子は、もともとこのような操作を許容するものではない。この記述を前にして、わたしはこうも想像することができるのである、この年の洪水は、ノアが見て以来かつて見られなかったほどのものであり云々と記述されてあったとしても少しもおかしくはない、と。実際この種の自然現象、作物の出来、不出来、さらには人為の事象、宴会祭列とかの比較形容に際して、その心の定位においてはノアが見て以来云々といった表現に重なりあう形容、「百年来見られなかったほど」等々の修辞表現は極めて多く認められるのであって、いちいち指摘するにはあたらないほどなのである。わたしのささやかな調査は、この種の修辞表現が一住民の記述の調子にしっくりとなじんでいることを確認してきた。だが一住民は、ここで彼自身とわたしとを裏切る。端的にいって、この時の一住民の眼は近代の眼である。それは事実と事実とを照合し、一つの事実の状況を分析し、幾つかの項に分け、他の事実の幾つかの項との比較対照の末、事実間の相似、異同、相関、関連の型、定式等を導き出す眼である。このような眼付がどうして一住民に可能であったのか。

極めて簡単な理解の鍵を、わたしは観察ということに見出す。一四三四年十月の項に、一住民は「ここ五十年間知られなかったほど」強い大風のことを報じ、「私の家のそばの古い館の」長さ四トワーズ（八メートル）におよぶ大梁が風に吹きとばされて、「たっぷり五もしくは六トワーズ」離れた所の庭壁に、「両方の端をのっけて鎮座」してしまっているのを、「誓っていうけれど、私はそのことをこの眼で見たのだ」と記述している（III p. 273 f.）。今更このような記述を紹介するまでもない。すでに紹介したジャンヌの旗持ちの死の描述がよく示している。その眼は実際に見たことをそのままに描写しようとする写実のくせを示している。観察と写実、これが出水の記述にも貫かれている心の定位であろう。こう想像することができる、一住民は水のひいた直後、グレーヴ広場に出かけ、十字架の台座の木の階段を見る。彼の視線は、水に浸ったことを示す線の、ほぼ二フィート下から水跡が一段と濃くなっているのを認める。木材は明瞭に、前年水に浸った位置を示していることに彼は気付く……。想像はいくらでも可能である。問題の核心は、眼前にみる出来事のうちの何らかの項を抽出し、それを先行する類似の出来事の同種の項と比較するという作業のきっかけを、見るという行為のうちに摑んだことである。

その視線の描き出すものは何であるか。出水に対するこの視線が、次第に他の自然現象についても及び、やがては人為のより優る現象にまで及ぶ時、事実に対する思考の構造変化をそこに見ることができるであろう。それこそ世界に対する科学の、合理主義の、経験主義の、つまりはわたしたちが近代思惟と呼んでいる精神の運動への dynamic な転換なのである。またしてもわたしは、スーザン・K・ランガーに感謝しなければならない。前章末尾に紹介した彼女の陳述に、わたしはコミーヌにおける中世についての豊かな示唆をうけとった。いま、一住民における近代についてのそれを、同じ陳述に汲みとる。無論、わたしは一住民の近代をあげつらうものではない。一住民の記述は、なおいくつかの近代の兆候を示しているでもあろう。だが一住民の記述は、正に中世ふうの装いをこらしてわたしの眼前にある。わたしがそこに近代を云々するとすれば、それは、如上の転換という歴史の現象が、中世 naturalism という心の定位を否定する地点においてではなく、それに育まれた観察と写実とを道具として、つまりはその否定としてではなく、その継承として生じたものであるという、いささか大胆な見通しを、一住民の記述の調査を通じて獲得し得たと考えるが故である。

（1）*Herfsttij der Middeleeuwen*, Haarlem, 1919; Verzamelde Werken, Haarlem, 1948-53, 11 vols; Vol. III, 1949. 『中世の秋』からの引用は、Herfsttij の略称に該当ページ数を添えて、本文中に指示する。

（2）Erwin Panofsky, *Gothic Architecture and Scholaticism*, London, 1957; p. 21.

（3）Wallace K. Ferguson, *The Renaissance in Historical Thought: Five Centuries of Interpretation*, Cambridge, 1948; pp. 372-6

（4）それ故ルネサンス概念を大上段にふりかざしてホイジンガを論難する、たとえばカルロ・アントーニの発言はわたしの耳になんと空虚なものと響くことか。Carlo Antoni, *Dallo Storicismo alla Sociologia*, Firenze, 1940.「ルネサンス問題」については、ホイジンガの論文『ルネサンス問題』の参照は欠かせない。Het probleem der Renaissance, 1920; VW IV, pp. 231 ff.〔なお、本書第六論文「ルネサンス問題のいま」をごらんいただきたい。〕

（5）Herfsttij, p.260, 312. なお「人間の内面生活……」以下の部分の英訳を付記しよう。英訳は適確にこの一文の真意を摑んでいる。the overcrowding of the mind with figures and forms systematically arranged. *The Waning of the Middle Ages*, London, 1924; N. Y., Doubleday, Anchor Books, 1956; p. 248.

（6）*Over een definitie van het begrip geschiedenis*, 1929; VW VII, p. 101.

（7）*Mein weg tot de historie*, 1947; VW I, p. 39.

（8）*De wetenschap der geschiedenis*, 1937; VW VII, p. 168.

（9）Susanne K. Langer, *Philosophy in a New Key: A Study in the Symbolism of Reason, Rite and Art*, Harvard, 1957; 矢野万里他訳『シンボルの哲学』岩波書店、一九六〇年、一六八ページ。

（10）Herbert Read, *Icon and Idea: the Function of Art in the Development of Human Consciousness*, 1955; passim, esp. Preface and chap. V.

（11）*Feeling and Form: a Theory of Art*, London, 1959; Introduction, p. VII.

（12）トマス・アクィナスについて「感覚」要素を強調しようとする最近の傾向は、このことについての理解を一層深めるものではなかろうか? cf. Frederic C. Copleston, *Aquinas*, Penguin Books, 1955; passim, esp. chap. I; also E. Panofsky, *op. cit.*, pp. 37 ff.

（13）Ernst Cassirer, *An Essay on Man: an Introduction to a Philosophy of Human Culture*, 1949; 宮城音弥訳『人間』岩波書店、一九五三年、二七八ページ。

（14）*L'Etat bourguignon; ses rapports avec la France, et les origines d'une nationalité néerlandaise*, 1930; VW II, p. 168.

（15）*Mémoires de Philippe de Commynes*, éd. par J. Calmette, 3 vols, Paris, 1924-5; Vol. II, p. 57 f.　以下、『覚書』からの引用は、この刊本を使い、*Mém.* の略称に該当巻数とページ数を添えて、本文中に示す。

（16）Isaiah Berlin, "History and Theory: the concept of scientific history", *History and Theory: Studies in the Philosophy of History* I, 1, 1960; p. 26 f.

（17）*Historical Inevitability*, Oxford, 1954; cf. esp. chap. V.

（18）「様式化された、高められた自負心から名誉が生れる。それが貴族たるものの生活の目指す極点である。」Herfsttij, p.78.

（19）Wilfred B. Neff, *The "Moral" Language of Ph. de Commynes*, N. Y., 1937; p. 137 f.

（20）*Mém.* II p. 26. 傍点を施した個所は *car qui a le prouffit de la guerre, il en a l'honneur.* の直訳である。これに類似する構文は他にも見られ、すなわち、*ceux qui gaignent en ont tousjours l'honneur*（*Mém.* II p. 155）である。*avoir le prouffit (profit)* は *gaigner* と同義であり、前後の文脈から、またたとえば Joseph Marawski 編の *Proverbes Français, Antérieurs au XV*^{e} *Siécle*（Paris, 1925）に収録された *gaigner* が一つの例外もなく「金をもうける」の意であることからも、これはやはり「利をうる」というイメージを作る言廻しであると考えられる。これを *réussir* と註解するネフの見解は不当であろう（Neff, p. 159 f., 132）[sic]。わたしの理解では、おそらく両方の構文に共通する *en avoir l'honneur* という言廻しが「勝利する」の義を作るのであり、全体の意は「得をするものがついには（常に）勝つ」ということではないかと思う。だがこの言廻しが一般に行なわれていたかどうかについては確信なく（少なくとも古語辞典 Littré 及び Godefroy にはその用例の紹介はない）、ただコミーヌに特有の表現かと推定するのみである。なお、honneur に「勝利の誉れ」の意を含ませている記述例として *Mém.* III p. 145. に見られる、サヴォナロラの言葉中のそれを指摘しておこう。

（21）そのことは以下の記述においても十分認められる。「私はあなたに対して歴史家がとっている文章構成をとりませんし、暦年を記したり、特にある事件の生じた時期を指摘したり、また過ぎ去った歴史の中のある事件を鑑と見て、それをあなたにあげつらうようなことはいたしません」（I p. 190）。「あなた」とはこの〈覚書〉を献呈したヴィエンヌ大司教 Angelo Cato のことである。つまりコミーヌは劣者としてのコミーヌを述語 alleguer の主語と想定しているのである。この意味で、さきに「列挙する」の意で用いられた例としてあげた記述もまた「あげつらう」の意をかくしていると考えることができる。

（22）古語辞典 Littré は、複数の honneur が現在のように「権威、尊厳」等の意を作るようになったのは十七世紀以降のことであると推定している。また古語辞典 Godefroy は *au plu., les marques, les attributs de la dignités* と判断している。

(23)「それはまるでこれらの記述者たちの精神が——皮相なそれと人は言うでもあろうが——彼らの眼前に継起する理解し難いものへ調整薬として騎士道虚構を処方したかの如くであった。彼らが事件を理解できる、それが唯一の形式であったのだ」(Herfsttij, p. 77)。

(24) G. Cohen, *Histoire de la Chevalerie en France au Moyen Age*, Paris, 1949; p. 147.

(25) Boekbespreking: Philippe de Commynes, *Mémoires*, I, ed. par J. Calmette, Parijs, 1924; *De Gids*, 89 Jaargang No. 1, Januari 1925, VW III, p. 577; cf. *Mém.* I p. 60

(26) *Renaissance en Realisme*, 1920(1929); VW IV pp. 276 ff.

(27) cf. J. W. Thompson, *A History of Historical Writing*, N. Y., 4th ed., 1958. Vol. I, p. 512f.; W. B. Neff, *op. cit.*, Introduction; G. C. Sellery, *The Renaissance, Its Nature and Origins*, Wisconsin, 1950, p. 166; J. Calmette, ed., *Mém.*, Introduction, p. XVI; L. Foulet, *Histoire de la Littérature Française Illustrée*, 1923, Moyen Age, Livre III. chap. VI.

(28) A. Refrain がラブレーのリアリズムを、彼が様々な事象に関心をよせ、それを記述するに正確な観察と適確な描写とをもってしたこと、また特に一見空想かとも見える出来事が実は彼自身の体験の変奏であったことに見る時、ホイジンガは反論する。そのような、一言で言って〈細物個々描写〉という特徴は、これは中世ナチュラリズムの素朴な延長と考えなければならない。ラブレーの真価はこのようなナチュラリズム——その最後の帰結が、たとえば絵画のファン・アイク兄弟、また記述のベルナール・パリッシーに認められる——のもつ限界をつきぬけて、中世末期リアリズムを継承する表現の形式、まさに〈ラブレーふう〉の形式を作り出したところに認められる、と(*Renaissance en Realisme*, VW IV, pp. 295 ff.)。

(29) *Journal d'un Bourgeois de Paris sous Charles VI et Charles VII*, Michaud et Poujoulat, ed.; Nouvelle Collection des Mémoires relatifs à l'Histoire de France, Vol. II, III; 1866. 以後これよりの引用は *Jour.* II, III の略称で指示する。なお同叢書は NCdM と略称する。〔なお、『日記』の書誌学については、本書第七論文「『スウェーデン女王蔵書一九二三番写本』の筆者について」をごらんいただきたい。〕

(30) Jean Juvenal des Ursins, *Histoire de Charles VI, Roy de France*; NCdM Vol. II; p.541.

(31) 「日記」は大体週または月を時間の単位とする記述の集まりであって、Item にはじまる文章のまとまりが一つあるいは数個の出来事を記述する。そのまとまりを、この論述では〈項〉と呼んでいる。項は恐らく記述者によって一度に書かれた文章のまとまりであって、その構造については後に改めて論述する。

(32) Pierre de Fenin, *Mémoires*; NCdM Vol. II; p. 594.

(33) Jacques D'Avout, *La Querelle des Armagnacs et des Bourguignons*, Paris, 1943; p. 272 f.

(34) Thomas Basin, *Hystoriarum de Rebus a Karlo VII, Francorum Rege et suo Tempore in Gallia Gesta*; avec la traduction en regard par Ch. Samaran; Paris, Vol. I 1933, Vol. II 1944; Vol. I pp. 58 ff.

(35) cf. O. Cartellieri, *Am Hofe der Herzoge von Burgund*, 1926; trans. by F. Caussy, *La Cour des Ducs de Bourgogne*, Paris, 1946, p. 82; cf. also Huizinga, *L'Etat bourguignon……*, VW II p. 189 f.

(36) *jour.* II p. 651. 漢字混り仮名文の部分は渡辺一夫教授の訳出されたものである。教授は「日記」解題を文芸誌『群像』昭和三十二年一月号より十二月号までに掲載された。後教授は『乱世の日記』との表題の下にこれを一本として刊行されたが、これはわたしの手許になく、『群像』に掲載されてより後の教授の手による改訂補筆のことをわたしは知らない。その点、お断りする。なおここに借用した訳文は七月号二一二ページから一三ページにかけて出る。なお更に断りを重ねなければならない。教授の使用される「日記」の刊本は A.Mary 編註になる最近の版であるが、わたしはこれを入手し得なかった。それ故、教授の紹介される記述を、わたしの使用する NCdM 版の該当個所と比較照合し、更にそれについて教授の言及されるところを参考にし、異同のないことをほぼ確実に推測し得た限りで、教授の「解題」について考えさせていただくという慎重さから逸脱したことはないとは信じるものの、なおいくばくかの不安が残るのである。〔ここにお断りした諸点については、本書所収の最後の文章〔第八論文〕「『日記』の読みかたについて」をごらんいただきたい。なお、渡辺一夫氏『群像』掲載の原文は本字を使用しているが、本論文執筆の際、引用に当って新漢字にあらためさせていただいた。ここに本書に再録するに当っても、そのようにさせていただいた。〕

(37) この部分、原文は *celle journée, dimenche vingt-neuviesme may, ...et plut tant fors celle nuyt......*

(38) 括弧内の引用語句は Edouard Perroy, *La Guerre de Cent Ans*, Paris, 1945; p. 234 が「日記」について述べた文章中の語句であり、ペロワは「動きつつある現実にはまりこんでいたため」これらの諸契機に対する「近視の様」を示している典型例と「日記」を評している。

(39) Marcelin Defourneaux, *La vie quotidienne au temps de Jeanne d'Arc*, Paris, 1952; pp. 279 ff. 『日記』の該当個所は III p. 267.

(40) NCdM 版の編者 Michaud, Bédier et Hazard 共編 *Histoire de la Littérature française illustrée* (2 vols, Paris, 1923) に「日記」の項を執筆した Lucien Foulet、前出の E. Perroy 等は当然のこととしてそう規定している。また外国人である渡辺教授もこれに全く同調され、かなり事態を正確に見ている J. W. Thompson にしてもなお、トロワ条約の頃まではそうであった、と考えている (Thompson, *op. cit.*, Vol. I p. 383 f.)。

(41) Nicolas de Baye, cit. by Huizinga: *L'Etat bourguignon*, ..., VW II p. 177 f.; cf. Christine de Pisan, *Livre de faits et bonnes moeurs du sage roi Charles V*; NCdM II p. 3.

（42）アザンクール会戦の記述の直後に出る（*Jour.* II p. 646）。これが明白にアルマニャック勢を指していることは、まさに同時期の記述者 Pierre de Fenin の、しかも記述の内容も同時期にかかわる一節、「不正にも王と王太子との輔弼の責を執っていた敵であり外国人であるものたち les ennemis et estrangiers、即ちエルミニャック伯とその軍勢」（NCdM II p. 594 f.）からも明らかであろう、渡辺教授はこれについての疑念を表明され、もしかしたら英軍のことか、とされてはいるが（『群像』may. p. 217）。

（43）はじめてジャンヌ・ダルクがパリに姿を見せた攻防戦について、一住民は四、五十名の英兵たちが他の誰にもまして「大いにその義務を果した」ことを強調する（III p. 256）。渡辺教授はこれに言及され、「しかし、いかなる『義務』なのでせうか？　特に、当のイギリスの兵士たちにとっては！」と感想を述べられる（『群像』nov. p. 202）。教授は前註にも見られるように、結局は近代人の国家意識を一住民に想定されている。フランス摂政ベッドフォード侯輩下の英勢はパリを守備していたのである。「義務」とはパリに対するものである。なおその後九月の末、フランス摂政の称号はベッドフォード侯からブルゴーニュ侯へと肩代りされた。そこで一住民は記述する、「おまけにイギリス人たちは我々の友ではない。なぜならば彼らは市政の外に置かれてしまったのであるから。」（III p. 257）もはや英勢とパリとは同盟関係に立つものではないという認識がそこにある。

（44）すみれの狂い咲きのことは一四二〇年の項 II p. 664、一四二三年の項 III p. 240 に出る（『群像』oct. p. 245）。教授が「ジャンヌ・ダルクの出現に呆然とした為でせうか」、そんな話をもち出して「『末世』の姿を描かうとしてゐます」（『群像』nov. p. 2）と評される畸形児誕生の件は III p. 254 に出る（『群像』oct. p. 245）。なおその他バラの狂い咲き、落雷等の天変地異についての記述はそれこそ枚挙に暇のない程あり、ぶどう畑冷害のことについても勿論この場合のみではない。たとえば一四二三年の項 III p. 238 にも一住民は記述している。

（45）「同じく、この頃塩バター云々」の記述が入っていることは、事実、第二項、第三項は記述の時点を異にしていて、第三項を記述しだした時に一住民がこれを付記したのだとの想定、あるいは筆写生にでもよる誤った挿入との想定（この可能性は他の個所についても妥当することである。参照、前出の大虐殺事件の記述群中、殺された要人の紹介が二項にわたっていること II p. 651、また、同じ記述群中第十項に、民衆の憤りの言葉が分断されて紹介されていること II p. 652 f.）のいずれかによって了解される。どちらの場合でも第二、三項を一つのまとまった記述群と考えることは可能であるから、わたしの論旨は妨げられない。

(46) Joseph Calmette はその著 *Chute et Relévement de la France sous Charles VI et Charles VII*, Paris, 1945 の第十七章を L'Epopée と題している。

(47) René-Adrien Meunier, *Les Rapports entre Charles VII et Jeanne d'Arc de 1429 á 1461*, Poitiers, 1946; pp. 136 ff. ムーニエは豊富な資料を巧みに整理し、《ブールジュの馬鹿王》、《会見の場》等の伝説に訂正を加え、オルレアン守備に王太子の計画と指揮が貫徹していたことを立証しようとする。だから王太子を「第一級のプロパガンディスト」と批評し（p. 127）、要約して「シャルル七世はジャンヌ・ダルクを準備すると同時に、彼女をうけいれるべくオルレアンを準備したのである」（p. 118）といささか曖昧にいう彼は、結局は《ジャンヌ創作》説へと滑り落ちる傾向を常に見せている。わたしはホイジンガと共に《ジャンヌ史詩》史観、《ジャンヌ創作》説のいずれにも与しない。

(48) 九月八日、パリ攻防戦の描述に、一住民は「全員一致して……彼らのむすめを伴なって」と書く。教授はこの前後の記述を「むすめ」を主語として訳出される。「奴原ヲ率ヰタル生娘ハ……」（『群像』nov. p. 201）。実際教授の使用される刊本では事実そうなっているのか、あるいは教授が訳に凝られてのことか、その点、いささか不勉強故に確言し難い。〔後日、問題のテキストを見たところ、文言の異同はなかった。この点、教授は、後日、わたしへの反論において弁明なさっている。〕

（49）〔渡辺一夫先生は後日わたしに対して反論をお寄せになった。本書所収の第八番目の文章「『日記』の読みかたについて」は先生の御反論に対するわたしの「お答え」である。〕

2　中世叙事詩における騎士道
——ひとつの方法論的陳述

1　中世叙事詩

おそらく一一〇〇年頃作られ、十二世紀の第二四半期に筆写されたとされる『ロランの歌』オックスフォード写本に「騎士」のイメージを求めるならば、腹心の友オリヴィエの屍を抱いて、ロランはいう。

オリヴィエ、よきなかまよ、おまえはリュネール谷の地を領したルニエ侯の子息であった。槍を折り、楯をくだくことにかけて、おごれるものを打ちまかすことにかけて、正しい人々に助言と助力を与えることにかけて、どこをさがしてもおまえほどの騎士はいない。

そういい終わるや、ロランは「泣きはじめ」、悲嘆のあまりの重さに気を失う。[1]

きわめて簡素である。これを、たとえば、十五世紀後半のフィリップ・ド・コミーヌが「騎士」シャルル・ド・ブルゴーニュを弔った悼詞とくらべてみれば、いかに簡素かがよくわかる。おおかたの見るところ、十二世紀前半の「騎士」のイメージは、ここにいいつくされているとされる。よく読んでみればじつに含蓄のある文章で、たとえば冒頭の一節は「家門」の紹介であり、十二世紀は、まさしく「家門」確認の時代であった。「家門」は、九、十世紀の混乱の時代をすぎて、ようやく十一世紀に形成をみた枠組みであり、これが封建秩序の基礎単位となる。

「おごれるもの」と「正しい人びと」の対照も鮮やかである。「傲慢」の罪が「貪欲」にその首座をゆずりわたしたのは中世後期にはいってからだという、ヨーハン・ホイジンガの意見が想起されようではないか。[2]「助力と助言」という成句にいたっては、これは封建契約の要の言葉ではないか。

この簡素な「騎士」像から、「騎士道は宮廷ふう礼節の泉」と冒頭に歌う、十三世紀第一三半期のラウール・ド・ウーダンクの詩『剛勇の翼』に刻まれた騎士のイメージにいたる道程には、幾重もの曲折がある。[3]ウーダンクの歌う「剛勇のふたつの翼」、それは寛仁（度量）と礼節とであるが、前者の徳目は、すでにして十二世紀初頭、つまりは『ロランの歌』の成立とほぼ同時代の一詩人アルベリクによって書かれ、十二世紀末から十三世紀初頭にかけて多くの詩人がこれを好んで改作した『アレクサンドロス物語』、この騎士道物語の古典に称揚された徳目であった。

他方、十二世紀後半のトロワの人クレチアンは、西方ケルトの古伝説に材をとり、ブルターニュ物語群に女性崇拝の教義を確立した。クレチアン以後、女なくしては詩文のあけぬ世界となった。ひろく抒情詩的風土は、この世紀全期を通じ、南仏のトルバドゥールによって、次いで北仏のトルヴェールによって開発されたところであったが、これら、いわゆる吟遊詩人が諸侯の宮廷に寄食する存在であったこと、また、ひろく騎士道物語がその聴衆を諸侯の宮廷サークルに求めたと考えられること、これは、この時期における宮廷ふう愛の理想の形成を証するものである。宮廷ふう礼節とは、端的にいえば、宮廷ふう愛の理想の追求を幹として枝葉をひろげた男の振舞いの体系なのであった。

宗教思想との結合は、すでに十一世紀末に成立した聖地三大騎士団のかたちにおいて明らかであり、十三世紀にはいれば、騎士叙任と教会儀式との結合というかたちでこれが様式化される。十三世紀末に書かれたマンドの司教ギヨーム・デュランの司教典礼書が、そのことを証している。

「騎士」のイメージはふくらむ。ふくらみきったところが「騎士」のイメージの完成型か。理想型か。すでにして、「中世叙事詩における」という表題の限定からおおきくはみでている。

『平家物語』に「武士」の定義を求めても『ロランの歌』のようなぐあいにはゆかない。断片的な言葉を集めてイメージをつくることはできる。まずもって「武士」は「高名」を求める「剛の物」である。

されども名こそおしけれ。……いつのために命をばおしむべき。是のみぞおもふ事。（「鶏合壇浦合戦」)

主従の関係は情にからんで深い。木曾義仲と今井四郎兼平のばあいに、たとえば、印象ぶかいものがあるが、このばあい、ふたりが乳兄弟であるから交情がこまやかなのだとするみかたは底が浅い。主従関係がなまの情動をはらむところに成立していることを証す、これは好例と見るべきであろう。

太い線で描かれたイメージではある。単純粗野といってもよい。合戦と武士の生態、この角度から見るとき、『平家物語』はある独特の相貌を帯びる。たおやかな風情、亡びの美学——いうところの「滅亡の叙事詩」観は、もはやわたしを眩惑しない。このあらけずりな武士のイメージが、室町期にはいって、道理にもとづく礼節の強調の洗礼をうけるという一階梯をへて、室町末期以降、「器量」ある大将に「頼み頼まれる」という関係を軸として、ようやく武士独自の社会秩序の理念が形成の緒についたときいている。

『平家物語』の武士のイメージは、さらにふくらんで、ある完成態へとむかうのであろうか。その原型はここにあると、そう大胆にいいきってしまってよいものであろうか。この疑念も、また、「中世叙事詩における」という論題の限定に枷をはめられている。かりに『平家物語』が「叙事詩」であるとするならばのはなしだが。

いきなり『ロランの歌』と『平家物語』とをひきあいに出したが、たとえば「叙事詩」なり「騎士道」なりについてものをいうばあいの、これがわたしの作法である。「叙事詩」、「騎士道」はひとつの伝統であり、連続であり、いうなれば歴史概念である。わたしたちに与えられるのは、まず第一に記述そのものであり、たとえば「叙事詩」ではない、「騎士道」ではない。「中世叙事詩」という、あるいは「騎士道」という伝統あるいは連続については、ごくおおざっぱな合意がある。だが、合意が、そのまま歴史的実在でありえぬことは自明の理である。いいかえれば「中世叙事詩」が実在したのではない。この概念は、ある時期に帰属する記述群を縦につなぐところに成立する。実在したのは個々の記述である。それを縦につなぐことに熱中して、起源を問い、継承をたずねる。文学史は、ごくおおまかにいって、この地点に成立する。だが、精神科学における過去の探求は、なお別様の方法論を追求しつつあるかに思われる。

一八三七年にはじめて刊行されたオックスフォード大学ボドレアン図書館蔵の一写本『ロランの歌』は、今世紀にはいり、フランスのジョゼフ・ベディエ教授とそのグループの手によって、おそらく一一〇〇年頃、(写本末尾の一行の読みのひとつの可能性にもとづいて)テュロルドゥス某によってつくられた、二九一節から成るアソナンス(半諧音)格の詩文の、おそらくは第二代目にあたる、十二世紀第二四半期につくられた写本であるとあかされた。(4) その考証のはじめにあたって、かれらは、数々の『ロランの歌』写本を、アソナンス格のものとリム(押韻)格のものとに分け、後者をひとまず排除した。前者は後者よりも古く好まれた詩型だからである。

さらに典礼学者、音楽史家のあいだには、『ロランの歌』の形成を教会典礼と結びつけて考えようとする向きがあらわれた。二九一のレス（節）は教会典礼のリタニー（連禱）と相関し、『ロランの歌』はプサルモディ（詩篇頌読）ふうに頌読されたとする。作者についての議論の展開も、がいしてテュロルドゥス某を聖職者に比定するかたむきが強い。最近にいたっては、『ロランの歌』にかぎらず、この時期の三大文章類型、叙事詩、騎士道物語（ロマン・クルトワ）、抒情詩の形成は、これは、聖職者のイニシアティヴと、民間の唱導者ジョングルールの協力とに負うていたとする大胆な意見も提起された。

ベディエ以前の、いわば「民族詩」学説を包んでいた重苦しい霧は、ここにふきはらわれた。いうなれば、これは、明朗な古典主義的学説というべきか。詩文の内容についても、民族の記憶といった漠とした説明はすてられ、一一〇〇年頃の精神の位相を示す十字軍思想との関連においてこれを読もうとする傾向が、たしかにみとめられる。

オックスフォード写本『ロランの歌』は、十二世紀前半の記述の位相にしっかりと帰属せしめられつつあるかの印象をうける。連続の脈絡から位相の脈絡への移送であり、記述それじたいがものとしてその場を占める。逆に、十二世紀前半の精神の位相の解明は、このひとつの記述の帰属によって益を得るであろう。この関係はあくまで相関的なものなのである。

「叙事詩」という連続ないし伝統についてはどうなのか。むろん、この古典主義的学説は反動を呼び、これは、その名もまことにふさわしく「伝統学説」と呼ばれている。オックスフォード写本以前の、「原」『ロランの歌』の形成に関心の焦点を合わせる一派であって、歴史家がこれに一枚噛んでいるのは、これは当然のことといえようか。しかし、これも、もはや盲目的な民族詩学説ではありえず、テュロルドゥス以前にも「作者」はいた。しかし、その「作者」たちが没個性化されたのだ。そういう精神の風土であったのだとするところに力点をおいている。古典主義的説明は、かならずしもそのことを否定はしないのである。古典主義学説は、ただその視線を十二世紀前半の位相に合わせる。それ以下でもなくそれ以上でもない。そうして、もし「叙事詩」を定義せよといわれるならば、十二世紀前半期に帰属せしめられるアソナンス詩格の記述群、がいしてカロリング朝の事件に題材をとり、そのテーマは十字軍、こう簡潔に答えるであろう。一一五〇年以降、アソナンス詩格は退潮し、かわってリム詩格の「ロマン（物語）」が人気を呼ぶのである。

いきなりとてつもないことをいいだすようだが、『平家物語』と『太平記』、このふたつの記述に、いわば気質的に対応するヨーロッパの記述はといえば、それは十四、五世紀の年代記、覚書、日記のたぐいではないか。これがわたしの素直な印象である。気質的に、というのは、いいかえればグー（好み）の問題である。表徴をかぞえあげれば、たとえば涙もろさの強調がある。これはよく知られている『平家物語』の一節、重盛が意見しにきたときいて、具足の上に道衣をはおり、胸もとをかきあわせる清盛の仕種の描写にもうかがえる写実ということがある。

火事とか大風とか、出来事への野次馬根性まるだしの関心の寄せぶりがある。注釈批評好みがある。これは『太平記』において著しいが、『平家物語』にも、たとえば、こんな一節がある。

入道相国あまりのうれしさに、声をあげてぞなかれける。悦なきとは是をいふべきにや。（巻第三、「御産」）

人名事物の列挙ということがある。エピソードを語りだすととめどがなくなるということがある。かりに『平家物語』の成立をめぐるかまびすしい議論についてまったく不案内のままこれを読んだとしたら、まずまちがいのないところ、これはだれかの日記を原型としたものだという印象はまぬがれまい。言葉を変えていえば、いわゆる「原平家」は日録体の記述ではなかったかと妄想するのだが、専門家は、その確証はないという。だが、いったいその逆の確証はあるのか。

岩波書店版日本古典文学大系『平家物語』の高木市之助氏他による「解説」によると、『徒然草』に出る記述に拠って、「原平家」成立の場を比叡山に措定し、成立年代は壇の浦合戦からおよそ三十年のち、十三世紀第一四半期。平曲は仏教音楽「声明」の系統をひくものであるとする見解が、相当な妥当性をもつものと論じられているという。だが、その「原平家」についての鮮烈なイメージを、この「解説」から汲むことはついにできなかった。

どういうわけか、この解説文は、「原平家」が日録体に近い（解説文の言葉遣いでいえば「編年体」）とする考えに嫌忌性を示しているという印象をうける。日録体であったはずはないとする予断におちいっているという印象さえうける。「原平家」はともかくも、「現行平家」（この版ではいわゆる覚一本）が日録体の構造をもっていることはあきらかなのだが、解説者は、この構造の与える痛烈な印象を打ち消そうとやっきになっておられるかのようだ。いわゆる「編年体」と「紀伝体」との「一往の調和」をいわれ、両者が「巧妙に取り入れられている」点に注意を喚起され、「作者の神経の細かさ」を示す一例として、

たとえば

三月十日、除目おこなはれて、平家の人々大略官加階し給ふ。（横田河原合戦、四二九ページ）

にしても、一見単なる事務上の報告のようにみえるが、それから半年後の

同十六日、都には平家是をば事共し給はず、前右大将宗盛卿、大納言に還着して、十月三日内大臣になり給ふ。同七日悦申あり。当家の公卿十二人扈従せらる。蔵人頭以下の殿上人十六人前駆す。東国北国の源氏共蜂のごとくに起あひ、ただいま都にせめのぼらんとするに、か様に浪のたつやらん、風の吹やらんもしらぬ躰にて、花やかなりし事共、中々いふかひなうぞ見えたりける。（横田河原合戦、四三一ページ）

という記事と読み合せるならば、前の記事の方も、これによって作者が吾々に何を訴えようとしたかは明らかに理解できるのではないか。

とされる。

どうもこの「解説」はいただけない。ひとつ大事な点が見落とされているような気がする。つまり、記録という行為のもつ意味についてなのだが、現象の直截な記録ということがそのままのかたちでなじむような、そういう精神の、ひいては記述の位相の時代があったのではないか。そういう位相に、このところの記述はしっくりなじんでいるのではないか。「作者の神経の細かさ」をいうのならば、むしろそれは、日録をそのままのかたちで『平家物語』に収録した、そのしかたにこそあったのではないか。

がぜん、ここで問題になるのは、たとえばこのところ、巻第六の末節「横田河原合戦」のテクスト・クリティークである。テクストの帰属を明瞭にしないかぎり、文体は論じられない。これは自明のことではなかろうか。逆に、文体についての考察がテクストのひとつの位相への帰属をあかす。この関係は、あくまで相関的なものなのである。

巻第六末節の部分は、異本（増補本と呼びならわされている）「四部合戦状本」巻第七の冒頭に出る部分に由来するという推測がある。この異本は、十三世紀なかば、「宮中事情に詳しい人」の手になり、「語り本に記録体を織り込ませた源流本ではないかと疑われる」ということである。『平家物語』十二巻組織の成立は一二四〇年頃という証言があり、「原平家」なるものがどのような形態のものであったかは知らず（その成立については、十三世紀第一四半期という見解がある）、現行『平家物語』は、「四部合戦状本」をそのひとつとする、十三世紀なかばに輩出したいわゆる「初期増補本」がテクストの源流であり、さらにこれが、没年一三七一年と記録される覚一検校によって大成されたのが、いわゆる「覚一平家」であるということになる。

かくて、ひとつの記述としての『平家物語』について確実にいえることはこうである。十三世紀なかばのものとして「四部合戦状本」ほか有限個数の記述『平家物語』があり、十四世紀の第三四半期に、覚一検校という人物による記述『平家物語』が成った、と。『平家物語』は覚一本以外にもある。ただし、その数はあくまで有限であり、それぞれ、本来その属すべき位相に帰属せしめられるべき性質のものである。

かいつまんでいいたいことをいわせていただければ、わたしたちは、「原平家」の幻想から解脱しなければならないのである。

2　騎士道

ベルトラン・ド・ボルンはペリゴール司教管区の一城主であって、オートフォールという名の城の領主であった。かれはたえず隣人たちに戦争をしかけた。ペリゴール伯に、リモージュ準伯に、弟のコンスタンタンに、当時ポワチエ伯のリチャードに。かれはよき騎士であり、よき戦士であり、よき懸想者《アムルー》であり、よき作歌者《トルバドゥール》であった。かれは博識であり、弁舌巧みであった。かれはよく吉凶を占うことを心得ていた。かれは、かれの望むときに、王ヘンリーとその息とに対し優位に立った。だが、かれは、かれら、父と子と兄弟とが、たえず争い合うことを望んだのである。かれは、また、イングランド王とフランス王とが戦うよう、つねに欲していた。かれらが和議を結び、あるいは、休戦にはいるや、かれは、即興歌《シルヴァンテス》をものすることによって和議をこわそうとつとめ、この和議によっていかに双方とも名誉の道にそむいたかを示そうとしたのであった。そうして、かれもまた、多くを得、多くを失ったのである。

ベルトラン・ド・ボルンはリムーザンの人、オートフォールの準伯であって、千人近い家の子《オム》をかかえていた。かれには弟たちがいたが、かれらの相続分を奪おうと目論んだ。イングランド王さえいなかったら（かれはそうしたであろう）。かれは即興歌のすぐれた作歌者であったが、シャンソンはふたつしか作らなかった。ベルトランは有能な男、礼節の男であった。かれはブルターニュ伯にはラッサ、イングランド王にはウィ・エ・ノン、その息の若い王にはマリニエという仇名を呈した。かれは、かれのならいとして、たえず諸侯をけしかけてはたがいに戦わせた。そういうわけで、かれはイングランド王国の父と子とを争わせ、ついには若い王が、ベルトラン・ド・ボルンの持城で矢をうけて殺されるにいたったのであった。

ところで、ベルトラン・ド・ボルンは、自分には才能がたっぷりあると自負していたので、分別《サンス》をふるに用いることが必要だと考えたことがなかった。だが、続いて王はかれを捕虜にしたのだが、かれを捕えたとき、王はかれにいった、「ベルトラン、今後はあなたも分別《サンス》をふるに使うことが必要だろうよ」。するとベルトランは答えた、若い王がみまかった折、わたしは分別《サンス》をあげて失ってしまったのです、と。すると王は息子のことを想って泣き、ベルトランを許し、かれに、衣料《ヴェートマン》と封土《テル》とオヌール（複数）とを与えた。かれは俗世の生を長く保ち、しかるのち、シトー派修道会に遁世した。

南仏の作歌者（トルバドゥール）の略伝を記した十三世紀の手稿があって、これはベルトラン・ド・ボルンの「略伝《ヴィダ》」ふたつである。「オック古典叢書I」は、このほかにも、ベルトランの詩の注解のかたちの文章、「注釈《ラツッオ》」十九篇を収録している。(5)

ベルトランは、前者の「略伝」の伝えのとおり、ドルドーニュ上流ペリグー地方オートフォールの地の一城主であったが、後者の伝える「千人近い家の子」とは、これは嘘もいいところである。ベルトランは、ダンテの『神曲』「地獄篇」に、悪党のひとりとして、自分の首を手に登場する。一城主とはいえ、その名は遠くイタリアの地にまでとどろいていたのだ。

文面にもあきらかなように、プランタジネット王朝始祖のヘンリー二世とその息子たちが、同王家の大陸領土、すなわちアキテーヌ、ブルターニュ、ノルマンディーの地に、最上級領主として臨み、フランス王ルイ七世、フィリップ・オーギュストと拮抗した時代である。「若い王」とはヘンリーの長子、同名のヘンリーのことであり、じっさいには病死した。一一八三年のことであり、その後父王を継いだ弟のリチャード獅子心王が、一一九九年、リモージュ準伯領シャーリュ城で矢にあたって死んだ。筆者はこれと混同しているのである。ベルトランは、一一九八年、シトー修道会にはいり、一二一五年頃死んだ。

歴史家マルク・ブロックは、その大著『封建社会』第二巻の「貴族の生活」の章を、戦争の楽しさを歌うベルトラン・ド・ボルンの詩の引用をもって書き始めている。文学史家ギュスターヴ・コーアンもまた、その著『騎士道の歴史』第二十一章「反‐騎士」の書出しに同じくベルトランの詩を引用している。

ベルトランがかくも人気のあるゆえんはなにか？

歴史家は、ベルトランをもって、十二世紀のフランスの「小貴族」の生の実相を写す存在と見たのであろう。文学史家の方は、これははっきりしている。騎士道物語《ロマン・クルトワ》の「聖杯の騎士」に騎士道の完成型を見、そのいわば反面教師として、「悪しき騎士」の実例を、これに見ているのである。「反‐騎士」とは騎士道の否定者ではない。表裏の裏なのだ。叙事詩にも、歴史叙述にもベルトランは存在した、そう文学史家はいっている。

まことの戦いに火と流血とはつきものだ。

と歌うベルトランである。村ひとつを焼きはらい、村人をみなごろしにする、べつに珍しくもなかった、そう歴史家は証言する。

御助勢はできます。楯は、はや、頸につけました、兜は頭にのせました。したが、金がない。どうして出陣できましょう。

ポワチエ伯、すなわちのちのイングランド王リチャードに金をよこせとせまるベルトランである。歴史家にならって、このベルトランの即興歌の一節を引用する文学史家は、「シニカルに」と注釈を加える。シニカルに？　文学史家の批評の定位があきらかではないか。

トランペット、太鼓、旗指物に槍旗、旗印、白馬に黒馬。ああ、目に見えるようだ。いい日になるぞ。なにしろ金貸しから金を奪うのだ。荷駄の群れも、昼日中、無事には道を通れまいよ。町人も、フランスへの道をゆく商人たちも、びくびくしながら通るのだ。喜びいさんで奪うものだけが金持になるのだ。

ベルトランはおおまじめなのである。これはおおいに強調しておかなければならない。かれはモラリストではない。戦争に退屈しのぎの絶好の興をみいだし、周辺の連中をけしかけて騒ぎをおこすのが楽しみの、喜びいさんで掠奪をはたらく「騎士」なのだ。

だが、さしあたり、わたしの関心はベルトラン・ド・ボルンその人にはない。わたしは「略伝」と「注の文章それじたいに興味をもっているのである。「オック古典叢書Ⅰ」に収録された「略伝」と「注釈」の手稿は、もっとも早い時期のもので十三世紀第一三半期、もっとも新しいもので十四世紀初頭に成ったと見る研究があるという。紹介した「略伝」のうち、前者は十三世紀、後者は十四世紀初頭のものである。

　前者は整っている。いってみれば整いすぎている。イタリアで書写されたものらしく、そのせいかもしれない。後者は、ラングドックで書かれたものという推定がある。こちらは整っていない。にもかかわらずといおうか、それだけにといおうか、表現的である。あるひとつの時代の精神の状況をしみじみと見せてくれる。

　ベルトランは有能《アビル》な男、礼節《クルトワ》の男、とは、これはいかにもぎこちないきまり文句ではある。よき懸想者《アムルー》であり、よき作歌者《トルバドゥール》、といういいまわしの方がよいかたちだといえるかもしれない。ベルトランは、マダム・マユー・ド・モンタニャックという名前の女性、ダーム・ギスカルドなる女性との恋のいきさつを歌った即興歌を多くつくっている。「注釈」は、つまりはそういったベルトランのつくった詩の注解であるが、注解のための材料は詩それじたいに求められているにすぎない。だから、伝記的事実はそこに汲むべくもないが、ともかく、ベルトランが「愛する人《アマン》」の役割を詩のなかで演じていること、これはたしかであり、だからたしかに「よき懸想者、よき作歌者」だったと「伝記」の筆者が考えたこと、より一般的にいえば、十三世紀の人がベルトランという「騎士」像のうちに「礼節の男」を見たということ、これはたしかなことなのである。

　次に「サンス」という言葉、これはたいへんに訳語のつけにくい言葉である。一応、「分別」とつけてみたが、これでいいものかどうか。「略伝」の文章は、この言葉に力点をおいている。ベルトランは「サンス」ある男、筆者はそう見ている。ある「注釈」の文章は、このエピソードをさらにくわしく述べていて、そこでは、王がベルトランに、

　今日こそサンスをふるにはたらかせることが必要だと知るがいい！

と強い口調でいったとなっている。それに答えてベルトランは、

　サンスとサヴォワールとコネサンスとを失った

といったとなっている。
知識《サヴォワール》と理解《コネサンス》と、この二者との対比における「サンス」、この線からの理解は、いまのわたしには不能だ。ちなみに、古語辞典リットレは、この語の十二世紀の用例として、ギィ・ド・クーシーの詩文の一行を紹介している。

　わたしはすべてをおく（賭ける?）、心《クール》と肉体《コール》と欲望《デジール》、サンスと知識《サヴォワール》とを。

この対比からの理解は、まだしも可能の感じがする。
ところで、「オック古典叢書I」の編注者は、この「サンス」をすべて「エスプリ」という言葉におきかえている。この理解は、フィリップ・ド・コミーヌの『覚書』中の「名誉《オヌール》」という言葉を「評判《レピュタシオン》」とおきかえた注解者のことをわたしに想起させる。注解者が日本語を知っていたら、「機智」という言葉を喜んで使ったことであろう。「エスプリ」とは、このばあい、そういうイメージをはらむ言葉である。

言葉は文脈において意味を担う。このばあい、「サンス」とは、事に臨んでの判断力を意味するとりたい。もちろん、このわたしの意見は、ここには「機智《エスプリ》」の意味が重層的に担われていると見ることを妨げるものではない。だいいち、ベルトランの返答じたい、これははなはだ「機智に富んだ」ものだという印象を、じつはわたし自身いだいているのである。中世の知的風土にあって、あそびとまじめの境界は定かではなかったというヨーハン・ホイジンガの意見が、わたしの頭のなかにちらついてもいる。事に臨んでの判断力、それがすなわち機智だとする理解も、これは可能なのである。

この「サンス」についてのわたしの理解は、フィリップ・ド・コミーヌの文章に出るこの語についての理解と重なっている。(6) コミーヌのばあいは、これはあきらかに事に臨んでの果断な判断力を指し、これをもって人の価値を測る尺度とした。その観点から、たとえばシャルル・ド・ブルゴーニュはフランス王ルイ十一世に劣るとかれは見たのである。わたしは、このようなコミーヌの心的定位を実利的と形容したい。中世の騎士道思想とこの実利的な心の構えがどう関係するか。これは、じつに興味ある問題ではある。

『ロランの歌』の作者も、「サンス」に重い意味を託している。サラゴッサのイスラム王マルシルのもとにだれが使者に立つかをめぐって、ロランとガヌロンが対立する。

ガヌロンはロランが笑ったのを見て暗い気分にとらわれ、いまにも怒りが爆発せんばかり。もうすこしで「サンス」を失うところである。[7]

次は戦場の場面。ロランのひきいる殿軍は、イスラム本隊の襲撃をうけて潰滅した。ロランは角笛を吹いてシャルルマーニュの本隊を呼びもどせとのオリヴィエの忠告をしりぞけて、なお戦う。ついに刀折れ矢尽きた。ことここにおよんで、さしも「たけきロラン」も角笛を吹こうとする。ところが、今度は「さときオリヴィエ」が反対し、ロランをののしる。

ロランはいう、なぜわたしに怒るのだ。オリヴィエは答える、友よ、こうなったのもあなたの責任だ。なにしろ、「ヴァスラージュ・パール・サンス」は愚かさとはちがうのだ。自利は自負にまさる。[8]

この「ヴァスラージュ・パール・サンス」は訳しにくい。わたしの参照する刊本の注解者は、これを「思慮ある勇敢さ（ヴァイアンス・サンセ）」とおきかえている。古語辞典リットレは、「パール・サンス」を「慎重さをともなう（アヴェク・プリュダンス）」とおきかえている。こういった注解はどうも気になる。当該記述の属する位相において、この言葉がなにを表現しているか、これがつねに問われなければならない。言葉に自分自身の理解を仮託する。これは悪しき読みかたといわなければならない。

「ヴァスラージュ」は「封臣《ヴァサル》であること」を意味する。「ボン・ヴァサル」といういいまわしで「勇士（ヴァイアン・トム）」の意味を担う用例もあるから、刊本の注解者の理解も、あるていど正当化されうる。だが、そうおきかえなければならない内在的、すなわち言葉自体に内在する理由はない。「封臣たること」、これで十分だ。すなわち、主と頼む人にサンスによって仕えること、これで意味はとれる。問題は、この文脈における「サンス」の意味だ。

答は、じつのところ、わたしの手許にはない。これを思慮分別と訳してみたところで答にはならない。当時の人びとがサンスという言葉にどのような現実を想起したか、むしろこれが問われているのである。それに答えるには、いまのわたしは、あまりにも準備不足である。

「サンス」という言葉について以上述べたと同様の反省を、もうひとつ気になった「略伝」中の言葉「オヌール（複数）」がわたしに要請する。この言葉は、『ロランの歌』では、たとえば、さきほど紹介したロランとガヌロンの対決を叙する文章中、サラゴサに使者として赴くことになったガヌロンが、その息子にのこす言葉として、

かれに、わがオヌール（複数）とわが封土とを残す

と出る。

オヌール（複数）とは、端的にいえば、封建契約にともなう物的シンボルのすべてを指す。文脈によって内包の限定が行なわれる。たとえば、古語辞典リットレの紹介する例では、

あなたがオヌール（複数）を食むうまし国フランス

と、単独に出ることもある。これは十二世紀の文章だが、リットレはこの「オヌール」を「封土（フィエフ）」とおきかえている。この「フィエフ」という言葉自体も、これを「封土」という意味に限定してよいものかどうか、いささか問題のあるところではあるが、ともかくこのばあいの「オヌール（複数）」が封建契約の内包をなす物的象徴物の総体を指すものであり、その中心となったのが「封土」であったこと、これはまちがいのないところであろう。

『ロランの歌』の文脈では、「封土」を除く物的シンボルのすべてが意味されている。「略伝」の文章では、さらに「衣料」が除外されている。

フィリップ・ド・コミーヌの『覚書』の文脈では、この限定がさらにせばまっている印象をうける。

しかし、封建契約にともなう物的シンボルを担う言葉として、これはいぜん生きている。

「略伝」の文脈において「衣料」が「オヌール（複数）」から分離しているのは興味ぶかい。十三世紀前半のある詩は、すでにこの時期に「衣料の象徴主義」が成立していることを示唆している。(9) ユーグ・ド・サン・トメールに帰せられる『騎士団』と題された詩であって、イスラム側の捕虜になったユ・ド・タバリなるキリスト教徒の騎士が、イスラム王サラディンに、騎士叙任の儀式次第を教えるという筋書をとっている。真紅の上衣は教会の守護を、褐色の股引は帰還すべき所領を、白の帯は淫乱の戒めを、といった調子である。

『ロランの歌』の文脈には、衣料のシンボリズムは見られない。フィリップ・ド・コミーヌの時代には、これはますます視覚化された。十五世紀の精神風土は、考えられうるかぎりのものすべてを、目に見えるかたちに表現しようと望んだ。もともと具象のイメージをゆたかにはらむたぐいの言葉は、ここに次第に抽象化され、形骸化されてゆく。「オヌール（複数）」という言葉の意味の変容は、言葉と絵の関係の、このプロセスのひとつのあらわれかもしれない。

「騎士道」は、これを「サンス」、「オヌール（複数）」の二語をふくむ有限個数の言葉の体系であるとみなすことができる。「武士道」は、これを、たとえば思いつくままに拾えば、「甲の物」、「器量」、「頼み頼まれる」の三語をふくむ言葉の体系であるとみなすことができる。「騎士道」、あるいは「武士道」は、そういう様態《モード》として、まず、わたしたちに与えられているのだ。くりかえしていうが、

「叙事詩」なり「騎士道」なりの伝統が、連続が、まず与えられているわけではないのだ。

初源の中立性においてまずとりあつかうべき材料、それは叙述一般という空間における一群の出来事である[10]。

ひとつの現象「騎士道」の材料としての一群の出来事が、言葉に担われて、わたしたちの調査を待っている。

この調査は、しかしながら、たとえば「サンス」という語の縦の系列をたずねようとするものであってはならない。たとえば「器量」という文字の言葉としての持続を立証しようという意図のもとに行なわれるものであってはならない。ひっくるめていって、これらの系列を集めて束にして、「騎士道」という、あるいは「武士道」というひとつの連続を確定しようとする底意の上に立つものであってはならない。

当該記述の属する位相にあって、その言葉が他の言葉とどう関連し、他の位相に属するその同じ言葉とどうかかわっているか、その関連の態様はどうか。これが問われなければならないのである。これが問われるとき、はじめて「中世叙事詩における騎士道」なる論題が成立する。十二世紀の位相における「騎士」の思考と振舞いの体系がわたしたちの理解の前に姿をあらわす。そのとき、いわゆる「騎士道」なるひとつの伝統あるいは持続が切断され、歴史の相のもとに、照明をあてられる。

（1）*La Chanson de Roland*, publiée d'aprés le manuscript d'Oxford avec le texte moderne en regard par Joseph Bédier, L'Edition d'Art, Paris, 1955, Chap. CLXIII.

（2）ホイジンガ『中世の秋』（堀越孝一訳、中央公論社、昭和四十二年）第一章。

（3）Gustave Cohen, *Histoire de la Chevalerie en France au Moyen Age*, Richard-Masse, Paris, 1949, Chap. XVI.

（4）以下この問題に関しては、P. Le. Gentil, *La Chanson de Roland*, Hatier, Paris, 1967; *Entretiens sur la Renaissance du 12e siècle*, sous la direction de Maurice de Gandillac et Edouard Jeauneau, La Décade du Centre Culturel International de Cerisy-la-Salle, nouvelle série 9, Mouton, Paris et La Haye, 1968を参照。

（5）*Biographies des Troubadours: textes provençaux des XIIIe et XIVe siècles*, éd. par Jean Boutière, Les Classiques d'Oc. I, A. G. Nizet, Paris, 1964.

（6）堀越孝一「中世ナチュラリズムの問題（一）」『史学雑誌』第七三篇第三号（昭和三十九年）を参照〔本書所収の論文では第2節〕。

（7）*La Chanson de Roland*, Chap. XXII.

（8）*Ibid.*, Chap. CXXXI.

（9）G. Cohen, *op. cit.*, Chap. XVI.

（10）Michel Foucault, *L'Archèologie du Savoir*, Gallimard, Paris, 1969, p. 38.

3　後期ゴシックの世界

はじめに

ここにいう後期ゴシックの世界とは、いったいどういう歴史空間のことであるといえばよいのか。まずそのへんのところをあきらかにしておきたいとは思うのだが、どうもことばが汚れすぎていてためらいを感じる。ひとつの文化期としての中世の最後の段階であるといおうか、すでにしてそれはあまりにも重大な判断をふくんでいる。ましてや、その中世が衰亡の様相を見せるにいたったころのことであるなどといおうものなら、あまりにも多くを語りすぎることになる。衰亡の調子にしばられてしまうのである。

十四、五世紀に生きていた人びとの表象の世界であるとだけさしあたりいっておこうか。この時期の人びとが生の経験を記述に、絵に、音楽に、日常のみぶりふるまいに表現した、その記録の集合である。個々の記録の様態を観察し陳述する形態学的作業が、さしあたり文化史の仕事であり、あるいは文化史の仕事は、それ以上には出ないのかもしれない。ヨーハン・ホイジンガはいう、「ここに陳述を試みたのは、生活と思考の諸形態についてである。それら諸形態のうちにあった本質的内容をとらえること、このこともまた、歴史研究の仕事であろうか？」[1]

1　ことばのばあい

わたしはことばによる表象に関心があり、十五世紀の現実をフランス語で記録した年代記、覚書、日記のたぐいを好んで読む。読んでいてその文章のあまりの単調さに苛立つことがある。これはとうていわたしたち近代人の嗜好にあった食物ではない。なにか無表情に流しているといった感じなのであって、たとえばアンゲラン・ド・モンストルレの年代記の記述のばあいがそうだ。

事件が継起するがままに書きつがれる。「そうして」Et、「かくて」Si、「そのものらは」Lesquelz、「そのものらのうちの」Desquelz、「そのとき」Et lors、「その場で」Ouquel lieu 等々、きわめてシンプルな接続詞が文章の冒頭におかれて前の文章をうけている。

一四一八年の夏、オルレアン侯方の軍政下にあったパリをブルゴーニュ侯の軍勢が奪回した。うたがいなくパリ市民の内応があってのことだったが、その主謀者格の鉄商人ペルネ・ルクレルク某は「そのとき市門を閉め、そうしたのち面々のみまもる前で市壁の外に鍵を投げすてた。それから一同はひそやかに騎行しはじめ、シャトレ牢獄のすぐそばまでいった。その場でかれらはおよそ一一二名ばかりのなかまのパリ市民たちとおちあった。そこで王国の高官たちの数ある館をかたはしから襲おうと衆議一決した。そうして……」[2]。こういった調子で文章は淡々と続くのである。

むろん個々の出来事のひとつのまとまり、たとえばこの「一四一八年夏のブルゴーニュ勢パリ奪回」という事件の記述と、その前後の事件の記述とのつながりぐあいもこれと同断なのであって、だいたいにおいてモンストルレのばあいは、それら事件の記述のひとつひとつを章立ての単位としているのだが、だから章と章とのつながりぐあいといってもよいのだが、そこにもやはり同じ調子が感じられるのである。

ところが、モンストルレから半世紀ほどのちに『シャルル七世伝』を書いたトマ・バザンの記述はなにかすこしちがうのだ。たしかに一読したところ、モンストルレの文章のそれと同質の印象をうける。たまたま同じ一四一八年の事件についての記述を見てみれば、「そのとき以来」ex tunc、「そののち」postquam 等々ときわめてエレメンタリーな接続詞で文章はつなげられ、時間の経過にしたがって記述は流されているかのように見える。最後に、しかし、「そののち」post hoc とつなげて、「ブルゴーニュ侯ジャンがパリにはいった。ある日」、町中で首斬役人カプルシュに出会った侯は、そのものが王侯ないし隊長のひとりかとみまちがえて挨拶した。そののち、卑しい身分のものときいて、これを捕え、首を斬らせた、と記述してこの章の記述をとめているのに出会うや、わたしはなにか胃につかえを感じるのである[3]。

だいいちジャン侯は、その前段に記述されている虐殺事件の前にパリにはいっていたのだし、カプルシュ某はその虐殺事件のリーダーだったのだ。このことはモンストルレもすらすらと記述していることでもあり、なぜバザンはこれをエピソードふうに記述したのか、そこのところがひっかかるのである。

バザンよりも古く、十五世紀の前半に、まさしくこの事件のおきたときパリに住んでいた無名氏の書きのこした記録、『パリ一市民の日記』と呼びならわされている記述は、このカプルシュの件について、バザンに輪をかけてエピソードふうのとりあつかいをしている。無名氏によれば、この虐殺さわぎのとき、女殺しにふけっていた連中がいた。そのかしら格だったのが首斬役人で、そいつはあとで捕えられ首をはねられた。処刑台上のかれは、かれの後継者に首の斬りかたを教えたという。[4]

『パリ一市民の日記』の記述の調子には、なにか絵巻物をおもわせるところがある。記述のひとつひとつのまとまりが、独立と完結への強い志向を示しているのである。ひとつの記述はそれじたいの持続性のうちに成立し、完結する。しかもなお、それらひとつひとつの記述が集まって『日記』を構成する。ちょうど絵巻物とそのひとつひとつの画面との関係にも似て。[5] まさしくこの調子、これをトマ・バザンの『シャルル七世伝』ももっていて、カプルシュについてのエピソードふうの記述は、この全体の調子の局部的あらわれと見てよいのではないか。

一四一八年夏、パリをブルゴーニュ勢が制圧した。民衆が残虐行為を展開した。「上流の市民」がこれを押えた。「そののち」、ジャン侯が入市して、カプルシュを処刑した。これが問題の記述群の構成である。当時のフランスを理解するに必須の道具と、いまでは考えられているアルマニャック（オルレアン）派対ブルゴーニュ派という対立契機は、ここではまったく無視されている。だから、カプルシュ某が、この両派のあいだにゆれうごくパリ都市民の動向を端的に表現するものであったこと、したがってカプルシュを頭目とするこのたびの虐殺さわぎは、これは前年のカボシュ党の暴動の残照であるという認識はまったくない。ブルゴーニュ派に対する評価の声もまったくきかれず、ただその党派によるパリの制圧というひとつの状態の設定と、その安定した状態をみだす不穏分子の動きと、その鎮圧、つまりは安定した状態の再生と、これが記述の骨子であり、それにつけたしてカプルシュのエピソードというのがこの記述群の組みたてなのだ。

カリフォルニア大学のブラント教授は、最近の著書において、わたしの関心にとってひじょうに興味のある数々の提言を行なっている。ブラント教授は、世俗のひとの手になるのとはちがい、聖職者によって書かれた十四世紀以前の年代記の記述の特徴は記事の非連続性という点にあり、書かれる個々の事件についての記述には大別して二種類あり、ひとつはいわばそのときだけの出来事の記述、もうひとつは時間的幅をもつ事象の連鎖についての記述で、これの基本構造は、「既往の状況、妨害の貫入、結末」の三段階構成にあると見ている。そうしてさらに論じていうには、この「妨害の貫入」なるものは、「通常、ひとの意志、ないし、より端的にいって、むきだしの人間行為である。この人間意志ないし人間行為は、現存するある状況の構成要素とはみなされていない。それは、その状況に対するものとしてたちあらわれている」。してみれば、コメットが人間界に事件をひきおこすというみかたと、ひとが事件をひきおこすというみかたとが、まったく同質の、同次元の問題としてとらえられていたというのも、すこしもふしぎではないではないか、と。[6]

わたしは、トマ・バザンの記述がブラント教授の陳述によくなじむものであることをみとめるにやぶさかではない。いわば、問題の記述群を、Dをカプルシュのエピソードとして ABCD の四段階にわけるとすれば、表面的にはAからDへと時間の流れにのって記述が進行しているように見えても、そのじつ、ABCは、ブラント教授のいう「既往の状況、妨害の貫入、結末」のそれぞれの段階に対応するものとして、それじたいの持続性のうちに完結する記述のまとまりとして読みとることができると思うのだ。このA－C群がDに対応する。その関係は、まさしく非連続なのである。

モンストルレに代表させた、いわば連続性を示す記述の構造、『パリ一市民の日記』に端的に見られ、トマ・バザンにもうかがえる非連続の構造、この両者はいったい対立するものなのだろうか。記述の構造は、筆者の現実認知の一定のパターンをあらわす。とすると、この一見あい対立するふたつの記述構造は、現実を見るふたつのあい異なる目付、認知のパターンの併存を意味したのだろうか。

ブラント教授はそう見ている。ひとつは時間的前後関係の確立を志向する記述であって、これは俗人貴族の手になる年代記にあって特徴的である。他は、いわば無時間的な、自己完結的な記述であって、これは聖職者によって書かれた年代記に見られる。このふたつの表現の型は、それぞれあいことなる認知の型を示し、それぞれ伝授継承される、いわば継起する事象を見る作法である。わずかに後者が前者をうけいれる度量を見せているのみであって、本来両者はたがいにあいいれない、と。[7]

教授は十四世紀以前の、とくにイギリスの記述を材料にこう提言しているのであって、したがって、十四、五世紀の、とくにフランスの記述しか知らぬわたしがどうのこうのいうべき筋合いではないかとも思う。じっさい、トマ・バザンの記述のばあい、かれはリエージュの司教であったのだから聖職者にはちがいないのであって、聖職者は俗人貴族の認知の型をうけいれるとする教授の提言のひとつの証例がここにもみいだされるといってもよいのだし、パリの無名氏の記述のばあい、かれはおそらくパリ大学に関係のある聖職者と目されているのだから、まさしくこれは聖職者の認知の型を体現していると見ることができるかもしれない。余談ながら、このことは逆にパリの無名氏の素性を明かす証拠と考えてもよいかもしれない。そういえば、モンストルレはピカルディーの貴族の家柄の出であって、一四四四年、カンブレーの代官になっているのだから、これはいわば生粋の俗人貴族ということになる。

だが、わたしはこの、いわば二元論の立場には立ちきれない。もちろん、十四世紀以前にあって鮮明であったこの二元対立が、後期中世にいたってしだいにぼけてきたということなのかもしれない。ともかく、なにか記述の構造に、ということは現実認知のパターンにある統一性がある。これが十四、五世紀のフランスの記述からわたしのうける全般的印象である。

「……道を急いでパリについた。かくて王と顧問官たちをみつけた。かれらはブルターニュからの返事を待ちうけていた。使者は、帰りつくと、書状を王に渡した。王はそれをうけとり、開封し、そうして読んだ」。これはジャン・フロワサールの年代記の一節だが、ここに関係代名詞句がふたつある。ふたつともわざと流して訳したが、前者「かれらは」以下の文節は、むしろひっくりかえして訳したほうがいいだろう。つまり、まさしく主文の説明としての副文ないし挿入文の役割を果している。後者「王は」以下の一句は、しかし、これをひっくりかえして訳すことはできない。これは時間の経過のままにおかれた文節であって、その前の文節と対等の関係にある。「そうして、王は」Et le roiと文章を改めてしかるべきところであり、関係代名詞のこの種の使いかたは、フロワサールのみならず、この時期の多くの記述に、ごくあたりまえの顔をして出てくる。モンストルレの文章に多く見られる「そのものらは」Lesquelz等の指示代名詞はこの変奏と見てよい。

つまり、わたしの問題にしているのは挿入句構文のことなのである。記述の型のひとつの極限値として、このような、いわばひっくりかえらない関係代名詞、指示代名詞、もしくは「そうして」、「その場で」等々、きわめてエレメンタリーな接続詞で文章をつなぐだけのばあいが考えられる。年代記の理想型というべきか。これに、いわばひっくりかえる挿入句がはいり、流れをみだしていく。

「当時、ポントワーズ市がジャン侯のものになってのち、リラダンの領主は、かれはかれのリラダン市通過をジャン侯に対してみとめ、そうして、それとともにジャン侯に対し御一党に加わるむね誓ったのであった。そうして、こうして、ジャン侯の差配のもと、ポントワーズの守備隊長になった」。説明の都合上、わざと生硬に訳したが、これはピエール・ド・フェナンの覚書の一節である。(9) 「リラダンの領主は……ポントワーズの守備隊長になった」。これが文章の骨子であろう。その「リラダンの領主」を説明するための挿入句が、いわば自立して動きだしてしまったという事態がうかがえる。だが、この段階では、記述はその流れの、いわば本筋にたちかえっている。

ひとのいうところによれば、かの女がイギリス勢の隊長に向っていうには、その軍勢とともに陣営より出立せよ、さもなくばなんじらすべてに禍と恥とがいたるであろう、と。かの隊長はむすめを口汚くののしり、淫売、売女とよんだ。するとむすめはいった、かれら軍勢はかれらの意に反し時を移さず出立することになろう、だがかれは（その出立を）けっして見ないであろう、と。そうしてそのようになった。なぜならば殺戮が行なわれた日の前日にかれは溺れ死んでしまったのであるから。そののち、引き揚げられ、四肢を分断され、煮られ、臭気どめをほどこされ、サン・メリーに運ばれ、酒倉の前の教会に八日から十日のあいだおかれた。そうして夜となく昼となく屍体の前には四本のローソクもしくは松明が焚かれた。そのことののち、埋葬のため故国へ運ばれた。[10]

以上は『パリ一市民の日記』の一節だが、これでひとつの記述のまとまりは終っていて、これ以上は続かないのである。となると、前半の記述のテーマと後半のそれとの関係はどうなるのか。まさか記述のテーマが死体処理のことに移ろうとは、いったいだれが予想しようか。この種の構文はパリの無名氏の記述のいたるところに見られるのであって、たまたま筆がすべってこうなったとはとうてい思われない。関心の焦点が完全に移行し、もはや前半の記述のテーマにはもどらず、記述者はすでに別のことを記述している。いわば挿入文が自立し、勝手に歩きだしたという恰好であって、いいかえれば、本文と挿入文という関係はもはや見られない。

次にくるのはまったく非連続の感を与える記述の連鎖であって、これを他方の極の理想型といおうか。記述相互間の連続性が潜在していると見ることができよう。ただし、その潜在的連続性は、あくまでも当の記述者の認知のパターンに即して読みとられるべきものである。例をふたたびパリの無名氏の記述にとれば、ジャンヌ・ダルクが捕虜になったことをしるす記述の直前に、その同じ月にぶどう畑が冷害にやられたという記述があったからといって、そこにわたしたちにとってはなはだなじみの構想、すなわち前者が後者のいわばイントロダクション、後者こそこの記述群の真の主題という読みとりかたをしていいかどうか、これはきわめて疑問なのだ。[11] 記述者は、ただ事象を書き継いでいる。そのかかりぐあいは、たとえば「そのひとは」、「そのとき」、「その場で」等々の接続詞でつなげられるたぐいのきわめてエレメンタリーなかかりぐあい、そう考えてよいのではないか。

けっきょく認知のパターンは同じなのではないかとわたしは思う。一見連続性を示す構文も、一見非連続のそれも、けっきょくは継起する出来事に対するいわば受身の構えから出ているのだ。かれらは出来事を断続的に記述する。断続的にというのは、このばあい、一見続いているようだが、よく考えてみると構造的には続いていないという意味で。その人物の次の行動、その出来事の次におこった出来事、そういえばこういうこともあった、ああいうこともあったと、うまずたゆまず記述する。

次々と通りすぎる祭の行列を、つづいてはどこそこの組合の行列、それにつづいてどこそこのとならべあげる。あるいはまた、かんたんに月曜から金曜までと書けばそれで足りるところを、わざわざ月、火、水、木、金曜と書きつらねる。まとめていえば「列挙」という徴表がかれらの記述には一般に見られるが、これはかくてかれらの記述の基本性向そのものの局部的なあらわれと解してよいのだ。

かれらの記述にあってしばしばわたしをおどろかす「細部描写」ということも、また、この基本の性向にかかわっている。継起する事象を列挙するとき、かれらの関心が強度に反応する事象が細密描写の対象となるといってよいだろう。かれらは出来事が継起するから記述するのである。かれらはその出来事に興味をもつから細密に描写するのである。かくて、列挙と細部描写、いわゆる中世ナチュラリズムの二大徴表は、逆にかれらの記述の特性を明かすといってよい[12]。

事件の連鎖を状況としてとらえることをかれらはしなかった。事件と事件とが因果関係で組みあわされてひとつの状況を作るという認識は、おそらくこれは近代人のものであり、かれらのものではなかった。あえていうならば、継起する事象は、すべてこれ挿入句《エピソード》とかれらの眼に映じたのであった。

2　調子ということ

いったい、ひとつの精神風土の基本性向を陳述することはできるのか、できないのか。文化史の仕事についての反省は、ついにここに帰着する。

わたしが前節にかいま見たのは、十五世紀フランスの年代記ないし覚書の数例に見られる記述特性の二、三にすぎず、つまりはこの表象の世界のほんの一部分でしかない。この世界はひろく、表象の形態は多様であって、かりにここに見たひとつの記述特性を材料に、この表象の世界一般についてなにごとかを陳述するとしよう。それはけっきょくはアナロジカルな敷衍操作の域を出ないのではないかとおそらくひとはいうであろう。

ジョンズ・ホプキンズ大学のモーリス・マンデルバウム教授が最近の論説で小気味よくまとめたように、美術史家、文学史家等々の、いわば専門分野史家の面々は声高にいうであろう、人間の精神活動のさまざまな分野をつらぬく、なにかある統一性なるものがあるとしよう。それは、しかし、まず求められるべきものではない。いずれみいだされるかもしれないものだ。なにか単一のパターンとか、ワンセットの諸前提とかがあるとするならば、それは個々の精神活動の相互影響の結果なのだ、と。[13]

美術史家アンリ・フォシヨンは、時間と表象の形態《フォルム》との関係における二重構造ということを論じて、イポリット・テーヌは形態の展開における内的な秩序ということを軽視し、精神活動の他の諸相との関係という外的側面にこだわりすぎ、ために芸術史にとってよりもむしろ文化史にとってまだしも有効な方法論を強調したと述べている。[14] 文化史なるものに対する冷笑があまりにも露骨なので、いささかへきえきする。「生に関する壮大な観念論者」とフォシヨンはテーヌをよぶ。そうなのだ、専門分野史家たちはいわば実作者であって、部外者の発言を封ずるとき、かれらはよくこのことばを使う。テーヌは知らず、ホイジンガを、しかし、観念論者とよぶのは字義の濫用であろう。それこそ「壮大な観念論者」と（侮蔑の意をこめて）よばせてもらいたいイタリアの社会学者カルロ・アントーニが許すまい。ホイジンガの立場はフォシヨンのそれである。冒頭に紹介した簡潔な一文を想起されたい。まず形態があるのであって、人間文化の歴史学は多種多様の形態を材料とする現象観察の学でしかありえない。形態の観察（テクニックに関連して生起する現象の観察、すなわち記述）をつうじて形態間の「深部の関係」をとらえようとするフォシヨンの立場に、ホイジンガもまた完全に同調する。「形式」と「内容」という古めかしい二元論を押したてて、「形式」が包みこむべきもの、ないし「形式」をえらぶ権能をもつものとされる「本質的内容」なるものをうんぬんすること、これもまた歴史研究の仕事であろうか、と、これがホイジンガのはなはだシニックな意見なのだ。

だから、素材のとりあつかいについては意見のくいちがいはないのだ。ただ、文化史家は、ある歴史空間について、まとめて表象の形態学を実修しようとする。そのわけはと問えば、なぜってある歴史空間に生きていた人びとは、その経験をさまざまな種類の形態にまとめて表象したからだ、とかれは答えるであろう。表象の総体がその時代の生のリアリティを作る。文化史家のまさぐるのは、そのリアリティである。

なるほどそれぞれの表象分野には、伝統ないしテクニック伝授の体系があろう。アナクロニズムはいつの時代にもつきまとう。相互の影響ということで了解される共通の性向ということもありえよう。個々それぞれの表象の世界の、フォシヨンのいう内的秩序をなんら否認するものではないのである。しかし、まさしくテクニック伝授のしかた、影響の態様それじたいにも、なにかある特定の調子《トーン》が感じられはしないか。文化史の仕事は、この調子の感知にあり、それ以下ではなく、それ以上をものぞまない。

3　かたちのばあい

十五世紀にはいると、すでにそのまえからきざしていたある傾向がゆたかにふくらみはじめた。ゴシック穹窿の古典的均斉が破れ、結構の副次的要素が増殖する。じっさい、いわゆる枝肋、副肋のたぐいがフランスの工人たちの課題となったのは、アミアン聖堂の第二期工事（一二五八－六九年）におけるあそび半分の試みののち一〇〇年ほどして、同じ聖堂内に洗礼者ヨハネ礼拝堂の天井が組まれたとき、一三七五年ごろのことであった。この意識的な試みののち、十五世紀にはいり、フランス北部、東部に建立される教会堂は、星型ないし網目状の支骨に穹窿を支え、トゥール聖堂にいたっては、ゴシックの中心概念ともいうべきオジーヴ結構がまったく消去されてしまったの観がある。ついには穹窿それじたいが平板化する。サルト県フェルテ・ベルナールの聖堂ノートル・ダーム・デ・マレの聖処女礼拝堂の格天井がその恰好の例だ[15]。

オジーヴが上方からおりてきて穹窿の重量を支える、その最下端は持出し構造になっていて、これをコンソールとよぶ。ブールジュ聖堂の地下室における回廊のコンソールは、人面型、対照配置の動物型等々、ロマネスク・テーマによる彫刻に飾られている。十三世紀前半のこのブールジュの例は、一三〇〇年以降のコンソール彫刻におけるロマネスク・テーマ再生の兆と見られる。マント聖堂のトリビューン（十二世紀に建立が開始されたこの聖堂は側壁の構成を四段にとっている。ちなみに十三世紀の古典的ゴシックのばあいは、この部分ははぶかれ、アーケード、トリフォリウム、高窓の三構成である）の穹窿は十四世紀にすべて作りなおされたが、そのさい工人たちは、コンソールに有翼人像、蛇尾スフィンクスなどのイメージを刻みこんだ。魚尾セイレン、双頭人像、双頭鷲、輪型四足獣、こういった怪物どもが十四、五世紀のコンソールにたむろする。むろん柱頭もこの連中でにぎやかだ。コンソールのばあいよりもいくらかその展開はおくれたが、それだけに、十五世紀にはいるころ、その繁茂ぶりは爆発的だ。十五世紀初頭に建立されたランス大司教館には、手を玉縁について肘をまげ、穹窿の重量を支える巨頭の人像の刻まれた柱頭が見られる。これはバユーの教会参事会室のコンソールにも見られるイメージだが、これこそはロマネスクの人像柱の再生ではないか。歩く四足獣、重なりあった動物たち、向いあい、組みあわされた怪獣ども、かれらは旺盛に繁茂する植物文様と脈動をともにする。プロヴァンのサント・クロワ教会の柱頭には、大葉の蔭に竜の群れがからみあって棲息し、葉と竜とは同質の斑痕と線条を共有している。ヌヴェール聖堂に棲息する竜どものうろこは、ぶどうの実の一粒一粒に似ていて、なにげなしの視線には、竜もぶどうの房かとうつるのだ(16)。

構造体としての教会堂は、たしかに盛期ゴシックからの進化の相を見せている。構造上のむだをはぶく進化の過程は、ついにトリフォリウムを消去し、外壁の二層構成を実現したではないか。穹窿の支骨に分担された重量が、ただ一本の柱に吸収されるかたちが好まれるにいたったではないか。尖頭穹窿はしだいに扁円化し、平板に近づいたではないか[17]。だが、ここに螺線の線条の刻まれた柱があり、柱の台石はその線条に合わせてななめにカットされている。構造原理が装飾原理に一歩をゆずっている事例ではないか[18]。あたかも建築技法における伝統的進化をはじらうかのように、いわばこれをつつみかくそうと、装飾的なるものが構造体をおおいつつみ、さらには内部を浸蝕して構造性そのものを変質せしめんとする勢いである。

人頭人胴植物、双面トランペット奏者、鳥嘴四足獣、兎頭爬虫類、人頭蛞蝓、鹿頭幹人、なんとも形容しがたい、異様な、それでいてなにかこっけいなイメージ群が写本の行間に、欄外余白にはびこる。十三世紀末葉以降、写本飾絵には幻想怪奇のロマネスク・テーマの展開がみとめられる。およそ一二〇種ものこの種のモチーフを集めている『マルグリット・ド・ボージュの時禱書』(一三六一年)をはじめ後期中世の時禱書、詩篇集、聖務日課書、ミサ書のたぐいの欄外余白の世界、装飾的なるものの作るこの空間は、現実の事物が非現実感覚のまえに解体し、変貌する魔法圏だ[19]。

変貌の魔術は、絵画の世界にもまたその権能をふるう。いったい、ファン・アイク兄弟の祭壇画、「子羊の礼拝」中央図の後景にびっしり描きこまれた草葉の描写の細密ぶりはなにごとか。木の葉の一枚一枚が、妙ないいかたかもしれないが、物に化している。これは木の葉ではない。木の葉のかたちをとった無機物だ。あるいは、また、「ニコラ・ロランの聖母」図に描かれた数本の柱頭の、聖母の頭上に天使の支える宝冠の細密描写ぶりはどうだろう。ヤン・ファン・アイクは線のあそびを楽しんでいるのだ。あえていおうか、フランドル絵画における細密描写の本性は、事物の細部を細密に描くという点にあるのではない。事物は、いわば空間を領する装飾的突出物と観念され、線をひくよろこびは空間を埋める安心感なのだ。

造型美術の世界の、この表象のにぎわいは、いったいこれをどううけとめたらよいのか。美術史家アンリ・フォシヨンやアーウィン・パノフスキーのいうところには、たしかにある種の固定観念が感じられる。はなはだ逆説的ないいかただが、それは古典的《クラシック》という観念だ。古典期のゴシックの均斉がくずれ、オジーヴ結構が解体し、柱が幾条にもわかれる。古典期のゴシックを構成していた各部分が、その分担機能を喪失していくのだ。古典期のゴシックにあって建築空間の外にしめだされていた十二世紀以前のロマネスク・フォーヌが、いまやしめだしを解かれ、建築空間のなかにはいりこむ。そのとき、古典期のゴシックの空間は変質する。

古典期ゴシックは建築の枠への同調をその本性とするとフォシヨンは見るが[20]、後期ゴシックにおける装飾群は、背合わせ曲線《コントル・クールブ》のシステムは、その枠をつき破り、貪欲に空間を消化する。「明晰化のための明晰化の公準」がスコラ哲学と古典期ゴシックとを統御していたとパノフスキーはいうが[21]、装飾的なるものは、みずから寄生する構造体の総体の意味の明晰化への意欲を放棄し、むしろ意味をまさぐる視線をまどわすことによろこびを感じているかのようだ。

枠からの氾濫、公準からの逸脱、そこに反古典的なるものの根拠があり、後期ゴシックの表象の世界は、かくて負の価値をおわされているというべきか。そうしておそらくこういういいかたも許されていいと思うのだが、もうひとつの古典があった。すなわち遠近法である。

むろんのこと、あたかも古典期ゴシックに対応するかのように、いわば古典期遠近法が前代にあったというのではない。いわば嫌忌性というか、この表象の世界は遠近法なる空間処理の方法論にはおよそなじまぬ性向をもっていたといえるのではないか。よしかりにイタリア・ルネサンスの絵画技法が遠近法を完熟させたとしよう。そのイタリア・ルネサンスを古典と、なかばたわむれに呼んでみたのである。もうすこしまじめにいえば、遠近法的空間処理は、フォシヨンのことばを借りれば、「空間『全体をそっくり』限定する」[22]。その点こそが古典的なのだ。

だから、この世界にあっては表象の原点は「見ること」Intuitio にあり、つまりは主観主義ということだが、したがって遠近法という、見るということに関して案出されたこの方法論は、これはこの表象の世界によくなじんでいるとするパノフスキーの提言にわたしはなじめないのである[23]。むしろ、この世界の見る視線は遠近法的構成を忌避するかのごとくであり、あるいはこういおうか、遠近法はこの世界特有の調子によってはじめから空間の統制力を失っている、と。

ファン・アイク兄弟の画面を見てみるがいい。まさしく遠く、あるいは近くに描かれたそのそれぞれが、等価の細密描写効果を見せているではないか。いいかたを変えれば、遠景をとり去っても画面の効果は、ホイジンガのことばを借りていえば、算術的に減少するだけなのだ。「十五世紀の絵画の本質は」とホイジンガは「小羊の礼拝」図にふれていう、「まさしく多様性そのものにあった。ただ、その多様性がそのまま単一性を感じさせるにいたっている場合にのみ、そこに高度な調和の効果が生じたのであり、……この調和のリズム、これは、いわば単純な算術計算のやりかたで対象を整合することによって、多様性そのもののうちに見出されるところのものなのである(24)」。

おわりに

「後期ゴシックの世界」とわたしは章題をえらんだが、いささかこれは羊頭の感がある。だがべつに狗肉を売ったつもりはないのであって、売ったのはせいぜい羊の耳ぐらいか。群盲のたとえではないけれど、年代記のたぐいをすこしばかり読み、美術についての先人の著書をいささか読みちらしたからといって、この後期中世の表象の世界という巨象の正体は、これを知りようにもないではないか、と、これはむしろ居直りの弁というべきか。

じつのところ、論の構成は別様にとりたかった。わたしじしんの後期中世の、いわば焦点にある、たとえばアヴィニョンの無名画家の「ピエタ」図、あるいはわが愛する詩人フランソワ・ヴィヨンを中心に据え、そこからの展開としてこの表象の世界を展望するというのが、ついにわたしののぞみなのである。

わたしを悩ますひとつの想念がある。ひとつの世界の調子《トーン》は、じつはその世界についてくわしく知ろうと資料の堆積のなかに首をつっこむまえに、すでにそのひとのものなのではないか。時代とはいわば一枚の画布であって、絵からうける印象は、絵の細部についての批評家ふうの検討に先んじ、優先するのではないか。表象のそれぞれの分野についての調査の過程に、なにかある種の調子を感知したとするならば、それは、この先行する調子の感知との照合において、その普遍妥当性を検証される。そういうことなのではないか。

この想念は、わたしをいたずらに苦しめるアンティーズである。正直なところ、わたしの後期中世などといいはするものの、ことばがみつからないのだ、この表象の世界についてのわたしの覚知をいいつくすことばが。すべてがそこに収斂し、そこから出る原点ともいうべきひとつのことばが。わたしはただぼそぼそと眼前の資料に感じられる印象をいい、あるいは気にいった先達の文章を引用するのみである。

ことばのばあいについて、またかたちのばあいについて、いったいわたしはなにをいったか。断続する記述の無表情のさまを、状況構成の視点の欠落を、装飾的なるものの氾濫のことを、建築の枠、遠近法の限定をうけつけない空間のことを。なんのことはない、ことばが、かたちが、みずから規制することを知らず、いたずらにはびこるさまについて語っただけではないか。前代にあり、次代にくるべき古典性《クラシック》との対比において、負のイメージがついにこの表象の世界の表看板だというのか。

次代にくるべき古典性、とわたしはいう。このとき、わたしの想念には、いわゆるルネサンスと近代という両概念が闘争を演じている。ことは、いわゆるルネサンス論争にふかくかかわっている。この論争について詳論するに必要な紙数は与えられていない。だが、いささかペシミスティックな印象を与えかねない文章を作ってしまった責任もあろう。この論争に対するわたしじしんの参加の姿勢について、最後にあきらかにしておくことが、最低の義務としてわたしに課せられる。これはまた、後期中世の精神風土の負のイメージに正の価値の投射光を浴びせることにもなる。

変化の概念としてのルネサンスは、わたしのうけいれるところではない。変化は中世から近代にかけての多面的な動きであって、ルネサンスとは、そのひとつの局面、ひとつの動因であったにすぎない。だから、わたしは、ルネサンス概念を古典古代の学芸の再評価という本来の意味内容にひきもどすべきだとするホイジンガの意見に賛成である(25)。

わたしの関心は変化の諸相の、いわば計測にある。その計測のひとつのこころみが、いやむしろそのための予備作業が、上述の文章のかたちをとったのであって、もとよりこれをもって後期中世の精神風土の全体像を描きえたと自負するつもりは毛頭ないのだ。必要なのは節度であろう。これを欠くとき、近代を否定する中世主義者が生れる。ルネサンスの根掘り論者があらわれる。

ひとは問うであろう、おまえのいう負のイメージ、これを計量してみたところで、変化の諸相はすこしもあきらかにされないのではないか、と。だが、とわたしは反問しよう、正のイメージの認知、変化の諸相の解明は、それではいったいどこから出てくるというのか。さらにいえば、いったい変化はどこに胚胎するというのか。伝統と持続のうちにこそ、変化の諸相はとらえられなければならない。

中世の思考が、感覚がなお濃く残り、しかも中世のかたちが、ことばが規範力を失いつつあるとき、中世後期の人びとは、一方では、いぜんとして中世のパターンにあてはめて現実を理解しながらも、なおすくいとられずに残る現実の事態を、だからといってそのまま見すててはおけず、はなはだ実際的にこれを処理する技術を身につけるべく強いられたかのようである。

フィリップ・ド・コミーヌについて、わたしはかつてこの事情を観察したことがあった。[26] コミーヌのばあい、騎士道、この中世の倫理的美的形式の集大成は無関心のまま放置され、中世的体制の現実把握のもはや力およばぬ現実事態に対応すべく、はなはだ実利的な価値判断の基準が採用されているのであって、しかし、その実利的な現実処理は、それが集まってひとつの価値体系を作るまでにはいたっておらず、中世の価値体系にぴったりよりそって機能しつづけてきた実利的処理の、たんなる量的増加という状況を見せていたにすぎないのである。

ルネサンス的なる価値体系は、ただ、このように実利的現実処理としてかたづけられた、いわばみだした部分をすくいとるひとつの道具にすぎなかったといえるであろう。視点をそこに据えるまえに、しかし、まず中世の価値体系の残影を確認し、実利的現実処理にゆだねられた部分を計量しなければなるまい。それを怠れば、アナクロニズム、この歴史家にとって最強の敵の陥穽におちいるばかりである。

（1）ホイジンガ『中世の秋』（堀越孝一訳、中央公論社、一九六七年）七三ページ。

（2）Enguerran Monstrelet, *Chronique*, publiée par L. Douët-D'Arcq, La Société de l'Histoire de France, 6 vols., 1857-62 (reprinted by Johnson Reprint Corporation, 1966), Vol. III, p. 261.

（3）Thomas Basin, *Hystoriarum de Rebus a Karolo VII*, éd. par Ch. Samaran avec le texte français en regard, 2 vols., Société d'Edition《Les Belles Lettres》. 1933, 1944; Vol. I, chap. XII.

（4）*Journal d'un Bourgeois de Paris sous Charles VI et Charles VII*, éd. par Michaud et Poujoulat, Nouvelle Collection des Mémoires relatifs a l'Histoire de France, Vol. II, 1866, p. 656.

（5）堀越孝一「中世ナチュラリズムの問題（二）」（『史学雑誌』七三編四号、一九六三年）〔本書所収の論文では第3節〕。

（6）William J. Brandt, *The Shape of Medieval History: Studies in Modes of Perception*, Yale University Press, 1966, chap. 2.

（7）*Ibid.*, chaps. 2, 3.

（8）Jean Froissart, *Les Chroniques*, éd. par Pauphilet et Pognon, Bibliothèque de la Pléiade, Historians et Chroniqueurs du Moyen Age, 1952, p. 899.

（9）Pierre de Fenin, *Mémoires*, éd. par Mlle. Dupont, Société de l'Histoire de France, 1837 (reprinted by Johnson Reprint Corporation, 1965), p. 77

（10）*Journal d'un Bourgeois de Paris sous Charles VI et Charles VII*, Vol. III, 1866, p. 254.

（11）*Ibid.*, Vol. III, p. 259; 堀越、前掲論文、四五－四六ページ〔本書所収の論文では六三－六五ページ〕。

（12）堀越、前掲論文。

（13）Maurice Mandelbaum, "The History of Ideas, Intellectual History and the History of Philosophy", *History and Theory*, Beiheft 5, 1965, p. 48 ff.

（14）フォシーヨン『形の生命』（杉本秀太郎訳、岩波書店、一九六九年）一四二ページ。

（15）Henri Focillon, *Art Occident: Le Moyen Age Roman et Gothique*, Armand Colin, 3e éd., 1955, Livre III, chaps. 1,

2.

（16）Jurgis Baltrusaitis, *Réveils et Prodiges: Le Gothique Fantastique*, Armand Colin, 1960, chap. V-3.

（17）Pierre Lavedan, *Histoire de l'Art, II: Moyen-Age et Temps Modernes*, Collection Clio, X, P. U. F., 1950, chap. IV-2.

（18）Focillon, *op. cit.*, p. 281.

（19）Baltrusaitis, *op. cit.*, chap. 6.

（20）フォシーヨン、前掲『形の生命』第二章。

（21）Erwin Panofsky, *Gothic Architecture and Scholasticism*, Thames and Hudson, 1957, chap. IV.

（22）フォシーヨン、前掲書、七七ページ。

（23）Panofsky, *op. cit.*, chap. I.

（24）ホイジンガ、前掲『中世の秋』五六〇ページ。

（25）ホイジンガ、前掲書、第二〇章「絵と言葉」。および "Het Probleem der Renaissance", *Verzamelde Werken*, Vol. 4.

（26）堀越孝一「中世ナチュラリズムの問題（一）」（『史学雑誌』七三編三号、一九六三年）〔本書所収の論文では第2節〕。

4　過去への想像力
——記述＝歴史空間の発見

1　言葉について

わたしは浮気な学生（言葉の広い意味で！）なのであろうか、いまはフランス中世末期の世界に関心をよせているが、ひところ、ドニ・ディドロと百科全書の出版に興味をもったことがあった。どうして関心をもつようになったのか定かには覚えていないのだが、ただひとついえることは、どうやらわたしは百科全書派の語り口というか、その文体にひかれたのである。それまでは逆に十八世紀の文章の、なんとも冗長な調子がたまらなくいやだった。あるとき、突然、その調子に心ひかれたのである。どうしてそうなったのか、それはいまだにわからない。

わたしの出身校の図書館には百科全書が二部あって、わたしはその分厚い本の頁をはぐって古体の活字の集塊に目をさらすのが楽しかった。いってみれば、これがわたしの歴史との出会いであった。

ドニ・ディドロは、すなわち百科全書への寄稿文であり、ディドロ著作集であった。ディドロと百科全書出版人ル・ブルトンとの息づまるような闘争は、百科全書の見本刷り（つまり、あとはもう製本を待つばかりの印刷ずみの紙葉）の余白にしるされたディドロの憤りの言葉の形で、わたしに対しその相貌をあらわしたのである。

ハムレットではないが、言葉、言葉、言葉！ 歴史は言葉の衣裳をつけて立ち現われる。わたしはその衣裳の裾に足をひっかけて、ころげまわる。歴史は言葉だとはいわない。いいたくなるのを必死にこらえているというのが本音か。

数字というものはおもしろい。ここ十年来つきあっている十五世紀前半にパリに住んでいた一無名氏の日記には、やたら物の値段が書きとめられている。薪一束がパリ貨六ドゥニエ、コトレもの百本束五スー、といったぐあいである（コトレもの！ どうもよくわからないのだが、これはコトレ地方産の薪束らしい。そんじょそこらの森の雑木ではないのだ）。無名氏の記録のこの克明さはどうだろう。わたしはほとほと感心してしまうのだ。この克明ぶりは、商品の値段をしらべあげて物価の統計学を実修しようとするていのものではない。なんというか、物の値段がまるでものそのものであって、そのものを見る視線が、どうしようもなくそのものの存在の様態を記録してしまうといった感じなのだ。

かれの克明な記録ぶりには、じっさい感動を呼ぶものがある。これは物の値段ではなくて、死者の数のはなしだが、ある暴動騒ぎのさい、「屋外で殺されたものは、屋内で殺されたものを除いて五二二人であった」とかれは記す。またすこしたってから起った民衆暴動の結果、「真夜中から翌日の十二時までのあいだに」一五一八人が殺されたとある（一四一八年の記事）。さらに、ある合戦での死者の数を二三七五と記す（一四二四年の記事）。こんな数字をだれが信じよう。かれ自身が報告しているようなどさくさの事態のなかで、いったいだれが統計をとっていたというのか。これは指計算である。あの街区で百人殺された、この街角で三十人やられたときく。ある横町に七個、ある広場に十四個の死体を見る。これらの数字を指折りかぞえた結果がこれである。数字の様態《モード》は一定しない。ものを順ぐりに見るかれの視線が、それらの数字をひとつの枠に括る。

算術であり、ものとしての数字なのだから、かれの視野という枠内で、かれは嘘をついてはいない。いいかえれば、五二二個の死体にかれは遭遇したのである。「屋内で殺されたものを除いて」という限定は蛇足ではない。かれは、かれの目に見えないところにころがっている死体には責任はもてないといっているのだ。だから、なるほど対象の限定はあり、一対一対応の数概念が経験に裏打ちされて表出されている。いってみれば、数理統計学の原型がここにある。だがどこかおかしい。納得がゆかない。五二〇まではいいのだけれど、足して二とくると、おもわず顔の筋肉がゆるむのだ。

これが一桁の数字になると信頼度の高い感じになるから妙である。「かれを七番目に、かれらは刑場にひかれた」といった記述には指計算の確かさが読みとれる。結局これは卵一ダースがパリ貨六スーといった値段の列挙に感じられる信頼度と同質である。つまりは細密描写ないし細部かぞえあげに凝る心的定位がそこに感じとれるのであって、この観察の視線は信用できそうだ。だが、この細部かぞえあげのくせが、ついには世界の全形象に及ぶ。そこになんとはなしのおかしみが出る。

どうもかれの数概念は一種独特の調子を帯びていて、わたしたちの操る世界計算の道具とはなりえないようである。ここですぐ想いうかぶのは、中世人の数観念のあいまいさについてのマルク・ブロックの淡々たる言及であり、(1)ブロックに乗っかって論旨を展開してゆけば、中世の数観念についての堂々たる大論文が書けそうな気がするのだが、いまはそのつもりはない。数という、それこそ古今東西を通じて認識の基礎単位と考えてもすこしもふしぎはないこの言葉にして、一種独特の調子をうんぬんすることができるという事態そのものに、わたしは絶大の関心を寄せているのである。

ほぼ一世紀のちに、フランソワ・ラブレーが、この一種独特の調子を照射してみせてくれている。渡辺一夫先生の訳文をお借りしてほんの一例をあげれば、巨人ガルガンチュワが、ノートル・ダム聖堂に腰かけて、「金色の雨を降らせたので、その為に溺れ死んだ者の数は、女や子供を除けば二十六万四百十八人であった」（『ガルガンチュワ物語』第十七章）。これは数字のあそびである。そうして、このあそびは、正確そうでいて実は正確ではない思惟の愚かさへの諷刺をはらんでいる。おそらくこういった調子のコメントが出てくることでもあろう。わたしはこういった調子の解説に反対するつもりはないが、こういったコメントを考えつく前に、わたしの頭は、ラブレーはもしかしたらパリの無名氏の日記を読んだことがあるのではないかと、実にくだらないことを想像してしまうのだ。

ラブレーの数字は、パリの無名氏の書きとめる数字に局在化された、ラブレー以前の精神の細密描写ないし細部かぞえあげへの好みとの関連において読むべきだというのが、このばあい、わたしの意見である。無名氏の五二二人とラブレーの二十六万四百十八人とは一本の紐で結ばれているのである。

その紐は、あるいは結び、あるいは解く。無名氏の記述する数にからみつく、無名氏自身が気付いていなかったある独特の調子を意識化する作業であり、あるいはラブレー自身の記述の調子が無名氏のそれをおおいかくす企らみである。だから、わたしにとって興味があるのはラブレー自身の数概念であり、まさかそれがわたしたち自身のそれと同質のものであると考えるほど、それほどまでに楽天的にはわたしはなれないのだ。

　わたしはなにも数概念にこだわるものではない。数も言葉のひとつであって、現実に対応物をもつ。また、記述の一般構造において表出された現実事態である。逆に、それを含む文脈の構造を明かす徴候たりうる。ミッシェル・フーコー流にいえば、病理の局在をそこに見ることができる。あるいは、一般構造の照合点をそこに見ることができる。

　フーコーの提示したアナロジーに従えば、ちょうど医者が患者の身体を観察して症状をチェックするように、言葉の集合として与えられたひとつの記述群に、その意味での照合点、すなわち一般構造がそこに収斂するひとつの言葉をさぐりだすのは、これはわたし自身の仕事である。その仕事において、わたしは、十五世紀のパリの無名氏の記述に数字というひとつの照合点をみいだしたわけであり、ここにラブレーの記述する数字をひきあいに出したのは、それとの対比においてである。このばあい、ひきあいに出した根拠は、あくまで形態上の類似にあるとあわてて断っておかなければなるまい。

　この種の操作はわたしの、いわばくせになっているようで、たとえば、しばらく前にわたしは、十五世紀後半の記述者フィリップ・ド・コミーヌの覚書に、オヌールおよびサンスという言葉を照合点としてみいだしたが[2]、最近、ある機会から、十三世紀ないし十四世紀の記述、ベルトラン・ド・ボルン略伝中にこの両語を検証し、また十二世紀初頭の記述、シャンソン・ド・ロランにそれを探してみた。コミーヌの書きとめるオヌールという言葉には騎士道概念の具象のイメージを、サンスには応機の判断、ということは騎士道概念体系にぴったりとよりそってつねに活動しつづけてきた実利的精神の局在を読みとったのだが、この十五世紀後半の記述の一般構造の覚知が、それ以前の記述にどれほどなじむかがわたしの関心にあった。

だから、わたしは、いわば言葉のずれぐあいに興味をもっているのである。いいかえれば、たとえば略伝中のその言葉に接して、わたしの覚知のぼける、そのぼけぐあいに理解を根付けたいと思うのであって、おおよそわたしの理解の方式は、このあたりにあるのだ。

それに、形態上の類似以外のなにをフォローすることができようか。まさかオヌールとかサンスとかの言葉、あるいは数字が、あるいはフマニタスといった言葉が、あたかもそれ自体として実体をもつかのように、その普遍的実体が時と場合に応じてぶれて見えるのは、それは観察するわたしたちの視線の問題だとするような、あるいはいってみれば空間のゆがみによるものだとするような考えかたにわたしは与さない。すくなくともそういった仮説は、これを棚上げにしておきたい。またもやフーコーのアナロジーを借りれば、そういったみかたを疾病分類学的思考というのである。

疾病分類学的思考において「問題となるのは、様々な展望が重なりあって水平化し、ずれというずれが一様に正される、そういったいわば基本の海岸みたいなものを設定することである[3]」。

フーコーの言葉づかいは詩的イメージに富んでいて美しい。基本の海岸とはなんともぶざまな訳語だが、感じはお汲みとりいただけると思う。多分にアナロジカルな借用だが、この言葉を借りていえば、たとえば十六世紀西ヨーロッパの精神風土の一照合点にフマニタスという言葉をとるとき、十二世紀のフマニタス、二十世紀のフマニタス、その他複数のフマニタスがそれぞれにはらむパースペクティヴ、これが十六世紀のフマニタスのそれに重なり、それぞれがそれぞれに対してのずれ、これが一様に消滅する。もっとも、消滅するというのはあくまでも言葉の文で、時間的契機は意識される。つまり、やはりずれは一応意識されるのである。

だが、それはあくまでも基本に対してのずれの意識であって、これをいわば逆転させなければならない。逆転させたところに、疾病分類学的思考は克服され、局在論的思考、すなわち臨床医学の思考が誕生したとフーコーはいうのである。一八一六年に出版されたフランソワ・ブルッセの書物がその認知証だというのである。

ブルッセは、個別的症状と局部的損傷、一般的症状と全体的変性といった対語を解体し、それら諸項を交叉させ、個別的症状に全体的変性を見たり、一般的症状に地理的損傷を指し示したりしている。ブルッセ以後、局在論の生体空間は病理学的図示の空間から実際に独立した。疾病分類学的空間は局在論的空間の上をすべり、その空間に合わせようと自己の諸価値をずらせ、逆反射をうけてはじめて反射する。(4)

この美しい響きの文節は、ある言葉の古典的概念と、その言葉の位相と、この両者の関係について、あますところなくいいつくしている。その言葉の本来帰属すべき位相というものがあるのだろうか。たとえばオヌールという概念は、フマニタスという言葉は、永遠の相の下に、ひとつの定義を獲得するというのだろうか。それとも、ある精神風土に、ひとつの位相に本来帰属するものとみなされてしかるべきなのであろうか。本来帰属すべき位相はもたないとみきわめをつけてしまって差し支えはないのであろうか。およそこういった疑念に対する、これはひとつの断案を示唆するものである。

いわば幻の基語インド・ヨーロッパ語を求める夢があって、言葉のひとつひとつをそれぞれの位相に定立しようとする企らみは、実はその変奏なのである。ある時点において、それまで言葉の形成されきたった、いわば時の層を見通せば、言葉は、そのひとつひとつがきらきら光る玉のように、分類図表に配置されるというわけである。このみかたはフーコーのとるところではなく、わたしのとるところでもない。言葉はつねにあり、いまもある。現実事態とのかかわりにおいて、以前のその同じ言葉との差異において、同じ位相の他の言葉との適合的連関において、言葉はある。その言葉とはひとつのその言葉ではない。言葉はそれ自体のうちにおいて複数なのである。

明らかに本来その位相には属さない言葉が現実事態のシーニュとして働いた古典的なケースのひとつが、中世ヨーロッパの「半分」で使用されたラテン語のケースである。裁判記録、法文、契約書、あるいは歴史叙述にラテン語が使用された結果、どうなったか。マルク・ブロックが巧みにいいまわしている、「思想を陳述するにさいして、際限のない近似陳述《ア・プ・プレ》を強いるという不都合」がもたらされた、と⑤。

しかし、近似陳述ないし近似思考の堂々めぐりは、言葉と現実事態とのからみあいを示しているわけで、そこには言葉の力学が働いている。その位相に帰属すべき言葉が、いわばかくれた構造として潜在しているのである。この力学を否定する地点に、ラテン語の純化運動が起った。いってみれば、これは、言葉の大掛りな概念化運動である。

言葉と現実事態とのからみあい、このいわば被膜に現実はつねにおおわれているのであって、現実の認知を狙う歴史学にとって、この言葉の力学の働くかぎり、実は言葉が本来どの位相に帰属するかは問題にはならないのである。むしろ、ある位相において言葉を読むこと、この実修が最高度に要請されているのであって、これをいいかえれば、記述一般の構造についての省察の要請である。

2　知識の陳述

前節にいささかひきあいに出したミッシェル・フーコーの『臨床医学の誕生』は、認識の歴史的変化について考えている魅力あふれる書物である。フーコー流にいえば、まなざしの変化についての陳述であるが、医学部の学生はこれを医学史の一頁として、あくびとともに噛み殺すであろう。

あるいは、医学史のかくれた構造として不可視の視線の下におかれる。つまり意識の水準に浮びあがってこないであろう。医学生にとって局在論的空間は日常の空間であり、旅なれたものの手にするベデガーである。

と思われるとつけ加えなければなるまい。医学はわたしにとって遠い世界であって、それこそ医師のまなざしはわたしのものではない。医師の世界認識がいまどのような様態をみせているか、この神秘の構造は、とうていわたしの日頃つきあう医師の言葉にうかがい知りうるていのものではなさそうである。かれはつねに二次層で語る。なにかそんな調子であって、医師の思考の一次層は患者の視線に対し閉ざされている。

知識のあらゆる分枝について、このことはいえるのであろうか。歴史学もまた、ひとつの秘儀として、「患者」の視線の前にかくされているのであろうか。そうだとしたら、ひらかれなければなるまい。医学は、いま、その構造を明かすことを要求されているかとみうける。『臨床医学の誕生』の訳本が医学とラベルのついた棚の中におさまっているのをある本屋でみかけたが、これは、予期せぬ効果とはいいながら、みごとな象徴的図絵ではある。

これははっきり断っておかなければならないが、わたしが歴史学について語るのは、あるひとつの段階《スタド》においてである。その段階とは、第一義的には、わたしの知識の探求におけるひとつの段階であって、いまのわたしの知識の様態がここに分析されることになる。そういった意味におけるひとつの段階である。わたしたちはこの限定に枠付けられている。意識するとしないとにかかわらず（大方のばあいは後者なのだが）、知識の陳述はこの限定を負っているのである。

第二に、というよりもこれは第一義的意味の内包を構成するのだが、ここにいう段階とは、オランダの歴史家ヨーハン・ホイジンガの『中世の秋』をいう。[6]『中世の秋』においてある認識の構図が顕示される。あるいは歴史学のある認識論的構造が『中世の秋』を「自己に似たものとしてよろこぶ[7]」のであって、わたしは陳述の対象をこれにとるのである。

むろん、この段階は、史学史の結節にそのまま重なるものではない。デカルト学派、ヴィーコ、ランケ（どういうわけだか、わたしの頭の中にはこの連鎖があるのだが）、それに続いてホイジンガと、系譜を作りたがっているわけではないのである。実をいうとヴィーコには相当興味をもっていて、かれの『新科学』をひとつの段階と措定できるかどうか、これは考え甲斐のあるテーマだと思ってはいる。あるいは『新科学』の段階と『中世の秋』のそれとは、認識論の地平において共鳴しあう部分をもつのではないかと考えもしている。そのことは正直に告白するとしても、だからといって史学史という知識の軸をそこに立てうるとは、そこまでは考えていない。

むしろ、この段階という発想は、史学史の全構造に対置されるものといってもよい。全構造が、わたしにおいて、そこに収斂し、見通しがそこにひらける。ついにここまできた知識の光景といった感じであって、『中世の秋』のわたしに与える印象がこれである。この印象の陳述をいまわたしは試みているのであって、この段階の覚知が陳述にあたいするとの確信をわたしに与えてくれたのがフーコーの著書であるという関係になる。いってみれば、医師の視線がわたしの視線に乗って、そこに視力の相乗効果が生じたといったところか。

フランソワ・ジョゼフ・ブルッセの『医学理論の検討』がフーコーにとっての『中世の秋』であった。一八一六年に出版されたこの書物に、フーコーは、正しい医学陳述の様態を見た。正しい医学空間をひらく告知をきいた。ブルッセが「検討」した「医学理論」は、最近の病理解剖学の進展によって実証的な裏付けを得た、しかしその正体は旧態依然たる疾病分類学理論の再版であった。医師たちは、病理解剖の開発した知識を陳述する文体を手慣れた疾病分類学に借りたのである。ブルッセは借りなかった。かれはただ、「際限なくひろがる症状の網の下に、生理的障害の原発点を帰納もしくは演繹（ブルッセはこの二語を同義に用いている）」したのであった。経験に富んだ医師のまなざしである。その結果、どうなったか。「すると——これこそが一八一六年の大発見なのだが——病気の存在《エートル》が消滅してしまった(8)」。

ブルッセの著書にフーコーが汲んだものは臨床医学のあるべき空間であり、それは実はすでに存在した空間であった。つまり生体そのものであった。この間の消息は、わたしと『中世の秋』との関係に通ずる。わたしが『中世の秋』に汲んだものは歴史叙述のあるべき空間であり、それは実はすでに存在した空間であった。つまり過去の現象態そのものである。フーコーが第十章においた「熱病の発作」という章題は「ルネサンスの発作」とおきかえられよう。本態性熱病という概念と格闘したブルッセのイメージは、ルネサンス概念を相手にしたホイジンガのイメージにだぶるのである。

スイスの歴史家ブルクハルトが十五、六世紀のイタリアの精神風土について陳述した文章のあまりに美事な造型美に打たれた人々が、それぞれ好みの時空について再版「イタリア文芸復興期の文化」を作りあげた。これが、いわゆるルネサンス問題の舞台仕立である。歴史における再生という契機についての意識は以前からあり、再生の要素についての調査も進んでいた。実証とルネサンス概念の仕上げとは、もちろん、一方が他方を排するという関係にはないのである。しかし、再生という契機についてのブルクハルトの陳述は、ましてやその亜流たちの陳述は、歴史的現象を陳述するにふさわしい構造をはらんではいない。声高にいってはいないだけに、それだけ一層響きの深い、これがホイジンガの批判であった。

ルネサンスという存在《エートル》が時空を横切って出没する空間は歴史の空間ではない。『中世の秋』はルネサンスという存在の墓碑銘である。さらにいえば、およそ変化の概念が歴史空間に散在する多数の症状に解体した風情である。(9)

しかし、もともと『中世の秋』は、これははっきり断っておかなければならないが、ルネサンスの存在を消滅させようと企まれた著作ではなかった。実のところ、ホイジンガはそれを括弧の中に入れてしまっただけのはなしなのである。事情はブルッセのばあいと同様であって、フーコーは巧みにいう。

この熱病の存在論の解体は、（脳膜炎とチフスとの差異が明白に認識されはじめるにいたった時代において）多くの誤謬をもたらすことになったが、たしかにこれは分析から引き出されたもっとも確実な一成果である。だが、実のところこれは、ブルッセの分析の一般経済において、いわば正本に対するただの複本であるにしかすぎないのである。このはるかに精緻な正本の部分とは、すなわち、生体の苦痛に対して適用される医学的（解剖学的、そしてとくに生理学的）方法論という思想であり、すなわち、《様々な病気それぞれの特徴を生理学のうちに汲みとり、病める器官のしばしば混乱してきこえる叫びを、賢い分析によってききわけ》なければならないという主張である[10]。

ここに語られている「分析」とは分析一般のことではない。コンディヤックの提起した認識の方法論のことであって、フーコーは第六章「シーニュと症例」をコンディヤックの知恵に捧げている。第十章を読み終えたものは、第六章に回帰して、その第三節の見出し「病気の存在はその真実性において完全にいいあらわしうる」の「の存在」の語を括弧の中に入れてしまうことができる。実際、この節では、「病気の存在」についてはなにも語られてはいないのである。「病気は見えるものの領域、したがっていいあらわしうるものの領域にしか存在しない」。いいあらわす作法、これがコンディヤックの「分析」なのであって、フーコーはコンディヤック自身に語らせている。

分析するとは、ある対象の諸特質を次々と順序立てて観察し、精神においてそれら諸特質に、それら諸特質がその中で存在するところの同時的秩序を与えることにほかならない。……それならば、この秩序とはなにか。自然がみずからそれを示している。それは、その中で自然が様々な対象物を呈示するところの秩序である。

かくてフーコーは、十八世紀のある時期に、医師の知覚と哲学者の省察とが正確に重なりあったことを確認し、イタリックで書きしるす。「それというのも、世界はかれらにとって言語の相似物《アナロゴン》だからである」[11]。

十八世紀の観察空間がそのままわたしたちの眼前にひろがっているというわけのものではなかろう。それとも、コンディヤックの方法論はどうもおかしいとわたしたちの視線に映ずるとすれば、それは空間そのものが変質したせいではなく、かれの託宣どおりにいくらやってみても、どうもうまくいかないという無念の想いゆえであるということなのであろうか。それはともかく、コンディヤックとその同類の医師にとって、存在の消滅はことの半面にすぎず、しかも第二次的な成果であって、いわば控えの証文にすぎず、正本には言語をもって現象界を記述せよと書いてあったとフーコーはいっているのである。それが臨床医学と呼ばれる空間＝言語体験の誕生であったといっているのである。

ホイジンガのばあい、事情は正確に同じであった。ルネサンス問題にかれの関心が発したことは疑いを入れない。だが、『中世の秋』の最初の一行を書き終えたその時点から、かれは、ルネサンスが括弧の中に括られたあるひとつの言語空間、変化の概念が多様な言葉にはらまれたある大きな意味の集塊、そのひとつひとつが未知のものである言葉の浮遊群の中に自己を発見したのである。

このいいかたはあまりにアナロジカルで、いってみれば文学的にすぎる。実相はこうである。当時、北オランダのフロニンヘンに住んでいたホイジンガは、一九一一年の長く暑い夏のあいだ、ケルフェン・デ・レッテンホーフェ版のフロワサール二十五巻本を机上に積みあげて、トールンフリート街の一角の屋根裏部屋の書斎にこもった。といったぐあいであって、かれ自身の証言[12]によれば、一九一〇年以後、一九一九年に『中世の秋』を出版するまで、その間、一九一五年にライデンに移り住むなどのことはあったが、十四・五世紀のフランスおよびネーデルラントに帰属する記述資料を読んだのである。だから、一九一〇年から一九一九年までのあいだのフロニンヘンおよびライデンという空間が、すなわち『中世の秋』の空間であったといってよい。いや、むしろこのふたつの空間が重なりあったといおうか。歴史空間が記述の空間に重なったのである。

　あるいはフロワサール二十五巻本であり、コミーヌの覚書であり、無名氏の日記である。あるいは勘定書の断片であり、標識の飾り文字であり、大きな一枚の厚板にしるされた十字の形である。ホイジンガ自身のいささか神経質な指定によれば、十四・五世紀という時間軸とフランスおよびネーデルラントという空間軸の交叉するところに位置する有限個数の言葉の集合である。無数のではない。あくまで有限個数である。ホイジンガが目にした言葉の数は、これを厳密に計算しうるのであって、その計算可能の根拠はかれの視力の限定にあるのではない。つまり、それだけしか読めなかったということからではない。言葉の集合がおのずから数の限定を含んでいるのである。そういう事態として人間の生活圏はとらえうるということなのである。

　いろはのいからいえば、歴史空間はまずそれがあって、それを言葉が表現する。したがって言葉は表現の素材にすぎず、無限定であるという発想はホイジンガのとるところではなく、わたしの理解を越える意見である。歴史空間は言葉の集合であって、その数は有限である。ここに歴史空間の認識可能性の根拠がある。これがホイジンガの発想であって、わたしの理解の共鳴するところである。

だが、実のところ、この歴史空間の限定への執心は、ホイジンガのばあい、無限定への希求の裏返しであった。ルネサンスという大枠についてはいわずもがなのこと、時代あるいは世紀という概念さえも、かれの記述＝歴史空間の覚知の前には無用の限定であった。いわば必要悪として認めるだけだと、かれの発言は裏側に冷ややかさをたたえている。かれの相手にした歴史空間は、フロニンヘンの屋根裏部屋の書斎に現象し、かれ自身の言葉の空間がその上をすべり、逆反射をうけて反射する。ここに限定が生ずる。それというのも、ここに空間の組成の原理の覚知がかれのものだからである。

記述＝歴史空間は、したがって、有限個数の一群の記述をその組成の原理で縛るところに成立する。縛るのは空間それ自体であり、同時に、原理の覚知を狙うものの視線である。記述＝歴史空間は読みを提示する空間であり、同時に、読みを待つ空間なのである。発見の形をとってあらわれる場ではあるが、すでに与えられている場でもある。

してみれば、ホイジンガの眼前に現象した歴史空間は『中世の秋』そのものであったといわざるを得ないではないか。ほかにどんないいかたができるというのか。『中世の秋』が複本であるような、正本「中世の秋」が歴史空間に存在したと強弁できるというのか。それこそ歴史の非人間化でなくてなんであろう。概念の土着化でなくてなんであろう。歴史空間は人間の視線に対して自己をあらわにする。その視線は、記述＝歴史空間の組成の原理についての覚知をはらむ視線である。それは原理というか、記述の様式《モダリテ》である。その様式においてしか記述が成立しないという意味で記述の可能性の限定であり、その様式においては記述が成立するという意味において、記述の形成因として働く。それはおそらく集団的な配慮であり、個を枠づけるものである。だが同時に、個に発言の場を与えるものである。個はその本来帰属すべき位相を越える可能性をもつものであるとしても、その可能性に根拠を与えるものである。

記述の空間は本来閉鎖的な空間であり、だからこそひとつの空間として定立できる。それというのも、記述の様式が自己保存をはかるがためである。その保守性においてこそ、記述の様式は存立する。それは文法であり、文体論であり、統辞論である。主格の位置づけであり、挿入文の処理法であり、文の段落についての慣行である。文の章節分けは、章節分けについての規則が形成されたから実修されるようになったのであって、それ以前の人々が章節分けをしなかったからといって、かれらはおろかであったと考えてはならない。かれらは別の空間に住んでいた。かれらの記述の規則書にそのことが書かれていなかったというだけのことなのである。(13)

それはある言葉を排除する規則であり、ある言葉の組合せを、ある文節の換置を知らない慣行である。それは記述しないことを認められた特権である。たとえば、オヌール（名誉）という言葉を置ける記述があり、レピュテーション（世評）という言葉を置ける記述がある。この両者が同一の規則に従うか否か、両語の換置は可能かどうかの判断が読むものに要請されるのである。(14)

それは現実事態のある部分をその言葉で書きとめる習慣であり、他の言葉は使わない習慣である。出来事がその様態《モード》において定立される様式《モダリテ》である。フーコーは適確にいいまわしている。「以前に、また他の場所で構成された思想を眼にみえる記号におきかえた言葉のいくつかが歴史という神秘的な大部の書物の頁にならんでいるのを見るのではなく、記述を出来事として、また物として創立するシステムを、言語実修の厚みの中で手にする。まさしくこの記述のシステムこそ、わたしのアルシーヴと呼ぶことを提起するところのものなのである」。

記述が言葉と現象態のからみあう、いってみれば現実《リアリティ》の被膜であると考えれば、フーコーのいう出来事とは、その被膜の現象態の側からの焼き付けであり、物とは言葉の側からの焼き付けである。そういう様態のものとして観察される記述の構成原理をアルシーヴと呼ぼうとフーコーは提案しているのである。

アルシーヴはarchiveであって、記述資料を意味するアルシーヴarchivesとはちがう。あたかも単数化することによって、その性質を指すとしたがっているかのようなのだ。そう考えると、なにか納得がゆく。それは、とフーコーは敷衍する。「それは記述-出来事の根において、それを含みこむ文章の中で、その記述可能性のシステムをことのはじめから規定するところのものである。……それは記述-物の現在態を規定するところのものである。その働きのシステムである」。なにがいわれうるかを決定する原理である、どんな言葉でいいうるかを決定する原理である、そういいかえてもフーコーのいいたがっていることを曲解することにはならないと思う。

言語と文典とのあいだに、とフーコーの陳述はますます平明の度合を強める、「アルシーヴは、ある独特のレヴェルを設定する。すなわちある実修というレヴェルであって、それがある多数の記述をして、それと同数の正規の出来事として、また処理取扱いにゆだねられた物として出現せしめるのである」。注釈を加える必要があるとすれば、それは、「正規の」réguliers といういいまわしであろう。これはアルシーヴに照らして正常の、というほどの意味である。アルシーヴに貫かれた記述は異質の記述を排除するのである。

もうこれ以上平明にいうことはできないと思われるのだが、心配症のフーコーは、だめ押しにイタリックで書く、「それは、記述の形成と変形の一般的システムである」と。[15]

フーコーがわたしを驚かすのは、その明晰への執拗な努力であり、これはやはりデカルトの後裔だけのことはあると思う。概念で概念を説明することはしない。概念の様態の確認がその構成の力学の観察を導く。言葉の連鎖が隠れた事物の連鎖と平行する。これがかれの陳述の図式である。かれ流にいうならば、言葉としての事物の構造が説き明かされるのである。

ホイジンガのばあいはこれと対照的で、いわば事物としての言葉が陳述されるのである。先に引用したフーコーの言葉を借りれば、かれにとって世界は言葉の相似物なのだ。ちょうどブルッセに対してのばあいと同様、フーコーはホイジンガに対して批評家の立場に立つ。あるいは、『知識の考古学』は『中世の秋』のコマンテールなのだ。[16]

コマンタトゥールの栄誉を担うのはなにもフーコーだけではない。フーコーを読む以前から、あるいはアイザイア・バーリンが、あるいはアーウィン・パノフスキーが、『中世の秋』の見取図をわたしに提示してくれていた。いってみればフーコーふうの明晰さとは対照的に、それこそイギリスふうのアルシーヴにおいて、バーリンは述べる。「終局においてかれら言語学者あるいは文献学者を導くものは、所与の記述者がなにをいい得、またなにをいい得なかったか、つまりかれの思考の一般的なパターンになにがなじみ、なにがなじまないかについての知覚である」[17]。バーリンの提言はなにも言語学者や文献学者に対するだけのものではない。かれは、知識の学としての歴史学を慫慂しているのである。ちなみに、前節でわたしの使った「一般構造」という言葉は、このバーリンの用語 the general pattern を多分に意識している。

アーウィン・パノフスキーは、魅力あふれる小冊子『ゴシック建築とスコラ哲学』の中で、「行為に秩序を与える原理」というトマス・アクィナスのいいまわしに理解されるスコラ的厳密さにおいてという条件つきで、mental habit という言葉を提案している[18]。ちなみに、わたしが先程から使っている「原理」という言葉は、このトマス・アクィナスの用語 principium を借りたものである。フーコーふうの明晰さとは別趣の、これはまたなんと明快ないいまわしであろう。わたしはこれをかつて「精神のくせ」と訳して大方の反撥を招いたのだが、くせとしか訳しようがないではないか。心的習性？　まさか。馬や猫ではあるまいし。

この両人の用語は記述の様式ないしアルシーヴといった用語と同族でありながら、同時によりひろがりを含んだ概念である。いってみれば、記述の様式がその正確な写しであるという関係において、思考の一般的パターンとか精神のくせといったいいまわしは、ある文化ないし世代にひろがる思考と感受性の一定の調子を指しているのである。あるいはいいかえればこうである。記述の様式といい、アルシーヴといい、これはより大きなひろがりでの一致を検証するためのモデルである。あるいはこうである。思考の一般的パターンあるいは精神のくせは、記述の様式あるいはアルシーヴを含む構造である。

調子 toon という言葉はホイジンガのものである。(19) これは『中世の秋』の中に封印された隠し言葉である。記述＝歴史空間の『中世の秋』をひとつの生の空間にひらく鍵である。トールンフリート街の屋根裏部屋から十四・五世紀のフランスおよびネーデルラントの空間への旅の旅券である。ホイジンガは記述の様式の覚知の下に記述の集合『中世の秋』を陳述した。かれは調子の覚知の下に生の空間「中世の秋」を記述した。こんなふうにいいまわしてもよいであろう。だからといって、しかし、両者は別物ではないのである。書かれたのは『中世の秋』であった。

以上が『中世の秋』の段階における歴史叙述の実相である。ホイジンガは思考と感受性の現象態を書いた。振舞と生活の形態を書いた。について書いたのではない。ホイジンガは調子の覚知の下に空間を分析（コンディヤックふうの意味あいで）し、その経過を丹念に記録した。ここにひとつの歴史空間が他者として認識に対して対象化され、叙述された。歴史学は、あるいは、過去をあますところなく他者として対象化し、これを叙述することにはじめて成功した年として、一九一九年を記憶することなるであろう。

他者を対象化するとき、自己は限定をうける。その限定において、自己もまた認識に対して対象化される。ホイジンガ自身のアルシーヴの空間がトールンフリート街の屋根裏部屋の空間の上をすべり、逆反射をうけて反射する。思考は分類学的定位から解かれ、位相の空間へと移されるのである。完璧なまでに中立の相貌を帯びた『中世の秋』が、実は激烈な近代主義告発の書でもあるという事態のふしぎがここに発する。他者の陳述において、自分自身の思考の道具、感受性の様式が問われるのである。他者に同調するとき、自分自身の調性が測られるのである。

知識がそこに成立する。知識とはついに他者の陳述であり、他者性による自己の認識ではあるまいか。歴史学が知識の学として成立しようには、対象の百パーセント対象化がまず要求される。対象は位相空間においてとらえられなければならず、わたしたちの現在性が巨大な影を投げる分類図表に配置されるものであってはならない。対象は他者として覚知され、その覚知の下に知識として陳述される。

3　過去への想像力

これまで避けてきた問いかけがある。言葉にまつわる一種独特の調子の覚知可能の根拠はなにか。記述の様式あるいは調子の覚知はいかに成立するか。歴史空間を認識に対して対象化する操作の引金、記述＝歴史空間をひとつの全体として括る原理は、いかにしてわたしたちの理解にもたらされるか。

記述＝歴史空間は読みを提示する空間であり、同時に読みを待つ空間であるとわたしは書いた。過去はその様式において理解されることを求め、その様式は過去性において理解される。これは絶対の二律背反である。わたしはかつて『中世の秋』にいささかふれながら、中世末期の記述資料の読みの問題を考える文章を書いたが、それにふれて、ある新聞の匿名の批評人から、正確な言葉づかいは忘れたが、筆者はこの二律背反を覚悟の上で文章読みとりの綱渡りに興じている、といった趣旨の批評をうけた。それを目にして、わたしは、ああ、この匿名人は文章を認識の場と考えている人だなと感じ入ったことであった。

実相はおそろしく渾沌としているのである。二律背反は実践の場にあって克服される。それは、匿名人のいうように綱渡りの眺めである。一歩踏みはずせば近代主義の臭気にまみれる。反対側にぐらっとゆけば、過去性にのめりこんで、そこに虚像を立ててよろこぶ通俗中世主義者に堕する。お断りしておくが、この対比は『中世の秋』に関しては字義のとおりだが、もっとひろくいえば、わたしは近代主義なる概念をもって、過去を他者として立てることを知らない狷狭な意識の風土を指したいと考えているのである。

言葉のひとつひとつにおいて記述の様式を計測し、記述の様式において言葉の容量を測る。この作業のくりかえしなのである。様式の計測値は変動幅をもつ。言葉の容量を測り損うこともあるのである。そのドラスティックな一例が、『中世の秋』のばあい、フィリップ・ド・コミーヌの覚書について見られる。ホイジンガはコミーヌのアルシーヴにおけるオヌールという言葉の容量を測り損った。あたかも必要悪ででもあるかのようにコミーヌはこれを書きしるしていると評し、騎士道語彙から醒めた眼付をコミーヌに認めたのである。また、モン・ル・エリーの合戦の描述に近代人のリアリズムの筆致を認めるかの気配を見せたのである。『中世の秋』出版後、ホイジンガはこの読みとりをみずから批判した(20)。

調子の覚知は、静かな雨が水面に無数の波紋を作る光景である。覚知の原発点を中心にひろがり重なるひとつひとつの波紋が干渉しあい同調しあって、水面に模様の層を作ってゆく。これを乱す波紋があらわれないとはかぎらない。ひじょうに強力な、いってみれば光り輝く言葉の照射をうけて、調子の覚知がぼける危機にさらされることがないとはいえない。『中世の秋』のばあい、たとえばジャンヌ・ダルクの言葉がそれであった。たとえばトマス・ア・ケンピスの『キリストのまねび』がそれであった(21)。

あるいは記述の様式はこれらの言葉をも包みこむひろがりをもっているのかもしれない。覚知の力の弱さが様式の規制力を低目に見積っているということなのかもしれない。じっさい、その疑いはつねにあるのである。けっきょく歴史空間の陳述はアルシーヴの陳述を含むのである。後者は前者の透彫なのである。あるいはこういおうか。様式の覚知の記述には二種類あって、ひとつはその覚知にもとづく歴史空間の記述であり、ひとつはその覚知についての記述である。だが、ともに知識の陳述であることに変りはない。ともに、その陳述の真偽と容量とが問われるということに変りはないのである。

実践の場における覚知の変動は、いずれにせよ修正であり、補正である。その作業が無限に続くとしても、ついにアルシーヴは近似概念であるとしても、だからといってアルシーヴは存立しないということにはならない。この作業はアルシーヴを創出する企らみではないのである。アルシーヴは歴史の所与である。いや、むしろこういうべきか、歴史の所与のモデルである、と。この辺のところはいまのわたしのいい及ばぬところである。言明停止といかざるを得ないが、いずれ結着をつけなければならない問だとは心得ている[22]。

アルシーヴの覚知はアルシーヴへの穿入の形をとる。歴史空間を一枚の絵にたとえれば、印象の形成は画面の性質への視覚の貫入である。それは一瞥にしてなるかもしれない。あるいは、しばらくおいて、ある経験を切掛けに不意に想起される印象ということもある。同調しあう他種の経験の企らむ意識の陥入である。「中世の秋」の印象は、「日曜日、だったとおもうが、ダムステル運河沿いかなにしろそのあたりを、いつものように散歩していたとき」、不意にホイジンガをとらえたのであった。

むろん、すべて着想はこのような洞察（ホイジンガも inzicht という言葉を使っている）の形をとるといってよいであろう。むしろ問題は、この洞察を前々からひそかに準備し、その発現ののちに洞察を導いて認識へといたらしめるところの意識の性質である。ホイジンガのばあいがまさに示唆的であって、かれの意識は絵の注視者のそれであった。

歴史的なものの覚知とはなにか。それは絵への注視、いやむしろ絵の喚起であるといえば一番適切であろう。ただし、このばあい、絵という言葉でなにを理解すべきかは、さしあたり考えないこととして。こういう考えがわたしの中でいつごろかたまったか、もはやそれは忘れてしまった。だが、たしかにわたしは、ながいあいだ、こういう考えかたをもちつづけてきたのである。しかし、その考えを書きものにしよう、仕上げにかけようというつもりには全然ならなかった。わたしの精神は総じて理論的問題には傾かなかったのである。過去の豊饒の個別事象との直接の接触、ともかくも手にしうるかぎりで。それで十分だったのだ。

晩年の自伝『わたしの歩んだ歴史への道』の一節である。[23] 直接にはフロニンヘン大学に勤めだしたころのことを想起しているのだが、生涯を貫いた歴史家ホイジンガのアルシーヴときくことができる。この文節にはなにかいい瀲んでいる感じがある。そうわたしは思う。なるほどホイジンガは歴史空間を叙述するタイプの歴史家であって、アルシーヴを記述するタイプではなかった。理論的問題はかれの関心をひかなかった。なるほどそれは正当な弁明とわたしはきく。

ホイジンガは、個別事象の記述において、まさに絵の喚起を実修したのである。その時代の人々の思考と感性の一次層がホイジンガの想像力によって喚起された。絵の注視ないし喚起といういいまわしの、これがまず第一の含意である。ジャン・ポール・サルトルがこのばあい注釈者として登場する。かれは『想像的なもの』の中で、ルネサンスという概念とルネサンスのイメージとについて得意の饒舌をふるい、思考とイメージとの関係についての古典的解題として、ソクラテスとヒッピアスの対話を引用する。「ソクラテスはヒッピアスにたずねた、《美とはなにか》。するとヒッピアスは答えた、《それは美しい女である、それは美しい馬である……》[24]」ホイジンガはソクラテスなのだ。ソクラテス－ホイジンガの狙いは美についての意見を求めるところにあった。美についての同時代人ヒッピアスのイメージを確めるところにあったのである。

だが、さらに奥深い根の弁明がわたしの耳にとどく。それは、むしろ、歴史家ホイジンガの深奥にひそんでいたおそれの声であった。「純血種の歴史学研究者には、わたしはついになれなかった[25]」という告白に共鳴する内奥の声である。わたしがいいたいのは、絵の注視者の理論をつきつめてゆくと歴史認識が破滅の陥穽におちこむおそれがある。ホイジンガはその予感をもったのではなかったかということである。いやむしろ、つきつめてゆくとどうなるかがわからなかった。その不安の想いにかれは生涯つきまとわれたといおうか。かれとしては、個別事象の記述にかれ自身の覚知を託すのみであった。ホイジンガはホイジンガ自身の注釈者にはついになれなかった。かれは注釈者を求めていた。

フランドルの画家ペトルス・クリストゥスの「少女の肖像」を注視するものの視線は、眼前のイメージに吸いこまれる。かれは自己と対象との関係に忠実であって、対象を自己のうちに取入れようとはしない。対象は他者としての全き姿をあらわし、このイメージのわたしを見よとせまる。このイメージにおいてわたしを見よとはいわないのである。クリストゥスの少女は、十五世紀のいつごろだかに、フランドルのどこだかに生きていた、なんとかという名前の少女の仮相ではないのである。少女を包みこむ空間は、少女が他の少女の肖像と共有する空間であって、仮象の世界である。いいかえれば、客体化された画家のイメージの世界である。すなわち芸術作品の世界である。

斜めに構えた少女の胸元の肌にはりついた三連の首飾りの上に、うかつな視線からは逃れ去るほどまでに細い線が二本走る。頸にかけられた銀の鎖である。左右からきたその線は、真横に裁断した衣裳の布地にいままさにかかろうとする寸前に交叉し、そのまま左右に別れようとするところを留針がこれを止める。黒い布地の上の留針の頭のかすかな輝きに、少女の肖像の画面の性質をわたしは感知する。微細の部分の存在のかすかな重みまでも測ろうとする観察者の眼付である。

歴史的なものの覚知は絵への注視であり、あるいは絵の喚起であるとする意見の第二の含意は、歴史空間を少女像の画面と見ることを狙う。記述＝歴史空間は想像力の管理下におかれ、現実の事物をもって客体化された時代のイメージである、ちょうど画面が画家のイメージの相似物であるように。ちょうど事物の集合でしかない画面が、注視者の想像力によってひとつのイメージに変容するように、現実の記号で構成される記述＝歴史空間は、わたしたちが想像力を武器に注視するとき、イメージの集合へ変容し、認識へと体をひらく。

そういうアナロジーをホイジンガはもてあそんでいるのである。そうして困惑し、不安を感じているのである。なぜならば、このアナロジーは、絵空間の本質をなす仮象性を歴史空間に措定することを必至とするからである。くりかえしていうが、少女の絵姿は現実の少女の仮相なのではない。画家のイメージの相似物にすぎず、その本性において非‐現実である。歴史認識はこの非‐現実の調子になじむのであろうか。歴史空間は仮象としての自己をよろこぶのであろうか。

事実、この歴史家のアンティーズは、現実的所与としての特権を剝奪される。もともと事実とは、出来事を言語＝論弁的思惟において表記したものにほかならない。近代の思惟は、現実の知覚が意識を導いて認識へといたらしめる方式の思考に優先権を与えた。事実とは現実の知覚で測りうる出来事であるという図式が、いわばわたしたち自身のアルシーヴとしてあるのではなかろうか。ところが、絵の喚起としてとらえられる歴史空間にあっては、事実とは想像力によって導かれた意識の狙う対象であり、端的にいうならば、事実とはイメージに焼きつけられた出来事である。とすれば、イメージの構造が事実の様態を決めるのである。

いかにドラスティックにきこえようとも（これではまるで『中世の秋』の著者の不安に強力な下剤を処方したかのようではないか）、過去の覚知‐絵の喚起のアナロジーの第二の含意は以上の如くである。ホイジンガの不安は、したがって、いわゆる科学的歴史を称するものに対しての含みを蔵している。この問題については、しかし、もはや意見を述べる余裕がない。この問題については、この文章のそもそものはじめから、わたしはいわば判断保留の立場をとっているのである。いまここにホイジンガのいう絵の喚起という発想にふれたのは、この大問題を引き出すためではなく、この発想におのずからふくまれる第三の、そうしてもっとも重要な含意、意識を導いて歴史空間の認識へといたらしめるものは想像力であるという考えかたにひとつの立脚点を与えようとしてのことだったのである。

歴史空間を対象として狙う思惟は、想像的なるものを運ぶ意識の働きに上席権を与える。過去に向う意識の性質は想像的である。意識を導いて認識へといたらしめる水路は、なお幾筋かあるが、たとえば記憶の水路は、これは現実の知覚の過去性におけるあらわれである。知覚の水路は現実の所与をのみ運ぶ。歴史空間は、わたしたちの現実の知覚の及ばぬ（及ぶとすれば、それは類推の水路を通じてである）非‐現実の世界である。

なるほど、仮象の世界だとまではいうまい。記述＝歴史空間は、現象態（出来事）と言葉とのからみあう、いわば過去の現実の被膜である。この空間は、現実の側からは現実の写しとして焼き付けられ、認識の方向からは想像的なものとして狙われる。そういう性質をもった空間であると一応考えておくことにしよう。想像力がよい形において働くならば、イメージの被膜を通じて過去の現実のよい形での認知が可能となる。これが歴史思考の実相であると、一応、考えておくことにしよう。そう考えるとき、はじめて『中世の秋』は、わたしたちの歴史思考の中に生きるのである。

（1）Marc Bloch: *La Société Féodale*, Albin Michel, 1939; tome 1er, p. 118 et suiv.
（2）「中世ナチュラリズムの問題（一）」（『史学雑誌』七三編三号、一九六三年）〔本書所収の論文では第2節〕
（3）Michel Foucault: *Naissance de la Clinique*, P. U. F., 2e édition revue, 1972; p. 4.
（4）*ibid.*, p.190.
（5）Bloch, *op. cit.*, p. 126.
（6）筆者訳、中央公論社、一九六七年。

（7）これはアーウィン・パノフスキーの紹介するトマス・アクィナスの言葉である。Erwin Panofsky: *Gothic architecture and scholasticism*, Thames and Hudson, 1957; p. 38.　パノフスキーの引用する文節の全文はこうである。「感覚はほどよく釣り合いのとれた事物を自己に似たものとしてよろこぶ。けだし感覚もまた一種の理性なのであって、すべて認識の力は然るのである」(Summa Theologiae, I, qu. 5, art. 4, ad. 1)。これはこの文章でわたしが論じていることと密接にからみあうので敢えて注記するのだが、高田三郎氏はこの文節中「理性ratio」を、「ここでは《比》の意味に用いられている」と読まれている（同氏訳『神学大全（1）』、創文社、昭和三十五年、一〇四ページ及び訳者註二四四ページ）。いったい、このばあいだけにかぎってratioを「比」と読まなければならない、そのわけはなにか。その辺のところにわたしの関心はつねにまといつくのである。

（8）Foucault, *op. cit.*, pp. 191, 194.

（9）「ルネサンス問題」については別の文章を準備している。あるいは、準備しなければならないと考えていると、準備不足を正直に告白しておく。こういう大問題については、「ついでに」意見を述べたり、「基礎的な」参考文献を「指示」したりするのはさしひかえようと思う。

（10）Foucault, *op. cit.*, p. 195.

（11）*ibid.*, pp. 94-95.

（12）晩年の自伝『わたしの歩んだ歴史への道』*Mijn weg tot de historie* による。Johan Huizinga, Verzamelde Werken, deel I, p. 11 et suiv.

（13）パノフスキーは先に紹介した著作において、ゴシック建築とスコラ哲学の同調を論ずるにさいして、この問題についての考察をひとつの柱としている。

（14）筆者の前掲論文を参照されたい。

（15） *L'Archéologie du Savoir*, Gallimard, 1969; pp. 169-171.

（16） フーコーのいうアルシーヴに括られるのは、あるいは「医学」であり、あるいは「博物学」である。あるいは「狂気の歴史」であり、あるいは「思想史」である。アルシーヴはなにを括ることができるか。いいかえれば「知識の考古学」の調査現場はいかに設定されるか。ある時代ないし文化の、これはまさしくアモルフな記述の集合がその現場たりうるか。フーコーはこれを否定するかの口吻をみせているが（*ibid.*, p. 171）、しかしその拒否の根拠はかならずしもはっきりはしない。いわゆる構造主義に対するかれの冷い眼付（『知識の考古学』の終章の対話体の文章にこれはかなり露骨に出ている）は、この辺のあいまいな態度と関係するのであろうか。それはともかく、フーコーが「知識の考古学」に慫慂しているのは、認識論的構造の陳述であり、その偏差についての、その転調についての陳述である（*ibid.*, p. 270）。これははっきりしている。してみれば、これはいささか乱暴ないいかたではあるが、いかなる記述の集合であれ、ひとつの認識論的構造が透彫になる集合は陳述の対象たりうる。そういってもよいのではないか。これはなおよく考えてみなければならない。

（17） Isaiah Berlin: "History and Theory; the Concept of Scientific History", *History and Theory* I. 1., 1960; p. 27.

（18） Panofsky, *op. cit.*, p. 21.

（19） 「生活の調子が変るとき、はじめてルネサンスはくる」（『中世の秋』前掲訳書、五八六頁）。マルク・ブロックはその主著『封建社会』の第二篇に初期中世の生活と思考と感受性について陳述し、第一章の章題を「物質的環境と経済的調性」、第二章のそれを「感じ、考える、そのしかた」とおいている。「調性 tonalité」は「色調」と訳したほうがいいかもしれない。この tonalité とか「しかた façon」とかの言葉づかいはホイジンガの「調子」に通ずる。この言葉づかいにブロックは陳述の定位を明示しているのであって、章題が飾りではないばあいもあるという、これは一例である。『レ・タン・モデルヌ』誌の「構造主義の諸問題」特集号に寄稿した社会学者ピエール・ブールデューもまた「色調」という言葉を使っている。「したがって、作品はつねに省略、本質的なものの省略である。作品はそれを支えるところのものを言外に含ませる。すなわち作品が暗々裡に受けいれるところの諸公準であり諸公理であって、文化の学はこれをもって公理的なもの（自明のもの—筆者）と扱わなければならないのである。作品の雄弁な沈黙が語るものは、……アーサー・ラヴジョイの言葉を借りれば《形而上的パトス》であり、いってみれば一時代の表現の全てを彩る気分の色調である……。この表に出ない公理的なものの上での悟性と感性の一致、これがひとつの社会ひとつの時代の論理的積分法の土台となるところのものである」。Pierre Bourdieu: "Champ Intellectuel et Projet Créateur", *Les Temps Modernes*, no. 246, novembre 1966; p. 897.

（20）筆者の前掲論文を参照されたい。

（21）バーナード・ショーの戯曲『セント・ジョーン』の批評の形を借りてジャンヌについて論じた文章 *Bernard Shaw's Heilige*, Verzamelde Werken, deel III, p. 530 et suiv. および『中世の秋』第十六章「神秘主義における想像力の敗退と実念論」を参照されたい。

（22）マックス・ウェーバーの立てた認識のモデル「理念型」とのかかわりにおいてわたしは考えている。歴史概念の理念型への転換の問題としてこれをとらえうるのではないか。唐突なことをいうようだが、たとえばフーコーの「狂気」概念は理念型としての性格をそなえてはいないだろうか。

（23）*Mijn weg tot de historie*, Verzamelde Werken, deel I, p. 35.

（24）Jean Paul Sartre: *L'Imaginaire*, Gallimard, 1940; p. 145.

（25）*Mijn weg tot de historie*, p. 37.

5　記録と現実
――アントニオ・モロシーニの『年代記』について

ほんのつい先頃までトロワの和約は、なんら異論なく、わが国の歴史上もっとも恥ずべき条約として告発されてきた。だが、われわれ近代の愛国主義を与り知らず、また来たるべき一連の出来事を知ることあたわなかったその時代の人々は、かならずしも全員が全員、そのように考えていたわけではなかったのである。この意見に対立する立場からする反応ぶりを理解しようには、その時代に身をおいて考えてみることが肝要である(1)。

1　資料

アントニオ・モロシーニの『年代記』の手稿はながらくその子孫の手に保管されていたが、十八世紀中葉、ヴェネチアの政治家マルコ・フォスカリーニの蔵書に入ったのち、十九世紀初頭、フォスカリーニの親族の手からオーストリア政府に売却され、ウィーン帝国図書館に入った。以後、注目をひかぬまま世紀末葉にいたった。九〇年代に入り、これがジャンヌ・ダルクの生涯に関する重要な資料であるとの指摘が相次いだ。一八九五年、フランス歴史協会は、『年代記』中フランスに関係する記事の一切を抜萃し、これに対訳をつけて刊行する事業を企画した。第一巻、一三九六－一四一三年の分は一八九八年に刊行された。第二巻、一四一四－二八年の分は一八九九年、第三巻、三三年までの分は一九〇一年、第四巻、解題、補遺、索引の巻は一九〇二年に刊行された。[2]

一三九六年の対トルコ十字軍関係の記事がフランスに関係する記事の初出である。『年代記』は、一二〇二年、第四回十字軍関係の記事からはじまっている。なおそれ以前にかかわる記述の断片が残されている。したがって記述の起点は不明である。一四三三年十一月の日付をもつ記事が最後だが、なおその翌年にかかわる記述の断片も残されており、したがって、モロシーニがいつ筆を折ったか、それも分からない。

文体上、漸進的な変化が一四〇四年を境に認められる。ヴェネチアの歴史を軸に事実の連鎖を作る年代記の文体から日録ふう文体への変化である。また、刊本の編者の観察によれば、手稿の紙面の形状についても一四一四年を境に変化が見られ、前期にはあるていどまとまった分量を一気に書いたものを、このあたりから「日記をつける」といった感じの紙面になっているという。記録の内容についても、一四〇四年以前はヴェネチアの歴史一筋にしぼっていたものを、それ以後になるとしぼる以前の未整理の材料をそのまま投げだしたといった感じになる。

アントニオはヴェネチアの名門モロシーニ家の一員であって、父マルコの兄ミケーレは一三八二年統領に就任している。一三七七年にアントニオの署名した遺言書があり、当時遺言書は少年期を離れると作製される習慣であり、おそらくアントニオはこの時十歳台の前半であったと考えられる。一三八八年、かれはヴェネチア大参事会の参事となった。委細は不明のままだが、この時おそらく二十歳台の前半。青年期から壮年期にかけてのかれは、おそらく商業にも従事していたと思われる。これを示す徴候はかれの記述のはしばしにうかがえる。次に確実なことは、なんと、一四一八年、ヴェネチア政庁がかれの著述『ふたつの年代記』なるものの破棄を命じたという事実である。

公けの記録に残されたかれの生涯の足跡は以上の二項につきる。生年と同様、没年は分からない。

一四〇四年を境に見られる記述の形態の変容、また一四一四年を境に見られる手稿の紙面の状況の変化、これはかれの生涯の諸契機に対応しているのであろうか。なんにしても材料が不足している。あるいはこうでもあろうか。アントニオは一四〇四年から一三年までのあいだのさる時点で「覚書」の執筆を思いついた。商業の営為から、また市政から身をしりぞけた時点であったかもしれない。かれは一四〇四年までのことを一息に書いた。編者の区分する「年代記」の部分である。量にして全体の四分の一にあたる。次いで一四〇四年から執筆の時点までのことを書いた。これがあるいは破棄を命ぜられた文章かもしれない。そうではないかもしれない。まさしく現在残されている文章を書いたのかもしれぬ。はっきりしていることは、文章の組立てから見て、あるいはまた手稿の形状から見て、一四一四年以降の文章は日々に入る情報をそのまま記録する記述の形態をとっているという事態である。目下わたしの関心はこの部分にある。この部分についていささかの感想を述べたいというのがこの文章の趣意である。

2　記録

モロシーニの記述の集合の形態的特徴は、まず第一に、いってみればこれは情報ファイルであるという点に求められる。フランスあるいはフランドル方面の情勢についての覚書といったていのものではない。現地から送られてくる情報の収集である。情報の原発点は、こころみに一四一五年の項を記述の順に見れば、フランドル（ブリュージュ？）、パリ、ロンバルディア道、ブリュージュ、サンドイッチ、ヴァレンシア、イギリス（サンドイッチ？）、モンペリエを算える。ちなみに一四二八年の記事の集合から拾えば、ペルピニャン、フランス（パリ？）、コンスタンツ、エーギュモルトがこれに加わる。これら諸都市にはヴェネチア商業の先兵が居留している。かれらの通信文がモロシーニの情報源である。

モロシーニは通信文の内容を記述する。その記録の非作為性の保証は、記録の調子の、いってみれば現場性に求められる。入ってくる情報がかたはしから記述されてゆく。「ポルトガル王の船団」についての記述の連鎖にそれは明らかである。

一四一五年七月十日付の記事に、六月十八日にフランドルを出発した飛脚の話および現地の同胞からの手紙によれば、ということで、ポルトガル王が帆船一三〇隻を整え、カディスについた。フランスを攻めるべくイギリス王と共同作戦を展開するためであると記述する。編者はこのカディスの原綴 Chadis を Chales の誤記とみ、カレーのことと解している。この整合化の無意味なことはすぐお分りいただけると思う。次いで八月十九日付の記事に、七月十三日ヴァレンシア発の手紙によればとして、ポルトガル王の船団は法王ベネデットの要請によるもので、法王はこれに便乗してニースに向うつもりである云々と記述する。次いで日付のない記事に、船団は法王ベネデットとルイ王とを支援し、後者をナポリ王に復位せしめようとするものであるという噂が流れている。しかし八月十六日付ヴァレンシア発の手紙によると、法王ヨハネスを襲うための行動ということだ。諸説定まらない云々と記述する。次いで日付のない記事に、七月十八日付のイギリスからの便りによれば船団はフランスへ向う、と。ようやく、九月十四日に入手した八月十八日付ヴァレンシア発の手紙のもたらした情報の紹介において、モロシーニはポルトガル船団の真の行先を記述する、すなわちセウタへムーア人の討伐に向う、と。しかし、「ようやく」とか「真の」とかのいいまわしは、これは歴史の後知恵というべきであろう。これを記述したモロシーニにしてみれば、まだ確信はもてなかったのではなかったか？　それとも？（II, pp. 18-54）

　この点、ヘンリー五世の死をめぐる記述の集合がおもしろい。一四二二年十月初旬、九月七日付フランドル発の手紙にヘンリー五世の死が報じられているとかれは記述した。次の項に、ブリュージュ発の手紙（複数）が、実はイギリス王の弟とイギリス王の子が死んだのだと伝えていると記述し、さらに「この情報は二十二日前に入ったものだが、その後八日ほど前に」あるロードス騎士の口から、この両名についてはそのことはない、実はブルゴーニュ侯が死んだのだときかされた。ところが、次いでミラノ経由の情報が入り、ヘンリー五世の死はほんとうの話だが、その他のことは事実無根と知ったと記述している。すでに訂正の情報の入った古い情報まで追っかけて丹念に記述している。その辺のところがおもしろい（II, pp. 222-28）。

情報を質的に選択する意図がかれにはなかったかのようである。かれの構えは終始受身である。かれは問いかけることをしていない。情報は入ってくるものであって、求めるものではない。かれは外国駐在の仲間の見聞を受けとめる耳である。耳が耳としての役割を最高度に忠実に果たすとき、かれは通信文そのものを転写する。

通信文を転写しているケースは、すでに一四〇三年の日付をもつ記事に見られる。しかもこれは「年代記」から「日記」へと様式が変る境界に位置しているのである。この変容のプロセスは幅広い。すなわち、「年代記」の様式に立つ記述は、一四〇三年から翌年にかけて、ヴェネチア対ジェノア、フランス間に戦われたモドレの海戦（十月）、ヴェネチア、ジェノア間の和平交渉（十二月‐翌年四月）、および和平成立後モンペリエ在留ヴェネチア人に対する圧迫についての記述をもって終っているのだが（I, p. 122）、モロシーニの手稿はこれにすぐ続けてふたたびモドレ海戦のことに触れ、今度はヴェネチア海軍長官カルロ・ゼノが戦闘終了直後に書いた長文の手紙を「文面のままに verbo a verbo」転写しているのである（I, pp. 124-44）。

その際、モロシーニは妙ないいかたをしている。「上述のドージェ、ミケーレ・ステノの代、一四〇三年、十月九日、わたしはカルロ・ゼノ殿から書き送られてきた手紙の内容に触れるであろう、faro mencion……」。いったいこの未来形はなんのことか? この手紙を転写したあと、モロシーニはモドレ海戦以後和平成立までの事態の推移をもう一度おさらいしてみせてくれる（pp. 144-66）。さらにそのあと、フランスの軍事力に備えるための配慮、フランドル方面派遣の商船隊の準備と出発のこと（日付はないが一四〇四年七月に出帆している）等の記事が入る（pp. 166-74）。そのあと、どういうわけだか一四〇三年初頭の日付の記事が挿入されていて（pp. 174-76）、次にくるのが一四〇四年の記事群であって、これは形態上もはや「年代記」とはいえない、覚書ないし日記と呼ぶべき記述である。

わたしはモロシーニの記述の、ことフランスに関する部分しか相手にしていない。したがってこの記述の状況がなにを意味しているか、それについて十全の判断を下しうる立場にはないと自覚している。モロシーニの記述についての明快な展望を得ようには、なお一層の準備、新たな構えが必要であろう。とはいえ、ひとつの推測、より明るい認識に向ってのひとつの見通しをもつことはなお可能であると思われる。

ひとつの答えとして、モロシーニは、一四〇四年四月の和平協定成立の頃までの事態の推移を「年代記」に書いた。その後のことについては書くことを中止した。あるいは書く余裕をもたなかった。モドレ海戦以降和平協定にいたるまでの期間にかかわるドッペルゲザンクは、一方が他方の下書ないし材料であると理解すればよい。「触れるであろう」との未来形の神秘の意味もここに解き明かされる。手紙の転写がここにはじめて出てくることの意味もまた十全に明かされよう。

とすると、これが重大な疑問として浮びあがるのであるが、一四〇四年四月以降にかかわる記述も、また、要すればモロシーニにとって資料であったのか？　いつの日にか「年代記」の続きを書くための？　一四一八年に破棄を命ぜられたという「ふたつの年代記」なる著述は、もしかすると一四〇四年以前の「年代記」に続く文章であったのではないか？　現存の文章はその下書であったか？

技術論的見地から見れば、たしかにこれは妥当な解釈であろう。ドッペルゲザンクの部分のもつ意味の解明にはこの解釈しかないと思われる。だが、それ以後の記述全体に対してその解釈を及ぼすのはためらわれる。記述者の意識構造についての配慮がこの解釈には欠落しているように思われる。

あくまで判断を保留しなければならないいまのわたしの知識の段階に苛立つばかりではあるが、モロシーニは一四〇四年以降の事態の推移を記述するに際して、これは予備作業だ、これは資料の収集だと意識していたわけではないとわたしは思う。文章の調子から受ける印象がわたしにそう思わせるのであって、いささかためらいがちにではあるが、「近時」すなわち記憶の及ぶ時間帯に入るや、がぜん備忘録ふうの様式に変容する中世の「年代記」との形態上の類似をわたしは思うのである。歴史認識の、これが中世人の作法であったと、あるいはモロシーニの記述の組立てを整合的に認知し、説明することができるかもしれないとわたしはおぼろげに考えている。

通信文転写の事例は一四二九年に入るまでは数少ない。一四一三年八月十八日付ヴァレンシア発の手紙の一節。これは先に紹介した。次は一四一六年九月二十八日に入手されたフランドル方面商船隊指揮者アンドレア・ダ・モリノの手紙。八月十五日、アルフルール港外での英仏両艦隊の戦闘のことを報じている（II, pp. 108-14）。次いで一四一七年五月二十二日付、在ブリュージュの商人アルバノ・サグレドがその父にあてた手紙の一部。ブルゴーニュ侯がパリへ赴くという噂を報じている（II, p. 134）。これだけである。ところが一四二九年に入るや、この事例がぜんふえる。

五月十日付ブリュージュ発パンクラチオ・ジュスチニアーニの父あての手紙（パンクラチオの手紙の内容は注記する。以下同様）。六月三十日付アヴィニョン発ジョバンニ・ダ・モリノのこれまた長文の手紙（III, p. 66-82）、六月二十八日付マルセイユ発無名氏の手紙（III, pp. 84-86）、七月九日付ブリュージュ発パンクラチオ・ジュスチニアーニ（？）の長文の手紙。七月十日頃までのことを報じているモンフェラート侯あての手紙（III, pp. 140-62 これはヴェネチア政庁に転送されたものである）。八月一日付ジェノア発無名氏の手紙断片（III, p. 166）。以下一四二九年中にパンクラチオ・ジュスチニアーニの手紙四通。一四三〇年に入って同じく三通。(3)

たまたまパンクラチオ・ジュスチニアーニの手紙九通他通信文を披見する機会に恵まれたからということなのであろうか。だが、それではそれ以前に関してはさほど恵まれなかったというのか。それはいえない。それにしても、なぜかれはこれを転写したのか。転写するという行為の意味するところはなにか。これがわたしの関心事である。情報を転写すること、これがモロシーニにおいて現実記録のひとつの様式《モダリテ》としてあったとわたしは考える。一四〇四年以前にかかわる「年代記」記述の様式から一四二九年以降にかかわる、いってみれば「手紙のアラベスク」の様式にいたる変容のプロセス。

ここにわたしは現実記録の初源の様態《モード》への回帰を見る。

3　現実

現実の記録とは、つまるところどういうことなのか。モロシーニの記述が示すのは、幾層もの記述の重ね合わせという事態である。たとえばブルゴーニュのローレンス三十なるイギリス人の記述する情報をブリュージュのパンクラチオ・ジュスチニアーニが記述し、ヴェネチアのアントニオ・モロシーニがそれを転写する。モロシーニの記述（重ねていうが転写もまた記述の行為である）は、ここに三層に張り合わせた紙面であって、そこにわたしたちは確かな皺ないし襞を見る。記述の集合の歪みの特性を示す徴表である。その限りでの「確かな」であり、わたしたちの視線の感知する過去の現実の表出である。記述のなかに認知される、これが過去の現実の様態である。

パンクラチオ・ジュスチニアーニは、当時ブリュージュのヴェネチア人居留区に住んでいた。どんな業務にたずさわっていたか、それは分からない。かれの父マルコは、一四一〇年前後に駐キプロス大使であり、二三年にはドージェ選挙人に指名されたことが知られている政治家のマルコ・ジュスチニアーニに比定される。パンクラチオ自身のことについてもほとんど分からず、一四一二年にコルナロ家の女イサベラと結婚したこと、「四十人法廷」と呼ばれる特別刑事法廷の判事であったことのわずか二点しか知られていない（IV, Annexes XII, p. 300）。刑事法廷の判事だって？　それにしてはずいぶん自信のない調子の情勢判断ぶりではないかと、ついからみたくなる。

「わたしには分からない」とくりかえすパンクラチオは、しかし、わたしには判断保留の知恵を実修していると印象される。ジャンヌ・ダルクの噂にふれてかれの述べる感想（第六信）は、情報に対する健全な懐疑の構えを端的に示している。情報の限定についても、かれはよいセンスをもっている。「今後どうなるか、また他にどんなことが起こったか、一四二九年七月二十七日現在、わたしは知りません」（第四信）。

なんとかれの記述は慎重なことか。かれは「噂」と「手紙」とを注意深くよりわける。「もうずいぶん前から噂が流れてはいるが、それを知らせる手紙はまだどこからもきてはいないことですが」（第四信）。「手紙」は「噂」に対して確認である。「手紙もこないのに、人々はこの情報を確かと考えています」（第三信）。しかし、だからといって「手紙」がそれ自体として確認であるわけではない。「わたしは買ったものをそのまま売ります」（第一信）。いったいパンクラチオにとって現実事態の認知はどこに根付くのか。信ずる信じないの問題なのであろうか。「信ずるべきであると答えましょう」（第五信）。パンクラチオは現実という未知の量体に「噂」の、「手紙」の被膜をかぶせてゆく。現実の認知を図る方法論が、かれのばあい、これしかなかったかのようなのだ。「ともかくわたしはいわれていることをいいつづけます。E plu diro ancora quelo se dixe」（第七信 III, p. 250）。

なるほどパンクラチオに記録の意図はなかったでもあろう。かれの作業の目的は伝達にあった。現実事態がかれによって記述に送りこまれて伝達される。その作業の方法論として、かれは「いわれていることをいいつづけ」たのである。そのかれの記述が記録者アントニオによって転写された。このばあい、アントニオをして転写へと促したものはパンクラチオの手紙のもっている様式の力であったのではなかったか。アントニオはパンクラチオの手紙にふれて記録ということの意味を知ったのではなかったか。「年代記」から手紙の転写への様式の変容は、記録者モロシーニにおける記録という行為の意味の発見のプロセスを示してはいないか。

記録は現実を模写するとの迷妄に、わたしたちはどれほど悩まされてきたことか。真実は、記録は現実の表出を模写するということなのではないであろうか。わたしたちの認識に送りこまれるのは同時代人の表象である。それは出来事が同時代人の知覚の地平に落す影である。投影が幾層もの重なりを見せるとき、影の濃い部分が模様を作る。時代の現実とは、わたしたち過去に視線を擬らすものにとって、その模様にほかならぬ。

わたしたちの知識はついにモロシーニの記述に回帰する。過去の現実をよいかたちにおいて理解しようには、わたしたち自身の記述を同時代の記述と時には照合してみなければならない。この照合において歴史叙述は、いってみれば「同時代人の知識の乗り越え」の神話から自分自身を解き放つことができる。わたしたちは過去についてその同時代人よりもよく知ることができるという、この度し難い近代の迷妄を振りすてることができる。

ジャンヌ・ダルクについての「真実」を陳述すると主張するわたしたちの自信に、ブルゴーニュ侯国というモメントから目を背けて十五世紀のフランスについて叙述しうるとするわたしたちの傲慢に

「だれしもが好きなように話を整え、アレンジし、水増ししたりカットしたりする」（第六信）とパンクラチオは水を注す。わたしたちはすでにしてかれらにみすかされている。

（1）Edouard Perroy: *La Guerre de Cent Ans*; Gallimard, 1945; p. 275.

（2）*Chronique d'Antonio Molosini: Extraits Relatifs à l'Histoire de France avec le Texte Originaire en Regard*, introduction et commentaire par Germain Lefèvre-Pontalis, texte établi et traduit par Léon Dorez; Paris, Librairie Renouard, 4 vols., 1898-1902.

（3）パンクラチオ・ジュスチニアーニの手紙九通を紹介する。（　）内はわたし自身の注釈である。ただし事実との照合が目的ではない。

第一信（III, pp. 10-54）。五月十日付。英軍は十三の砦を築き、オルレアンを攻囲している。オルレアンはブルゴーニュ侯と接触した。先月の末、ブルゴーニュ侯はパリでベドフォード侯と会見したが、会談は決裂。ブルゴーニュ侯はオルレアンに対し好意的中立を約した。パリからの情報によると、シャルル・ド・ブルボン、アランソン侯およびオルレアン侯の庶子のひきいる王太子軍一万二〇〇〇が、五月四日、オルレアン市内に入った。七日、砦をひとつとった。英勢六〇〇が焼き殺された。残り十二の砦も落ち、英勢多数捕虜となる。もしひそかにきかれたら、わたしは答えよう、ブルゴーニュ侯がこれを喜ばれなかったことはないと信ずると。だが、もし侯が協力してくれさえしたら、「今日から聖ヨハネの日までのあいだに」英勢は一掃されてしまうであろう。パリからの知らせの入る以前、ここ二週間ばかりのあいだ、パリでしきりと予言がなされているという噂が流れている。王太子の運が開けるという予言です。こういった事態については、あるイタリア人の意見にわたしは同調するのだが、そして多くの人がこれを笑いばなしにしているのだが、とくにある羊飼いの娘のことです（と、ジャンヌ・ダルクのことについてパンクラチオは記述をはじめる。ここのところは文意不明で、「イタリア人」とはなんなのか。刊本の編者はここのところに注を付している。ところが、その注は、「イタリア人」という言葉の詮索と思いきや、意外なことに「ジャンヌ・ダルクとその事績とについてのこの最初の記述へと話がもってゆかれる、その語り口の付帯的かつアクセサリー的なところは注目にあたいする。かの女はその名前で呼ばれてもいないのである」とはじまる。注とは、いったいなんのためにあるのであろうか。それはともかく、まさしくこの娘のことについてのパンクラチオの記述は「付帯的かつアクセサリー的」である。最後まで、けっきょくそうなのだ。注釈者は一見、モロシーニの記述の構造特性をよく把握しているかのようである。ところが、かれはそれがけしからぬと論じているのである。記述者の「偏見」をとがめだてているのである。このあたり、刊本の紙葉を眺めれば、本文は一頁にわずかに三行、一行、二行といったありさま。細かな活字でびっしりと組まれた「注」は、すべてこれ、注釈者が「事実」と考える「ジャンヌ・ダルクの事績」の紹介である。こうなると、本文を読むより注を続むほうがおもしろい）。かの女は、「六月の聖ヨハネの日まで」に英軍を破り、王太子を「パリへ」連れていって、そこで戴冠させてあげましょうといったという。このことについて報じている一月十六日付のブルゴーニュからの手紙が数通手許にあるのだが（おそらく四月十六日の誤記と注釈者は断じている）、さらに四月二十八日（付あるいは入手）の手紙が再度おさらいしてみせてくれています。人の話では、これらの手紙を書いたのはローレンス三十（ローレンス・ト丶レ丶ン丶ト？）という名前のイギリス人で、これはマリノ（パンクラチオの弟）の知人です。（中略。ジャンヌについての二、三のトピックスが報じられている。）ともかく人の話をどう信じたらいいのか、わたしには分かりません。ブルゴーニュからの手紙がなかったら、こんな話をあなた（父マルコ）に書きおくったりはしなかったでしょう。「買ったものをそのままあなたに売ります」（Come le o comprade, cusy ve le vendo）。ブルゴーニュ侯とポルトガル王女との結婚のことが決りました。王女が帆船隊あるいはガレー船団を組んでやってくることに問題はない。盛大な祝宴があると人はいっています。例の娘はもうふたつ大きな仕事をするといわれています、その後、かの女は死ぬとも。

第二信（III, pp. 88-140. これにはパンクラチオからという指定はない。内容に第一信と重複する部分が多い。別人の可能性もある）。六月四日付ブルターニュ発の手紙（複教）の紹介（III, pp. 90-124. これがパンクラチオ自身の文章か、手紙の転写か、その点は不明）。例の娘は年の頃十八、「フランスとの境界、ロレーヌの地の生れ、ベギーヌ会女の羊飼い女で」とはじまるザネタ・ポンチェラ Zaneta poncela（Jeannette la pucelle）についての情報（ジャンヌ・ダルクがなんらかの俗人修道会に所属していたという証言は後にも先にもこれだけである。だからといって、しかし、刊本の編者のように「羊飼いの少女」と整合化してしまってよいものであろうか。情報は事実を伝えるはずだとの思込みに陥ってはいないか）。第二段目（pp. 124-30）。以下お知らせする情報はブルゴーニュで書かれた手紙（複数）および他の諸方面からの噂、またあちこちから来た人たちの口づてによるものです。例の娘が奇蹟を行なっていると見る点で一致している。わたしはといえば、どう信じたらいいか分からない。どう考えようと人の自由です。はっきりしているのは、王太子に運が向いてきたという点です。デ・サシディス殿（?）の特使によるとパリでは予言が盛んで、こんなぐあいです（と、一例を図示してみせている。一四二九という数字を尊者ベダの文章の語句から抽出してみせようとする事例）。第三段目（pp. 130-36）。ベドフォード侯はパリ周辺にあり、ブルゴーニュ侯に救援を求めた。パリもまたブルゴーニュ侯に使節団を派遣した。侯はここ一両日のうちにパリへ向うとか。王太子と戦うためともいい、王太子と英軍の仲を取り持つためともいう。どう見たらいいか、わたしには分からない。やがて事情が分かるだろう。いうのを忘れていましたが、イギリスからの手紙によると、三〇〇〇の兵が渡海待ちとか。これは、枢機卿（ウィンチェスター司教ヘンリー・ド・ボーフォール）のひきいるフス派討伐のための軍勢以外にです。全部で六〇〇〇を算えましょう。ブルゴーニュ殿はパリに赴きました。イギリスのことで、イギリス人その他のさかんにいうところでは、オルレアン侯がスコットランドに逃げたとのこと。手紙も来ないのに、人々はこの情報を確かと考えています。第四段目（pp. 136-40）。「ここまで書きました。ところが飛脚の出発がおくれたのです。そうこうするうちにロンドンから六月一日付の手紙が着きました。この手紙にはそのことはふれられていません」（六月一日はおそらく七月一日の誤記）。だからそのことはありえますまい。ところがみんなは、オルレアン侯がイギリスでいぜん重んじられていると信ぜしめるためにイギリス人がそのニュースをとりのぞかせたのだと考えています。八〇〇〇の軍勢が渡海するだろうと考えている人もいます。その必要大ありでしょう。なぜって噂によれば娘は二万五〇〇〇の軍勢を整えてラ・シャリテにあり、望むがままにパリの城門にまで赴くを得ようこと明らかだからです。噂ではブルゴーニュ侯は三日前からパリ近くにあるとか。

第三信（III, pp. 168-74）。七月十六日付。枢機卿は四〇〇〇の軍勢をひきいてカレーを出発、パリへ向った。じきに同数の英勢が海峡を渡るとか。ブルゴーニュ侯はパリについたともいい、そうではなくサンリスにあって王太子との交渉に入ったともいう。「だが便りによるとそれを信じている人はいないそうです」（この「便り」の出所は不明）。また、「便りによると」、王太子は「娘と二万五〇〇〇を越す軍勢をひきつれて」トロワを経てランスへ向うらしい。そこで戴冠するとか。これを否定する人もいる。「だれしも考えたいように考えるものです」。世間の噂では王太子は戴冠するだろう。いずれにせよ、一般に考えられているところでは、ランスから先、「王太子の道はまっすぐかれの国へ向うであろう」（かれの国とは？　イール・ド・フランスのことであろう。なお後述）。事態がこのまま進めば両派は衝突し会戦があるだろう。噂ではこの会戦にブルゴーニュ侯自身参加を望み、全領土に大号令を発したとか。

第四信（III pp. 174-98）。七月二十七日付。七月二十七日に入手したフランスからの情報をお伝えします。トロワが王太子に帰順した。王太子はトロワからランスに入り、戴冠した。これに先立ってシャンパーニュの諸市、シャーロン、ランその他が王太子の下に服属したが、それというのもここは終始ブルゴーニュ侯に同調していたからである。実際これら諸市はイギリス軍に対する忠誠の誓約に決して同意することなく、ブルゴーニュ派の人たちと共に自らおさめてきたのである。トゥールネはつねに王太子に忠実であり、ここに新王聖別のニュースをきいて祝宴を催したとか。ここは四〇〇〇の軍勢を供給したといわれています。ブルゴーニュ侯はパリを出て、十日にアラスに着きました。フランス摂政と呼ばれているベドフォード侯の妻である妹を連れて。その摂政はパリを出て、ノルマンディーの要の地、ポントワーズに赴いた。そこで枢機卿の軍勢を待っています。ブルゴーニュ侯はピカルディー他全土に号令を発して兵を集めている。イギリス勢と共にザネタと戦う用意がまもなく整うとの噂。パリは民心の不安のうちに十六人のブルゴーニュ人、十六人のイギリス人領主によっておさめられている。三〇〇〇の軍兵が住人の外出を禁じているという噂です。信頼できる筋からきいた話では、フランス王はブルゴーニュ侯に対し、サン・ドニでの戴冠に出席すべき十二陪臣の一人として、すなわちブルゴーニュ侯およびフランドル伯としてサン・ドニに姿を見せるよう要請したそうです。アランソン侯は一万二〇〇〇の軍勢をひきいてノルマンディー境界にあり、イギリス軍と有利に戦っているとか。フランス王に運が向いてきた。三カ月以内に平和が来ましょう。「もうずいぶん前から噂が流れてはいるが、まだそれを知らせる手紙はどこからもきてはいないことですが」、ブルターニュ侯の息が三〇〇〇の兵をひきいてフランス王の味方についたということです。ブルゴーニュ侯はいぜんアラスにあります。終始、噂では、かれはフランス王との協定に失敗したとか。また噂では、英軍は八月にはフランス王と戦う用意が整うとか。どう信じたらいいのか分かりません。王はソワソンにあって、サン・ドニで戴冠すべくパリを目指している。パリの連中はサン・ドニの城壁を壊し、濠を埋めた。そのため住民はパリに避難した。枢機卿と摂政はポントワーズにあります。会戦は必至と見られています。「事態がどうなるか、また他にどんなことが起こったか、一四二九年七月二十七日現在、わたしは知りません」。

第五信（III, pp. 212-20）。九月十三日付。その後王はサンリス、ボーヴェ、サン・ドニをとった。摂政は六〇〇〇の軍勢と共にノルマンディーにある。ブルゴーニュの殿は四〇〇〇をひきいて摂政に合流してパリを救うべく、昨日アラスを発ったはずです。今日きいたところでは、両派のあいだにノエルまで休戦が成立したとのこと。こういった事態についてはどうもよく分かりません。けれど、たずねられればこう答えましょう。協定が成ったと信ずるべきである creder debiamo と。

第六信（III, pp. 220-40）。十一月二十日付。ブルゴーニュ侯が王に差し向けた使節団が昨日帰りました。わたしの知るかぎり、王との休戦協定を二月中旬まで延長するのが目的だったらしい。この使者がいうには、王は春に備えて兵を養なっているという噂がもっぱらとのこと。一〇万の軍勢とまで噂されているとか。これはあまりにも多すぎるようだ。ともかく事態は娘の言の通り動いている。かの女がまだ生きているのは確かで、ロワール河畔に下ったという。ここしばらく、かの女の働きについての噂がまたむしかえされている。「信ずるものもいれば信じないものもいます。わたしの考えでは、だれしもが好きなように話を整え、アレンジし、水増ししたりカットしたりします。だが、それでもともかく話が一致するのは、かの女がつねに王と共にあるという点です。かの女が神の手で送られたということは明らかであると見られる……信ずることは誤ちではない、そして信じない人たちも、だからといって信仰に背くことにはならない」（p. 232）。最近、聖職にある人たちと話をする機会があったが、その話では、パリ大学はローマ法王に対し、娘は異端だと上訴したとの由。だが、これに対し、大学の学長（ジャン・ジェルソン。実際はもう隠棲していたが）はかの女を弁護し、大変すばらしい本を書いた。わたしはあなたにこれを贈ります。ドージェ殿も関心をお持ちと思いますので、かれにこれを紹介し、だれもがこれを読めるよう御手配ねがいます。六日、イギリス王がロンドンで戴冠しました。八歳です。噂では王は春に二万五〇〇〇をひきいて渡仏とのこと。春に大事件が起こること必定と見られます。フランドル侯（ブルゴーニュ侯）はどうするつもりか、世間はとまどっています。噂では、イギリス王に対する約束を実行する態勢が整っているとか。ここしばらく侯はここにいます。くる日もくる日も姫を待っています。姫がどうなったか、だれも知りません。姫を供奉する三〇隻の船団はスペイン沖で嵐に会い、散りぢりになりました。二隻はこの地に、六隻はハンプトンに着きました。けれど、かの女はどこへいったか。スペインへ帰ったものと思われます。ブルゴーニュ侯とリエージュの休戦協定は復活祭に切れます。また戦争になるのではないかとみんな心配しています。なにしろリエージュ側は要求されたことを果す気がないのですから。この西方では（in questo ponente イタリア人の言葉づかいとしてはなにか妙だ）事態はすごく混乱しているので、心配です。（追申）姫が着いたとのもっぱらの噂です。すぐ信ずる気にはなれません。フランス王の使節の到来がここ三日のあいだ待たれています。

第七信（III, pp. 246-56）。一四三〇年一月四日付。フランス王の使節とブルゴーニュ侯・イギリス軍との交渉の結果、ノエルまでの休戦が二月末まで延長された。この商議に関して奇妙な噂がある。両者（フランス王とブルゴーニュ侯）間に協定が成立したとひそかに信じている人が大勢いるのです。だが信じていない人も大勢います。わたしはといえば後者です。ブルゴーニュ侯はイギリス軍を支援するでしょう。ただ、かれ自身は出かけますまい。かれはむしろここにいて、新妻と共にいるのを楽しむでしょう。アランソン侯はノルマンディーで活躍中。イギリスに虜囚のオルレアン侯の秘書がフランス王のもとから帰る途中、ブルゴーニュ侯と英軍の自由通行証をたずさえて、当地に立ち寄りました。その話によると、王軍はシャリテ・シュール・ロワールをとり、かくてブルゴーニュ侯にはジャルトルとパリしか残されていないとか。フランスにはということですが。（「フランスには」という限定がおもしろい。第三信に「王太子の道はまっすぐかれの国へ」という記述があり、これはイール・ド・フランスのことかと注記しておいた。これはモロシーニの地の文であるが、一四一五年十二月一日付の記事に、十月三十日にパリで書かれた手紙の写しということで、フランス諸侯は、十月二十五日、「フランスとピカルディーのあいだのアルトワというところで in uno luogo dito Artexe, tra la Franza e la Pichardia」イギリス軍に破れたと記述されている。「写し copia」ということだから、モロシーニの言葉づかいではなく、手紙の発信人、パリの無名氏の表現かもしれないが、ともかくこの「フランス」と「ピカルディー」の対比はおもしろい（II, p. 70）。パンクラチオ、モロシーニ、またこのパリの無名氏のばあい、「フランス」のイメージの内包は狭い。わたしたちが日頃使い慣れている「フランス」概念はここでは通用しない。）「ともかくわたしはいわれていることをいいつづけます」。お好きなようにおとり下さい。娘が時勢を動かしているのだといわれている。噂の通りだとしたら、これは大したことです。まさしく神の御業というべきでしょう。フランス王はブールジュにあり、ラングドックから御用金を集め、春に備えて兵を養なっています。血が多量に流されるでしょう。ベドフォード侯はいぜんルーアンにあり、最近四〇〇〇の兵が海峡を渡ったらしい。イギリス王は春に渡海とか。世間はそう信じています。姫はスロイスに着きました。八日の土曜日の九時に当地へ到着との触れがまわりました。祝いの行事は見事なものになるとみんなはいっています。ブルゴーニュ侯は正装して姫を訪問し、姫の容姿にいたく満足したとか。なによりも姫は賢いという噂が流れています。プリマスから先月四日付の手紙を受けとりました。それによると、われわれのガレー船団はその日出航することになっているということです。

第八信（III, pp. 262-70）。三月四日付。その後のニュースといえば、ここしばらくフランス王がシャルトルをとったという噂が流れています。だが、これは確認されていない。だからわたしは信じない。最近の情報では、シャトー・ガイヤールが秘密交渉の結果、フランス王の手に入ったということです。ジャン・ド・バルバザン他フランス騎士の捕虜が自由になりました。噂では、イギリス王は復活祭には渡海とのことです。ブルゴーニュ侯は召集令を発し、二万五〇〇〇の英勢がくるといっている。夏には両派のどちらかが壊滅すること必至でしょう。

第九信（III, pp. 318-34）。十一月二十四日付。先頃アルベルティノに託してヴェロナ経由でお届けした父上と弟あての手紙（これは記録されていない）でお知らせしましたように、フランス王はブルゴーニュ侯が英勢と共に構えていたコンピエーニュ前面の陣を解きました。ブルゴーニュ侯方の七名の領主が捕虜になり、一〇〇〇名が殺された。世間一致しての見積りでは、この損害、クラウン金貨二〇万枚分にのぼると。王軍はアミアン方面とノルマンディーに進出し、アラス、アミアン、ルーアンを脅やかしている。英軍の勢力圏はルーアン市内に限定されました。噂では五〇〇〇の兵がいるとのこと。コンピエーニュののち王軍の一部はクレルモンに赴き、これを落したようです。「噂では、またこれはわたしが信頼をおく筋からきいたことでもありますが」、ブルゴーニュ侯はコンピエーニュの残党とアラスにあった軍勢とを集め、三〇〇〇の兵をひきいてクレルモンに赴き、これを奪回しようとした。王軍はこれを察知し、六〇〇の騎士による待伏せをかけ、侯の前衛隊が通過するや、これに攻撃をかけた。あるいは死に、あるいは捕われ、五〇〇のブルゴーニュ勢は一人も逃れえませんでした。侯はこれを知るや、直ちに退却した。わたしはブルゴーニュ侯の運が傾くのではないかと心配です。神よ、侯を守りたまえ。侯はよき領主なのですから。娘がルーアンのイギリス王のもとに送られたのは確かです。娘を捕えたジャン・ド・リュクサンブール殿は、娘をイギリス軍に売り渡したことによってクラウン金貨一万枚を得ました。かの女がどうなるかだれも知りません。イギリス軍がかの女を死なせるのではないかと人は疑っています。

6　ルネサンス問題のいま

1

十六世紀はイタリア・ルネサンスの北ヨーロッパにおける勝利を見た。フランス、ドイツ、イングランド、ネーデルラント、スペインから、学生たちが陸続とイタリア・センターをめざした。王侯君主は、イタリアをモデルとして、宮廷生活のスタイルを決め、王宮や城館を建築した。ルーヴァン、パリ、アルカラ、ウィーンの新しい諸大学が、人文の学の威信を証言した。イタリア美術、文学、学問の受容は、それが古典古代についてのより深い、より広い知識を映していたがゆえにこそ、中世の文化遺産を変容せしめ、西洋の知的歴史におけるもっとも意義深い革命のひとつを導いたのである。

なんとも月並みな文章であるとしかいいようがない。よくまあ、こういう文章を平気で書けるものである。わたしは、はじめ、これはなにか魂胆があっての文章かと思ったのだが、筆者は大まじめであった。

最近目を通した論集『イタリアの道中』の一編、ハーバード大学のマイロン・ジルモワの「エラスムスの人文主義に対するイタリアの反応」の書出しの一節である。それでもなかみは結構おもしろく、なかでもアルベルト・ピオのエラスムス駁論の紹介は、延々十五ページにわたって、なかなか読ませる。しかし、それも材料のおもしろさであって、ジルモワという思考者（学者とか研究者とかは思考者ではないのか？）の生身の声は、そこにはきかれない。[1]

『イタリアの道中』は、ポール・オスカー・クリステラーの生誕七十年を祝って編まれた論集である。[2]『イタリアの道中』という、これは苦肉の策の訳のタイトルも、クリステラー自身の仕事である『イタリアの道』という書目にちなんでいる。[3]副題を、これも訳しづらいのだが、「ヨーロッパ的変容という鏡に映るイタリア・ルネサンスのプロフィール」という。ライデン大学のセム・ドレスデンが、フランスへの受容というテーマで寄稿していて、「フランスへのイタリア・ルネサンスの受容のプロフィール」というのだが、その書出しに、こう読める。

ルネサンスというものの受け入れということの横顔なるものを調査しようという仕事は、いずれ絶望的な仕事であることはたしかである。その仕事のはらむ困難さについては、以前から度重ねて的確この上なくいわれてきているので、いまさらそれを試みようとすることは、事実上できない相談であるかのようだ。ただひとつ、その試みが正当化されるとすれば、それは挑戦としてであるといおうか。じっさい挑戦なのである。すでにこの問題の多くの局面については、詳細きわまりない研究が数多く出ていることを想えば。

数の多いことだけが問題なのではない。その結果、重要な、興味深い細部の事実がしだいに明らかとなってきたいま、そのような一見たがいに関連のないデータの集塊に、なんらかの秩序を見出そうとすることは、ますます困難になっているという事情がある。いわんや〝ルネサンス〟の名に価すべきなんらかの統一性をそこに見出そうとすることにおいてをや。イタリアにおけるルネサンスがじっさいなんであったかということについて、なにか意味あることをいわねばならないとしても、知らねばならぬ事柄のぜんぶをぜんぶ考慮にいれるということは、もはやできかねるのである。(4)

冒頭の一行の傍点を付した三語はイタリック体の the であって、つまりザ・ルネサンスといったぐあいだが、すでにしてそこに、概念に対する警戒の構えが見てとれる。もっとも、構えているとこれを受けとめる人もいるわけで、わたしはこの論考を一、二の大学の大学院の演習で読んだのだが、そういう顔をした人をたしかに見うけた。これはまあ、若者特有の感覚的反発のたぐいではあろうが、じっさい「ルネサンス概念については今ここで更めて触れる必要はない」とか「これらに見える模倣という言葉に徒らに拘泥するのは無用であろう」とか、なにしろいきなりそんなふうにきめつけておいて、そのくせ概念の組成に種々問題はあると自覚はしているのであろう、あれこれとりつくろっているような文章にお目にかかることが多いので、(5) いっそドレスデンのいさぎよさは快よい。

じっさいドレスデンは、この論考でも、ナトゥーラ、マニエラといった言葉との関連でイミタティオ（模倣）という言葉に「拘泥している」ので、なにかドレスデンがバカに見えるというものだ。言葉は文脈のなかにある。これがこのライデン大学の教授の信条で、だから「わが道はテキストでできている」などと、演習に参加したある学生のいいまわしを借りれば「カッコいいこといっちゃって」、十六世紀の人文主義者たちの言葉づかいを、ああでもない、こうでもない、とひねくりまわし、けっきょくどうでもないということなのでしょうかと、学生のいささかヒステリックな反応を呼ぶことにもなるのである。

2

じっさい、言葉づかいに「拘泥する」というこの態度は、ドレスデンがその論考を献じたその当のあいて、ポール・オスカー・クリステラーと共有するものであって、一九六一年にオハイオ州立大学大学院研究科の主催した人文学研究集会「人間と世界についてのルネサンスのイメージ」で報告して、クリステラーは、冒頭にこう述べた。

ある意味で、われわれは現在のみかたに立って過去を見ざるをえない。いかんせん、われわれは現在から離れられず、現在おかれている場から逃げだすことができないのである。歴史家が、かれら自身抱懐する諸概念《カテゴリー》を過去に押しつけて過去を理解しようとするのは、してみればもっともなことである。けれども、それでは、過去の様々な様相のうち、見すごされ、あるいは誤認されるものがあるかもしれない。というのは、われわれになじみのものが、そのころには別の名前で呼ばれていたり、われわれの慣れ親しんでいる言葉が、かつてはいまとはたいへんちがう意味で使われていたということがあるのだから。だから、過去をよりよく理解したいとのぞむのならば、そのころの言葉づかい《カテゴリー》を、できるかぎり自分のものにしなければならず、よしんばわれわれ自身なれ親しんでいる言葉《カテゴリー》を使わざるをえないばあいでも、そのばあいでも、そのことについて十分批判的にのぞまなければならないのである。[6]

この前年、一九六〇年に創刊された『歴史と理論』誌の第一号巻頭論文に、主筆の役を買って出たアイザイア・バーリンもまた、これはとりたててルネサンス論争にふれてではないが、クリステラーと同じことを、いいまわしが多少ちがうだけで、淡々と述べている。

そのことからして当然歴史家につきまとい、自然科学者のまったく関知しない困難な問題が出てくるのである、すなわち、なにが過去におこったかを、わたしたち自身の考え《コンセプツ》とか言葉づかい《カテゴリー》を使って理解してすますというのではなく、それらの出来事が、それに関与し、またそれに影響をうけた人々にどのように見られていたかという見地から再構成するという問題である。それらの出来事は、心理的事実として、逆に出来事に影響を与える。

……中略……

いってみれば想像力によってわたしたち自身を過去へ投げかえすこと、わたしたち自身のとまったく同じとはいえない考えかた《コンセプツ》や言葉づかい《カテゴリー》を、わたしたち自身のものでしかない考えかた《コンセプツ》や言葉づかい《カテゴリー》によって把握しようと試みること、このことはわたしたちがそれに成功しはじめたと確信することなど絶対にできない、といってこれを棄却することの許されない仕事なのである。[7]

一九六〇年代にヨーロッパの意見の風土の変化が見られたのであろうか。それほど大げさなことではないにしても、二度の大戦を経たヨーロッパ社会が、ようやく近代市民社会なるものの、ものの考えかた感じかたの一種特有のくさみを臭ぎつけたということで、そういう一種特有のくさみを帯びた言葉づかいに警戒の視線を投げかけはじめたということで、もっと早く臭ぎつけた人がもちろんいるわけで、わたしの意見ではヨーハン・ホイジンガがそうである。

先ほど御紹介したクリステラーの言は、そのままホイジンガの『中世の秋』のコメントとして通用する。ホイジンガ自身、十九世紀末葉のオランダと、自分のおかれている場を意識していればこそ、十四、五世紀のネーデルラントとフランスと、記述を及ぼす範囲を限定したのである。その神経質なまでの気の配りように対して、世紀別に時代をわけるなど便宜主義だとか、かれは時代概念を無視しているとか、なにしろそういった非難を浴びせる人は、はじめから『中世の秋』という著述に無縁の人である。ホイジンガは、そういう他者の空間に生きた人たちの言葉づかい筆づかいをなんとか理解しようとつとめたわけで、いかに矛盾撞着ときこえようとも、自分自身のものでしかない言葉づかいでそれをやろうとしたわけで、それがつまりはクリステラーのいう「批判的にのぞむ」ということである。

だから、かれはルネサンスについては論じていない。だから、と書いたのは言葉の綾ではない。かれは、いってみれば、ルネサンスをかまってやらなかったのである。いまとなってはりんごといちごのようなもので、中世とルネサンスは、はっきりちがうとみんな感じているが、と、なにか奥歯にものがはさまったようないいかたを時々するだけで、ルネサンスというある時代と文化の名前は、それはあったと前提をおいて話をすすめている。そうして、最終の章の結びに近く、生活の調子が変るとき、はじめてルネサンスはくる、と、いわば読者をつき放す。

わたしがいうのは、ホイジンガは、十五、六世紀のイタリアのルネサンスというヤーコプ・ブルクハルトの言葉づかいを尊重したということである。そうして、そのイタリア・ルネサンスのイタリア以外の土地への影響、ドレスデンふうにいいまわせば、受容という事態を十分認めたということである。ただ、たとえば古代的文化形式の再生というトピックスについて、ホイジンガの意を体して、わたし流儀に、ホイジンガのブルクハルト批判を要約してみれば、ブルクハルトが「十四世紀初頭以降、詩人と文献学者たちが、世代を重ねるごとにその輝きを増しながら、イタリアと世界を古代の崇拝で満たし……」と書くとき、ホイジンガは、イタリアと世界を、の、世界をというのはどうでしょう、いいすぎではありませんか、と柔らかく意見を述べるのである(8)。

十四、五世紀のネーデルラントとフランスについていえば、古代への崇拝熱がいかに希薄であったか、ホイジンガ自身がおどろいている気配がある。その点、十四、五世紀については、その時代の人々のものの考えかた感じかたをさぐってみました。なお問題は残っています。十六世紀のネーデルラントとフランスはどうだったでしょうか。だれか調べてみていただけませんか。なんでも北欧ルネサンスとかで、十六世紀がその土地のルネサンスだったという説がありますが、どうだったのでしょうか。これがホイジンガの提案であって、たとえば半世紀後にセム・ドレスデンが、フランスという土地について、ああでもない、こうでもないとまさぐり、またヨーセフ・アイセウァインが「ネーデルラントへの人文主義の到来」を測っているというのがルネサンス問題のいまなのである。

3

してみれば、ウォーレス・K・ファーガソンがホイジンガをして、ルネサンス議論におけるコペルニクスとたてまつったのは、これはどう考えるべきか。コペルニクスだと名指しているわけではないが、ファーガソンの文章はそう読める。

時とともにますますあがめたてまつられてきたルネサンス概念に対するなげやりな譲歩の姿勢にもかかわらず、ホイジンガは、ルネサンス伝統を破壊した批評家のうちにかぞえなければならない。そのことは『ルネサンスの問題』と題する論考にあってますます明らかである。その論考において、かれは、ルネサンス概念の歴史的進化と妥当性について検討している。かれは、時代概念としてのルネサンスという言葉の有用性、いやそれどころか不可欠性を認めるつもりはあった。ところが、かれの分析は、この概念の矛盾撞着、人の目をまどわすような変容のさまをえぐりだし、ルネサンスといわれる時代の中世的内実を立証して、伝統的にこの概念に属するものとされてきた際立つ特徴の数々を剝ぎとってしまった。ここにいたってルネサンス概念には、もはや戦ってこれを守るべきものはほとんど残されていないかに見えるのである。[9]

ファーガソンの著述『歴史思考におけるルネサンス概念』は、人文主義、啓蒙主義、ロマン主義と受け継がれきたったルネサンスという言葉づかいを、ブルクハルトとその亜流、今世紀における中世史家の反乱にいたるまで跡づけようとするものであって、およそルネサンスという言葉について論述した人という人を全員とりあげて、いわば「ルネサンス論文選」を作ろうとする。学問におけるアメリカニズムの範型の観がある。

だからファーガソンは文章の種差は問わない。なにをいったかが問題であって、なにをどういったかは問わない。わたしのいうのは、『中世の秋』と『ルネサンスの問題』の文章の性質についてである。『ルネサンスの問題』は、コンラート・ブルダッハ、エルンスト・トレルチほか、先人の著述の批評であり、あたかも記念碑のごとくそそりたつルネサンス概念に対する印象批評である。ところどころ鋭いアフォリズムが散りばめてあって、ファーガソンならずとも心引かれる。

ルネサンスは日曜の晴着であった。

異教趣味は、自分もまた人よりすぐれていると人に誇示するための仮面であった。ルネサンスはロマンス民族の精神の勝利である。

あるいは、こんな叙情的な文。

潮の代りめがルネサンスだ。中世から近代への移行の光景は（ルネサンスとはそういうことではないのか?）、一度の大きな波の打ち寄せではなく、岸辺に寄せる波の長い連なりであって、波のひとつひとつは、ちがった場所で、ちがった瞬間にくだける。旧と新との境界は、あるいはここ、あるいはあそこにひかれている。文化の諸形式、思想のさまざまが、それぞれに固有の時点でおもむろに転回する。この変化のさまは、文化複合体の全体に一度にかかわるていのものではない。

歴史家ホイジンガの直観の記述であって、それ以上でもそれ以下でもない。こういうことをいっている。だからホイジンガによってルネサンス概念は破壊されたなどと書く人は、いささか小児病的であると申上げたい。あるいは歴史を、概念と感傷的語句の操作と心得ている人と申上げようか。ホイジンガは、その変化のさまの究明が焦眉の急と心得ていたわけで、だから、この論考の終りに近く、こうも書く。

つづめていえば、中世文化と近代文化のあいだにルネサンスを正しく位置づけることが肝要だと問題を立ててみても、それにはいまだ解かれず、十分規定されているともいえない問題が山積しているのである。ルネサンスはまさしく中世文化に対立するものだとはいえないし、中世と近代の境界地帯だといいきることもできない。西欧諸民族の精神文化の年とっているか若いかをわける境界線は、あるものは中世とルネサンスのあいだを走り、ときにはルネサンスと十七世紀をわけ、いくつかはルネサンスのただなかを走り、一、二のものは十三世紀をすでに走りぬけ、あるいはやっと十八世紀を走ったりする。[10]

ルネサンス問題は、ついに中世から近代への移行の問題に還る。持続と変化のさまの精査が必要だとホイジンガは淡々と述べているのである。持続と変化のさまのトピックスについて、かれはこの論考でも一、二ふれてはいるが、[11]それはそれだけのことで、全体の調子としては、その提言がこの論考の趣旨なのであって、それ以上のものを読みとろうとするのは、ホイジンガの読みを危くするものであるといわなければならない。ホイジンガはルネサンスの内実（このばあいの「ルネサンス」は、いわゆるルネサンスと読んでいただいてかまわない）の調査を要請している。

ファーガソンは、読みの力点を置きまちがえているのである。ヨーハン・ホイジンガのルネサンス問題への寄与は『中世の秋』そのものである。わたしがいいたいのはそのことで、ルネサンスを議論する人たちに対して、ホイジンガは『中世の秋』を提示しているわけで、いってみれば「ルネサンスの春」だか「夏」だかを書いてみなさいとけしかけているのである。これがホイジンガによる問題の「コペルニクス的転回」の意味である。

「なげやりな譲歩」とファーガソンは言葉を使う。half hearted concession の訳だが、『中世の秋』を読むファーガソンの眼付は正確である。このなげやりな態度こそがホイジンガの言分をあらわしているのであって、そこにこそ歴史家ホイジンガの積極的な自己主張がある。かれは概念の内実の調査をまず要求する。言葉の正確な意味において、かれは実証史家なのである。[12]

4

この文脈で見るとき、これは『イタリアの道中』の二年後に出版されたウォルター・ウルマンという人の本『ルネサンス人文主義の中世的基礎』というのがこよなくおもしろい。この人はイギリスの

ケンブリッジ大学の中世史の教授だそうだが、ケンブリッジ大学の歴史学の現状を憂えせしめるに十分なものがある。(13)

ウルマン氏は、ルネサンス人文主義の性質をあれこれ考える最近の諸論考すべてに御不満らしい。もう一歩つっこんでものをいえば、諸家のそういう姿勢そのものがお気に召さないらしい。ウルマン氏は、たてつづけに言挙げする。ルネサンス人文主義を、学問、文芸、教育のひとつのシステムと見る。その方向づけにおいて哲学的と見る。ひとえにこれ教育のカリキュラムの問題と見る。文献学的動向と見る。中世的伝統を踏まえた修辞学の展開と見る。あるいは単に中世の人文の学の展開と見る。理性論的探求に立つ認識の方法論の問題と見る。世界を見る審美主義的態度のあらわれと見る。あるいは文学の崇敬とこれを見る、そういうみかたの群れ立つところ、「人文主義の実体は背景にしりぞく。」そう氏は断じ去る。

とりわけオスカー・クリステラーは、といった感じで、かれはさらにいいつのり、一部論者は、ルネサンス人文主義をもって、ラテン語の文法、修辞、文章、雄弁の古典的規範の復活をめざすものとみなし、これは中世の文法修辞の学の伝統を踏まえていると主張する。この観点に立てば、ルネサンス人文主義とは、古典の著述に傾注することによって、開明の人 homo civilis になることをめざす風潮であって、関心事はもっぱら審美であり文学であると。

ここでおもしろいのは、ウルマン氏は、このところにホイジンガの文章を注記していて、氏のいうには、「この観点を強調すれば、ルネサンス人文主義という動向を日曜の晴着によそおわしめるという危険を冒すことになる。見よ、J・ホイジンガ（以下ドイツ語――筆者補注）『ルネサンスの問題』、ダルムシュタット、一九七一年、三九ページ。『否認すべくもない、ルネサンスは（日曜生れの――筆者補注）幸運児であった。』」

第一、ホイジンガが一九七一年にダルムシュタットで出版したドイツ語の本などなく、こういう訳本のたぐいをそのまま平気で出典と指示する神経がおもしろいが、欧米の学者にはこの手のことはちょいちょい見られ、いったいヨーロッパの文献学の伝統はどこに消えたのかと疑わしめるものがあるが、それはともかく、ウルマン氏は、もののみごとにホイジンガのアフォリズムに乗せられたの観がある。いや、むしろ意図的に乗ったということか。

日曜の晴着 Zondagsch pack を「幸運児」Sonntagskind と訳したのはドイツ語訳者の御愛嬌か、あるいはウルマン氏の早とちりであろうが、このアフォリズムは、前に御紹介したように、論考『ルネサンスの問題』に見えて、だいたいがこれはエルンスト・トレルチの所論を批評する文脈に出るのである。

トレルチは宗教改革との対比においてルネサンスを論じ、けっきょくルネサンスはこの時代の文化の一局面、しかも皮相なそれでしかない。少数者のものでしかなかった。文化変容の相は、直接中世にかかわる。そう、一九一九年四月に会ったときにもいっていたとホイジンガは述べる。そうして付言するには、しかし、またもやこれは、それ自体としてはもっともな洞察に立ちながら、いいすぎている一例だと思う。ここでもう一度、かの賢明なるブルクハルトの言葉を想いだそうではないか。「もしも、そうも手軽にそれを捨象することができるというのなら、ルネサンスは高度に世界史的な必然性ではなかったことになろう。ところが、ルネサンスはそうであったのだ。」そうはいうけれど否定すべくもない、ルネサンスは日曜の晴着であった。

ブルクハルトの文章は、『イタリアにおけるルネサンスの文化』第三章「古代の再生」の冒頭の章句に出るのだが、文中、それは、のそれは、その直前に古代のWiedergeburtと括弧つきで出している、その言葉をうけていて、それとそれを可能にしたイタリアのVolksgeistがさしあたり対概念になっていて、それを捨てて、これだけで「ルネサンス」を考えようとしても、それは無理というものだといっているのである。ホイジンガはこれを受けて、そうはいうけれど、とアフォリズムを遊んでみせている。

興味深いのはそのあとである。ホイジンガは、行を変えて、それとも？　と続ける。

それとも？……わたしたちは、あいもかわらずルネサンスをせまく見すぎているということか？　民族文化という大地から鋭く切り立つものとみなし、その特異さを過大にみつもり、そのことからして、その近代的性格なるものを大仰にいいたてたがるということか？　いまなおブルクハルトの描いたあの鮮鋭な画像がわたしたちの網膜に像を結んで消えないのである。不羈奔放の個人主義、異教的世俗的欲望、信仰に対する無関心、また軽視。ブルクハルトの描いた絵の輪郭ははっきりしている。けれども、それはそうわたしたちが見なれているということで、もともとルネサンスもまた、宗教改革と同様、わたしたちが考えるよりも、はるかに「中世的」であったかもしれないのである。ルネサンスと宗教改革をわかつ裂けめは、見るところ幅広いものになってしまったかのようなのだが、それでも、けっきょくのところ、ついに越えられぬほどのものであったということではなかったはずなのだ。(14)

ウルマン氏の読みがいかに恣意的であるか、十分おわかりいただけたことと思う。いったいウルマン氏は、こんなぐあいに先達同輩の意見を、無邪気にか故意にか、ねじまげてまで、なにをいいたいのか？　なにがそう不満なのか？　なにをそういきり立っているのか？

氏はルネサンス人文主義の、氏のいうところの「教養主義的」側面、クリステラー、ドレスデン、あるいはドゥニズ・ヘイ等が、営々とその実状を見きわめようと努めている、教育理想としての文化運動という局面は、要すればエリートのものでしかなかったといいつのり、いや、そういうふうにしか見ようとしない研究者たちの思慮の浅さのあらわれだといいつのり、こう書く。そこにウルマン氏のものの見かたが暴露されている。

ルネサンスは、疑いもなく、その時代に枝葉を拡げ、社会的適用を見、社会生活と多様にからみあっていた。いったいそのようなひとつの知的運動を、エリートのグループないしクラスに限定して考えることができようか？　真空のなかで展開する運動などというものがありえようか？

話が逆ではあるまいか？

ルネサンスは疑いもなくといった言葉づかいに、わたしはウルマン氏の発想の根を見るのであって、続く文章は、けっきょく同じことのくりかえしである。

ルネサンス人文主義と呼ばれているものが存在したことは、衆口一致して認められている。

ルネサンス人文主義と呼ばれているものは、時代にあまねくしみとおっていた教会学的哲学的政治学的思考の一徴候であり、随伴現象であり、一体の部分であった。

それは死せる言語の文章とそのスタイルに終の目標を見出す『教育的』ないし言語的『理想』に限定することはできない。ルネサンス人文主義は真の再生であって、まさにその理由からして、無限にゆたかな可能性をはらむ実り多い現象であって、さまざまな方向に展開しえたのである。

いいかげん、読まされるこちらの眼がおかしくなってくる。ともかく、ウルマン氏にとって、ルネサンスと人文主義なるものは、確固としてあったもので、一切の分析的思考は無用であり、一体の部分としてのみ考察の対象となりうる。そういうていのものであるらしい。そうして、その人文主義は、と、ウルマン氏は、御自分の職業を想い出す。

ルネサンス人文主義のはじまりは、十一世紀末葉の歴史的状況にまでひきもどして考えることができる。

そうして、第一章を「背景――中世社会におけるルネサンス」と置く。

意図あってのことか、無邪気な思いこみからか、ルネサンスなり人文主義なりは確固としてあったという前提をまずたてて、十一世紀末葉にまでさかのぼるその始源を訪ねようという、これはつまり世にいう「ルネサンス根掘り論」の一番性質《たち》の悪いタイプである。ルネサンス人文主義なるものが「その時代に枝葉を拡げ、社会的適用を見、社会生活と多様にからみあっていた」というのならなおのことその実態をたしかめる必要があるというのがホイジンガの要請であり、クリステラーの、ドレスデンの実践である。

いま、ルネサンスにせよ、人文主義にせよ、それがあったのか、どうあったのか、そこのところにヨーロッパの知性は自信がもてなくなっていて、もしかするとルネサンスにせよ、人文主義にせよ、幻だったのではなかったかとまで思いつめている気配がある。ルネサンス問題のいまはそういう状況であって、そのことをウルマン氏は、ぜんぜんお考えでない。

ウルマン氏は、洗礼による再生という中世的理念をルネサンス人文主義の理念的根拠と考える。その洗礼による再生の理念の、その時代における表出の相を探索する腕前は、職業的着実さを帯びていて、十分信頼するに足りる。その時代における、いうところの政治の世俗化についての論述はのびやかであって、だから、「市民中心のルネサンス」なる理念の表出が十三、四世紀に、ウルマン氏の描き出すがほどに展開したというのなら、なんでまた、氏は、その時代にそれを枠づけて、名前を与えようとはしないのか。なぜそれを、そんなにも貴重な時代の獲物を「ルネサンス人文主義の中世的基礎」などと定義するのか。

クリステラーのいいまわしを借りれば、その時代のパースペクティヴにおいて、言葉と事物は測られなければならず、その時代のパースペクティヴは、言葉と事物は、その時代に還されなければならないのである。

5

わたし自身についていえば、わたしは、数字でいうのもなんだが、百のうち零点一か二ぐらいしかホイジンガの嘱望に応えうる立場にはない。わたしの関心は、もっぱら十五世紀に向っていて、これをホイジンガのイミタティオと称し、あるいは十五世紀の人々のものの考えかた感じかたにせまるエクササイズと心得ている。

ここ数年は、十五世紀のネーデルラント画派の絵を眺めていて、そういうと、構えたもののいいようと御批判をうけるかもしれないが、いやおうなしにというか、あらがいがたい力にひかれてといおうか、ファン・アイク兄弟のガンの祭壇画に還ろうとするネーデルラントの画家たちの絵のエクササイズを、この眼でたしかめたとのいささかの自負がある。[15]

わたしはなにも、中世とか、北欧ルネサンスとかといいまわしてはいない。これは意識的にそうしているのであって、あくまで十五世紀のといっているだけのことである。ホイジンガ流儀にものをいえば、わたしは、みずから設定した境界を踏みこえてしまったことを反省しなければならないのかもしれない。なにしろ、かれら一群の画家たちの最後に位置せしめたクェンティン・マッシースなどは、むしろ十六世紀初頭の画家であって、一五二〇年代まで、その画業を持続していたのであったから。だから、むしろこういいたいわけで、ファン・アイク兄弟からクェンティン・マッシースまで継続した画家の仕事という出来事のつながりに感得したひとつの持続の相の性質にせまるエクササイズであった、と。

このエクササイズを通してわたしの感知したものは、ふつう十五世紀のネーデルラント画派の標識として立てられるリアリズムあるいはナチュラリズムという言葉づかいの、意外の頼りなさ加減であり、空間表象の作法の、それ独特のありようの確かさと持続ということであった。

いつ「イタリア・ルネサンスの受容」が出てくるか、そのことに興味がなかったとはいわない。なにしろ「北欧ルネサンス」の看板は古く、これをはずして新しい看板を立てかけようにも、いままではどう看板を注文してよいのやらわからず、ひとつこの問題に決着をつけようと、ひそかに思わないでもなかった。

だが、わたしがそこに感知したものは、ヤン・ファン・アイクの絵の作法に還ろうとするかたくなさであり、画家ヤンの空間論のきりのない再演であり、画家たちの心を苛む閉塞感情であった。ようやくクェンティン・マッシースの「両替商夫妻」に、空間と構図の自在性をわたしは見るのだが、その絵の下敷が画家ヤンの「アルノルフィニ夫妻」であるということのふしぎさに、わたしはほとんど頭痛を覚えているほどなのである。

クェンティン・マッシースのイタリアニズムについては、どういったものであろうか。ホイジンガの言葉づかいを借りて、「からだに合わぬ日曜の晴着」とでもいっておくか。わたしとしては、画家ヤンの空間の呪縛から自己を解き放った画家クェンティンのエクササイズが「アルノルフィニ夫妻」をめざしていたという事態にこそ、かれらネーデルラントの画家たちの本貫を見るのであって、そこに開かれたものが閉じられ、閉ざされたものが開かれる、そういう持続と変容のことのふしぎを想うのみである。

（1）アルベルト・ピオ Alberto Pio はモデナ近郊カルピ Carpi の領主である。一四七五年に生れた。母方の叔父にジョバンニ・ピコ・デルラ・ミランドラがいた。ドイツ皇帝マキシミリアンに取立てられ、一五一二年以降、皇帝のエージェントとしてローマ法王庁に出向している。カール五世との仲はうまくいかず、かれは一五二〇年、フランス王家側に鞍替えした。カール五世はカルピの所領を差押え、一五二七年、ローマ劫掠ののち、かれは家族もろともフランスに亡命し、フランソワ一世の庇護の下に入った。晩年をパリですごし、その間執筆したのがエラスムス駁論であり、一五三一年、かれの死の数か月後に出版された。『学の蘊奥を極めたるカルピのアルベルト・ピオの、緒言と跋をのぞいて二十三巻の書、ロッテルダムのデシデリウス・エラスムスの様々な書きものについて、かれはそれを吟味し、反駁する。パリ、一五三一年』Alberti Pii Carporum Comitis illustrissimi et viri longe doctissimi praeter prefationem et operis conclusionem, tres et viginti libri in locos lucubrationum variarum D. Erasmi Roterodami, quos censet ab eo recognoscendos et retractandos がそれである。わたしはそれを読んではいないが、ジルモワの紹介から察するに、アルベルトの議論は、要すれば中世キリスト教会の原理、客観主義の立場に立っている。信仰の主観的契機をいうエラスムスに対して、アルベルトは一貫して教会という物的機構の意味を説く。儀式のむだをいうエラスムスに対して、典礼は地上の旅人である信者をはげます目に見えるしるしであると説く。カンタベリ聖堂の聖トマスの墓の華麗、パヴィアの大理石造りの教会堂のぜいたくをいい、教会を飾る費用で貧者を救済すべきだと言挙げするエラスムスに対して、その費用は神の栄光をたたえるための支出であり、貧者はつねにわれわれのもとにあると指摘する。

この指摘に関して興味深いのは、この時代における貧民救済の問題である。近年ようやくこの問題は開けてきて、たとえばナタリー・デイヴィスは、貧民救済の理念と実際が、いぜんカトリック教会によって担当されていたこと、改革派はむしろ社会福祉の問題に冷淡であったことを展望している。Natalie Zemon Davis: *Society and Culture in Early Modern France*, Stanford U. P., 1975 所収の第二論文 Poor Relief, Humanism, and

Heresy をさしあたり御参照いただきたい。

（2）*Itinerarium Italicum: The Profile of the Italian Renaissance in the Mirror of its European Transformation*, edited by Heiko A. Oberman with Thomas A. Brady, JR., E. J. Brill, Leiden, 1975

なおジルモワの論文は Myron P. Gilmore: Italian Reactions to Erasmian Humanism. 引用した文章は同書 p. 61.

肝煎りのチュービンゲン大学のヘイコ・オバーマンは「古き世の豊饒の運ぶものはなんであれ」と、これはピコ・デルラ・ミランドラの詩行を序文の表題とし、カリフォルニア大学のウィリアム・ボウズマが「人文主義のふたつの顔」の表題の下に、ルネサンス思想におけるトマス主義とアウグスティヌス主義について論じ、そのあとにジルモワの文章が続き、次いでライデン大学のセム・ドレスデンが「イタリア・ルネサンスのフランスへの受容のプロフィール」と題して、十六世紀フランスの知的状況をさぐり、ルーヴァン大学のヨーセフ・アイセウァインが「ネーデルラントへの人文主義の到来」の実情を調べ、エジンバラ大学のドゥニズ・ヘイは「十五世紀におけるイングランドと人文学」を論じ、最後にスタンフォード大学のルーイス・スピッツが「ドイツ人文主義のコース」を、コンラート・ケルティスの「アポロ讃歌」の詩行の紹介から書きはじめる。

（3）*Iter Italicum: A Finding List of Uncatalogued or Incompletely Catalogued Humanistic Manuscripts of the Renaissance in Italian and other Libraries*, 2 vols., London and Leiden, 1965 and 1967.

（4）Sem Dresden: "The Profile of the Reception of the Italian Renaissance in France", *Itinerarium Italicum*, p. 119.

（5）この種の文章は、たとえば『ヨーロッパ精神史の基本問題』（昭和四十一年）という本にも読める。

（6）この研究集会では、クリステラーのほか、近代初期のイギリス文学を専攻するハーバード大学のダグラス・

プッシュ、ドナテルロの専門家、ニューヨーク大学のホルスト・ジャンソン、マサチューセッツ工科大学の科学史家、というよりもローマ大学に科学史の講座を開いたことで知られる、ガリレオ・ガリレイの専門家ジョルジオ・デ・サンティラーナ、近代初期の音楽史、音楽理論の専門家、シカゴ大学のエドワード・ロヴィンスキーが報告し、これがのち一九六六年に本になった。座長をつとめたオハイオ州立大学のバーナード・オケリの編集で、集会と同じタイトル『人間と世界についてのルネサンスのイメージ』である。*The Renaissance Image of Man and the World*, edited by Bernard O'Kelly, Ohio State U.P., 1966.

クリステラーの講演草稿は「ルネサンス・パースペクティヴにおける哲学と人文主義」といい、訳出した部分は同書二九ページに出る。「ルネサンス・パースペクティヴ」と苦しまぎれにそのまま写したが、その意味を汲めば「ルネサンスという時代、あるいはその時代の人々のまなざしにおける」となろうか。

（7）Isaiah Berlin: "History and Theory: The Concept of Scientific History", *History and Theory: Studies in the Philosophy of History*, vol. 1, no. 1(1960), pp. 1-31; p. 26 f.

（8）Jacob Burckhardt: *Die Kultur der Renaissance in Italien*, 1860; Phaidon Verlag, Köln, 1956; p. 133.

（9）Wallace K. Ferguson: *The Renaissance in Historical Thought: Five Centuries of Interpretation*, Houghton Mifflin Company. The Riverside Press, Cambridge, Massachusetts, 1948; p. 376.

（10）『ルネサンスの問題』は全集第四巻に収録されている。『中世の秋』出版の翌年、一九二〇年に雑誌 De Gids に連載された文章であって、のち一九二六年『論考十篇』に収録された。*Het Probleem der Renaissance*, Verzamelde Werken, IV, 1949; pp. 231 ff.

引用した章句は、順番に同書 pp. 258, 275, 261, 270, 274 に出る。

（11）とりわけ注目すべきは以下の指摘であろう。

「ルネサンスは、社会的な事柄において、とりわけて不毛であり、停滞をみせた。この観点から見るとき、ルネサンスは、宗教的社会的意識を保持した中世に対して、再生といわんか、むしろ停滞というべきなのである。」前掲書 p. 272.

(12)『中世の秋』は、筆者訳のが中公文庫に入っている。底本に使ったのは全集第三巻である。*Herfsttij der Middeleeuwen*, Verzamelde Werken, III, 1949; pp. 1 ff.

(13) Walter Ullmann: *Medieval Foundation of Renaissance Humanism*, Paul Elek, London, 1977.
以下、ウルマンの所論は、同書「序論」に読める。

(14) *Het Probleem*……, V. W., IV, p. 258.
なおブルクハルトの文章は Burckhardt, *op. cit.*, p. 86.

(15)『画家たちの祝祭――十五世紀ネーデルラント』小沢書店、一九八一年。これは昭和五十二年二月号から十二回にわたって、雑誌『みづゑ』に連載した文章である。〔二〇〇七年に講談社学術文庫より『中世の秋の画家たち』と改題し再刊〕

文中、エクササイズという言葉づかいは、セム・ドレスデンの文章から示唆をうけたものである。十六世紀のマニエリスムを展望して、ドレスデンはこう述べる。

「かくして、人をおどろかそうとするマニエリストの試みは、たいへん困難な仕事であった。アルスを操る能力を開陳し、すでに成しとげられたことのうちに新たな可能性を発見し、またそれを越える可能性を探求する。われわれの抱く関心の方向から読めば、ここに含意されているのは、〈ゲーム〉と呼んでもよいたぐいの活動であって、あるいは別のいいかたをすれば、これまた誤解を招きそうなのだが、〈エクササイズ〉ないし〈エクスペリメント〉である。こういった言葉づかいは、およそ誠実さとかまじめさといったものを欠いている。しかし、わたしは確信するのだが、そういった批評は、イタリアとフランスのルネサンスを考えるばあい、なんら指標とはなりえないのである。誠実さとかまじめさとかは、十九世紀と二十世紀にあって特徴的な言葉づかいであって、それをそのまま人文主義者の思考に適用するわけにはいかない。このことをおわかりいただこうには、イグナティウス・ロヨラの『霊の修練（エクササイズ）』をあげるにしくはない。この著述はエクササイズであって、それ以外のものではなく、だからといって、敬虔なる誠実さとかまじめさといったものを欠いてはいない。大まかにいって、エクササイズという言葉は、当時、いまとはまったくちがう意味をもっていたといえる。エクササイズとは、単にこれ、仕事そのものであった。練習するということが仕事をするということであった。そうして、作られたものが、一個のエクササイズであった。同時にまた、練習し、エクササイズする仕事が、実験のある形式をふくんでいて、今度はそれが、テストされるべき可能性を前面に押し出すのである。」*Itinerarium Italicum*, p. 163.

7「スウェーデン女王蔵書一九二三番写本」の筆者について

1

ヴァチカン図書館所蔵の「スウェーデン女王蔵書一九二三番写本」(1)は、かつて十六世紀後半、人文学者クロード・フォーシェの蔵書にあった。つぎに確認されるのはポール・ペトーの名で、エチエンヌ・パスキエが、ペトーの蔵書にあったこの写本を一部翻刻し、その編著『フランス研究』に納めたことが知られている。前後してクロード・デュピイ(一五九四年死去)も原本の抄本を作り、これがその孫ジャックの手を介してドゥニ・ゴドフロワに紹介され、ゴドフロワは一六五三年、その編著『フランス王シャルル六世史』にそれをそのまま収録した。(2)

原本の方は、ポール・ペトーの息子アレクサンドルがスウェーデン王家に売却した蔵書のなかに入っていて、一時ストックホルムにあったが、やがてスウェーデン女王クリスチナが、二十八歳かそこらの若さで退位し、亡命の旅に出た折り、書画骨董を積んだ前の女王の荷馬車に、それが紛れ込んでいた。その荷馬車の馬の鼻面がまっすぐ南に向かい、ヨーロッパ半島を縦断して、イタリアはローマに向かったというのは、これはクリスチナが新教国の女王でありながら、カトリックに回宗した女性であったことを想えば、十分了解できることである。このばあい、荷馬車の荷はローマ法王への手土産ということで、これまた十分了解できることである。

小口に手垢がべったりついて、と、十九世紀末にこの小冊子を実地に見分したらしいアレクサンドル・テュテイは書いているが、ということはフォーシェをはじめ、この手書き本は何人もの人の目に晒されたらしく、十八世紀初頭にラ・バール本と呼ばれる印刷本が作られた。これの底本になったと目される写本が、デュピイ写本とともに、パリの国立図書館にあるが、その写本の筆跡と同じ筆跡の薄手の写本があって、その最後のページにこう注記があるという。

この詩行は八一三、七六九番のリエージュの戦いと題された写本からとったものである。その写本はジャン・マシオのものであったが、次いでスウェーデン女王の所有するところとなり、いまはヴァチカン図書館にある。(3)

ということは、ラ・バール本の底本と考えられる写本自体がヴァチカン写本の十七世紀後半の時点での写しであることがここに示唆されているということで、その筆生もまた、ヴァチカンの小冊子の小口をべったり手垢で汚した人のうちに算えられる。

十九世紀に入り、ナポレオン・フィーバーに乗って、フランス史史料集がいくつも作られた。問題のテキストも恰好の材料と狙われて、ビュション編史料集、ミショー、プージュラ共編のそれに収録されたが、これはじつのところ、両方ともラ・バール本の引き写しでしかなかった。(4)

パリの国立図書館にもうひとつ写本があって、「この三四八〇番写本の提供するテキストこそは、原初の稿本にもっとも近いものであることは疑いを容れないところである」と、アレクサンドル・テュテイはいきなり断案を下す。そのくせ、かれの校訂したテキストは「ローマとパリの写本によって出版されたパリ一市民の日記一四〇五～一四四九」と題されている。(5)

わたしがいうのは、ローマとパリと、ヴァチカン写本の方を、なんのことはない、先に立てているではないか。揚げ足とりはやめにして、この「パリの国立図書館蔵フランス語本三四八〇番紙のフォリオ版(6)」だが、これは前半二六三葉までは十六世紀末の外交文書の写しであって、第二六四葉から「日記」がはじまり、第四六四葉まで続く。ヴァチカン写本と同様「リエージュの戦い」と題された詩文ほか一編が先行していることから見ても、これまたヴァチカン写本と無縁ではない。

しかし、ヴァチカン写本に欠落している、たとえば一四三八年度にかかわる、かなりの量の記事がこの写本に見えることなどから、これをヴァチカン写本の単なる写しと見ることはできないのではないか。(7)

だいたいが、ヴァチカン写本は十五世紀後半の筆跡のものなのだが、「日記」の写本は、十六世紀、すでに複数知られていたのではないか。というのは、ヴァチカン写本の第六〇葉裏の下欄余白に、十六世紀の筆跡でDesunt 3 feuillez（三葉、欠落している）と読める。前後の文脈から、欠落している紙葉には、モントローの謀殺事件のことが書かれていたのではないかと思われる。一四一九年、ブルゴーニュ侯ジャンがアルマニャック党によって謀殺された事件である。

それはそれでよいとして、わたしがいうのは、十六世紀の注記者は、どうして欠落分が三枚とわかったのか？　あてずっぽうか？　それも考えられる。別のテキストとの照合で、それを知ったか？　そう考えた方が無理がない。けれども、もしその欠落部分をその目で見たというのなら、もうすこしなにか書き添えてもよかったのではないか？

第二一葉裏下欄余白にも、同じ筆跡でDesunt feuillezと書き込みがあり、こちらの方は枚数を指示していない。しかし、フォリオ第二一葉から二二葉にかけての文章のつなぎぐあいからみるに、これは何枚もの欠落とはおもわれない。せいぜいが数行である。[8]してみれば、十六世紀の注記者は、それほど頼りになるサブ・テキストをもっていたわけではないのではないか。

一四三八年度にかかわる欠落については、問題の注記者は書き込みの労をとってはいない。問題の箇所は第一六二葉裏から一六三葉表にかけてだが、つながりぐあいはたしかにおかしい。おかしいはおかしいのだが、しかし、それもよく読めばということで、なるほど第一六三葉表冒頭のItem ceulx demontargis firent semblablement et rendirent ces trois places（またモンタルジスの人々も同様にし、こうして三箇所が帰順した）という文章は、前提になる文章を要求する。第一六二葉裏にそれがない。[9]

しかし、この程度の不整合は、じつはここだけではないのであって、それよりも、わたしが興味深く思うのは、第一六三葉表第一行の書き出しの文字であって、Item と、これは記事のひとつのまとまりを指示する文字である。

ヴァチカン写本は、改行のほとんどない、いわばベタ書き、追込み筆記の体裁を見せていて、フォリオ表であれ裏であれ、その第一行冒頭に Item がくるのは、これはなにも文章規則でそうなるということではない。偶然のことであり、むしろ筆記者の勝手である。

わたしがいうのは、第一六二葉裏の最後の行は ne pouvres gens ne buvoient point levin（貧乏人は葡萄酒が一滴も飲めなかった）と一応まとまっていることだし、次の紙葉は Item ではじまっていることだし、十六世紀の注記者がうっかり読み過ごしてしまった可能性があるということ、これがひとつ。

次に問題は、ヴァチカン写本にはもともと欠落分の記事群が入っていたか？　それとも、そもそも筆生自身、欠落に気付かず、書写してしまったか？

なにしろ第一六二葉は、一応それ自体で納まり、第一六三葉は文章がそれ自体で立ち上がるのだから、なんとも挨拶のしようがない。しかし、これは案外重要なことではないかと思案される。

もともと入っていたとしたら、どうなるか？

パリ写本とヴァチカン写本のちがいがほとんどなくなる。

アレクサンドル・テュテイは、パリ写本のヴァチカン写本に対する独自性を際立たせようと、パリ写本の原本になった写本ということを、しきりに言い立てる（それにしても、しかし、その情熱は、いったいどこから来るのか（?・）[10]。しかし、もしも問題の欠落部分が、もともと、すくなくともパリ写本が作成された時点までは、ヴァチカン写本に備わっていたということになれば、パリ写本の原本なるイメージは幻となる。

もうひとつ、写本がある。エクス・アン・プロヴァンス市立図書館の所蔵で、テュテイの紹介によれば、問題の一四三八年度分にかかわる欠落分も含まれていて、第二九ページから一九六ページまで、一四一二年から二七年度分までのものは、十六世紀末に筆写されたものと見られるという[11]。

例の詩文からきちんと入っていて、体裁はヴァチカン写本やパリ写本とおなじである。パリ写本から出たか、それともパリ写本の原本の写しか、とテュテイは胸をはずませているのだが、パリ写本の写しと見るには時間的幅がどうか。また、パリ写本の原本なるものが、すなわちヴァチカン写本であっていけないわけのないことは、以上、概略、ご案内したところである。

2

ともかく、十五世紀前半のパリに住んでいて、日記を書き残した男がいたはずだ。その日記の草稿そのものは無理だとしても、その草稿に一番近い写しがどこかにあるはずだと、ただ力んでみたところでしかたがない。初源の原本なるものは、つねにかわらずわたしたちの夢だが、夢から覚めて、目の前にあるものは、フォリオ版の紙一八七枚を綴じた冊子であって、表紙はごくあたりまえの赤だという。[12]

しかも、この小冊子、第十一葉までは、なにやら「リエージュの戦い」などと題する詩文であって、第十二葉表から、ようやく「日記」本文がはじまる。そうして、ずうっと第一八七葉までいって、九行で本文はおわる。

一行おいた感じで、左端から prince puissant si belliq（belliqueux）と書かれていて、その左肩に、小さな文字で Amen と読める。そうして、この文字群から離れて、三行分ほど下方の、中央から右寄りに maciot と読め、その周囲に花押ふうの走り書きが散見される。この写本の筆者マシオの署名である。maciot の文字を囲んで、人の顔のデッサンが見てとれて、これもマシオその人のいたずらであったのか。

興味深いのは、puissant si belliq（強い、とても好戦的な）と批評されている、その prince（君侯？）はだれかということで、そのことを詮索するには、その直前に文字を並べている、「日記」最後の記事の内容を、まずご承知おきねがう必要がある。[13]

また、シモン聖人とユダ聖人の祝日、サンマルタン・デシャンでたいそう見事な行列のことがあった。ここ二百年間見られなかったほどの盛事であって、なにしろノートルダムのお歴々が、大学の面々、パリの全教区の世話役たちを引き具して、グレーヴのサンジャンへ御聖体を拝受に出掛けたのであって、裁判所の方々ほか、じつに五万人がつき従ったのであって、通過する通りという通りは、御聖体の祝日のときのように飾られた。そうして、サンマルタン大通りのモービュエの水場のあたりには、たいそう見事な舞台が組まれていて、平和と戦争の物語が、いとも華麗に演じられていた。語るに長い話で、最後まで見ている人はいなかった。

わたしがいうのは、もとよりこの記事は問題のprinceを特定するものではないが、この記事がマシオ氏のペン先から問題の文言を引き出したとはいえる。すなわちprinceは、だれかある特定の君侯を指すものではない。上天の主を指示すると読む。

同時代の詩人フランソワ・ヴィヨンの雑詩第十一番「絞首されたものたちのバラッド、別名ヴィヨン墓碑銘」の返歌四行詩冒頭に、prince Jesus qui sur tous a maistrie と読める。[14] バラッドの返歌は、歌会の作法を踏まえて、prince と、冒頭に呼び掛ける形式をとる。その家の主、歌の選定者への挨拶という想い入れで、ここではそれが主イエスその人に指定されているわけで、マシオ氏の弄ぶprince の言葉の響きは、なにか限りなくこのヴィヨンの詩語になじむ。

そうして、主よ、力満てるあなたは戦いを好む、と、これはもう見事な文明批評ではないか。

わたしはなにもいっていないことになる。もしやこの賓辞は、たとえばだれしもの思い付くところ、最後のブルゴーニュ侯むこうみずのシャルルに対する批評ではあるまいか。強力なブルゴーニュ軍団とフランス王ルイに対する挑戦的な態度、puissant と belliqueux、このふたつがかくまでしっくり結び付いているケースは、そうざらにあるものではない。もしそうならば、マシオ氏の素姓、筆写の年代の見当がつくと、そんな予測を立てていたのだが、シャルルに対するかかる賓辞は、いまのところわたしはこれを同時代史料に見出していないのであって、とにかく詮索好きのテュテイ氏も、この件については知らん顔である。

マシオ氏の素姓については見当つけかねるが、これが「日記」の筆者ではなく、筆写した人であったこと、これははっきりしている。いったいだれが、自分の日記の一番最後のページに、きちんと署名などするものか。

わたしが興味深く想うのは、「日記」ははたしてヴァチカン写本の第一八七葉裏で終わったのか？　わたしがいうのは、「日記」の筆者がそこで筆を絶ったのかということで、マシオ氏は「日記」の原稿（文字通りの意味で！）を写したのか？　はたしてマシオ氏の写した稿本自体が、すでに写しであったのではなかったか？

終わりと同様、始まりも問題で、いったい「日記」がヴァチカン写本の第十二葉表から始まったというのは本当なのか？　じつのところ、「日記」の文章群中、もっとも古い日付の文章は、第十三葉表の第一行から始まるのだが、わたしがいうのは、そのこともあるが、そのことだけではない。すなわち、第十二葉表裏の文章群の帰属の問題であって、ともかく、ご面倒でも、一度通してお読みいただこう。(15)

なにしろかれらはひどい目にあった。二万六千以上が死んだのであって、それは四百と八年の九月二十三日のことだったが、戦火絶えぬ間に、火に焼かれ、飢えに苦しみ、寒さに凍え、剣に倒されて、さらに一万四千人が死んだのだ。じつに四万である。続く十一月十六日、土曜日、前述の諸卿、すなわちナヴァール、ロイ等（?）は、王をトゥールに連れていった。民衆はそのことに大変当惑し、もしもブルゴーニュ侯がパリにいたならば、そうはさせなかったろうに、といった。しかし、かれらはそうしたのだ。王はそこやシャルトルに十七週間いた。そうして、パリの商人頭や町人たちが、何度もなんども呼ばれて出掛けていった。しかし、かれらにとっても、また民衆にとっても、得になることはなにも決まらなかった。続く三月九日、ブルゴーニュ侯が、貴顕を引き連れて戻ってきた。そうして同三月の十七日、日曜日、かれらは王をパリに連れてきた。王は、ここ二百年間、かつて見られなかったほどに敬意を払われて迎えられた。なにしろ夜警隊の警吏や商人組合のそれ、騎馬警吏に笞の警吏、また十二人組(16)、全員がそれぞれちがうお仕着せと、とりわけ頭巾をつけていて、また、町人全員が王の前に進みでる。王に先行してラッパ吹き十二人に楽人多数。王の進む先々で、なんとも喜ばしげなノエルの叫び声があがり、すみれやなにかの花々が王に投げかけられた。夜になって、路上の宴会が開かれて、みんな大層楽しそうにやっていて、いたるところで火が焚かれ、パリ中どこでも、金だらいで水をかけていた。そうして、その翌日、王妃と王太子がやってきて、前日と同じかそれ以上に、人々の喜びは大きかったのであって、なにしろ、はじめてパリにきたとき以来、王妃がこんなにも敬意を払われて入城するのは、かつて見られなかったほどだったのだ。続く六月二十六日、聖父が決まった。すなわちピエール・ド・カンディ。続く七月の月曜八日にパリで披露された。人々はいとも高雅にこれを祝った。王のトゥールからの帰還のときのことを前に書いたが、そんなふうだった。パリ中の僧堂が高らかに、また夜を徹して、鐘を打ち鳴らした。

注記　四百と十一年六月の最後の日、火曜、ポール聖人の祝日、正餐後の八時ごろ、雹が降り、風強く、雷鳴とどろき、稲妻が走った。その凄まじさたるや、およそこの世に生を受けたものの、かつて見たことのないほどのものであった。

最初の記事はブルゴーニュ侯おそれしらずのジャンのリエージュ攻め関連のもので、一四〇八年九月二十三日、リエージュ近郊オテーの会戦のことが示唆されている。してみれば、なるほど第十一葉までの「リエージュの戦い」などと題された詩文とあい呼応していて、さてさてマシオ氏は、その詩文につなげて、Dont il leur prent mal……（なにしろかれらはひどい目に会った）と「日記」の稿を起こしたのかと思わせる。

そうして、これに続けて同年十一月、翌一四〇九年三月、六月、七月と、記事の順序は時間の経過に素直に従っていて、なんの問題もないかと思わせる。ところがそこに、Nota（注記）と妙な頭注があって、一四一一年の記事がぽつんとひとつ入り、あと、第十二葉裏は十七行だけで、あとは空白になっている。

第十二葉表の右肩に iiij viij と書いてあって、四〇八、すなわち年記だが、左欄余白にも 1408 と書き込みがある。右肩の年記は、その筆跡が本文のそれと同じだが、左欄余白の年記は、これは後代の書き込みである。前者は、その後しばらく現れず、ようやく第五五葉表の同じ位置に iiij xviij（418）と読める。

第五五葉表は、なにも一四一八年度の記事が始まるページではなく、筆記者の気持ちを忖度すれば、その前ページ、第五四葉裏の最後の行に、……le lundy xix jour de ／ septembre lan mil iiij xviij と書き、そこで文章を止め、数字分余して、紙を取り替えた。そこで、新しい紙の右肩に、心覚えにまず年記を入れたか。なにしろ前ページとひとつの文章でつながっていないのだから、あとで束ねるときの手掛かりにと、年記を入れたか。

そのことはどうでもよい。じつのところ、わたしの関心をそそるのは、むしろ左欄余白の年記の方であって、というのは、次の紙葉、第十三葉表の、これは上部余白中央に、おなじ筆跡で 1408 と読める。この位置、この筆跡の年記は、以後、紙葉裏表に必ず入る。ただし、どういうのか、最後のページ、第一八七葉裏には年記はない。

ところで、この第十三葉の年記、じつはこれはまちがいなのである。

Et environ dix ou doze jours apres furent changees ／ les sereures et clefs des portes deparis……（そうして十日ないし十二日ほどして、パリの諸門の錠前と鍵が取り替えられた……）と始まる第十三葉表冒頭の文章は、一四〇五年の出来事を伝えていて、その書き出しからして、これに先立つ文章を予想せしめるが、それがないという、「日記」中一番古い日付の記事なのである。

そうして、ずうっと読み進めて、第十三葉の裏ページの第十六行に Lan mil iiij et ix lejour de lamyaoust／fist tel tonnoyre…… と、いきなり一四〇九年の年記が見える。それから後は、大体素直に年を追って記述は進む。そこで問題の第十二葉裏表の文章群は、この記事の直前に入ると推量される。

「日記」の構成は、こうなろう。

ヴァチカン写本第十三葉表第一行から裏第十六行まで。これは一四〇五年の記事群である。次に第十二葉表第一行から裏第十二行まで。これは一四〇八年と九年七月までの記事群である。次いで第十三葉裏第十六行から後の文章。これは一四〇九年八月以降の記事である。第十二葉裏第十三行から第十七行までの文章は、第十五葉裏第十六行の後に入る。

第十三葉裏の途中、第十六行の後に第十二葉の文章群が入るという事態がすべてを語っている。それも、ただその行の後に入るというのではない。第十六行の途中に切れ目があるのであって、してみれば、第十二葉の紙葉は、これはたまたま綴じ誤りで浮いてしまったといった体のものではない。マシオ氏がこれを書いたその段階で、第十三葉のたたずまいはすでにしてこうであったと推理せしめる。ということは？

ということは、マシオ氏は筆生である。職業にしていたかどうかは、皆目分からないが。それでは、かれが脇に置いていたその原稿は、それはどのような性質のものであったか。「日記」の草稿ではすでになく、その写しであったか。草稿ではあったが、整ったものではなく、すくなくともその頭の部分は断片化していて、再構成するのに骨が折れた。そうも考えられる。

3

マシオ氏が筆者でないならば、筆者はだれか。

ヴァチカン写本を一皮剝けば、初源の原本が現れるとわたしたちは期待する。筆者も姿を現すと期待してよいであろうか。

これはじつは、からんだもののいいようで、わたしがいうのは、初源の原本はもちろんヴァチカン写本のなかにあり、筆者もまた、ヴァチカン写本のなかにいる。ところが、テュテイ氏にせよ、今世紀に入ってテュテイ氏の本の焼き直しを作ったアンドレ・マリ氏にせよ[17]、そう見定めることにおいて覚悟のほどが足りなかった。

かれらは逆に、かれらの常識の指示する人間像を「日記」に読み込もうとし、片言隻語にその手掛かりを求める。「われわれ nous」の文字について、ことは兆候的であって、じつのところ、これは読み手三代というか、テュテイ、マリ両氏の問題にとどまらず、すでにしてクロード・フォーシェの眼鏡の曇りの問題でもあったのだ。

わたしのいうのは、とりわけ一四二七年と四六年のふたつの記事と、その欄外余白の書き込みのことであって、まずは前者の文章をお読みいただこう[18]。

この年は、四月から五月、もうあと三日か四日で五月も終わろうとするころになっても寒気ゆるまず、来る週も来る週も氷が張り、霜が降り、それにしじゅう雨だった。御昇天の祝日の前の月曜日、ノートルダムの一行とその随行の一団がモンマルトルに出向いた。なにしろその日も、朝の九時ごろから正餐後の三時ごろまで、雨は降りやまなかったのだが、かれらは雨を嫌って、時間を空費したわけではなかった。なにしろモンマルトルからパリまで、道は泥々の状態で、われわれは、モンマルトルからサンラードルまで来るのに、たっぷり一時間かかったのだ。そこから行列は、サンローラン経由の道をとり、サンローランを出発したのが一時かそこら。雨足が一段と強まった。ちょうどその時刻に、摂政とその妻がサンマルタン門から町を出てやってきて、行列とすれちがったが、かれらは行列にまったく配慮しなかった。なにしろ行列の脇を早駆けに駆けぬけたものだから、行列の一行はよけることもできず、馬のひづめのはねあげる泥を全身もろにかぶってしまったのであって、聖遺物匣や行列のことを気にかけて、ほんのしばらくのあいだでも、馬の足を止めてやろうとは、だれもしなかったのだ。そんなぐあいで、それでも急ぎに急いで行列はパリにもどったのだが、かれらがサンメリにたどりついたのは、かれこれ二時と三時のあいだだった。この日、摂政は、前述のようにブルゴーニュ侯に会いに出掛けたのであって、この日は一四二七年五月二十六日であった。

そうして、この記事に付したクロード・フォーシェの注記だが、第一〇五葉裏の右欄外余白に筆記された六行二三文字のこの注記の、じつは最後の三文字がわたしには読めない[19]。

こう思われる、筆者は／団体に属していた／ノートルダム教会の／あるいは、いうところの（人のいうごとく）／姉妹（教会）の、そうして、じつに／（不明三文字）

ノートルダム教会あるいはその姉妹教会の聖職者団の一員であった。あるいは「（不明三文字）」であったかもしれない……そうフォーシェは注記していて、注目すべきはこの文章の造りそれ自体である。最後三文字が読めなくとも、べつに構わない。この記事に照らして、筆者はパリ司教座教会の聖職者団の一員であったかもしれないとフォーシェが推理しているというのが肝心な点なのではない。逆である。「あるいは」以下を付け加えて、人文学者は、筆者はノートルダム教会の聖職者団の一員ではない可能性もあると示唆している。その点こそが眼目なのである。

ここで興味深いのは例のテュテイ氏の挙動であって、かれは筆者はノートルダムの一員だと決めてかかり、もちろんそのことは、この記事に筆者自身証言しているところから明らかだとし、人文学者フォーシェもつとにこの事実に注目していたと、こう述べる。「……長官フォーシェ、かれはかれの本の余白に、次のような考察を記入している、著者はノートルダムの団体に属していたと思われる[20]」。「あるいは」以下の文節は、あっさり無視されている。無視することで、「あるいは」などと気の弱いことだと十六世紀の大人文学者を叱りつける気配である。
一四四六年の記事はこうである。(21)

また、この年、二十歳になるかならぬかの若い男がやってきた。パリ大学の僧侶こぞって証言するところ、自由七科に通暁していて、あらゆる楽器をこなし、歌を歌い歌を作ることにかけて余人の追従を許さず、絵を描き、飾り絵を制作することにかけて、パリはもとより、どの土地にもかれ以上の腕前のものはいなかった。また、戦争のことにかけて、かれ以上に腕の立つものはなく、一本の剣を両手でめざましく操って、匹敵するものの存在を許さず、なにしろ敵を認めるや、二十歩ないし二十四歩離れたところから、ひとっとびに襲いかかって、過たずこれを倒したのだ。また、かれは人文学と医学のメートルであり、法学のドクトゥール、教会法学のドクトゥール、神学のドクトゥールであって、これは嘘ではない、かれはナヴァール学寮において、われわれ、パリ大学の完全無欠な僧侶五十人余り、その他三千人を越す僧侶と討論したのだが、かれは投げかけられた問いのすべてに、声たからかに、みごとに答えたのであって、じっさいこれは、その目で見たものでなければ信じられないほどの不思議であった。また、かれは、大変巧みなラテン語を話し、ギリシア語、ヘブライ語、カルデア語、アラビア語その他いろいろな言葉を話す。また、かれは正騎士であり、そうして、じっさい、百年間、飲みもせず食べもせず眠りもせずに生きられる人がいたとしよう、それでも、この若者が完全に暗んじて知っている知識を学んで身につけることはできはしないであろう。たしかに、かれはわれわれを大変怖れさせた。なにしろかれは、およそ人間の自然が知ることのできないはずのことを知っていて、なにしろかれは聖教会の四人のドクトゥールたちをやりこめたのだ。すなわち、およそこの世に比肩するものを見出さないかれの知識をもってである。そうしてわれわれが聖書に持つところでは（聖書の教えるところでは）、反キリストがキリスト教徒の父と、キリスト教徒を装う、だれもがそう信じているユダヤ女の母との姦通から生まれるであろう、反キリストは戦火渦巻くとき、悪魔から生れるであろう、若者はこぞって、あるいは男にあるいは女に、あるいは驕りの心から、あるいは贅沢の欲望から、衣服を変えるであろう、大領主たちに対する憎しみが増すであろう、かれらは細民に対して残忍このうえなくなるであろうから。また、かれの知識はすべて悪魔に出るものであるだろう、それなのにかれは、それがかれの本性から出たものと思いこむであろう、かれは二十八歳のときまでキリスト教徒であるだろう、そうして、その年齢になると、かれの大変な知識を披露すべく、この世の大領主たちのもとを訪れるであろう、そうして、そのものたちから大評判を獲ち取るべく、二十八歳の年にイェルサレムからやってくるであろう。そうして、神を信ぜぬユダヤ人たちは、かれの大変な知識を見聞するや、かれを信じ、これこそはかれらに約束された救主だといい、かれを神と崇めるであろう。そこでかれはその弟子たちを世界各地に送り、ゴドとマゴドがかれにつき従って、かれは三年と半、君臨し、三十二歳のとき、悪魔たちがかれを連れ去るであろう。そこで欺かれることとなるユダヤ人たちは、キリスト教の信仰に回宗するであろう。その後、エノクとエリが来るであろう。その後はすっかりキリスト教の世になり、そうしてひとつの羊の群れ、ひとりの羊飼となるであろうといった聖人の福音が実証されるであろう、そうして、かれを崇めようとしないというので、かれが苦しめさせるであろう人々の血が、神に対して、復讐をと叫ぶであろう。すると、聖ミッシェルがやってきて、かれとその手先どもを深い地獄の沼に突き落とすであろう。以上述べたごとく、前述のドクトゥールたちは、くだんの男について語ったのである。その男はエスパーニュからフランスに来た。ところが、じっさい、ダニエルと黙示録によれば、反キリストはカルデアのバビロンに生れるはずなのだ。

これに付したクロード・フォーシェの注記はこうである。

筆者は教会人あるいはなにかの学部のドクトゥール、すくなくとも長衣の人であったと思われる。(22)

この注記は、第一八一葉裏の右欄外余白の第十六行目から二〇行目にかかわる部分に記入されたものであって、訳文では「これは嘘ではない、かれはナヴァール学寮において、われわれ、パリ大学の完全無欠な僧侶五十人余り、その他三千人を越す僧侶と討論したのだが、かれは投げかけられた問いすべてに、声たからかに、みごとに答えたのであって」の部分にあたる。

わたしがいうのは、まさにこの文節に対応する注記において、大人文学者は、あくまでも慎重な構えを見せている。「教会人 home deglise」、「なにかの学部のドクトゥール docteur quelque faculte」

と、筆者の存在の可能態を検証しながら、「以上当たらずといえども、せめてはいえよう pour le moins」と、「長衣の人 de robe longue」とまでカテゴリーを拡大する。

いったい、フォーシェの心中を横切った不安はなんだったのか。むしろ、そう問いかけたい思いに駆られる。

だから、ここでも肝心な点は、大人文学者が「日記」の筆者本人の証言らしく読める文節に接して、眼光鋭くそれを指摘したといったようなことにあるのではない。逆である。大人文学者は、そのためらいがちな筆遣いのうちに、「日記」の筆者がパリ大学の関係者ではない可能性があることを示唆している。

わたしが不審に思うのは、いったいどうしてこの大人文学者の不安とためらいが、十九世紀の校訂者に伝わらなかったのか。

なにしろテュテイ氏は、筆者自身が自分はパリ大学の教授だと自己紹介している。そのことは指摘するまでもないが、ことのついでにといった調子で大人文学者の注記にも軽く触れ、問題は五十人のうちか三千人のうちかですよと、大急ぎで、エキセントリックな話題を持ち込もうとする。(23)

テュテイ氏の筆者捜しのことはもうよい。十九世紀の実証主義的考証家が、なんともいただけないやりかたで獲物を料理する仕方を開陳してくれていて、それはそれで勉強になるが、ただし、それはテュテイ氏という精神それ自体に対する興味が掻き立てられるというだけのことである。「日記」はテュテイ氏の手からすりぬけて、ふたたびヴァチカンの図書館に眠る。

以前わたしは思い違いをしていたが、アンドレ・マリ氏は「日記」をむりやり目覚めさせたのではなかった。マリ氏は、テュテイ氏の刊本と、それ以前のラ・バール本の写しとを突き合わせて本を作っただけであって、その本というのも、これは読み物に入る類のものである。そうして、なにやら筆者についていうには、なるほどテュテイ氏の仮説は、いまとなっては受け入れられまい。「この〈パリのブルジョワ〉は、かれ自身みずから表明しているように、〈大学の僧侶〉のひとりであったということだけで満足しなければならない(24)」。

なにも写本を見なければだめだとはいわない。テュテイ氏の刊本で十分なのである。これは立派な刊本である。いったい、この校訂者ならぬ編集者は、問題の記事をはたして読んだのか？ 編集者はきちんと読む。かれは編集者でさえもないのか？

マリ氏のことはもうよい。わたしがいうのは、どうぞご紹介したふたつの文章群をお読みいただきたい。そうしてご判断いただきたいわけで、筆者は、わたしはノートルダムの僧侶だ、大学の関係者だといってはいないというのがわたしの意見である。

文章を読めば、そうとわかる。読解の鍵は、後者の終わりに近く置かれた文節「以上述べたごとく、前述のドクトゥールたちは、くだんの男について語ったのである」にあり、すなわち、「われわれ」を含む文節は伝聞の記述である。

「また、この年、二十歳になるかならぬかの若い男がやってきた」と、かれは記事を起こす。次いで単刀直入に「パリ大学の僧侶こぞって証言するところ」と、噂伝聞の記述に入る。伝聞の記述終わって、こう、大学の博士たちはその若者について語ったがと、かれはいささか懐疑的な姿勢を示す。若者はスペインからやってきたという。おかしいではないか。「ダニエルと黙示録によれば、反キリストはカルデアのバビロンに生まれるはずなのだ」。つまりこれは「日記」の筆者自身のコメントなのである。

わたしがいうのは、文章の組み立てのことである。前者の文章の組み立ても正確にこれと同じで、なるほど五月も終わりに近くなっても寒気ゆるまずと、なにやら天候の話題を始めにもってきて、ただの挨拶かと思えば、それがまた、後の話の伏線になっているというレトリックの腕の冴えを自慢している気配がないではないが、「御昇天の祝日の前の月曜日、ノートルダムの一行とその随行の一団がモンマルトルに出向いた」の一節がきりりと文章を引き締めて、出来事を記述する。

そうして、肝心なことは、かれはかれ自身、その出来事に参加していなかったということである。かれは聞いた話を書き留める。かれらはなかなか帰ってこなかった。ようやく帰ってきたのをつかまえて、わけを聞いたら、なにも雨宿りをしていたわけではない。「なにしろ、モンマルトルからパリまで、道は泥々の状態で、われわれは……」と、「われわれ」を含む文節が、この文章、伝聞の記述であることを示す。

そうして、ずうっと聞いた話の転写が続いて、さて、転写の終わりはどこか。というのは、「……かれらがサンメリにたどりついたのは……」と、この文章、かれらがと、なにかストレートにものをいっている気配があって、もしや「日記」の筆者はサンメリ教会堂の前あたりで、行列の一行を待ちうけていたのではあるまいか。

しかし、それはよい。むしろ気になるのは、最後の一行で、これがつまり筆者自身のコメントなのである。じつのところ、前述のようにというけれど、前述の記事はない。あるいは、なくなってしまったのかもしれない。それはよい。わたしがいうのは文章の組み立てのことであって、文章の性質のことであって、一四二七年と四六年のふたつの記事の文章は同じ性質のものである。

4

事は文体であって、あるいは語り口といおうか。「日記」の文章の読みは、筆者の語り口を真似るエクササイズでなければならない。あるいは、文法は「日記」の文章それ自体に内包されているといおうか。すなわち、文法を掘り起こすことが読むということである。読むことが文法を掘り起こすことである。

わたしがいうのは、かれはノートルダムのなにかの役僧ではなく、パリ大学のどこかの学部の教授でもない。そう「日記」に読めるということで、なにやら「日記」の筆者捜しは、消去法のモードをとるかの気配である。かれが何者でないか、ありえないかを知ることもまた、かれは何者であるかを知る手掛かりとなる。

正攻法、消去法、そのどちらで迫るにしても、データは「日記」そのものに求めようと腹を据え、語り口自体が筆者の氏素姓を明かしてはいないか、片言隻語に筆者の存在証明が読みとれはしないかと、神経をとがらせる。そんなエクササイズをかなり続けてみたが、正直、まだ全体の景色は見えていない。

このエッセイの眼目は、さしあたりテュテイ以来の誤解を解くことにある。テュテイ以来というけれど、テュテイ氏の議論はとうてい批判に耐える体のものではなく、テュテイ氏以後、マリ氏や、近くは渡辺一夫氏[25]の名前を無視するわけではないが、「日記」を批判的に、ということは学問的に解題した人は皆無であって、してみればテュテイ以来の誤解もなにもあったものではない。

わたしの印象では、テュテイ氏の段階で、「日記」の、いわば解題学は、いちはやく一頓座をきたしてしまったのであって、わたしがいうのは、なるほど一頓挫をきたしたといいまわすのはいいすぎかもしれない。そんなにすごい勢いで、この件に関する考察が進められたというわけではないが、それでも、テュテイ氏以前、「日記」をどう読むか、筆者をどう捜すかを一所懸命考えながら、「日記」を読んでいた人がいたということで、すでにご紹介したように、それは大人文学者クロード・フォーシェである。

わたしがいうのは、フォーシェに還れということで、「スウェーデン女王蔵書一九二三番写本」の欄外余白注記を丹念に読めということで、たとえば第四六葉裏のそれである。

一四一八年夏、ブルゴーニュ軍団がパリを制圧した。六月十二日の夜十一時ごろ、と、かれは克明に時刻まで指定している。

……サンジェルマン門の方で警戒の叫びがあがった。ボルデル門の方からも聞こえた。そこでモーベール広場界隈の民衆が動きだし、次いでレアルやグレーヴの、橋のこちら側の人たちが、パリ中の人たちが上述の諸門めがけて駆けつけた……(26)

ceulx de deca les pons（橋のこちら側の人たち）という「片言隻語」が、第四六葉裏の第十八行目に点灯していて、大人文学者は、そのところの右欄外余白に慎重にこう記す。

筆者は示している、（かれが）／住んでいることを、所に／パリの、人がヴィルと呼んでいる(27)

かれは諸橋のこちら側、すなわちヴィルと呼ばれていた街区に住んでいたと大人文学者は読みとっていて、ヴィルとはすなわちセーヌ右岸の街区の総称であり、これをわたしは「下市（しもいち）」と訳したいとかねがね思っている。それはともかく、レアルとは市場、グレーヴとは市庁舎前広場の呼び名で、どちらも「下市」にある。サンジェルマン門は、これは「橋のむこう側」、セーヌ左岸の街区、わたしの用語では「上市（うわいち）」の西の門であり、そこから東の方に回りこんで東南に開く門がボルデル門、別名サンマルセル門であった。

もう一例、これは第二九葉裏、一四一四年初頭の記事だが、パリはアルマニャック党に押さえられている。ブルゴーニュ軍団はサンドニにあって、パリ奪回の機会を窺っている。アルマニャック党は諸門を閉ざして、守りを固める。

……橋のこちら側ではサンタントワーヌ門の他は開かれておらず、むこう側でもサンジャック門だけ。サンドニ門の守りはゴール卿、サンマルタン門はエタンプをさんざん苦しめたルイ・ブルドン、またベリ侯はタンプル門を守り、オルレアンはサンマルタン・デシャンにあり、これこそが連中の頭目格アルマニャックはアルトワ館にあり、アランソンはベエンニュにある。つまり、のこらず橋のこちら側にいたのであって……(28)

第二九葉裏第八行から第十六行にかけて記述されたこの文章の最後の行の「のこらず橋のこちら側にいた」の文言に注記するかたちで、フォーシェは右欄外余白に書いていて、こう読める。

筆者は、じつに望んでいる／示そうと、かれは住んでいたと／下市に(29)

サンドニ、サンマルタン、タンプル諸門、サンマルタン・デシャン修道院、アルトワ館、ベエンニュ（ボヘミア）館、いずれもセーヌ右岸の街区にある。大人文学者は、一五六七年のパリの町の、どこか静かな部屋のなかにでも座って、このあたりの文章を目で追いながら、そこに読みとれる門とか通りとか館とかの名前を、脳裡に浮かぶ街の景観のなかにたずねる。

このばあい、一五六七年と、なぜ言挙げするのかといえば、第一四七葉表の左欄外余白に、やはり大人文学者の、こんな注記を読むからである。

それに似た風／一五六七年の／月曜、火曜、水曜／七月十四、十五、十六日／また、九月七日日曜日の[30]

これはつまり、一四三四年十月七日の夜、パリ盆地に吹き荒れた大風のことを記述している文章に付した注記であって、フォーシェは、かれ自身体験した大風にこれを引き較べている。それはそれでよいのだが、注目すべきは、このばあい、過去の他人の経験を、現在の自分の体験に照らして追体験する、そのことの不思議に感動してのあまりか、さすがの大人文学者も注記の機会を逸しているのだが、この記事には見逃すことのできない文言が読める。[31]

わたしの家のそばの古びたサル（建物）

誓っていうが、わたしはそれをわたしの目で見たのであって、こんなことはいままで見たことがなかったのであって、もしもこの目で見なかったならば、人のいうことなど信じはしなかったろう。

なにしろよほど古びた建物であったらしく、風はその建物の大梁を持ちあげて、長さ四トワーズ、つまり八メートルほどもあったというそれを、十メートルから十二メートルは離れている庭先の塀の上に運んだという。「両端をそれぞれの側の塀の上にのっけて、いささかも塀を傷つけることなく、あたかも二十人の男たちが、できるだけそうっと置いたかのようであって」、とかれはすっかり感動している。

その建物というのは、どうやら石材置場であったらしい。ひとつひとつがぶどう酒の樽ほどの重さの（カク樽と書いているから、ほぼ六十リットルの重さ）、差し渡し十四ピエもあるという長大な（四メートル強）切り石を三つまでも、風は隣家の庭まで吹き飛ばしたとかれは書いていて、かれはそれを見た。

だから、なるほどかれは、そのとき、そこにいた。この存在証明はたしかである。なるほど、それがどこか。石材置場の近所のかれの家は、かれの家のそばの石材置場はどこにあったか？　ロケーションはいぜんあいまいな気配だが、それでもかなり見通しはよくなった。「日記」の筆者はノートルダムの僧侶ではなく、パリ大学に縁はなく、右岸の「下市」の、どこか石材置場の近所にすんでいた男と、そこのところまでは限定できた。

（1）Biblioteca Apostolica Vaticana, Regin(ae). Lat(us). 1923.

（2）このあたりの消息については、後注で紹介するアレクサンドル・テュテイの「日記」校訂本の序文に詳しい。いずれも未見だが、パスキエの『フランス研究』は Etienne Pasquier: *Des Recherches de la France*; Livres I-VI, 1596. ゴドフロワの『フランス王シャルル六世史』は Denis Godefroy: *Histoire de Charles VI, Roy de France*; Recueil des historiens; 1653. クロード・デュピイの作成した抄本は、現在パリの国立図書館にあり、すなわち、Bibliothèque nationale, collection Dupuy, no. 275. Mémoires pour l'histoire du roi Charles VI. である。

（3）ラ・バール本の底本にかかわる筆生の注記は、テュテイがその序文に紹介している。ラ・バール本は未見であるが、テュテイによれば「アカデミシアン」、後注のミショー、プージュラ本の「前書き」の紹介によれば「ディジョンの一聖職者」ラ・バール氏による刊本である。La Barre, dans *Mémoires pour Servir à l'Histoire de France et de Bourgogne*; 1729.

（4）ビュション本は未見。ミショー、プージュラ共編の本は、Journal d'un Bourgeois de Paris sous Charles VI et Charles VII; Michaud et Poujoulat, éd., *Nouvelle Collection des Mémoires Relatifs à l'Histoire de France*, vol. II et III; Didier, à Paris; 1854.

（5）*Journal d'un Bourgeois de Paris 1405-1449*, publié d'après les manuscrits de Rome et de Paris par Alexandre Tuetey; à Paris, Chez H. Champion; 1881.

（6）Bibliothèque nationale, fonds français, no. 3480. In-folio sur papier, reliure moderne. *Mémoires de Paris soubz Charles VIe et VIIe du nom.*

（7）わたしはこのパリ写本は見ていないので、批判的にはいえないが、テュテイの校訂本を見るかぎり、一四三八年度分にかかわるヴァチカン写本の欠落部分は、およそ一二〇行、一行十二語平均と押さえて一四四〇語にわたっている。もし item ごとに「記事」を区切ることができるとすれば（事実テュテイ氏はそうしていて、そのテュテイ氏の勘定によれば)、第七三二号記事の途中から第七五一号記事まで、二〇記事分である。なお本文後出を参照のこと。

（8）問題の記事は一四一二年のものであって、フォリオ第二一葉裏にかかわる部分は、En ce temps furent plusis (plusieurs) ／ commus (communes) come depis (de Paris) derouin etdeplusis (et de plusieurs) auts (autres) boes (bonnes) villes. (Folio 21v. ll. 30-31)「このころ、パリやルーアンといった多数のコミューヌ、その他多くの善良なる町々……」第二二葉表冒頭の文章は、devant eulx et gaingnerent tantost laville et moult tueret (tuèrent) ／ degens duplain pais que tous se rebellerent en tout lepais ／ debeausse car ilz avoient tant depaine etdecharge de ／ gens darmes quilz ne savoient ausquelz obeir si se ／ tindrent aux arminaz qui la estoient les plus fors ／ pour letemps que lamalle guerre comensa et quant ／ lesd (lesdites) comunes vindrent adreux ilz les trouverent si ／ rebelles quilz les tuerent tous et les faulx traistres ／ armanaz gens darmes qui les devoient secourir ／ sen fouirent au chastel delad (de la dite) ville et laisserent ／ tuer les pauvres gens…… (Folio 22r. ll. 1-11)「かれらの前に、そうして（かれらは）いちはやく（あるいは）町を占領し、野良の衆を大勢殺したので、ボース地方の人々全員が反逆したのであって、なにしろさんざん迷惑をこうむったし、負担に耐えかねて、かれらには服従する気にはなれず、この不幸な戦争が始まったころ一番強かったアルマニャック党と組んだのだ。さて、くだんのコミューン軍はドゥルーに到着し、（そこの住民の）叛意盛んと見て、これを全員殺した。これを救うべきアルマニャック党の軍勢、この裏切者どもは、町の砦に逃げ込み、哀れな町の人たちを殺されるがままに見捨てたのだ……」

（9）Et pour les cources ／ que lesdi (ledits) larrons faisoient enchery tant pain ／ et vin que pou degens mengeoient depain ler saoul (tout leur soul) ／ ne pouvres gens ne buvoient point levin (Folio 162v. ll. 28-

31) Item ceulx demontargis firent semblablement et rendirent／ces trois places……(Folio 163r. ll. 1-2)「そうして、くだんの盗賊団の度重なる掠奪のせいで、パンと葡萄酒がむやみに高くなり、腹一杯パンを食べるなんてとうていできなくなったし、貧乏人は葡萄酒が一滴も飲めなくなった。」（フォリオ第一六二葉裏第二八－三一行）「また、モンタルジスの人々も同様にし、こうして三箇所が帰順した。」（フォリオ第一六三葉裏第一－二行）

（10）序文、p. iv. わたしが心配するのは、よもやこの十九世紀の実証主義史家は、ヴァチカン写本よりもパリ写本の方を先に立てたいという、なんとも無邪気な、そうしてなんとも不気味な愛国主義に囚われてはいなかったか？　まさかとは思いたいが……

（11）序文、p. viij. わたしはこれも見ていない。

（12）ヴァチカン写本は、マイクロフィルムから起こしたファクシミレのかたちで、わたしの手元にある。原本を見る機会はまだ得ていない。ヴァチカン写本の寸法についての情報はない。ファクシミレの寸法は、ほぼ280×200mmである。羊皮紙は知らず、およそ中世写本の「紙の」フォリオ版の寸法は高290～310、幅190～210のうちにあるという数字がある（Carla Bozzolo et Ezio Ornato: *Pour une Histoire du Livre Manuscrit au Moyen Âge: Trois Essais de Codicologie Quantitative*; CNRS, Paris; 1980; p. 130)。わたしは富士ゼロックス・システムセンターにファクシミレの作成を依頼したが、その際、とりわけて寸法の注文はつけなかった。はからずも原本寸法の複製が得られたと考えてよいであろうか。

（13）Item le jour sainct simon／et sainct jude fut faicte laplusbelle press（procession）／asainct martin deschamps que on eust veue／puis cent ans devant car ceulx de nosdame／acompaignez de toute universite et de toutes／les proisses（paroisses）deparis et allerent querre／leprecieulx corps nostr（Nostre

Seigneur) ast jehan engve (à Saint Jean en Grève) ／ acompaignez de bien 1 mil psonnes (personnes) tant de parlement que dautres et pmy (parmy) les rues ／ ou ilz passerent les firent encourtinez come ／ lejour du sainct sacrement Et fut fait en ／ en (sic) lagrant rue sainct martin devant la ／ fontaine maubue ou pres ung moult bel ／ eschaffaut ou on fist une tsbelle (très belle) histoire ／ depaix et deguerre qui longue chose soit (seroit, par Tuetey?) ／ aracompter que pource on delaissa (Folios 187r. ll. 26-32 et 187v. ll. 1-9)

(14) *Le Lais Villon et les Poèmes Variés*, édités par Jean Rychner et Albert Henry; I: textes; Librairie Droz. Genève; 1977; p. 67.

(15) Dont il leur prent mal car il en mourut laplus ／ de xxvi mil et fut le xxiiie jour de septembre ／ cccc et huit et en tant que la guerre dura ／ par feu p (par) fain par froit alespes (a l'épée) plus de xiiii^{m}; ／ or sont biens quarante mil. Le xvie jour de ／ novembre ens. (ensuivant) a ung sabmedi les devandiz ／ signeurs cestassavoir navarre (Navarre) loys (Louis) ?? emeneret (emmenèrent) ／ le roy atours (à Tours) dont lepeuple fut moult trouble et ／ disoient biens que ce (si) leduc dedourg. (de Bourgogne) eust ?? icy ／ quilz ne leussent pas fait ainsi lefirent et ／ la fut que la q (que) achartres (à Chartre) xvii sepm (semaines) et par ／ plusieurs foys yfut leprevost desmarchans ／ et des bourgois deparis (de Paris) qui yfurent mandez ／ et si ny arresteret (arrètêrent) onques preu pour eulx ／ ne pour lepeuple. Le neufviesme jour de ／ mars ens. (ensuivant) revint leduc debourge (de Bourgogne) atout noble ／ gens et le xviie jour dud. (dudit) moys de mars ／ aung (à un) dymenche amenerent le roy aparis (à Paris) qui ／ fut receu le tresplushonnorablement quon vit ／ passe a deux cens ans car tous lessergens ／ comme duguet ceulx delamarchandise ／ ceulx acheval ceulx averge ceulx de la ／ xii^{ne} avoient diverses livrees toutes espalment (spécialement)

／dechapperons et tous les bourg.（bourgeois）allerent／alencont（à l'encontre）delui devant lui avoit xii trompette／et grand foueson menestrees et ptout（partout）ou il／passoit on crioit tres joieusement nouel et／gecstoit on viollettes et fleurs sur lui et au／soir soupoient les gens en my les rues par／tresioyeuse chere et firent feus tout ptout ／ paris et bassynoient debassins tout parmy paris. Et le lendemain vint la royne et le dauphin si ／ refust la joie si tres grande comme le jour de devant ／ ou plus car laroyne vint leplushonorablement／quon lavoit oncques veue entrer apis（à Paris）depuis／quelle vint lapremiere foys. Le xxvie jour／de juing ens.（ensuivant）fut fait le saint pere cestassavoir／pierre de candye. Et le lundi viiie jour de juilt（juillet）／ensuivant fut sceu aparis on en fist moult／noble feste comme quant le roy vint de tours／comme devant est dit. Et par tous les moustie／deparis on sonnoit moult fort et toute nuyt／aassi.

<u>Nota</u> que lemardi darrain jour dejuing iiii^e ／ et xi. jour de saint paul enviro（environ）huit heures ／ apres disner gresla venta tonna <u>???</u>（espartit?）le ／ plus fort que homme qui adonq fust eust ／ oncques veu.（Manuscrit de Vatican, Folios 12r. ll. 1-31 et 12v. ll. 1-17）

（16）夜警隊 le guet は、夜警隊長 le chevalier du guet の統率下にある専任警吏と、補助の夜警隊とも呼ばれる商人組合の夜警隊 le guet de la marchandise で構成されていた。騎馬警吏に笞の警吏 ceulx à cheval, ceulx à verge は、奉行所 grand chatelet の警吏であって、騎馬と徒足にわかれ、前者はパリとその郊外地区を越えた範囲に検察権限を及ぼしていて、後者はパリとその郊外地区が縄張りであった。総数二二〇。そこから奉行所警吏をオンズヴァン onze vingt（11 × 20）と呼ぶ俗習が生じた。十二人組 le XII^ne は、奉行所の長である王のパリ代官 le prévôt du roi de Paris の護衛隊のことである。

(17) *Journal d'un Bourgeois de Paris sous Charles VI et Charles VII*; préface et notes d'André Mary; Les hommes, les faits et les moeurs, collection dirigé par Edmond Pilon; Jadis et Naguère; Chez Henri Jonquières, Editeur à Paris; 1929.

(18) Item le moys davril et du moys de may jusques ／ environ iii ou iiii jours en lafin ne cessa de faire ／ tresgrand froit et ne fut guere sepmaine quil ne ／ gelast ou grelast tresfort et toujiours plouvoit ／ Et lelundi devant lascension laprocssion (la procession) de notda (Notre Dame) ／ et sacompaignie furent amontmart (à Montmartre) et ce jour ／ ne cessa deplouvoir depuis environ ix heurs ／ au matin jusques a troys heures apres disner ／ non pas quilz se musassent pour lapluye, ／ mais pour c tain (certain) les chemins furent si t f (très fort) ／ enfondres ent (entre) montmartre et paris que nous ／ mismes une heurs largement avenir de ／ montmart asainct ladre. Et de la vint ／ laprocession par sainct laurens. Et andeptir (au départir) ／ de sainct laurens il estoit environ une heur ／ ou plus lapluie sefforca plus fort que devant et ／ acelle heure sen alloit le Regent et safemme p (par) ／ laporte sainct martin et encontrerent laprossion ／ dont ilz tindrent moult pou decompte car ilz ／ chevaulchoient moult fort et ceulx delapross. ／ ne porent Reculler si furent moult toulliez ／ delaboue que lespiez des chevaulx gectoient ／ par devant et darriere. Mais oncques ny ／ ot nul si gentil qui pour chasse ne pour pross (prosession) ／ se daingnast ung pou arrester. Ainsi sen vint ／ aparis laprossion leplustost quelle pot et si fut ／ ent (entre) ii et iii heures quand ilz vindrent asainct ／ merry. A cellui jour se pti (partit) le Regent pour aller ／ devers leduc debourge (de Bourgogne) come devant est dit ／ qui fut lexxvi jour de may lan mil cccc xxvii. (Manuscrit de Vatican, Folio 105v. ll. 1-30)

(19) Il semble que autheur ／ fut de corps de ／ eglise nostre dame ／ ou come lon dit des ／ filletes et mesme

de (?) ......

(20) Tuetey, *Journal*, Introduction, p. xvij. "......le président Fauchet qui inscrivit en marge de son volume la reflexion suivante: Il semble que l'autheur fut du corps de Nostre Dame."

(21) Item / en celluy an vint ung ?? jeune home qui navoit q (que) / vingt ans ou environ qui savoit tous les vii ars / liberaux par letesmoing detous les clercs de / luniversite deparis et si savoit jouer detoinstrums (de tous instruments) / chanter et deschanter mieulx que nul aut (autre) paindre / et enluminer mieulx que ??? (oncques?, par Tuetey) on sceust aparis ne / ailleurs. Item en fait deguerre nul plus appt (appert) / et jouoit dune espee adeux mains si m veilleust (merveilleusement) / que nul ne si comparast car qut (quant) il veoit son / ennemy il ne failloit point asaillir sur luy / xx ou xxiiii pas a ung sault. Item il est / maist en ars maistre en medicine docteur en / loix docteur en decret docteur en theologie / et vraiement il a dispute anous au colliege / de navarre qui estions plus de cinquante / des plus pfaiz (parfaits) clercs de luniversite depis (de Paris) et plus / de iii mil aut s clercs et asi haultement bn (bien) / respondu atoutes les questions que on lui afates (a faites) / que cest une droite merveille acroire qui ne / lauroit veu Item il ple (parle) latin trop subtil / grec. ebreu. caldicque. arabicque. et tous / aut s langaiges. Item il est chev (chevalier) en armes / et vraiement se ung home povoit vivre c ans / sans boire sans meng (menger) et sans dormir il ne / auroit pas les sciences quil scet tout p (par) cueur / aprinses. Et pour c tain il no (nous) fist t sgrant / feour car il set plus que ne puet savoir / nature humaine car il reprin^{t} tous les iiii / docteurs de saincte eglise bref cest desa sapience / la non palle (pareille) chose du monde. Et no avons / en lescripture que ante c st (anté-Christ) sea (sera) engendre en advoutire / depere xpian (chrétien) et

de mere juive qui se faindra / xpianne et chun (chacun) cuidera quelle le soit il sera / ne dep (de par) ledeable en temps de toutes guerres et q (que) / toutes jeunes gens s ont (seront) deguises dabit tant / femmes que hommes tant p (par) orgueil tant p / luxure et s a (sera) grant hayne con les grans / signeurs pour ce quilz s ont trescruelx au / menu peuple. Item toute sa science s a depar / ledyable et il cuidera quelle soit depar sa / nature il s a xpian jusques a xxviii ans de / son aage et visitera en celui temps les grans sig (seigneurs) / du monde pour monstrer sa grant sapience etpour avoir / grant renomee diceulx au xxviii an vendra de jherlm (Jherusalem) / Et quant les juifs incredules verront sagnt (sa grande) sapience / ilz creront en luy et diront que cest messias qui / pmis (promis) leur estoit et laoureront come dieu Adong / envoyera ses disciples par le monde et god et magod / le suyveront et regnera par iii ans et demy a xxxii / ans les dyables lemporteront. Et adong les juifs / qui auront este deceupz. ilz se convtiront (convertiront) alafoy / xpianne. Et apres vendront enohc (Enoch) et helye (Helye) / Et apres s a (sera) tout xpian et sera leuvangille de s t (saint) / qui dit et fiet unum oville et unus pastor adong / approuvee et le sang de ceulx quil aura fait tor. (tormenter?, par Tuetey) / pour ce quilz ne vouldrent adourer criera adieu / vengence. Et adong vendra sainct michel qui / le trebuchera lui et touz ses ministres ou pfons / puis denfer ainsi come devant est dit le raconterent les devant diz docteurs de celluy / home devant dit. Lequel est venu despaigne / enfrance Et pour vray selon danyel et lapoca (l'Apocalipse) / antecrist doit nestre en babilonie en caldee (Manuscrit de Vatican, Folios 181v. ll. 2-33 et 182r. ll. 1-32)

(22) Il semble que laut (l'autheur) / ait este home de / glise (d'église) ou docteur (en?) / quelque faculte / pour le moins de / robe longue.

（23）Tuetey, *Journal*, Introduction, p.xxviij et suiv.

（24）Mary, *Journal*, Préface, p. 10.

（25）渡辺一夫氏の「日記」解題についてのわたしの批判は、もうかなり前のものだが、わたしの論考「中世ナチュラリズムの問題」（『史学雑誌』73-3, 4、一九六三年）をごらんいただきたい。これに対する渡辺氏の反論は、「渡辺一夫著作集9『乱世・泰平の日記』」（筑摩書房、一九七一年）に読める。〔本書所収第一論文。なお本書所収の最後の文章「『日記』の読みかたについて」は、渡辺氏の反論に対するわたしのお答えである〕

（26）……on cria alarme coe（comme）／ on faisoit souvent alarme a laporte s germain ／ les auts（autres）crioient a laporte debordelles. Lors sesmut ／ lepeuple vers laplace maubert et environ puis ／ apres ceulx de deca les pons come des halles ／ etdegreve et detout paris et coururent vers ／ les portes dessds（dessusdites）（Folio 46v. ll. 14-20）

（27）Lautheur monstre（quil）／ habitoit celle partie（de）／ paris que lon dit la ville.

（28）……et nulle de deca les pons ／ nestoit ouverte que celle de sainct anthoine et ／ dela celle de sainct jacques et estoit garde de ／ laporte sainct denis lesir degaule et decelle de st ／ martin louys bourdon qui donna tant depeine a ／ estampes et leduc deberry gardoit le temple ／ orleans sainct martin deschamps arminac ／ lostel darthoys qui estoit ledroit chief deulx ／ alencon behaingne brief tous estoient deca les pos（pons）……（Folio 29v. ll. 8-16）

（29）Lautheur veut bien ／ monstrer quil habitoit ／（en）la ville.

（30）Vent pareil a celuy ／ qui fut lan 1567 ／ le lundi, mardi, mercredi ／ 14, 15 et 16 de juillet ／ et le dimenche 7 septembre（Folio 147r.）

(31)　……une vieille salle ps ／ de ma maison…… (Folio 147r. ll. 17-18)

……et je vous jure q ／ ce vy ge ames yeulx aussi bn qu oncques jevy ／ rien de ce monde ne je nen creusse homme ／ se veu ne leusse. (idem. ll. 29-32)

……chascn (chacun) bout portant sur ／ lun des murs sans aucunement grever les murs ／ comme se xx hommes leussent assise leplus ／ doulcement que faire se peust……(idem. ll. 23-26)

8 『日記』の読みかたについて

――渡辺一夫先生にお答えする

1

文章を時代において読むということは歴史学ではあっても文学ではないとお考えか。渡辺一夫先生におうかがいしたかったのは、そのことであった。重ねてここにおうかがいしたいと思うのは、渡辺先生はこのわたしの問いかけに、ついにお答えくださらなかったからである。

事の発端は本書の第一論文にあった。

昭和三十九年の『史学雑誌』にのせたこの論文が、たまたま渡辺先生の言説を批判するかたちになったところから、先生は、その七年後にお出しになった「著作集」の第九巻『乱世・泰平の日記』に、わたしあての「註記」を付加なさったのである。私の「弁解」を「註記」の形で本文中に添えることにしたと、渡辺先生は冒頭の「端書」に述べていらっしゃる。(1)

「たまたま」と書いたのはことばの文ではない。問題のわたしの論文をご一読くだされば、おわかりいただけるであろう。フィリップ・ド・コミーヌの『覚書』を一住民の『日記』につないで、十五世紀のフランス人のものの考えかた、感じかたのありようを考えていった、その道筋に、「たまたま」渡辺先生のご文章があったのである。たしかに、〔本書所収の第1論文の〕3節の後半は先生の論説に批判の焦点をあわせている。しかしこれは、わたしの論文構成がいかに厳密さを欠いているかを示すものではあれ、意図的にそう段取りをつけたものではなんらない。

この論文は、修士課程の修了に必要な学位請求論文、いわゆる修論をまとめたものである。修論を審査してくださった諸先生のうちのおひとりの村川堅太郎先生は、口述試験にさいして、一言、ずいぶん大きなエッセイを書きましたね、とおっしゃった。はたして、ずいぶん、とまで強調なさったかどうかは忘れたが。そう、たしかにわたしの修論はエッセイふうであった。それをまとめた問題のこの論文もまた、ついにエッセイふうの趣きを清算することがなかった。わたしは、論点をおおづかみに想定し、ドキュメントをしてそれを語らしめる。この手法に身をまかせようと思ったのである。ドキュメントといおうか、テキストそれ自体を語らしめるに、エッセイふうである以外、いったいどんなふうがありえようか？

わたしとしては、3節を前半で打ち止めにし、くわえて4節を置いて、たとえば「ヴィヨン遺言詩の作者」をして語らしめてもよかったのである。この構想は、しかし、当時のわたしのものではなかった。「ヴィヨン遺言詩の作者」への関心が、わたしの心中に醸成されたのは、ここ数年のあいだのことにすぎない(2)。当時、わたしの獲物は少なかった。わたしとしては「十五世紀フランスの二つの記述資料について」(これがわたしの修論の題目である)テキストをたどることしかできなかったのである。

渡辺先生の「解題」は、いわばサブテキストであった。原テキストの注釈であり、原テキストをご自分のものにしようとなさる、これは渡辺先生のたくらみであった。わたしとしては、そのテキストについてもまた、それみずから語らしめることによって、むしろ原テキストのふだんのありようをたずねたいと思ったのである。

わたしは渡辺先生の「解題」を『群像』にご連載中に読ませていただいた。読ませていただいたと思う。なにしろわたしは、そのころ、この文芸誌は、毎号欠かさず買っていたのだから。だが、昭和三十二年当時、『日記』はまだわたしの知るところではなく、毎号はたして読んだとすれば、偏にそれはそれが渡辺一夫の文章だったからである。なにしろ渡辺一夫は、高校から大学にかけての年頃のわたしのメンターであったのだ。

だから、たしかに読んでも読んでいなかったということがある。ヨーハン・ホイジンガへの関心が、大回りさせたあげくのことに、ようようわたしを『日記』へ連れていってくれたとき、十二冊の雑誌があらためて眼前に出現したのである。むかし心もそぞろに通り過ぎたテキストが、ようやくひらかれた。

渡辺先生はわたしの問題の論文を、どうお読みになったのだろうか？　「端書」に述べられているところでは、昭和三十九年発行の同人誌『象』でお読みになったという。この文章の冒頭、昭和三十九年の『史学雑誌』にのせたこの論文が、と書いたが、これは誤解を招くいいかただということになる。同年中に、当時わたしも加わっていた同人誌『象』八号に転載し、一冊、渡辺先生に「象呈」した。これははっきり憶えている。

いったい『史学雑誌』の方のは、お眼を通していただけなかったのだろうか？　どうもいただけなかったらしい。もっとも、はたして抜き刷りをお送りしたかどうか、その点、記憶はあいまいで、なんともうかつなことである。「端書」には、「最初は私信で」と読める。ところが、これまたわからない。この件に関して、先生に親しくお手紙を差し上げた記憶が、わたしにはまったくないのである。

わたしがいうのは、ここでもまたテキストが複数あるということで、じつにわたしたちのコンフェランスはテキストの不定の上に実行されたのである。

わたしのふたつのテキストには異同があり、『象』の方は、ただひとつだけを残して、注をいっさい省いた。ひとつ残したのは、本書に収めた論文でいえば、注(36)である。また、新しい注をひとつ加えた。本書七一ページ九 - 十行目「……政略党争の犠牲となった救国の女傑ジャンヌといった像を、一住民は作っていないのである。」と止めた一節に付記した注である。左にその文章を記す。

ジャンヌの裁判と処刑に関する一住民の記述についての渡辺教授の解題に接して驚かずにいられないのは、ジャンヌは異端ではないと教授が確信されている点である。教授の御意見によれば、

「パリ大学神学部は、英仏合併王国という超進歩的（傍点は教授御自身による）な思想から、フランスの独立の為に働くジャンヌ・ダルクを異端者にすることにきめました」、「何のことはない、ジャンヌ・ダルクは、敵味方から異端者として葬り去られることになってしまったのです。」ということになる。一つの意見、もしくは説明としてみれば、教授の陳述もまあ我慢できる。困ったことに、教授はこれを、一住民の記述していない「史実」として紹介されているのだ。歴史学を学ぶわたしなどは、これが「史実」だといわれて、はたと当惑するのである。わたしの素朴な確信によれば、「フランスの独立」だの、「異端者にすることにきめた」だのという衝撃的な言辞は、該時期にかんする「史実」にはおよそなじまないのだ。教授の陳述は、結局、ジャンヌ以後半世紀のトマ・バザン以来、すでに言い古されてきた見解のむしかえしにすぎない。「史実」ではない。従来の見解、一つの説明にすぎないのだ。そのことはまあいい。史実とは何か、説明とは何か、またジャンヌに関する実状はどうであったのか、等々の設問と解明とには、より大なる調査作業の努力とより多くの紙数とを必要とする。ここでは以下の点を明確に述べておかなければならない。

　わたしは、数々の徴候からおして、カトリック教会は終始問題を教会内部に限定し、できるならばジャンヌを救おうと努め、ついにそれに失敗し、彼女を異端として断罪せざるをえなかったのだ、とホイジンガと共に判断する。一住民の日記は、このことを証するものとしてわたしたちの採用する史料の一つである。しかるに渡辺教授は、何らそのことを証する材料を示すこともせず、まさに教授の判断を支える史料とはまったくなりえない一住民の日記解題において、ジャンヌは異端ではなかった、とのことを当然の前提とされている。わたしは、カトリック教会とジャンヌとの関係を教授がどうお考えになっているのか、更に確かめてみたいと思う。更に言うならば、カトリック教会という歴史上の実体をどう理解されているのか、知りたいと思う。十六世紀フランスの人々の精神の動きをヒューマニズムの太紐に綯いあわされる教授の知性が、その時代の教会側の精神指導の原理をどのように評価されているのか、知りたいと思う。それが、この日記解題に示されているような、閉ざされた、不毛の教会観の変奏ではないかどうか、はっきり確かめてみたいと思う。

ここでおもしろいと思うのは、「史実」ということばをめぐるわたしたちのコンフェランス[3]である。わたしのこの補注に対して、渡辺先生は、じつに六三字が一二〇行にわたるという長文の注記でもってお答えくださっている（著作集9、一三三〜一三八ページ）。それにこう読める。

更に、私は「史実」というようなむずかしい言葉を一つも使っていない。しかし、「フランスの独立」とか「異端者にすることにきめた」とかいうことは、全くなかったのであろうか？　どう考えてみても、十五世紀以降、徐々に（傍点は渡辺先生）フランス王国は確立し、百年戦争の頃のように、イギリス王がフランス王を兼ねるという「超進歩的」なことはなくなったように思うし、それはフランス王国が独立したということになるものと考えている。しかし、何年何月に独立したと言えないことは勿論である。

そりゃ聞こえませぬ、渡辺先生、といいたくなる。このくだり、『群像』十二月号冒頭だが、渡辺先生はまず「公定の『史実』」「奇麗ごとである『史実』」「奇麗ごとではない『史実』」「方程式のやうに歴然とした『史実』」についてコーズリなさっている。そうしたうえで、おもむろにこう書きはじめられる。(4)

これは『日記』に記してないことですが、捕へられたジャンヌ・ダルクは、ブゥルゴーニュ軍からイギリス軍に売りわたされましたし、パリ大学神学部は、英仏合併王国といふ超進歩的（傍点は渡辺先生）な思想から、フランスの独立の為に働くジャンヌ・ダルクを異端者にすることにきめましたし、シャルル七世王は、その間にあって、ジャンヌ・ダルクに対して敵意と嫉妬とを抱いてゐる側近の貴族たちの意見通りに、ジャンヌ・ダルクを見殺しにしてゐたのでした。何のことはない、ジャンヌ・ダルクは、敵味方から、異端者として葬り去られることになつてしまつたのです。彼女の裁判は、一四三一年二月二十一日から五月二十九日まで、ルゥワンで行はれ、その間、ジャンヌ・ダルクは、投獄、苛酷な訊問、乱暴までも加へられました。そして、五月三十日（水耀日）に、ジャンヌ・ダルクは、ルゥワンのヴィユー・マルシェ広場で、火刑に処せられてしまふのです。

これは「史実」としてお書きになったのでしょう、先生、とわたしは申し上げたい。もし、そうでない、先生ご自身の歴史叙述だということになれば、これは大変です。先生は、お書きになられた一語一句について根拠をお示しにならなければならない。「史実」でしょう、先生。先生のご分類では、さしづめ「公定の『史実』」でしょうか。「これは『日記』に記してないことですが」と頭書きされている。だからわたしは「教授はこれを一住民の記述していない『史実』として紹介されている」と書いた。それに対して、先生はおっしゃる、「私は『史実』というようなむずかしい言葉を一つも使っていない……」

なにか、ご自分で持ち出されておいて、ご自分でこだわっていらっしゃるの観がある。そこで、ここにご紹介したい渡辺先生のご文章がある。『群像』九月号にお書きの「トロワの和約」に関するご文章である。これはすでにわたしの論文で（ということは、『史学雑誌』の方でという意味だが）渡辺先生批判のひとつのポイントとして本書では六二ページに指摘しているものであるが、行論の都合上、関係箇所全文をあげる。

　この時既に、トロワの和平条約が結ばれてゐたのですが、正確に申しますと、一四二〇年五月二十一日に事は行はれてゐたのであり、カトリーヌ王女のお輿入れの時、六月二日以前に、一切は決められてゐたわけで、右に記したやうなイギリス王の態度も至極尤もなことになるのです。『日記』には、トロワの条約の原文と考へられるものが、九頁強に亘つて掲げられてゐますが、（cf. Ed. A. Mary, pp. 130-140）五月二十一日にこの条約が締結されたといふことは、右条約原文中に記された日附以外からは窺へないのです。そして、『日記』の筆者も、何か歯を喰ひしばつて、この苛酷な史実を、なるべく目立たぬやうに、しかも陰蔽することなく記録しようとしてゐるやうな感じがいたしてなりません。

どうだ、「史実」ということばを使っているではないかと、鬼の首取りの凱歌をお聞かせしようというのではない。「史実」ということばは各所に散見する。渡辺先生の問題のエノンセは、なにもそういうこととのかかわりのものではなかっただろう。第一、このくだりの「史実」は、じつは「著作集」の方では「事実」となっているのである（著作集9、九四ページ）。まさか、とお思いであろうが、それが事実である。ずるいぞ、渡辺一夫、といいたてるつもりは毛頭ないが、それにしてもいったいこの異同はなぜ生じたのか？　意図的なものか？　単純な誤植か？　何気なしの修正か？

「苛酷な事実」は「苛酷な史実」で一向かまわない。「史実」ということばは、おそらく「歴史的事実」の簡略形である。「トロワの和約」が一個の歴史的事実であることはあきらかで、だれもそんなことは問題にしていない。その「事実」にある説明ないし解釈が述べられて、これが「史実」だと指示されるとき、わたしたちはそれには用心深く対した方がいいですよとわたしは申し上げている。

だからわたしは、どうぞ本書六九ページをごらんねがいたい、オルレアンの戦い以後の王太子軍の動向について、「実相がどうであったかの議論はここでは必要ない。ただ、ムーニエの作ったような理解もまた、《ジャンヌ史詩》ふうの理解とならんで正当な権利を主張しうるのだ、ということを想像するだけの想像力さえもつならば……」と書いたのだ。わたしは渡辺先生と、なにかある「史実」をめぐってコンフェーレするつもりはなかった。いまもない。わたしが問題にしたのは想像力である。

このくだりに対するわたしの批判にお答えくださるにあたって、渡辺先生は実に六三字に三二行という膨大な量の文字を消費され、そのなかで「史眼」ということばをお使いになった（著作集9、一〇〇ページ）。わたしは歴史家ではないし、りっぱな解題を綴る野心もなく、一介の文学愛好家にすぎない。だから、と、なんとも恐縮なことに、あなたのような、とわたしを名指しなさり、しっかりした「史眼」を持った方が、紹介解題するを待つべきであったなどとおっしゃる。

なるほど、「史眼」とは、よくぞいってくださった。歴史における説明にはAもあればBもありうる。そこのところを見通して、歴史における理解を実修しうる眼、それを「史眼」というのならば。

堀越というのはバカじゃないかと、あなたがたはお思いになる。なんなら、わたしが渡辺一夫のレトリックに乗せられたと喜ばれればよい。だが、レトリックのわなは、仕掛けた狩人をも獲物にする。わたしがいうのは、渡辺先生は、一介の貧書生への反論に、なにもかくまで華麗なるレトリックを駆使されることはなかった。六三字に三二行という膨大な量の文字は、別の用向きにご用立てなさったほうがよかったのである。わたしがいうのは、もっと直截にわたしを論難なさればよかったのである。それも、歴史学の分野に出向いてきてではなく、文学の領域において。

論文注（36）（本書八〇ページ）に述べたように、わたしは渡辺教授の使用されたアンドレ・マリ版の『日記』のテキストは知らなかった。わたしが眼にしていたのは、「フランス史覚書新集」所収のそれであって、先生とわたしのあいだには複数のテキストが介在し、しかもそれらテキスト間の異同が微妙な問題をひきおこす可能性が常にあったのである。さて、このばあい、渡辺先生のおっしゃる「トロワの条約の原文と考えられるもの」が、アンドレ・マリ版ではたしかに読める。ところが「フランス史覚書新集」では読めない。そういうちがいがあったのである。

『日記』の原典批判については、本書第七論文「『スウェーデン女王蔵書一九二三番写本』の筆者について」をごらんいただきたいのだが、問題のトロワの和約の条文のテキストは、『日記』のヴァチカン図書館にある写本、パリにある写本、そのいずれにもたしかに所載されている。わたしの手元にあるヴァチカン本の写しを見れば、folios 66v. -72v. まで、六葉半にわたっていて、前後の『日記』本文とおなじ筆跡である。冒頭に「フランスとイングランドの王たち、ならびにかれらの顧問官団のあいだに結ばれた協定が以下続く」と書かれている。前後の項のつながりぐあいは、とうていこの条文の強引な挿入を許容するていのものではない。

そういうことだからと注記して、こんにちいぜん『日記』最良の校訂本であるアレクサンドル・テュテイの刊本（一八八一年）では、「フランス史覚書新集」版と同様、条約本文ははずされている。アンドレ・マリ版は、このテュテイ本の焼き直しにすぎず、問題のある刊本だが、さてどこから拾ったのか、条約本文を挿入しているのである。『日記』写本のどれかから直接おこしたとはとうてい考えられない。おそらく、古い刊本のひとつ、ラ・バール本からであったろう。

以上、概略お話した事の次第を、渡辺先生はご存じなかった。しかし、「トロワの条約の原文と考えられるもの」はしっかりお読みになった。そこでわたしがふしぎに思うのは、なぜ渡辺先生は、この得物を有効にお使いにならなかったか。わたしがいうのは、『日記』の筆者は「この苛酷な事実を、なるべく目立たぬように、しかも隠蔽することなく記録しようとしている」(著作集9、九四ページ)と先生は感じられた。ところで、表面はとりつくろって、さりげないかたちで条約本文をさしはさんでおく。このやりかたこそは、まさしく渡辺先生が示唆なさっていらっしゃるところのものではないだろうか。

この堀越ってやつはやっぱりバカだねえ、と、あなたがたのあざけりがわたしには聞こえないとお思いか。するどい感性をお持ちのあなたがたのことだ。すでにお気付きと思う。いましがたのわたしの言挙げは本気ではない。わたしのコーズリの通り、トロワの和約条文の挿入という事態になにほどかの意味を感じられての渡辺先生のエノンセということであったのならば、それは問題だ。先生のご文章は、この点、なにかあいまいだ。渡辺先生は逃げている。本文もそうだし、わたしあてのご文章も逃げのレトリックである。渡辺先生は『日記』のテキストから逃げている。これがわたしの印象である。

問題のテキストをお読みいただこう(5)。

同じく、一四二〇年、三位一体の祝日、六月二日、トロワにおいて、くだんのイングランド王がフランスの娘と結婚した。続く月曜日、なにしろ王と王の娘だ、結婚の祝いの恒例の馬上槍試合を挙行したいとフランスとイングランドの騎士たちが申し出たのに対して、イングランド王は、だいたいがかれを楽しませようと試合をやりたいと望んだというのに、じっくりと望みを聞いたあげくに、断を下して、こういった、その娘をわが妻とした王陛下とその家臣たち、またわが下知する家臣のものにおねがいする、サンスの町へ出掛けて、その前面に布陣すべく、明朝までには用意万端整えられよ。町には王陛下の敵がいるのだ。馬上槍を構え、試合を楽しみ、勇武のほどを開陳するのはそこででもできる。この世において真の勇気は、細民の安心して生活できるように、悪をただすことにあるのだから。そこでフランス王はイングランド王にそれを許可し、各人それに賛同し、そのように事は運ばれた。そうしてかれらは大いにつとめたので、聖バルナベの祝日、六月十一日、町は占領された。そうして、かれらはそこを発って、モントルー・ウ・フォ・イヨンヌを包囲しに出掛けた。

同じく、一四二〇年、モントロー前面にあまり大勢いたので、なかの連中は、かなりの額のかねをはらって、命は助けてもらい、降伏した。そのなかにギトリーの領主がいた。これはこの世でもっとも残忍で専制者で、他の連中と一緒に釈放されたのだが、その後、ガティネ他各地で、サラセン人顔負けの悪行を働いたのだ。(Jour., It. 279, 280; manu. Vat., fols. 66r., 73r.)

以上二項の記事のあいだに、先に紹介したように、「フランスとイングランドの王たち、ならびにかれらの顧問官団のあいだに結ばれた協定が以下続く」と頭書きされて、和約条文が入るのである。「以下続く」としたのは、冒頭に Cy enssuit であって、直訳すれば「ここに、続く」である。ちなみに、アンドレ・マリの本では、S'ensuit と表記されていて、これもまたラ・バール本あたりからのひき写しであろうか。

わたしがいうのは、トロワの和約の条約本文は外挿である。『日記』の原テキストはなくなってしまっていて、存在するのはいくつかの写本だけである。ヴァチカン本の筆生はマシオ maciot と末尾に署名を残しているが、はたしてこのマシオ氏のしわざかどうか。マシオ本以前に存在したはずの写本ないし印刷本に、すでに挿入の事実があったのではないか。わからないとしかいいようがない。だが、いずれにしても、問題の条約本文は、これを『日記』の筆者がせっせと書きうつしたものだと見ることはまずできないということ。いかなる刊本を読もうが、またいかなる写本を眺めようが、それをもって『日記』の原テキストのダイレクトな写しと見るならば、まず安易にすぎるとのそしりを免れることはないということ。以上は確かなことである。

渡辺先生は、あるいはこのあたりのことをうすうす感じとっておられたのではあるまいか。だから、ご自身、「解題」なさりながら、なにかテキストに頼りなさを覚えられる。じつはテキストに手応えを感じていらっしゃらなかった。テキストの方で読み手を拒否する。そういうことにもなった。だから、先生はテキストから逃げる。テキストを読もうとなさらない。テキストを読むという文学に基本のエクササイズから逃げて、慣れない「史実」の領域で勝負なさろうとする。そこに無理があった。

同じく、一四二〇年の復活祭、四月七日、もうバラが咲いた。そうして五月に入って二週間でみんなしぼんだ。五月初頭、さくらんぼの上物が売られていた。麦は、五月の末に、昨年のジャン聖人の祝日のころよりも、よく熟していた。そんなぐあいで、作物の出来はよく、貧乏人にはこれは大変な福音だった。なにしろ前に書いたように、なんでもとても高かったのだ。衣類はなおのことで、以前十六スーの毛織物がパリ貨四〇スーし、良質の亜麻布一オーヌが十二スー、綿入り麻織物がパリ貨十六スー、サージも十六スー、股引も靴も以前よりずっと高い。

同じく、このころ、アルマニャック党の残党の残忍には前代未聞のものがあり、人を殺す、ものを奪う、女を犯す。教会堂に火をかけて、妊婦、女こどもを区別せず、中の人々を焼き殺す。これは人間のすることではない。悪魔の所業であって、だからこそ、フランスの古い敵のイングランド王と協定を結び、フランス王の娘のひとり、その名をカトリーヌをかれに与えることが適切であったのだ。イングランド王は、一四二〇年五月八日、サンドニ修道院に一泊し、翌日、サンマルタン門を通過した。大変立派な供まわりで、噂では、弓射手等見事な服装の者ども七千。王に先行して捧持されるのは黄金の王冠をいただく兜、また王の標識たる刺繍仕立ての狐の尾。こうしてフランス王に会うべく、トロワに赴こうと、シャラントン橋に一泊したが、そこでパリの住人から王に献上のことがあった、すなわち馬車四台分の上等のぶどう酒。ところが、見たところ、王はそれを意に留めない様子だった。

同じく、この日、パリの民衆はだれもパリの外にでることがゆるされなかった。

同じく、そこから、アルマニャック党をものともせず、トロワに出掛けた。アルマニャックの連中はかれをやっつけると豪語していたのだが、あえて行動にでようとはしなかったのだ。

同じく、一四二〇年、三位一体の祝日、六月二日、トロワにおいて……（以下、さきにご紹介した記事に続く）(Jour., It. 275-278; manu. Vat. fols. 65v.-66r.)

以上が「トロワの和約」関係の記事のすべてである。

あなたがたにわたしが申し上げたいのは、どうぞこの『日記』の記事をしっかりお読み下さい。そうして、そこに、「何か歯を喰ひしばつて、この苛酷な史実を、なるべく目立たぬやうに、しかも隠蔽することなく記録しようとしてゐるやうな感じ」をお感じになるかどうか、どうぞご自分でおためしになってみて下さい。

2

渡辺先生はテキストをお読みになっていないとわたしが申し上げる、その言挙げの根拠のひとつに、鎖ということばの読みの問題がある。これは問題のわたしの論文には取り上げられておらず、したがって渡辺先生も、わたしへのお答えにさいして、とりたててこのことばを問題にされているわけではない。だから、それをここにもちだすのは、あるいは不当だとのそしりを免れないかと思われる。しかし、わたしのこの文章の目的は、渡辺先生がわたしのがむしゃらな言挙げに対してひとつひとつていねいにお答えくださっている、そのひとつひとつについて、再度、言挙げしようとするところにあるのではない。わたしの想像を突く敵手はすでに亡い。どうして死者生前の槍筋のあたりはずれについて、ああだこうだと批評できようか。わたしたちのコンフェランスは、すでにして新たな段階に入ったとわたしは思っている。

『日記』の現存する写本の日付の古い順に二番目の記事に「鎖」の文字が見える。お読みいただこう。

同じく、続く金曜日、同月十二日、リエージュ司教がパリにやってきた。サンドニ門の入り口のところで、パリ代官その他がかれをして宣誓せしめるには、かれとその配下のものども、王に対し、また町に対して背くことなく、力のかぎり、これを守護すべきこと、と。かれはその身体とその主君とにかけて、それを誓い、その後パリに入って、トレモイユ館に宿泊した。その日、司教の到来後、往来の地べたに燈火を、水を戸口に置けと触れがまわった。そこで、みんなそうした。そうして、同九月十九日、地下室の明かり取りの小窓をふさげという命令の触れがまわった。そうして、続く二十三日、パリの金物職人、蹄鉄職人、また鍋職人に対して命令が出て、かつてあったがごとくに鎖を作れ、と。そこでくだんの鉄職人たちは、翌日仕事を始め、祝日も日曜も、夜も昼も働いた。そうして、同九月二十六日、甲冑を買うかねのあるものは、善良なるパリの町を防衛すべく、それを買えと、パリ中、触れがまわった。(Jour., It. 2; manu. Vat., fol. 13r.-13v.)

この記事に接して、渡辺先生はこうお書きになっている。

> 『日記』の筆者も、果して甲冑を買ったかどうか、それは書いてありませんが、全く唯事でない有様です。右引用文中、「鉄鎖」chaisne = chaîne とあるのは、恐らく、城壁や城門を固める為に用ひられたものと思ひます。十三世紀の物語『アミとアミール』Ami et Amile のなかにも、都市を防衛する場合に、鉄鎖と岩石を用ひたといふ叙景がありましたから、一応それに従ふことにします。と申しますのは、chaisne (= chaîne) には、城壁を岩乗にする為の支柱(傍点は渡辺先生)といふ義もあるからなのですが、これは岩石を積み重ねて作るので、金属を扱ふ職人のやる仕事ではないのではないかと思ひ、単に「鉄鎖」と訳しました。これは、昔の城砦都市の有様をもっと詳しく調べねば正確なことは申せません。

以上は『群像』四月号の文章だが、七年後の「著作集」を読むと、かなりの変更が認められる。ごめんどうでも、そちらの方もお読みいただこう(著作集、三八〜三九ページ)。

> 『日記』の筆者も、果して甲冑を買ったかどうか、それは書いてありませんが、全く唯事ではな

> い有様です。右引用文中、「鉄鎖」chaisne = chaîne とあるのは、恐らく城壁や城門を固めるために用いられたものと思います。十三世紀の物語『アミとアミール』Ami et Amile のなかにも、都市を防衛する場合に、鉄鎖と岩石を用いたという叙景がありました。更に河川中に張って船舶の航行を阻止するための鉄鎖とも解せます。chaisne = chaîne には、城壁を岩乗にする支柱（傍点は渡辺先生）という義もありますが、これは、岩石を積み重ねて作ったもので、金属を扱う職人のやる仕事ではないように思います。これは、昔の城砦都市の有様をもっと詳しく調べねば、正確なことは申せません。なお、bonne ville（仮訳・美《ウマ》シ都）（振り仮名は渡辺先生）は、国王から自治権、市民権を与えられ、人頭税を免除され、王権の庇護を受けられる特恵都市に冠せられた名称だとのことです。

七年後には、二、三の新しい知見も加えられたようだが、「鎖」とはなにか、ついに渡辺先生はおわかりでなかった。これを理解するには「昔の城砦都市の有様をもっと詳しく調べねば」ならないというのが先生の結論であった。「十三世紀の物語『アミとアミール』」に当たられたというのは、そのご調査の一端であったということか。

chaisne を「鉄鎖」とお訳しになる、そのあたりからして、じつはわたしは気になる。というのは、問題の記事は一四〇五年の日付のものだが、越えて一四一六年の記事に、こう読めるからである。

同じく、五月八日、金曜日、パリにあった鉄の鎖（傍点は堀越）が撤去されてサンタントワーヌへ運ばれた。このころ、パンがとても高く、細民の家では、とても満腹するまで食べることはできなかった。なにしろ高値は大変長く続いて、じつに一ダース、以前には十八ドニエで買えたのが、パリ貨四スーもしたのだ。（Jour., It. 143; manu. Vat., fols. 38r.-39v.）

chaines de fer と、筆者はきちんと「鉄の」と注記している。鎖といえばだいたい鉄じゃないか。なぜそんな小さなことにこだわるのか、ですって？　鎖は「鉄の」とはかぎらない。先生だって、「石の」かもしれないと想像なさっているではないか、などということを、わたしは言い立てたがっているわけではない。「石の」鎖とは、ほとんど冗談にひとしい。いみじくも先生がおっしゃっているように、「金属を扱ふ職人」に「石の」鎖はなじまない。『日記』の筆者は「くだんの鉄職人（lesdiz ouvriers de fer）」とはっきりいっている。鉄職人が鎖を作ったと証言している。そうして、二度目に鎖と書いたとき、かれは「鉄の」と付記した。なぜか。「鉄職人」という文字との関連が形成されていない文脈だったからである。

わたしは、どうも言いすぎたなと思って、内心舌を出している。というのは、たしかに、さらに三度目の出現、一四一八年の記事でもまた、鎖は「鉄の」という付記を従えている。それはそうだが、四度目の一四三六年の記事では、鎖はただ chesnes であって、de fer の付記は従えていない。ちなみに、『日記』中、chaisne（= chesne）という文字の出現は、あとにもさきにもこの四回だけであって、この de fer 付記の問題については、判断保留といかざるをえない。ただ、『日記』の筆者のこのような書きぶりについて、いったい渡辺先生はどうお感じになり、お考えになられていたのか、そのあたりにいぜんとしてわたしの関心は残る。

その三度目の出現に当たる一四一八年の日付の記事はこう読める。

　同じく、ヨハネ聖人の祝日の前日、鉄の鎖がパリの通りのはずれに再び設置された。全部みつかるはずだったのが、三百、足りなかった。生前、くだんの徒輩が自分たちの用に使ってしまったのだ。どこにあるか、わからない。そこで大急ぎで作り直した。(Jour., It. 209; manu. Vat., fol. 49r.)

「通りのはずれに」というのは、あるいは誤解を招くかもしれない。au boutz des rues の訳だが、むしろ「道路の端ごとに」とでも訳した方がいいかもしれない。ご想像いただけると思う。パリの町の通りという通りが交差する四辻に、「鉄の鎖」は設置された。「鎖」はそういう性質の事物であった。そうしてまた、「三百」足りなかったと、その数が計算され、記録される、そういう性質の事物であった。

少しずつ、少しずつ、鎖の正体がはっきりしてきた。もう一押しという感じである。四番目の記録、一四三六年の記事が、わたしたち知りたがりやを満足させてくれる。この年、フランス王を称するヴァロワ家のシャルルは、じつに十七年ぶりの都返りを志して、パリ制圧を図った。王軍の先遣隊がパリの南門、サンジャック門から突入する。

最初にリラダンの領主が、上から降ろされた梯子を使って市中に入り、フランスの旗を門上に掲げ、町を取った！　と叫んだ。パリ中で、人々はこの報に接するや、ただちにあるいはまっすぐの白十字、あるいはアンドレ聖人の十字を身につけた。フランス王の尚書、テルアンヌ司教は、事態が急変したと見るや、代官とユイレビの領主とイングランド人全員に命令を下して、全員最上の装備を整えた。他方、パリ側は、ミッシェル・ド・ラリエという善良な市民ほか、この入市を斡旋した多くの市民にはげまされ、民衆を武装させて、まっすぐにサンドニ門へ向かった。パリからも、村々からも集まって、その数、じきに三千から四千になったが、みんなイングランド人や政府要人たちを心から憎んでいて、かれらを滅ぼすことを切に望んでいたのだ。そのかれらがくだんの門の守りにつき、政府要人たちはイングランド勢を集め、これを三軍にわけた。ひとつはユイレビ卿の指揮下、ひとつは王の尚書と代官の、他のひとつはこの世でもっとも悪逆なキリスト教徒のひとり、ジャン・ラルシェ、不信心者の下賤な奴、代官の副官のラルシェの指揮下に。かれらはアル区の動きをたいそう気にかけていて、代官がその部下を率いて、そこへ差し向けられた。その途中、代官は、かれの仲間の、たいそう善良な商人ル・ヴァヴァスールに出会った。ル・ヴァヴァスールはかれにいった、お仲間よ、観念しなされ。いっとくが、今度こそは和議を結ぶ潮時だ。このままだと、おたがい、破滅だ。なんだと、と代官はいった。裏切者！　ねがえったな。あとはものもいわず、剣で顔面に切りつけたので、ル・ヴァヴァスールは倒れた。そうして、部下にかれを殺させた。王の尚書とその手勢はサンドニ大通りを進んだ。ジャン・ラルシェとその部隊はサンマルタン通りをいった。率いる手勢に二百人の完全武装兵と弓兵を従えぬものは三人のうちいなかった。そうしてかれらは、かつて聞いたことがないほどのおそろしい声で、口々に叫んだ、ジョージ聖人、ジョージ聖人、裏切者のフランス人め、みな殺しだぞ！　こうしてこの裏切者のラルシェは、みな殺しにしろと叫んだのだが、殺そうにも殺す相手をどの通りにも見付けられず、ようやくサンマルタン通りのサンメリーの前で、ジャン・ル・プレブストルという名前の人と、もうひとりジャン・クルーステという名前の人とを見付け、このふたりはちゃんとした家の立派な人たちであったが、このふたりをかれらは殺害し、さらに十回も刃を加えたのであった。かれらはさらに先に進み、上述のように叫びながら、窓をめがけて、とくに通りの端々で、矢を放ったのだが、しかし、パリ中にはりめぐらされていた鎖が、かれらの力を殺いだのであった……（Jour., It. 693; manu. Vat., fols. 153r.-154r.）

わたしがいうのは、鎖については、『日記』それ自体が解説してくれている。鎖は通りの端ごとに設置され、パリに敵対する軍勢の行動を妨害するのが目的の仕掛けであった。なにも「昔の城砦都市の有様をもつと詳しく調べ」なくとも、その文字の含まれる文章それ自体が情報を提供してくれているのである。鎖とはなにかを『日記』のなかに読むということは、『日記』をその記述の文脈において読むということの、はなはだ素朴なひとつの実践なのである。

わたしがふしぎに思うのは、渡辺先生は『日記』を読んでいらっしゃる。すくなくとも一四三一年のあたりまでは、記事を引用して紹介なさっているのだから、わたしの指摘する、鎖の文字の出る第三の記事まではお読みになった。そこまででも、鎖についての情報はかなりの部分、手に入る。そこまでくれば、もしやこの後にも、鎖の文字の入った記事があるのではないかと関心も刺激されるだろうと、わたしなどは思う。ところが渡辺先生は、鎖についての関心は捨ててしまわれた。著作集では、二、三の新知見をわざわざ付加されながら、文章それ自体の読みについての反省はなさっていない。ただ「昔の城砦都市の有様をもっと詳しく調べねば」ならないと繰り返されるのみである。

なにをめくじらたてているのかと、お叱りの声が聞こえるようだ。うっかり読みすごすということはだれにでもあるではないか。そう、あるでしょう。だからわたしはなにも、渡辺先生がこれに気付かなかったということ、そのこと自体を「とがめて」いるのではない。わたしには渡辺先生を傷つけるつもりはない。渡辺先生は、わたしが問題のわたしの論文で、ジャンヌ捕縛のことを記述する『日記』の文章に触れて述べるにさいして、渡辺先生ご自身が引用される二項にくわえて、それに続く一項をもふくめて問題にしたのに対し、こうお書きになった。

なお、堀越氏は、私が、ある事件の記述に触れないでいるのを咎めて居られるらしいが、『日記』に記された無数のあらゆる事件を、私の雑文で全部紹介するつもりはなかったし、それは、雑文の性質上できないことだった。しかし、私の感情移入（傍点は渡辺先生）的な幻を無理に虚構するために、都合の悪いものを切り棄てるという操作は決してしなかったつもりである。（著作集9、一三一ページ）

わたしには「咎めた」つもりは毛頭ない。この一連の記述の渡辺先生の読みについてご批評申し上げるのに適切だと判断したから、続く一項も付け加えて引用した上で、論評させていただいたのである。ここには詳細は繰り返さない。どうぞ本書六五ページをごらんいただきたい。それをこのようにおっしゃられて、わたしは十分傷ついていると申し上げたい。

オルレアンの戦い以後の王太子軍の動静について記述している『日記』の文章について、わたしは先生をご批判申し上げた。どうぞ本書六六ページ以下をごらんいただきたい。それに対して、先生はこうお書きになる。

本文中傍点箇所「ジャンヌ・ダルクに率いられたアルマニャック軍」という私の表現について、堀越助教授は、「戸惑うのである。一住民（＝『日記』の筆者）は一度もそのようには記述していないし、ムーニエ（＝ルネ・アドリアン・ムーニエ）の実証もまた一住民の記述のしかたを正当化している」（『象』＝三ページ上欄）と、私を戒めて居られる。私は、ムーニエの「綿密な考証」

を、恥かしながら読んでいないので、弁解が大変困難になる。しかし、右堀越氏の文章の直前にある、「王太子の行動をジャンヌの名の下に眺めるようになったのはジャンヌ以後（傍点は堀越）のことではなかろうか」という短文は、全くその通りであると思っている。また、私は、『日記』の筆者が、私の用いたような表現を全然用いていないことも重々存じている。しかし、ジャンヌ以後（堀越の傍点を意識的に流用なさった渡辺先生の傍点）の日本の読者に、手取り早く事態を伝えるためには、あのような表現をしたほうが判りやすいと考えたのである。私の表現が最上とは思っていないが、僅か数行で、複雑な当時の事情を、後世の人々（特にブゥルギーニョン対アルマニャックのことまで一応説明する必要がある日本の読者）にはあのような表現にしてもしかたがなかったというのが（渡辺先生のご文章のまま）、私の弁解である。単に「王太子軍」あるいは「アルマニャック軍」と記せば、お叱りを受けないですんだのかも知れない。しかし、私は、ジャンヌ・ダルクが、王太子軍或はアルマニャック軍側にいて、ブゥルゴーニュ軍あるいは英（仏）王軍側にいなかったことを明らかにして置きたかったにすぎない。「ジャンヌ・ダルクも加っていた（傍点は渡辺先生）アルマニャック軍」と訂正してもよいと思う。重ねて記すが、『日記』の筆者が、そのような表現を用いていないことを、私が知らなかったのでは決してない。しかし、あの条の文章は、ジャンヌ以後（傍点は渡辺先生）の人々に向かって、同じくジャンヌ以後（傍点は渡辺先生）の私が書いたものであって、『日記』の筆者が書いたのではない。（著作集9、一二九ページ）

最後の一行は印象的である。

わたしはこのような「弁解」の辞を読まされて、悲しくなる。わたしは渡辺先生がムーニエなる一研究者の書いた本を「恥かしながら読んでいない」ことをとがめ立ててなどいない。わたし自身、読むべきムーニエを何冊読まずに打ち棄てていることか。わたしはただ、ジャンヌ・ダルクを『日記』の文章のなかで読んでくださいとおねがいしているだけで、歴史の本に当たってよく勉強してから発言してくださいなどと、どこにもいってはいない。鎖の事実を鎖という文字を含む文章のなかで理解するのと同じ呼吸で、ジャンヌ・ダルクを『日記』のなかで読んでください。そうおねがいしただけで、そうしてわたしが悲しく想うのは、その呼吸は、渡辺先生のものではついになかった。

3

過去のテキストを読むとき、感情移入はしてよし、言外の意は汲んでよいということにしたら、いったいテキストはどうなるのか？　これがわたしのついの疑念である。

感情移入はしてよいという渡辺先生のご意見は、問題のわたしの論文の本書六五ページから六六ページにかけての文章に対するお答えのうちに読みとれる。わたしの書いたことを要約すれば、『日記』の筆者が季節外れのぶどう畑の冷害のことを書いた、その次の項にジャンヌ・ダルク捕縛のことを書いているからといって、両項を結びつけて読まなければならない道理はないでしょうということとで、それと関連して、渡辺先生が天変地異めいた出来事を記述する『日記』の文章に接せられると、しばしば「特に」「言外に」「わざわざ」といったことばを使用されることについても、わたしは言及している。

以下、いささか長文にわたって恐縮だが、渡辺先生のわたしに対するお答えをご紹介する（著作集9、一二九〜一三一ページ）。

既に、「菫の狂い咲き」について記した箇所があったが、本文末では、畸形児誕生のことが見える。こうしたふしぎな天変地異を特に取りあげ、またそれを、ジャンヌ・ダルクの出現にいかにも関係ありげに私が記述した点について、堀越助教授は次のように批判して下さった。

「……葡萄畑冷害の主題とジャンヌの主題とを結びつけられる、その根拠はなにか。一住民の記述全体の調子からみて、それは教授自身の感情移入（傍点は堀越）の操作による判断にすぎない。指摘される、すみれの狂い咲き、また畸形児誕生のこと、また同様である。つまりは出来事を記録しようとの極めて素朴な心の定位の表われにすぎない。教授は天変地異めいた出来事を記述する一住民の記述について陳述される時、「特に、言外に、わざわざ」等の語彙を使用される、それはまさに感情移入の操作を示すものであろう。……（中略）……わたしはただこうお尋ねしたいだけである、すなわち、一住民はなぜ教授がお考えになられている程ジャンヌ・ダルクのことを気にしなければならないのか（傍点は堀越）、と。」（『象』三〇ページ上・下欄）

右引用文中の傍点の箇所は、堀越氏が特に傍点を施し力をこめて私に詰問なさっている点と思われるから、それに対する弁解をしなければならない。

私は、本章冒頭で述べたように、『日記』の筆者がジャンヌ・ダルクをいかに受けとめていたかを、『日記』に記されたことを中心にして拾いあげるつもりであった。だから、私の雑文では、ジャンヌ・ダルクに焦点が常に置かれてしまったのはやむを得ないと思っている。『日記』そのものを忠実に紹介するのであったら、つまり筆者の「極めて素朴な心の定位の表われ」を忠実に紹介するのであったら、余計な「操作」を加えずに、『日記』を翻訳するのが一番よいのである。私には、その意図はなかったのであり、ジャンヌ・ダルクに対して、同時代の人々が抱いていた像の一端だけを『日記』のなかから拾い出して、「救国の女傑」としてのみ伝えられたこの「聖女」の別な面を調べてみようとしたまでのことである。

私は『日記』の筆者がジャンヌ・ダルクのことを常に気にしているとは決して思っていない。畸形児が生まれれば、ジャンヌ・ダルクのことは忘れて、ふしぎがり、季節はずれに菫が咲けば、首をかしげるだけのことであり、それを一つ一つジャンヌ・ダルクに結びつけているとは決して考えていない。

しかし、感情移入（傍点は渡辺先生）とお咎めになることは確かにあるのであって、そもそもこの『日記』を雑文の素材にした時から、私の感情移入（傍点は渡辺先生）は存在し、恐らく、それが記述全体を貫いているに違いないとは思っている。この『日記』のような古記録を前にして、私は常に二つの問題に逢着する。一つは、こうした記録を産んだ古い時期の現実の再構成と、筆者の意識の追求との問題である。二つは、古記録中の人物がいかに現在のわれわれと条件を異にしているとしても、「人間」という本質的にはあまり変化しないかもしれぬという（渡辺先生のご文章のまま）「偏見」が私にある限りにおいて、現在の我々が周囲で生起する現象に対して示す反応と同一或は相似した反応を、古記録中の人物も示すことがあろうと考えることである。

第一の問題、即ち、古記録を産んだ古い時期の現実の再構成と筆者の意識の追求という問題は、私のごとき感情移入（傍点は渡辺先生）常習者にとっても、決して無視してよいものではないことは明らかである。この第一の問題を全く無視したら、感情移入（傍点は渡辺先生）どころか、甚だしい時代錯誤に陥るし、でたらめ（傍点は渡辺先生）になってしまうことは判り切っている。ただ、この第一の問題を究めることは、非常に多くの資料の実証的吟味によってもなかなか十分な成果をあげられないらしいし、これは、史学専門の方々のお仕事にもなる以上、私としては、これに能う限りの配慮はせねばならないのではあるが、堀越氏のような専門の史学者から見れば、正に噴飯物の誤謬を犯しているに違いないのだろう。

先にも記した通り、『日記』の筆者は、ジャンヌ・ダルクのことばかり考えていたわけではないということは、堀越氏の記された通りであるし、私もそう思っている。しかし、堀越氏は、私が、そうは思っていないように初めから考えられて、前に掲げたような御詰問をなさったのではあるまいか？　それというのも、第一には、私の文章が下手であったためであろうが、第二には、感情移入（傍点は渡辺先生）を承知の上で古記録をひねくりなおした私の立場を御理解下さらなかったためではないかとも考えられる。

「菫の狂い咲き」や「畸形児誕生」の記述を読んで、私は「狂った季節」に対する不安が、『日記』の筆者の心に宿ったろうと、確かに感情移入（傍点は渡辺先生）してしまった。そして、それとは直接関係のない田舎娘ジャンヌ・ダルクの出現に対しても、『日記』の筆者は、小首をかしげていると、私は感情移入（傍点は渡辺先生）してしまった。そして、「乱世」の不安な空気と、「乱世」に生きるパリ一市民の漠然とした焦慮とを、同じく感情移入（傍点は渡辺先生）して考え出し、それを表現するために「菫の狂い咲き」や「畸形児」の主題と、ジャンヌ・ダルクの主題とを併列（傍点は渡辺先生）させてしまったのである。そして、私は、決して断定はしていないし、常に、「……のようにも思える」とか「……という感じがする」という風に、正直に自分の感情移入（傍点は渡辺先生）を告白しているつもりである。決して、白を黒と言いくるめる所存はなかった。

『日記』中で、ジャンヌが、「主役としては描かれていない」（『象』三一ページ下欄）ことは、前にも記した通り、私も重々承知しているのであるが、拙稿の第三章「白い眼で見られるジャンヌ・ダルク」という、これまた感情移入（傍点は渡辺先生）かもしれぬ主題のためには、『日記』のなかから、ジャンヌに関する記述だけを拾いあげねば話にならなかったのである。別な言葉で申せぼ、私の雑文においては、ジャンヌ・ダルクが主役になってもいたし方なかったのである。

私は、『日記』の筆者の意識の追求は必要だと思っている。しかし、私はそれを目的とはしていなかったのである。「菫の狂い咲き」や「畸形児」や「ジャンヌ・ダルクの出現」を併列させる(傍点は渡辺先生)ことによって、あの時期の不安な空気と、その空気を吸っていた人間の気持とを、感情移入(傍点は渡辺先生)しながら、暗示表出しただけなのである。

堀越助教授の御叱責に従い、旧稿を全部書き改めるとすると、私の雑文の主旨が崩れてしまうし、それを更に建てなおして、全く別の文章にすることは、目下の私には不可能だし、またこうして一応弁解をした以上、その必要もあるまいと思ったので、すべて旧稿のままにした。

「なお、堀越氏は……」と、渡辺先生はあと三行ほど、これはすでに前節末尾にご紹介した文章を付記されている。

さてさて、なんとまあ雑駁な議論を、と肩をすくめていらっしゃる向きもあろうか。わたしとしても、じつは弁解のことばがない。わたしがいうのは「感情移入」ということばづかいについてであって、その点、なんとしたことか、渡辺先生も同罪なのであった。そうして、はなはだ奇妙なことに、このことばづかいについての反省こそが、なんともあっけらかんとわたしたちの「論争」の性質を指示するのである。

「感情移入」というのはドイツ語の das Einfühlen の翻訳語である。そういうつもりで使ったのだろうと、四半世紀前のわたしの心理をいまのわたしが読むということで、さて、渡辺先生の方はどうだったのであろう？　というのは、あなたがたもよくご存じのように、このことばは十八世紀に啓蒙主義をロマン主義に渡した渡し守り、ヨーハン・ゴットフリート・ヘルダーの造語であった。ヘルダーはこんなふうに書いている。小栗浩、七字慶紀両氏の御訳でご紹介しよう。

われわれはみな、今なお、東洋人のように、父祖伝来の、家庭的、人間的な衝動をもっていると思っている。エジプト人がもっていた誠実と工作人的勤勉をもちうると思っている。フェニキア人の敏活、ギリシア人の自由愛、ローマ人の精神力……、そういうすべてに対する素質が自分にあると誰が思わないだろうか、もし時と機会に恵まれさえすれば。だが、読者よ、時はきているではないか、機会はあるではないか。卑怯未練の悪者でさえ、高潔きわまる英雄となるべき素質と可能性を、今なおわずかなりとももっていることは疑いをいれない。だが、そうなる素質があるだの、可能性があるだのということと、現にそうだという十全な感じをもち、そういう性格で現に生きているということとの間には、大きな隔たりがある。それでは、君の素質を仕上げてたくましい本能にかえ、東洋人、ギリシア人、ローマ人のようになるためには、時と機会にめぐまれなかっただけだというのか。だが、そこには大きな隔たりがある。できあがった本能だけが重要なのだ。魂の全本性はすべてを支配し、他のあらゆる性情や精神力を自分に似せて象《かたど》り、ごくつまらない行為をさえ、自分の色合で染める。これをわが身で感じとるためには、字面だけを見て答えてはならない。時代のなかに、風土のなかに、歴史全体のなかに、一切のなかに感情移入をしなければならない。そうしてのみ、君は言葉を理解できるようになる。だがまた、そうしてのみ、個々であれ全体であれ、すべては自分だという思いあがりも消え失せるだろう。すべてをひっくるめたものが君だというのか。すべての時代や民族の精髄だというのか。ばかもいい加減にしたまえ。(6)

なんということか、わたしたちのコンフェランスは、テキストの不定にくわえて、ことばの誤解の上に実行されたのである。

わたしは渡辺先生がご自身の感情や思考を、ものの考えかた感じかたを、無造作に対象に反映させると批判した。そのことを「感情移入による判断」といいまわした。それに対して渡辺先生は、そうしてなぜ悪いかと、ことばは悪いが、ひらきなおられた。じつはその「感情移入」ということばについてわたしは誤解し、そのわたしの誤解したことばを渡辺先生は、どうやらわたしが誤解したがままに受けとめられた気配がある。だからこそ、先生は「古記録を産んだ古い時期の現実の再構成と筆者の意識の追求という問題は、私のごとき感情移入の常習者にとっても」とお書きになり、「感情移入を承知の上で古記録をひねくりなおした（渡辺先生のご文章のまま）私の立場」をお立てになった。さらにはまた、そうした感情移入は重々承知し、だから正直に告白しているともお書きになった。

「感情移入」ということばのひびきに、四半世紀前のわたしはだまされていたということか？　テオドール・リップスやヴィルヘルム・ディルタイたちの意見の陳述の文脈に置かれるこのことばの含意、またヴィルヘルム・ヴォリンガーの『抽象と感情移入』という対照のとりかたが、四半紀前のわたしのばあい、なにかこのことばの理解を混乱させるものがあったということか？　あるいは単純に

das Einfühlen の l を r ととりちがえていたか? Das Einführen こそは「感情移入」なのである。自分自身の感情を対象の芸術作品に投射して、対象の感情を把握するという手続きは、まさに自分の感情を「なかに導く」ものである。それに対し Das Einfühlen は「なかで感じる」であって、かくして「感情移入」の訳語はいかにもそぐわない。

アイザイア・バーリンはヘルダーにふれていう。小池銈氏の御訳をお借りする。

『異説・歴史哲学』の最もよく引用される章節の一つはこう語っている、「いずれの国民もそれぞれの内部に幸福の中心を持っている、丁度すべての球がそれぞれの重心を持っているように」。歴史家、批評家、哲学者が把握すべきはこの事であって、ある文化の中心を他の文化のそれと一様にしようなどと試みるほど致命的なことはない。「ある民族の時間、空間、全歴史に入りこもうとしなければならぬ。すべての物事をわが身に沁みて感じ（sich einfühlen）なければならぬ。これこそ現代の歴史家が明らかに為損なっていることである。」ヘブライの聖書を理解するためには、オックスフォードの学者ロバート・ラウスがやったように、それを崇高な芸術作品と見、その佳処をホメロスのそれと比較するだけでは不十分である。われわれ自身を遥かな日、遠い昔に移し、牧畜農業国民たるユダヤ民族の国民詩、「哲学的でも抽象的でもない言葉、簡古素朴な詩語で書かれたもの」としてそれを読まねばならない。（中略）ドイツ人は聖書時代のユダヤ人ではなく、古典期ギリシア人でも、ローマ人でもない。すべての経験はそれ自体独自のものだ。それを理解するとは、それをわれわれが読みとろうとしている記録・記念物に表現した人にとって、それがどんな意味を持っていたかを把握することである。およそ理解というものは必ず歴史的にならざるを得ない。ドイツの啓蒙主義者たちは単に史的展望を欠いているのみならず、等級をつけ、道徳的卓越に高い点を与える傾向がある。ヘルダーはこの（彼に言わせればスピノザ流の）風潮のなかで、すくなくとも一七七四年の『異説・歴史哲学』では、道徳的評価に警告を発し、批評家に対して、もし非難や賞賛の必要があるのなら、まず共感ある洞察力を、感情移入（einfühlen）の能力を働かせて、然るのちに裁定すべきことを、何よりも先に理解するよう力説している。(7)

最後の数行はとりわけ印象的である。渡辺先生にぜひ読んでいただきたかった。

4

シシリー島へいくのは、ガスコーニュ人を探すためではない（それは家に大勢おいてきている）。ギリシア人やペルシア人をみつけるためだ。（Essais, III -9; éd. Pléiade, p. 964）

モンテーニュはいまのわたしのメンターで、このまわりくどい、どちらかといえば悪文が、なぜか気にいっている。なによりも『エセー』は、いわば見出し語を立てて引き出すように読むことを許してくれる。そこのところがいい。最近も、老いという見出し語を立てて、モンテーニュの感慨を聞く機会があった（すでにご紹介した『青春のヨーロッパ中世』のなかで）。いま、渡辺先生にお答えするのに、わたしはわがメンターにお伺いを立てる。かれは、ふと思いついたのだが、といった調子で意見を述べてくれる。

第一書三七章「小カトーについて」の書き出しに、こう読める。

わたしは自分のありかたに従って他人を判断するというよくあるまちがいはしでかさない。わたしのとはちがう、ずいぶんと様々なものが容易に信じられる。ひとつの型に自分をはめこもうとするあまり、だれしもがやりかねないことだが、それを世間に押し付けることはしない。わたしのとはちがう千もの生きかたがあるとすなおに分かるし、信じもする。世間の方々に逆らうようだが、わたしたち同士の類似よりも差異のほうがいっそ受け入れやすい。わたしは他の存在を、そうしてもらいたがっているのだから、わたし自身の状態と主義主張から切り離し、すなおにそれ自体のなかで、それ自体をモデルとして肉付けしながら考察する。わたし自身が禁欲を守らないからといって、フイヤン派やカプチン派の禁欲の節制をまじめなものと認めないようなことはしない。かれらの生きかたをりっぱだと見ないようなことはない。わたしは想像力によって、かれらの立場にうまくもぐりこむ。（Essais, I-37; éd. Pléiade, p. 225）

すなおにそれ自体のなかで、それ自体をモデルとして肉付けしながら考察する……あまりにも平易に述べられていて、わたしとしては拍子ぬけの気分である。モンテーニュの『エセー』はこの考察の「エセー（試み）」である。ここでの対象は小カトー、元老院派を率いた、カエサルの政敵である。

小カトーの行動の評価をめぐって、モンテーニュはいう、わたしはこの大問題を論じられる状態にはない。わたしはただカトーを讃美している五人のラテン詩人の詩文をたがいに競いあわせたく思っているだけだ、と。そうして、マルティアリスほか五人の詩を一行ずつ引用してみせる。それだけなのだが、なんともこれは表現的なエピソードではないか。判断は下さず、テキストを示すといっているのである。カトーの生涯にかかわるローマ人の証言を示すといっているのである。そうして一五八八年版の『エセー』では、簡潔に詩文を並べるだけで文章を閉じているのだが、それ以後さらに追加した文章に、モンテーニュは、これはカトーの利益になるし、たまたま詩人たちの利益にもなろう。ちゃんと教育を受けたこどもが詩を読む勉強にもなるだろうと、詩の鑑賞の効能についてコーズリしている。

渡辺先生とわたしのコンフェランスにおいて、対象は『日記』の筆者である。そうしてわたしが望んだのは、渡辺先生がご自分のありかたに従って他人を判断するというよくあるまちがいをしでかしたりなんぞして下さらないことであった。他の存在である『日記』の筆者を、先生ご自身の状態と主義主張から切り離し、すなおにそれ自体のなかで、それ自体をモデルとして肉付けしながら考察していただくことであった。想像力によって、『日記』のなかにうまくもぐりこんでいただくことであった。『日記』から五つの文章を選びだして並べていただくことであった。それは、ちゃんとした教育を受けたこどもが、『日記』にひとつの精神の軌跡を読む勉強にもなったことだったろう。

わたしは渡辺先生に五つの文章を選んでいただきたかった。想像力によって『日記』のなかにはいり、『日記』の文章の性質を知り、その性質を映す文章を選ぶ。というよりは『日記』それ自体がそれを提供してくれるのである。それがどうだろう、渡辺先生は文章を選ばれる。むしろ選ぶことに名分を見出していらっしゃるの観がある。だが、その選びよう、はたしてそれは『日記』という文章の集合の性質をよくわきまえられてのものであったか。

ここでもまたモンテーニュが絶妙の文章を残してくれている。第二書十章「書物について」の一節である。

わたしは単純な歴史家か、卓越した歴史家が好きだ。単純な歴史家は、なにかかれら自身のものを混ぜていくようなことはせず、かれらの耳目をひいた事物すべてを集めることにひたすらつとめる。そうしてすべての出来事を、選択せず、選別せず、そのまま誠実に記録する。こうしてわたしたちに、判断の余地をまるまる残してくれて、事実を認識させてくれる。たとえばあのフロワサールがそのひとりで、かれはたいへん素朴に仕事を進めて、間違いを犯すと、気が付いたその場でそれを認め、訂正することをおそれない。かれは巷間の噂の様々、耳目に達した情報の様々をそのままわたしたちに紹介してくれる。それが歴史の素材である、裸でまだ形をなさない。だれしもが、それぞれの理解の及ぶ範囲で、益にあずかることができる。まことすぐれた歴史家は、知るに値する出来事だけを選ぶ能力をもっている。二つの報告があるとすれば、そのどちらかより真実らしい方を選別することができる。ある君侯がどの身分か、どんな気質かで、その君侯の意図を知り、その君侯にふさわしい言葉を口に出さしめる。すぐれた歴史家はわたしたちにかれらを信頼せしめるようにしむけるが、それは当然のことなのである。だがもちろん、それが当然だといわれる歴史家は多くはない。この二種類の間に位置する歴史家たち（これが一番ふつうのタイプだが）、わたしたちに害を及ぼすのはかれらである。かれらはわたしたちの面倒をとことんみたがる。判断を下すことが許されていると思いこんでいる。その結果、歴史をかれらの空想の産物にしてしまう。というのも判断が一方に偏すると、叙述がその方向にゆがめられ、ねじ曲げられるのはほとんど押さえがたいところだからである。かれらは知るに値する出来事を選択しようとする。そうして、さらに示唆するところの多いあの言葉、この行動をわたしたちに対して隠す。かれらに理解できないことは、これは本当とは思えないことだと、省いてしまう。それどころか、りっぱなラテン語やフランス語でいうことができないことだからという理由で。雄弁とご卓説を堂々と開陳なさるがいい。自分勝手な判断を下すがいい。だが、おねがいだから、あとでわたしたちが判断する材料を少しは残して下さるように。かれらの勝手な要約と選り好みで、歴史の素材の総体が好きなように扱われて、変化をこうむったりすることがないように。どうぞかれらが歴史を丸ごと、純粋で手つかずのまま、わたしたちに返してくれますように。（Essais, II-10; éd. Pléiade, pp. 396-7）

わたしがいうのは、モンテーニュは文章の性質を見る眼をもっている。モンテーニュは『日記』は読んでいない。もし読んだとしたら、どう反応したか。これはおもしろい問題だと思う。まずまちがいのないところ、モンテーニュは『日記』の筆者を、かれのいう第一のカテゴリーの「歴史家」にかぞえたことだったろう。わたしは鍵括弧つきで歴史家といっている。わたしがいうのは文章の性質のことで、種類のことではない。「書物について」の末尾に近く、モンテーニュは、以前読んで注記を書き込んだ本の一つということでフィリップ・ド・コミーヌをあげて、その注記を再録している。コミーヌは、カテゴリー2の歴史家にランクされている気配である。

ここにはやわらかい、心地よいことばが見出される、素直で、単純なことばが。叙述は純粋で、著者の誠実さが光り輝いている。自分自身のことを語るに虚栄におぼれず、他人を語るに、愛憎にとらわれない。その所説と意見は、なにしろ熱意にあふれ、真実をはらんでいる。これ以上、いうこともないくらいだ。全篇、威厳と重みが感じとれて、著者が良家の出であり、常時大事に接して育ったことがわかる。(Essais, II-10; éd. Pléiade, p. 399)

重ねていうが、モンテーニュは文章の性質を見る眼をもっていた。

モンテーニュは『日記』は読まなかったが、モンテーニュと同世代の人文学者クロード・フォーシェは読んだ。恥ずかしながら、わたしはフォーシェの著述はほとんど読んでいない。わたしはただ『日記』のヴァチカン写本の欄外余白にフォーシェが書き込んだほんのわずかな語句を眼にしたにすぎない。しかし、ほんのわずかではあっても、フォーシェの筆跡は、かれの『日記』の読みかたについてわたしに示唆するところがあった。

委細は本書第七論文「『スウェーデン女王蔵書一九二三番写本』の筆者について」をごらんいただきたいのだが、わたしの印象では、人文学者フォーシェの読みの作法はモンテーニュ流儀である。対象の文章の性質を調べながら、語句を読んでゆく。ひらたくいえばそういうことで、この態度をとろうと、人文学者はつとめている気配である。無造作にガスコーニュ人を探そうとしない。シシリー島ではギリシア人かペルシア人をみつける気構えである。

わたしたちはどうして『日記』の読みかたを忘れてしまったのであろうか。

（1）渡辺一夫『乱世・泰平の日記』「渡辺一夫著作集」9、筑摩書房、一九七一年。
（2）『青春のヨーロッパ中世』（「歴史のなかの若者たち」2、三省堂、一九八七年〔二〇一二年、悠書館刊の『人間のヨーロッパ中世』に再録〕）に、わたしはその関心を述べている。
（3）ここで使った「コンフェランス」ということばは、注記が前後して恐縮だが、本章二六九ページの「わたしの想像を突く敵手はすでに亡い。どうして死者生前の槍筋のあたりはずれについて、ああだこうだと批評できようか。わたしたちのコンフェランスは……」といういいまわしとともに、モンテーニュの『エセー』の文章を踏まえている。『エセー』第三書八章「話し合う技術について」に、モンテーニュはこう述べる。

「強い魂、手強い敵とコンフェーレすると、敵はわが側面を攻撃し、左に右に突き立てる。敵の想像がわたしの想像を突く。嫉妬、野心、競争心がわたしを押し、わたしをもちあげる。一致ということは、コンフェランスにおいては、わずらわしい限りの美点である。」

そうしてまた、

「争わず、礼儀をわきまえ、技巧的であるならば、衝突をおそれ、押さえたそぶりを見せるならば、コンフェランスは十分に力強くなく、また高貴ではない。」

そうして、キケロの言を引く。

「なにしろ、反論なしには議論できんのだ。」

どうやらモンテーニュのいう「コンフェーレ」は、キケロの「ディスプターレ」と同じ意味らしい。

(Montaigne, Essais, III-8; *Œuvres Complètes*, édition Bibliothèque de la Pléiade, 1962; pp. 900, 902)

以後、モンテーニュの『エセー』からの引用は、Essais, III-9; éd. Pléiade, p. 964 といったぐあいに本文中に割注する。

（4）『群像』からの引用文は、原文は正字が用いられているが、今回引用に際し、新漢字にあらためた。

（5）『日記』からの引用は、アレクサンドル・テュテイの刊本のテキストをヴァチカン写本のと照合したうえで訳した。前者 *Journal d'un Bourgeois de Paris 1405-1449*, publié d'après les manuscrits de Rome et de Paris par Alexandre Tuetey; à Paris, chez H. Champion; 1881 は、以下本文割注において、*Jour.* と略記し、Item の頭書きによって区分される「記事」の番号を It. 299, 288 のように添える。後者 manuscriptum Vaticanum は

manu. Vat. と略記し、フォリオ（紙葉）のページ番号を folio 66r. (recto), 66v. (verso) のように添える。

（6）ヘルダー『人間性形成のための歴史哲学異説』から。小栗浩・七字慶紀訳、「世界の名著38・ヘルダー、ゲーテ」、中央公論社、一九七九年、所収。一〇〇ページ。

（7）アイザイア・バーリン「ヘルダーと十八世紀啓蒙主義」から。同著『ヴィーコとヘルダー』小池銈訳、みすず書房、一九八一年、所収。三五三－四ページ。

第Ｉ部あとがき

この本に収めた八本の文章のうち、七本まではすでにどこかしらに発表ずみのものである。第二論文は別として、発表した順に収めた。はじめタイトルは「論考十篇」としようと考えた。というのは、七篇のうち最初のは、ということは本書の最初の文章は、ある雑誌に二回にわけて掲載したもので、そう勘定すれば、全部で九篇になる。「論考十篇」としても、まあ、おかしくはない。というのは、かつてヨーハン・ホイジンガは、『中世の秋』出版後七年にして、一九二六年、『論考十篇』と題する論集を出した。それがわたしの念頭にあった。そうして、じつのところ、その論集にはなんと十一本の文章が収められているのである。『論考十篇』の「十篇」とは、それほど厳密な指示ではなかった。いってみれば「百話物語」のたぐいである。あるいは、数に無頓着な「中世の精神」への、これはあてこすりか？

「論考十篇」とはあんまりでしょうというわけで、本のタイトルは『中世の精神』におちついた。これは英語でいう medieval mind を意識している。中世人の心とでもすれば、あるいはより適切かもしれない。けれども、これはわたしの偏見かもしれないが、心という字は先人の手垢に汚れている。道学のくさみがある。だから使いたくなかった。心性ということばもためらわれる。いわゆるマンタリテの翻訳語である。わたしの関心のもちようは、いうところのマンタリテの歴史とはすこしちがうようだ。なにしろかれは集団的心性をいいたがる。わたしのはもっと個人的のようである。

わたしがいうのは時代の精神が個人の精神を通してあらわれる、そのあらわれぐあいにわたしは興味をもっている。だから、このばあい、個人というのはテキストである。ここに問題は、個人のテキストは時代のなかで読まれなければならず、時代の精神は個人のテキストによって測られる。これを自家撞着といわなくてなんであろうか。本書第一論文「中世ナチュラリズムの問題」は、フィリップ・ド・コミーヌとパリの無名氏のふたりを通して、この問題を考えている。一九六四年、雑誌『史学雑誌』に発表した論文である。なお、この論文の発表の経緯については、本書最終の文章「『日記』の読みかたについて」をごらんいただきたい。

ちなみに、これは本書には収めなかったが、わたしの学部卒業論文、いわゆる卒論のテーマは「十八世紀フランスにおける百科全書の出版について」といい、編集者ドゥニ・ディドロに関心を向けている。出版人ル・ブルトンによる削除改変の跡をとどめる「百科全書」ゲラ刷りの欄外余白に、ディドロの怒りのことばが読みとれる。啓蒙主義と「百科全書」の文脈のなかで、そのことばをどう読むか。また、そのことばを通して、「百科全書」を、啓蒙主義をどう読むか。気負いたった文章が、おはずかしくもいまのわたしにつながっている。評点は優でした。

次の文章「中世叙事詩における騎士道」は、なにしろこれは「比較文学講座」に書くようにと芳賀徹氏から要諸されたものであって、文章題もお仕着せである。副題を「ひとつの方法論的陳述」と置いたのは、芳賀氏の期待にこたえて騎士道の種々相を比較文化史的に述べるわけにはいかない、あるいはいかなかったという決意表明、あるいは弁解である。

実在したのは個々の記述であるとわたしは書いた。記述をそれぞれその属する時代に返さなければならないわけで、それが文化史の仕事である。オックスフォード大学所蔵の写本『ロランの歌』にわたしたちが読むものは記述者テュロルドゥス某の精神であり、その個性を成り立たしめていた時代の精神である。記述者テュロルドゥス某の精神を通さずに時代の精神は測れないでしょうというのがわたしの意見であって、個人的というのはそういうことである。

「後期ゴシックの世界」は岩波書店刊の「講座世界歴史」に寄せた論文のひとつであって、これまた、たしか、論題はお仕着せである。辻佐保子氏の「ビザンツ的表象の世界」というのと対をなすかたちをとらされていて、編者堀米庸三先生のお考えを押し測れば、ヨーロッパ中世後期の表象の世界を、「中世文化ノ爛熟ト退廃ノ相ノ下ニ」記述することがどうやら期待されたらしい。

ところが、またしてもここに編者の期待は裏切られて、聖像論争をめぐる辻氏のまこと正統の論考の陰に、筆者はただボソボソと十四、五世紀のテキストのいくつかを読みかじった感想を述べるのみである。「ことばのばあい」にくわえて「かたちのばあい」を置いたのは、与えられた文章題に調子を合わせようとしたまでのこと。いわばわたしは本気ではなかった。絵を対象とするわたしの仕事は、やっと数年後にはじまる。一九七七年、十五世紀のネーデルラント画派の画家たちの絵を解題した、雑誌『みずゑ』連載の文章である。これはのちに本にした。小沢書店刊の『画家たちの祝祭』である。

「過去への想像力」はミッシェル・フーコーを頭においている。「中世ナチュラリズムの問題」発表の翌々年、文部省在外研究員としてパリに出掛けた友人の齋藤一郎が手紙を寄越して、おまえが書いたとおりのことをミッシェル・フーコーという最近本を出した哲学者が書いてるぞ。『ことばともの』という本だ、と。

ヨーハン・ホイジンガは、マックス・ウェーバーの意見にたいへん通じるものがあると人から指摘されたことがあるという。そのことは『歴史の科学』に注記のかたちで書かれていて、一九三四年の文章である。そうしてホイジンガが弁明していうには、「恥ずかしながら告白するが、わたしの読書には無数の欠落があり、まことに残念におもっているのだが、ウェーバーの著作もそのうちに入るのだ」と。

わたしはなにも大歴史家にわが身をなぞらえるという不遜に、ひそやかな快楽のうづきを覚えているというのではない。わたしがいうのは関係の相似ということで、そうして一九六六年におけるフーコーのばあいは、一九三四年におけるウェーバーのばあいとはちがっていた。『ことばともの』は、まさにその年、一九六六年春に出版されたのである。

もっとも同じ著者の『臨床医学の誕生』は一九六三年に、『狂気の歴史』の旧版はそれ以前一九六一年に出版されている。おまえの読書にはやはり無数の欠落があるととがめだてられてもしかたのないところか。それに、生来怠け者のわたしは、齋藤から教えられても（なんと齋藤はまさに現場にいたのだ！）すぐそれを読みに走りはしなかった。さて、ミッシェル・フーコーをまとめて読んだのはいつのことだったのであろう。そうして「過去への想像力」がくる。これは雑誌『思想』に一九七二年に書いた文章である。

「記録と現実」は一九七三年、もともとは堀米庸三先生の東京大学文学部教授定年退官を記念して発案された論集『西洋中世世界の展開』（東京大学出版会）に寄せた文章である。なんともひとりで楽しんでいるような文章だとだれかが批評したというううわさを耳にしたが、本人にしてみれば、テキストを読むという、それこそ文化史の仕事の基本の、これはほんのちょっとしたケース・スタディのつもりであった。楽しんでいるように見えたとすれば、それは本人の油断からで、あるいは歴史学もまたついに private affair であると本人は考えているとお伝えすることにしようか。

「ルネサンス問題のいま」は、ライデン大学のセム・ドレスデン教授におくるエールであった。ドレスデン氏との交情はわたしのはじめての外遊体験にさかのぼる。もう二十年近くも前の一九七一年から七二年にかけてである。その折り、一度ライデンに氏を訪ねた。その後再会する機会もないままにすぎていたところ、一九七五年に、氏の論考を含む『イタリアの道中』が出版された。これはひとつ紹介しなければなるまいと考えていたのだが、生来怠け者、ようやく一九八一年になってから、読後感を文章にした。「ルネサンス問題のいま」である。

ドレスデン氏とは何者か？　ライデンに氏を訪ねた事の次第については、以前、短いエッセイに書いたこともあり、それはやはり小沢書店刊の『いま、中世の秋』に入っているので、そちらのほうをごらんいただきたく、ここではむしろ氏自身をして語らしめよう。『イタリアの道中』に寄せた氏の論考は「フランスへのイタリア・ルネサンスの受容のプロフィール」と題されている。その最初の段落から一節、お読みいただく。

「わたしに見えるのはただ一本の道である。それを辿るのはいかに困難であるにせよ。問題のプロフィールはさしあたり輪郭をラフにとっておくことにしよう。なんらかのテキストあるいは文書を読んで、なにが書いてあるか洞察することができたとする。同種の事柄について他のテキストがいっていることと、これを較べる。わが道はテキストでできている。まずわたしはテキストに専念するのである。先は見ない。この道がわたしをどこへ導くか、あらかじめ眺望を得ることはできない。しかし、ここにおどろくべきことがある。テキスト、またテキストといわずすべて文化の所産は、いわばそれ自体のなかに、その眺望を蔵しているのである。テキストに述べられたこまかな事柄が広い展望をあかす。しかし、もちろんその展望は個々のテキストに分属するものであって、すくなくとも調査の最初の段階では、それら個々のテキストがかかわるかぎりにおいてしか真正のものとはいえない。だからわたしは、まずひとつのテキストを読み、いかにそれが他のテキストに似ているか、また違っているかを見ようとする。ただし、そのことをすることができるのは、ほんの二、三のポイントについてのみのことである。しかし、このことはまた利点にもなるのであって、すなわち極端な抽象からわたしを遠ざけてくれるのである。はじめから一般的問題をもちだすことはしない。さしあたり、文化史家のすることのできるただひとつのことだけをすることにしよう、すなわち、読み、見張ること。」
(Itinerarium, p.122)

なんとこれはホイジンガの『中世の秋』の解説文ではないかというのがわたしの感想で、あるいは「過去への想像力」がここに再説されているといってもよい。そうして、続く『スウェーデン女王蔵書一九二三番写本』の筆者について」は、ここでのコンテクストでいえば、ドレスデン氏の忠告に従って、そのテキストを「読み、見張る」演習であった。

ドレスデン氏のいいまわしは、オランダ人が英語で書いているせいか、いささかくせがある。ここで問題の箴言は read and watch だが、これは「注意して読む」という連語的読みのほうがよいかもしれない。いずれにしても、読者はウォッチャーになることが要求されているわけで、問題の論文のウォッチャーは、パリの無名氏の書き残した日記のテキストに、無名氏の素性がこれではなく、あれでもありえなかったことを読んだ。くだんのウォッチャーはなぜその点をウォッチしたか。じつは従来、無名氏はこれであり、あれであったとする見解が実証主義史学の系譜のうちに作られていて、それはにせの眺望である。事物の配置を正しく映していない。だから、ウォッチャーが試みたのは、かれの眺望の廃棄である。テキストへの回帰である。そうして、テキストがそれ自体のなかに蔵している眺望を求めて小手をかざす。

最後の文章「『日記』の読みかたについて」は、最初の文章「中世ナチュラリズムの問題」の補遺である。この論集を計画するにあたって、あらたに書き下ろした。文章の冒頭にご案内しているように、「中世ナチュラリズムの問題」がフランス文学者渡辺一夫先生の『日記』解題に対して疑念を表明したところから、渡辺先生がわたしに対して釈明なさった。これは、おそまきながら、その先生のご釈明に対するわたしのご挨拶であり、あるいは重ねてのおうかがいである。

黄泉にある先生に対してなにをいまさらと、わたしを非難するわたしもいる。しかし、ここに本体の文章の方を再版することにした以上、これに対して渡辺先生のご釈明があったことを黙っているわけにはいかず、ご紹介する以上は、それなりのご挨拶というものは欠かせまい。ことば遣いの不調法は、ご寛容ねがうのほかはない。そうしてこの貧しい論集を先生のご墓前に献じさせていただきたく、そのさい、もうひとつご寛容をねがって、こちらのほうは数年前に「サントリー博物館文庫」の一冊として出した『日記のなかのパリ』（版元はTBSブリタニカ）をそれに添えたい。パリの無名の住民の『日記』を「注意して読んだ」、これはわたしの貧しい報告書である。

小沢書店から本を出すのは、これで四冊になる。はじめて注のある文章集になった。とりわけ第七論文「『スウェーデン女王一九二三番写本』の筆者について」は、文章の調子としては、いままで小沢書店から出していただいたエッセイ集に一番近いのではないかと思うのだが、そのくせ、『日記』の写本から直接文字をおこすという仕事を、ほんのすこしだが試みたために、横文字組みの注をかなり多量におねがいすることになり、恐縮している。注といえば、第四論文「記録と現実」は、遊びが過ぎると非難されるかもしれない。もうすこしで注のほうが本文よりも多いという事態にたちいたるところであった。

オランダで発行されている国際的な中世史関係の雑誌『中世史雑誌』Journal of Medieval History は、投稿者に対して、出典注は本文割注とする。注は後注のかたちで極力少なく、引用あるいは未刊行資料の紹介にあてるにとどめるのが望ましいと要請している。なにもその方針に、双手をあげて賛成というのではない。わたしがいうのは、この要請、これはじつはモノグラフ（論文）本文の復権への要請なのではあるまいか。注のあいまいさは本文のさだまらなさの反映である。そう思えと、『中世史雑誌』編集同人に注意されているようで、わたしとしても耳が痛い。モノグラフという文章形式について、なんとわたしは配慮が足りなかったことか。いまこうして「注のある文章」を集めてみて、そう思う。このわたしの反省を、どうぞこやしになさっていただきたい。

最後になって恐縮だが、小沢書店主長谷川郁夫さんには、いつにかわらぬご配慮、深く感謝する。小沢書店から出すにはいささか風変わりなこの本のことを、すこしも風変わりだとは思っていませんよというふうをしてみせるところがかれの性格のよさである。だから長谷川さんのまわりには、いつも華やかで親密なグループが形成される。おひとりおひとり、とうていお名前はあげきれない。ただ長田博子さんには、このさい、ぜひともわたしの感謝の気持ちをお受け取りいただきたいと思う。かの女がいらっしゃらなければ、この本はできなかった。

以下はまったくの付け足しで、お読みいただかなくとも結構です。「中世ナチュラリズムの問題」は、わたしども夫婦が結婚した年に書いた。はじめてまとまった額の稿料をいただいて、貧乏生活がほんのすこしうるおって嬉しかったことを覚えている。それから四半世紀、ようやくその論文が本に入った。この本は妻節子とわたしとのひそやかな祝祭でもあるのです。

一九九〇年早春

著者

第II部

ヴィヨン遺言詩注釈

――『遺言の歌』一五一節から一七四節まで――

はじめに

このところ夏場をパリで過ごして「ヴィヨン遺言詩」訳注の仕事をする習いとなった。この夏は『遺言の歌』一五一節から一七四節までをあげたが、これは意味のある区分ではない。意味があるとすればそれがこの夏の仕事だったというだけのことである。『遺言の歌』は八行詩をつなげた詩集である。八行詩一つを節と呼ぶことにする。その勘定で「一五一節から一七四節」だが、行数はすでに一、八六七行にいたっている。八で割っても計算が合わない。そのわけは、途中バラッドやロンドーと呼ばれる詩文を差し込んでいるからで、だいたいが一五一節は、その直前に置かれた「グロス・マルゴのバラッド」というのを踏まえているのである。一五一節から一七四節までにもバラッドとロンドーが含まれている。「よき教訓のバラッド」と呼ばれるのと、「シャンソン」を称するロンドーである。

『遺言の歌』は二、〇二三行で終わるから、あとどれほどもない。八行詩が十二ほどと、「ヴェルセ」と称するロンドー、それに全歌歌い納めのバラッドふたつ。一五一節のあと、すぐに自分の墓所をサントアヴォワに指定して墓碑銘を定め、葬式の次第を指示して、納めのバラッドを歌う。

座長よ、小長元坊さながらに目利きの、
お知りあれ、旅立ちにあたって、グイッと一杯、
かれは上酒のモリオンをひっかけた、
この世からおさらばしようと思ったとき

ふたつ目のバラッドの反歌四行詩である。『遺言の歌』全歌納めの四行である。

年齢をかぞえて三十歳のこの年に、
ありとあらゆる恥辱を嘗めさせられたが、
それですっかり阿呆になったり、利口になったり
したわけではない、ずいぶんと苦痛に泣いたが

『遺言の歌』歌い出しの四行である。そうして十一節にいたって八一行から八四行に、「六十と一の年、おれはこれを書いた」とていねいに書いている。一四六一年に『遺言の歌』を書いたといっているのだ。どうもそのていねいさが気になるのだが、諸家はこれをふくめて『遺言の歌』に書いてあることは、つまりは作者の告白だと決めてかかる。そこにかたまる作者のイメージは、無頼放蕩の限りをつくしたあげく、三十にして青春の終わりを知り、遺言に形式を借りて歌を残し、飄然と都を去る。文学としてこれを読めばなんの問題もない。美しいイメージだ。これは青春の文学なのである。問題はこれを全部本当のことだ、そうだったはずだと思い込むところに発生する。現の夢ならぬ夢の現を見たいと願うフランス人の気持ちも分からないではない。ヴィヨン発見がランボー登場と前後したという事情がこの夢をいっそう切実なものにした。

ジャック・ブレルというシャンソン歌手がいた。一九五三年、ギターを抱えてパリは北駅頭に現れた二四歳のベルギーの若者が、「サンジェルマン・デ・プレのミューズ」ことジュリエット・グレコのひきでシャンソン界に颯爽と登場する。まあ、颯爽ととはいうが、なにしろ「僧侶ブレル」と仲間うちであだなされたというくらいで、どっちかというとやぼで不器用なのだが、もちまえのきまじめさがどこか暗い情熱を増幅して、「ヌ・ム・キット・パ（いかないで）」とか「年とった恋人たちの歌」とか、女性への思慕を嫋々と歌い上げ、なによ、馬面で、鼻水垂らしちゃってさ、と表面の愛想づかしと裏腹に、女たちの保護者感情の琴線をかきむしる。

「ヌ・ム・キット・パ」は一九五八年、ブレル自身の作詞作曲で、三年来の恋人で、最近心変わりしたらしいシュザンヌ・ガブリエロという女性と、そのかの女とやがて一緒になることになる男の前で、ブレル自身披露したという。「いかないで」と取りすがっている、しかも女の新しい男の面前で！　わたしがいうのは、これはもうほとんど「フランソワ・ヴィヨン」だということで、小さい方の遺言詩『形見分けの歌』書き出しの主題である。ＣＤを聞いてみると、思いをこめて、おごそかに歌っている。添えられた刷り物の歌詞を見ると、一行六音節取りになっている。ところが、歌うのを聞くと、二行にわたって一気に歌うところが多い。十二音節取り、これは「アレクサンドラン詩形」であって、題材と感情表現の多様性がいわれる詩形だ。ロンサールのプレイヤード詩派が多用した詩形である。

「アレクサンドラン」でも十二音を六六に割るのをはじめ、一五五一など、さまざまな割り方があり、それによって感情表現を工夫できる。「いかないで」の場合はオーソドックスな六六分割であって、基本的には前半で盛り上げておいて、後半で下げる技法となる。これを六音節詩として聞くと、波打つ表情が感じ取れて、情感が豊かに伝わる。「レ・ヴィユー」というのがあって、これは内容から「老夫婦」と読めるが、これも歌詞の刷り物では一行六音節詩だが、歌いぶりから察して、じつは十八音節の詩形と聞いた。「アレクサンドラン」の六六分割詩形にくらべて、あいだに六音が入ることによって、たゆたいが生じるというか、感情表現のドラマ性が押さえられる。むべなるかな、ＣＤに添えられた別の刷り物「曲解説」によると、原詞は一行十八音節で書かれているという。解説者の大野修平氏は、これは老人ののろのろした動きや仕草、「死へ向かってのゆっくりした歩み」を表現する技法だと見ている。

「年とった恋人たちの歌」は八音節十行詩三つの構成をとっている。これに反歌五行詩がつけば「バラッド」である。もっとも「バラッド」の詩形は一定していない。「ヴィヨン遺言詩」における「バラッド」は三形あって、八音節八行詩、十音節十行詩、十音節八行詩である。反歌四ないし五行詩がつくのが原則だが、これもついていないのもある。だから「バラッド」といっても、音節行数についてては自由度が高く、縛りは脚韻と三連構成にあるといってよい。「年とった恋人たちの歌」は脚韻がそろっていない。ますますもってこれを「バラッド」と批評する根拠が薄れるが、まあ、一行八音節の三連構成ということで、バラッドまがいといおうか。

歌いぶりには嘆きが感じられる。悲歌の印象さえある。そこのところがおもしろい。というのは、このシャンソン、わたしの意見では「ヴィヨン遺言詩」を本歌とするものであって、女に邪険にされながら、未練を捨て切れない男の定番を臆面もなく歌い上げる。第二連九、十行に「大人にならずに年をとるには才能がいる」と歌う。「大人にならずに年をとった若者」、「ヴィヨン遺言詩」はそれを歌っているというのがわたしの意見で、なんとジャック・ブレルはこの一行で「ヴィヨン遺言詩」を丸ごと抱え込んでしまったのだ。豪勢な本歌取である。

ジャック・ブレルはデビューして十三年、一九六六年にはさっさと引退してしまった。これまたジャック・ブレルを現代の「フランソワ・ヴィヨン」と見る見方に根拠を与える。「ヴィヨン遺言詩」の作者は「フランソワ・ヴィヨン」を一四五六年、二四歳ということで登場せしめ（『形見分けの歌』）、一四六一年、三〇歳ということで「この世からおさらば」させている（『遺言の歌』）。なんとジャック・ブレルは「フランソワ・ヴィヨン」の本歌取だったのだ！　してみれば、どうして「フランソワ・ヴィヨン」の方だけを鍵括弧に入れなければならないというのか。わたしがいうのは、「ジャック・ブレル」もまた伝説の仲間入りをする。ジャック・ブレルは「ジャック・ブレル」を演出した。「フランソワ・ヴィヨン」を見るフランス人の目付きが「ジャック・ブレル」を作った。だから「年とった恋人たちの歌」は悲歌ふうに歌われなければならないのである。

それが「アムステルダム」というジャックの持ち歌がある。「アムステルダムの港に、／歌う船乗りたちがいる、／かれらにとりついて離れない夢を、／アムステルダムの沖で」と歌い始める歌だが、これは一行七音節で、「年とった恋人たちの歌」とは曲想ががらっと変わる。そう、なんというかシルヴァンテスふうなのだ。シルヴァンテスとはふつう即興歌と訳すが、即興ならば悲歌を歌ってもいいというわけのものではない。トルバドゥールの歌会で「即興に」歌を披露するという、これは作法で、詩想は諷刺であり、諧謔であり、政治批判である。「やつらは飲むだけ飲んで、／鼻を空に植え込んで、／星々のなかに洟をかみ、／小便をする、おれはといえば涙する、／不実な女たちに、／アムステルダムの港で、／アムステルダムの港で」

音節の組立ては曲想を規定しないのだろうか。というのは、ここにもう一人のシャンソン歌手ジョルジュ・ブラッサンスというのがいて、これが「ヴィヨン遺言詩」から歌っている。『遺言の歌』から「そのかみの女たちのバラッド」だが、だからこれは「年とった恋人たちの歌」と同じ、一行八音節で、それがシルヴァンテスふうの歌いぶりなのだ。歯切れよく、行末をはねあげて、かろみさえ感じられる。ジョルジュ・ブラッサンスは一九二一年の生まれ。ヴィヨン詩を読んだのは、まあ一九四〇年代だろうから、フーレ、チュアーヌ、シャンピオンといった、オーギュスト・ロンニョン、マルセル・シュウォブといった第一世代を継いだ、ヴィヨン詩研究の第二世代の学者たちの校訂注釈本で読んだわけで、それがこの歌いぶりである。

ブラッサンスのＣＤに添えた解説を書いた某氏は、これを聞いて裏切られたと感じたかの口吻を漏らしている。なるほど、氏が読んだ日本語の翻訳からは想像もできない歌いぶりであろう。その翻訳は、まさしく第二世代に学んだ日本人研究者によるものだった。第二世代そのものが「ヴィヨン遺言詩」の詩想についてヤヌスの顔を見せていたということか？　あるいは受けとめる側の問題か？　文化受容史の観点からおもしろい問題だが、いまここでわたしはその問題を考えるつもりはない。詩を読むことに常に還ることが肝要で、詩想の洞察はそこに成る。

『ヴィヨン遺言詩』注釈

151

ひと〜つ、マリオン・リドールと、リドール？　　一六二八
ラ・グラン・ジャンヌ・ド・ブルターニュに、

一六三二

学校経営の資格を遺そう、学校って、例のだよ、
なんでも生徒が先生を教える学校だってねえ、
なにしろこの市、立っていないとこはないんだから、
もっともね、マンの鉄格子んなかはともかくもだ、
だからおれはいうんだよ、看板なんか立てなくっていい、
この商売、いたるところで大繁盛なんだから

直前に置かれたのが「グロス・マルゴのバラッド」なこともあって、マリオン・リドールとラ・グラン・ジャンヌ・ド・ブルターニュのふたりの女性（女性なことは確かだろうと思われる。たとえ、la grant と女性格男性格あいまいに表記されているにもせよ）に遺贈された publicque escolle は「淫売宿」のことだと、疑いを入れる余地もあらばこそ、きめつけられている。publicque の形容は、近代語では「公娼」の意味を作るが、まさか中世に「公娼」とはねえ。ただ「学校」として、「学校って、例のだよ」と付け加えたゆえんである。

マルセル・シュウォブによれば、そうしてこの前世紀の大学者を祖述して、これを第一世代とすれば第二世代にあたる今世紀初頭のピエール・シャンピオンをはじめ、名だたる「フランソワ・ヴィヨン研究者」がこぞってこれを引くところなのだが、マルセル・シュウォブによれば、一四六一年四月三〇日付けの「オフィシャル・ド・パリ」、いうところのパリ司教座教会裁判所、つづめてパリの司

教裁判所の審問記録に、コラン・ド・トゥーなる一僧侶の供述があり、そこに「マリオン・リドールことラ・ダンテュ」marion la dentue dite lite lidole なる女性が出る。この女性と有縁かどうかとこの僧侶は問われているのだが、有夫かどうかは「春をひさぐ女」かどうかに関係ないと研究者たちは舌なめずりをしている。

かくして「学校」と「市」というたがいになじまない言葉遣いもすんなり納得のうちに入り、「マンの鉄格子」の怪も、説明されてみればなるほどということになる。マンはマン・シュール・ロワール。鉄格子は牢獄ということで、主人公フランソワ・ヴィヨンは一四六一年十月、オルレアン司教のマンの館の地下牢から釈放されたという筋書きが設定されていて、フランソワはこの司教を恨むことはなはだしく、それは一個人の恨みに止まらず、かの司教の仕置きの厳しさは世に轟いていたということで、そんな司教の牢獄にどうして「春の市」が開かれようかと、これがこの一行の含みであるとされる。

シャンピオン、フーレと並び立つ第二世代の大立者ルイ・チュアーヌは、当代の有名説教師オリヴィエ・マイヤールまで引いて、逆方向から、つまりは徳育教化の側からこのあたりの状況を照射しようと試みて、その注釈本にかなりのスペースを割いているが、分からないところは分からないと(そう白状しないで、さりげなくというところが憎いのだが)、触れずに逃げている。これはシャンピオンなども同様で、これがつまりは実証主義的研究者共通の態度なのだが、第一、「マリオン・リドール」marion lidolle がわからない。諸家は現実にいた存在との同定にひたすら走っていて、それが見つかったとなると、謎はむしろ深まる。そこがおもしろい。わたしがいうのは、「リドール」の「ドール」というのはなにか。「人形」か「偶像」か。「お人形のマリオン」か。「アイドル・マリオン」か。そこで末尾に「リドール？・」と余計な一語を付け足した。遊びです。

「ラ・ダンテュ」の方は、これはその女の容姿において「ダン（歯）が目につく」というほどの意味だろうと思われる。ゴドフロワは de grosses dents、また AFW は mit grossen Zähnen と、期せずして gros の形容詞を使っているが、さて、日本ではどうだったのだろう。わたしがいうのは日本の中世的世界においてという意味で、反っ歯か、乱杭歯か、みそっ歯か。

「ラ・グラン・ジャンヌ・ド・ブルターニュ」とはなにか。言葉の読みの問題で、文脈の中で、テキストの中で言葉を読まなければ、どうしようもなかろう。この二行、写本に異同はない。「ラ・グラン」とはどう読むか。フランス人の読み手ならば、グランと読んで、まあ、ごまかせる。自分自身をということで、校訂者注釈者はそうはいかないだろうと思うのだが、だれもコメントしてくれない。ところが日本人の読み手は、注釈者は（わたしのような）、日本語に置き換えなければならない。そこに読みが要請される。さて、困った。「大女」か。「大姐御」か。「ジャンヌ・ド・ブルターニュ」とはなにごとか。ブルターニュ侯家の女かなんかに響くではないか。

シャンピオンがおもしろいことを指摘している。老いたる「兜屋小町」歌うところのバラッド、クレマン・マロが「兜屋小町が春をひさぐ娘たちへ」と名付けたバラッドに注してだが、国立文書館一四五六年の文書に、財布売りのジャンヌ・ラ・ブルトンヌ jeanne la bretonne とその手伝いの女ギュイユメット・ナッスが、近隣の苦情を受けて、ノートルダム橋のある家から放逐されたと読める。もしやこれはラ・グラン・ジャンヌ・ド・ブルターニュのことではあるまいかというのである。その文書はまだ見ていないが、おもしろい。たしかに「ジャンヌ・ド・ブルターニュ」よりも「ジャンヌ・ラ・ブルトンヌ」の方が巷間の女の呼び名になじむ。それはたしかに「ブルターニュ」の方が脚韻は合う。だから呼び変えた？　まさか。ともかくグラン・ジャンヌの読みは定まっていない。

「生徒が先生を教える学校だ」というのも、諸家はおもしろい、よく分かるというのだが、わたしには、正直、よくわからない。なにしろ、そういう学校に通ったことがないので。ということにしておきましょう。

152

ひと～つ、ノエル・ジョリスだが、あのノエルだ、　一六三六
なにはさておき、おれはこいつにくれてやる、
刈り取ったばっかりの柳の枝を一束だ、
おれの庭でだよ、おれはもう見捨てたんだ、
お仕置きもお情けっていうもんだ、お施物だよ、　一六四〇
だあれも残念になんか思っちゃいない、
十一の二〇倍の鞭打ちをこいつに遺す、

アンリに頼んで、くれてやる、おお、くれてやる

これは大変分かりやすい詩行である。ただし、分かりやすいというのは話の筋がということで、ノエル・ジョリスという男に、柳の枝鞭二二〇打を遺すといっているわけで、その限りでのことである。それが「ノエル・ジョリス」「十一の二〇倍の鞭打ち」「アンリに頼んで」と事柄をつなげるとなると、なんとも分からなくなる。

ノエル・ジョリスは「二重のバラッド」に名が出る「ノエル」というのと同一人物と思われる。「二重のバラッド」の八行詩五つ目、六五七行からが「ノエル」がらみのところだが、そこの主人公はその「ノエル」ではなく、「みじめなわたくしめにつきまして、お話したい」と、つまりは『遺言の歌』の主人公フランソワ・ヴィヨンである。カトリーヌ・ド・ヴォーセールという「情つれなき女」が原因で、「おれは小川の布切れよろしく、ぶたれた、裸で」ということで、だからそこでは打たれたのがフランソワ・ヴィヨンで、つまり遺贈の主で、「ノエル」というのは立ち会い人だったという。だから、因縁のほどは分かるのだが、なぜお返ししたのか？　なぜ、「おれはもう見捨てたのか？

シャンピオンは一四六一年の、やはりパリ司教裁判所の記録に、それらしい男の名前を発見しているが、なにやら不義をはたらいて罰金刑を課されたというだけの話で、あまり参考にならない。むしろ薄気味悪いのは「十一の二〇倍の鞭打ち」を「アンリに頼んで」のところで、「十一の二〇倍」

unze vings はコワラン写本とルヴェ本の表記であって、続ければ unze vings coups lui en ordonne をアルスナール写本とフォーシェ写本は onze coups je luy……「十一打をおれは……」と書いているのである。onze(unze) vings(vingt) と、写本の原本（もとの原稿あるいは初版という意味ではない。その可能性はないわけではないが）に書いてあったとしても、アルスナール写本とフォーシェ写本の筆生には理解できなかったということか。どうも分からないが、それはともかく、unze vings「オンズ・ヴァン」はパリ代官所（シャトレ）の警邏の総人数なのである。これについては『遺言の歌』一〇七節一、〇八六行以下とその注記をご覧願いたい。また、「アンリ」というのはメートル・アンリ・クーザン、一四六〇年から記録に出る首斬役人である。司教裁判所どころではない。パリの保安刑事機構「シャトレ」のどす黒く重い影が詩行にのしかぶさっている。

153

ひと〜つ、わからんなあ、神の家にはなにがいいか、
あっちこっちの施療院になにを遺したらいいか、
でたらめをいってる時かって、そんな場合かって、
貧乏人は大変な不幸をしょってるんだからねえ、
みなさん、差し入れなさるのはニンニクぐらいなもんだ、
そういや、乞食僧どもめがおれのガチョウをもってったよ、

じっと待ってりゃ、その骨ぐらいはくれるかもね、
細民には、ほれ、ビタ銭っていうからねえ

これまた分かりやすい詩文である。前節の場合とはちがって、語句の歴史的概念についてもそうで、「神の家」「貧乏施療院」「乞食僧」、いずれもしっかりしている。読み手のほうにしっかりしていない方々が多くて困るのだが、これらの語句について大づかみなところは、以前「サント・アヴォワのことなど」（『遊ぶ文化』小沢書店刊所収）に書いた。ごらんねがいたい。だが、語句に問題がないわけではない。一、六四八行と一、六五〇行で脚韻を踏まされている同一の語 oz である。前者についてはこれを「ニンニク」と訳し、後者については「骨」と訳した。

脚韻のことなど持ち出して恐縮だが、これは詩文である。ご勘弁いただいて、少々解説すると、「ヴィヨン遺言詩」八行詩は ababbcbc と脚韻を踏む。問題の二行は後半の bcbc の b の音で脚韻を踏んでいて、これに対応する前半の二行のそれぞれ最後の語が「オビト」「モ」だから、oz は両方とも「オ」と読むことになる。ところで「骨」の os（oz）は「オス」である。ところが、あなたがたもよくごぞんじのように、フランス語というのはなんとも柔軟というか、いいかげんな言語で、os は複数も同型だが、これは「オ」と読む。いまもむかしもかわりなしということらしく、めでたくこの場合は発音は「オ」である。

さて、「ニンニク」は ail（アイ）である。これは単数で、複数が aulx（オ）である。ails の場合も

あるが、それはこの場合どうでもよい。AFWを見ると、古くはこれを auz, aus とも書いた。前者は「ファブリオー」、後者は『ばら物語』に出る。『ばら物語』には aulx の綴りも出る。結論をいえば、「ヴィヨン遺言詩」の詩人は、これを oz と書いたのである。いや、正確にいえば、コワラン写本の筆生が、である。ルヴェ本は os と綴っている。これはもう一方を「正しく」os と書いたので、それに合わせたということだろう。おもしろいのはアルスナール写本で、aulx と「正しく」綴っている。アルスナール写本の筆生が、oz を「ニンニク」の読みをわたしたちに保証してくれるのである。ちなみに、フォーシェ写本は、この節と、次の一五四節を欠いている。

これだけ条理をつくしてお話ししても、分かってくれない人はいるもので、RHは、ネリを応援に頼んで、前者の oz は「ニンニク」ではなく、「残り物」「残飯」と読むべきだと主張している。ネリというのは、今世紀半ばに「ヴィヨン遺言詩」の校訂本を出したイタリア人研究者だが、なにもこれに応援を求めることはない。すでに第二世代の大立者の一人チュアーヌがそのことはいっている。チュアーヌが指摘するように、『パリ一住民の日記』(item 594) をはじめ、「オテル・デュー(神の家)」関連の記事に、relief, les restes des tables などのいいまわしが同時代記録に出るということはある。それに合わせて読もうという提案らしいが、oz という字そのものがそう読めるという根拠はなんら示されていないのである。

人の揚げ足とりはしたくないが、RHはいささか不用心である。FEWを引いて、アクリッパ・ドービニェの文例をあげ、その根拠としているのだが、もちろんこれは十六世紀の文例だということは断ったうえでのことなのだが、だからわたしもそれが十六世紀のものだからどうのこうのと言い立てるつもりはないのだが、FEWは「中世フランス語」に「不在者の分に骨（les os）を残しておく」という言い回しがあり、ドービニェが、これは「遅れてくるものたちに残り物（les restes）を残すときにいう」と述べていると紹介しているだけなのである。要するに解釈であって、その言い回しの les os は les restes という意味だと語義を述べているのではない。

ドービニェそのものにまだあたっていないので、文脈は分からないが、いずれにしても、「骨」が食べ散らかしたあとの食卓の残骸をストレートに意味するということか、あるいは肉体の残骸である「骨」を食卓の残骸にたとえたか、そのあたりのことであって、詩人はもとよりその辺のアナロジーは承知のうえで書いている。そう読めばよく、なにもむきになって les os を les restes の語義と定めることはない。

「ニンニク」と「骨」の対比は食卓の残物と肉体の残骸をいっておもしろい。ちなみに「ニンニク」は単数の ail の形で、やはり『遺言の歌』の「フラン・ゴンチエ駁論」のバラッドに出る。「ヨーグルトだの、野菜のごった煮だの、そんなのニンニクひとつかけにも当たるまいよ、ニンニクうんぬんって、これおれんじゃない、みんながいっている」（v. 1,487-89）これはあんまり参考にはならないが、ただ、「ニンニク」に対する目付きはわかる。

つけくわえておくと、ゴドフロワは、os は o を見よとして、o, oo の項に一四五四年のある会計簿からとして、ある会派の僧院では、待降節にとる食事のことをそう呼んでいると指摘して、その複数形osを含む文例をあげている。これを問題にするのは考え過ぎだろうが、詩人の素性を考え、また「遺言詩」全体の文脈を考える場合、詩語にはらませた言葉の重層性という観点からおもしろい情報ではある。

154

ひと〜つ、わたくしめのなじみの床屋に遺しまするは、　一六五二
名前はコラン・ガレルヌっていうんだが、
薬種屋のアンジェロんとこのすぐ隣で店やってんだが、
でっかい氷のかたまり、どこでとったって？　マルヌよ、
ぬくぬくと冬を過ごせるようにねえ、バッチリだ、　一六五六
胃におっつけるといいよ、しっかりとねえ、
冬にこんなふうに手当しとけばだ、マジにだよ、
来年の夏はあつ〜く過ごせるってもんだ、どこでかって？

ラ・シテ、つまりシテ島には、当時、ノートルダムを大将格としていくつもの小さな教会堂があり、そのひとつにサンジェルマン・ル・ヴィューというのがあった。「サンジェルマン古堂」とでも訳そうか。もっとも、調べてみたら、サンジェルマン・レヴィューが正しいという説もあって、これ

だと「流れのサンジェルマン」ということになってややこしいが、もともと古い時代、というのはこの場合フランク王国の時代にまでもさかのぼるが、ノートルダム寺院（もとよりまだ木造の古堂である）の洗礼堂で、「洗礼者ヨハネの礼拝堂」と呼ばれていたらしい。それが九世紀八〇年代のヴァイキングの侵略騒ぎのときに、シテ島の対岸のサンジェルマン・デ・プレの修道士たちの避難所になった。修道士たちはお礼に、サンジェルマンがその名を負うている聖人ゲルマヌスの腕の一本を洗礼堂に残した。これが機縁で、その名もサンジェルマンと変わったこの洗礼堂は、その後、小さいながらも教区民をかかえる教会になったのだが、わたしの調べた本によると、一四五八年に増改築されているという。まさに現代史である。またその本によると、その位置はいまの警視庁の建物の南東翼にあたるという。それを、十五世紀のパリ市街を念頭において、マルシェ・ヌフ（新市場）とカランドル通りに挟まれた位置とか、マルシェ・ヌフとレルブリー通り（薬種屋通り）に戸口をひらいた、とかいう。そういう教会であり、そういう立地だったとご了解いただいて……

その教会の教区民であり、それも平ではなく、なにしろマルギュイエ（教区財産管理人）の一人だったというから、教区民の顔役だった一人にニコラ・ガレルヌというのがいた。これもやはりシャンピオンが調べあげた結果を使わせてもらうのだが、ニコラの卑小辞でコランという。父親のミッシェルの床屋稼業を継いで、一四五九年の記録に、ノートルダムの聖歌隊のメンバーの頭を剃ったと出る。その仲間内での出世ぶり、また王家筋に自分を押し込んで行くやり手ぶりについては、どうぞシャンピオンをごらんいただきたい。

「遺言詩」には床屋（理容師）が三人登場する。このほかに『形見分けの歌』三一節（v. 241-8）と『遺言の歌』一一五節（v. 1.150-7）だが、それぞれ関係注記をごらんねがいたい。いずれのばあいも職の中身はさほど話題になっていないが、当時理容師は外科医でもあった。とはいっても主な仕事は瀉血だが。『遺言の歌』一一五節に barbier jure と出るが、これは『宣誓理容師』の意味で、すなわち理容師外科医組合の組合員の意であって、これがかなり厳格なステイタスであったことは、これまたシャンピオンが喜々として記述しているところである。「薬種屋」もまた、薬草販売だけではなく、医師の仕事もしていて、こちらは浣腸や膏薬が主な仕事であった。

「薬種屋アンジェロ」もまたサンジェルマン・ル・ヴィュー教会の教区民として、一四五三年の記録から出る。その記録というのは不動産売却の証文だが、その記録に出るアンジェロ・ボージないしボージスというのがこのアンジェロだろうということになっているのであって、その父親と思われるピエール・ボージというのが、それから四〇年ほど前に、カランドル通りの「王冠飾りの兜」看板の店を構えていたという。たぶん、息子もその店を続けていたのだろうが、国立文書館の資料に出てくる記録はすべて他の不動産がらみのものばかりで、かなりの家作もちだったということは分かるが、商売のことについてはよく分からない。

以上は固有名詞の歴史的現実態についてだが、肝心の詩文の中身だが、それを理解するには「ガレルヌ」という名前自体が鍵になる。つまりこれは大西洋岸に吹き付ける北西の風を意味していて、それにひっかけて、マルヌ川から取って来た氷塊を遺贈するという設定で、あるいはコランは胃病持ちだったのだろうか。薬種屋アンジェロの処方だというふくみで、そこで気に掛かるのは、詩人もまた、コランやアンジェロに、あるいはその父親たちから息子たち二代続けて診てもらっていたということなのだろうか。

最後の二行が気になる。なにか謎めいている。これはＲＨの指摘だが、最終行 il aura chault leste dapres の avoir chault(chaud) は「地獄の炎に焼かれる」の意味にもとれる。ということは、胃病を病んでいたこの男、翌年の夏にはもう死んでいたということか？　死んでいるだろうという脅しか？　いずれにしても気味が悪い。「どこでかって？」と付け加えたのは、ＲＨに対する挨拶である。

155

ひと～つ、拾われたこどもたちにはなんにも遺さんが、　一六六〇
迷えるこどもらには慰藉がいるだろう、
こいつら、また拾われるにきまっている、
マリオン・リドールのところによ、当然だな、
おれの学校の教科書を、おれのだぞ、ひとくさり、　一六六四
こどもらに読んでやるか、ほんの短いものだ、
なにしろこいつら頭は堅くないし、ばかじゃない、

まあ聞けって、ここんとこが最後のところだ

ノートルダムの南側に、セーヌ川に沿って「司教館の庭」と呼ばれた庭園があり、そのセーヌ河岸が「司教の河岸」と呼ばれていた。これはシテ島の東端の「テラン」またの名「モット・オ・パプラール」までがそうだった。「テラン」はまあ場所というほどの意味だが、「パプラール」はこれは「パプ」つまり法王という言葉からの造語で、似非信者、偽善者を指した。その「モット」つまりこんもり盛り上がった場所ということで、当時のシテ島の光景が思い浮かばれようというものではないか。なぜそう呼ばれたか、これはおもしろい話題だ。ところで「司教の河岸」だが、この情報を提供してくれたのはチュアーヌだが、かれによると au bas du Port l'Evêque に、捨て子を養う家があって、これはノートルダムの管理する施設で、「ラ・クーシュ（寝床）」と呼ばれていたという。au bas をどう読むか。チュアーヌは資料を示していないので、確認できず、当時の市街図などに当たってもはっきりしないが、そこで歴史的想像力をはたらかせば、当時セーヌ河岸はだらだら下りに水際まで下がっていた。その下のほうにということだろう。いまにも水に浸かりそうな感じで、危うげに建っている小屋を想像すれば、大体あたっていると思う。じっさい出水の際には何度も水に浸かったことだったろう。ちなみに、RHは、チュアーヌのこの紹介記事をそのまま引用している。それはいいのだが、もちろんこれは誤植だと思うのだが、Port l'Evêque を Pont l'Evêque と書いている。「司教橋」ということで、そんな橋はなかった。

一四三一年九月の日付をもつ前のフランス王妃イザボー・ド・バヴィエールの遺言に「ノートルダム・ド・パリのあわれな enfans trouvez に八フラン」と読めることを、これまたチュアーヌが紹介している。十九世紀の考証学者アレクサンデル・テュテイの集めた十五世紀の遺言集に、一四一一年の日付のものだが、enfans perdus と読めて、捨てられ（perdre）、見つけられる（trouver）薄幸なこどもたちの呼び名のぶれが、この八行詩に律動を与える。わたしがいうのは二行目の perduz がこの律動をはらんで、最初の行の les enfans trouvez に響きを返すが、しかしこの perdre はそれ自体主意を立てていて、すなわち se perdre「道を踏み外す」である。三行目の trouver もまた、les enfanx trouvez を受けながら、ここでは見つけられるところが教会の戸口の石段の隅に置かれた籠ではない。四行目に詩人は決めつけている、マリオン・リドールの経営する「学校」である。そこで「おれの学校」と、詩人はこの八行詩の後半四行、詩行に徳育教化文学の色合いを濃くする。

マリオン・リドールの「学校」へのひっかけは、当然のことながら、一五一節とこの節とのあいだにはさまる三節の居心地を悪くさせる。それかあらぬか、フォーシェ写本は一五三、一五四両節を載せていない。フォーシェ写本は欠落の多い写本なので、この場合、両節の欠落がなにごとかを意味していると考えるのはむずかしい。このことは「遺言詩」の構成を全体としてどう見るか。これを踏まえて考えるべきことであって、いずれわたしの構想する『わがヴィヨン』のしかるべき箇所で論じたい。後半四行については、一、六六五行の qui ne dure guerre「ほんの短いものだ」と、次行の dure ne folle「堅くないし、ばかじゃない」に読める、同じ綴りの dure が話題となるだろう。前者は動詞 durer の変化形であり、後者は形容詞の dure である。前の trouvez, perduz, retrouvez については、いささか工夫を凝らしてみたが、さすがにこの両語については、そのひっかけの妙を日本語で示すのはむずかしい。言葉の遊びが過ぎるというものだ。

156

こどもらよ、きみらはなくすことになるぞ、　一六六八
いまを盛りの帽子の飾りのきれいなばらを、
おれの生徒たちよ、鳥もちよろしくしっかりつかむ、
そうか、モンピポーにお出掛けか、
それともリュエルにか、皮を大事にしな、
そこへ出掛けて、楽しくやろうとして、　一六七二
賭け増してなんとかなるだろうと考えて、
コラン・ド・カイユーは身を滅ばした

最初の二行はほぼ直訳で、これは当時一般の言い回しだったとチュアーヌはいうのだが、ＲＨはチュアーヌが引いている文例をそのままあげて、「諺的な言い回し」と、チュアーヌの批評をさらに増幅する。どうも根拠がはっきりしない。くわえてＲＨは、現行の言い回し perdre le fleuron de sa couronne をあげて「一番貴重なもの、命と永遠の救い」と、道徳家詩人の肩をもつ。よく分からない。もちろん、われらが英訳者ピーター・デイル氏が、Fair children take care not to lose / the rose's bloom beneath your hat と訳して教えてくれているように、帽子の下の花のかんばせをなくすなと詩人は脅しをかけているわけで、それはすぐ分かる。

三行目はさらによく分からなくて、「鳥もちよろしくしっかりつかむ」と訳したのは pres prenans comme glus. ただしフォーシェ写本には pprenans と出る。しかも筆生は pprenans と省略形で書いていることが表現的である (f. 60r)。結局、この二語は連語で一語を作り、agripper (つかむ、くっつく) の意味だという。だが、そうだとすると comme glus がなんともすわりが悪い。これまたチュアーヌによれば、コキヤールの詩に、とことん顧客から絞り取る評判のある弁護人が maistre Olivier de pres prenans と呼ばれているという。むしりとりの旦那といったところか。鳥もちとくるものだから指に鳥もちの連想がはたらき、すりの稼業のあてこすりだと読む読みが従来から根強くあるが、根拠はない。ゴドフロワが、糸に鳥もちをつけてノートルダムのお賽銭を盗むならず者の話を書いているが、それは鳥もちからの連想に過ぎず、問題の文脈を理解する上には役立たない。

「モンピポーに出掛ける」alle ra montpipeau,「リュエルにか」a ruel の言い回しは、これは piper, ruer の婉曲語法だという。当時よく知られた例では aller a niort があり、これはポワトゥー南辺のニオールへ行くの言い回しで、nier (否認する) を意味した。だが、それでは piper、ruer は字義が定まっているかというと、それがあやしい。ＲＨは、piper は「サイコロ賭博でイカサマをやる、だます」の意味で、ruer の方は「意味が定まっていない、武器を投げることか？　いずれにせよ、なにか悪事働きを指しているにちがいない」と逃げている。ＲＨは、マリオ・ロックという研究者が一九一四年に『ロマニア』誌に載せた論文を楯にとっているのだが、これはすでにチュアーヌも引いているところで、ただマリオ・ロックに帰っただけではしかたあるまい。ＡＦＷは piper の項に「ねずみが鳴く、鳥が鳴く、フルートを奏する……」などの解を示しているだけで、隠語の解（もしあるとするならば）は示していない。ＦＥＷは pippare の項に、前者とほぼ同じような諸解を示したあと、突如、tromper spécialement au jeu des dés et des cartes（seit 1455, auch Villon, SainéanPar）と書いていて、わたしをドキッとさせる。「とくにサイコロ賭博とカルタあそびでだますこと（一四五五年から、またヴィヨンにも、Ｌ・セネアン『十九世紀のパリっ子の言葉』一九二〇年刊にも……）」という意味で、続けて各地の方言語彙を並べているのだが、時代の限定はない。その後になんと“se tromper”（Montaigne, Pascal）と出している。モンテーニュやパスカルが「欺く」という意味合いで使っているというのだが、そういわれても、この場合には役に立たない。

セネアンの本は、そのタイトルに似合わず、言葉の起源にまで気を配っている本だが、「イカサマ師」の章で piper という言葉を紹介している。まずいうには、そもそも duper とか piper とかいう言葉は十六世紀に一般的になるが、もともとは隠語で、fourbe とか pigeon とかいうのも同じだ。「イカサマ師」をいうので一番古いのは floueur だが、これは夜鳴き鳥の鳴き声からきた。そうして、とここからが肝心なところだが、piper というのも同様に鳥の鳴き声からきていて、サイコロ博奕でイカサマをするという意味だが、この言葉が最初に出たのは le dossier des Coquillards（1455）とヴィヨンの「隠語のバラッド」（1457）であり、その後十五世紀最後の四半分の期間に文学作品に出回った……。

まことに整然とした整理で、恐れ入る。まあ、第一、第二世代のヴィヨン研究者が探索し、推理した事柄をセネアンは踏まえているわけで、これはなにも彼自身の手柄ではない。le dossier de Coquillards というのは、一四五三年のころから、ブルゴーニュで盗賊団が横行した。一四五五年に入り、かれら「コキヤールの徒」の取り締まりが、ディジョンにおいて集中的に行なわれた。かれらはサンジャック・ド・コンポステラ巡礼を装って、帆立て貝（コキーユ）の標識を身につけていたというので、自他共に「コキヤール」と呼ばれたのである。精力的なディジョン市検察長官ジャン・ラビュステルの指揮のもと、まさに「鬼平《オニヘイ》」ですな、捕り物が展開され、一四五五年の十月から十二月にかけて、とじつに話はこまかい、一件調書が作成された。これを指す。したがって「一四五五年」というセネアンのこと挙げ、それを受けたFEWの記述は根拠がある。ただ、問題の一件調書はわたしは見ていないので、確認はできない。どなたも確認はしてくれない。どうも、あやうい惑じは残る。

まあ、しかし、それはよい。「隠語のバラッド」なるものについても、これがはたして『遺言の歌』の詩人の作かどうか、また一四五七年という、いうところの作成年代についても、大きな？がつけられている。さすがにだれもこれが「遺言詩」の詩人の作だとはいっていない。それにしても、

piperなる言葉が、この時期に裏の世界で、どうやら通用していたようだと、それくらいのことはいえる。ただ、『遺言の歌』の詩人は、piperという動詞は出していない。このことには留意する必要があるかと思われる。

続くバラッドにpipeurという言葉は使っている。どの写本、またルヴェ本をみても、たしかにpipeur(s)である。ただ、オーギュスト・ロンニョンは、「語彙索引」のpipeurの項で、いささか気になることを書いている。「刊本はこれをpiqeurと誤記している」と。つまり、ロンニョン以前の刊本でそうなっているのがあるということらしい。その刊本の編者が、pipeurという言葉に自信がもてなかったということなのだろう。印象的である。piperあるいはpipeurは、「ヴィヨン遺言詩」に市民権を得ていない。だからこそ、aller a montpipeauと婉曲に言い回しているといいたいのか？

誤解のないように書いておくが、雑詩に分類されるバラッドのひとつ、ロンニョンが「忠告のバラッド」と名付けたバラッドにque vault piper flater rire en traysonとpiperの字が出る。また「隠語のバラッド」にも出る。そのことをわたしは無視するものではない。だが、雑詩に分類される詩文断簡と「ヴィヨン遺言詩」との関係は、そう簡単にいえるものではない。これについては、別筋の考察を必要とする。「隠語のバラッド」と詩人の関係については後述する。

それにしても、話はかなり強引なのだ。aller a montpipeauと婉曲に言い回しているというけれど、じつのところ、そう書いているのはコワラン写本だけで、あとの二つの写本とルヴェ本はamon pipeauと書いているのである（A., p. 706; F., f. 60r. ルヴェ本はページ付けがない）。なぜかＲＨは異本照合（ヴァリアント）にそのことを指摘していない。「ロンニョン－フーレ第四版」はそのことをきちんと指摘している。ルヴェ本は a mon pipeau と、読み方まできちんと指示していて、「ロンニョン－フーレ第四版」はそれに従っている。写本の筆生に理解できなかったということでしょうね。あるいは、コワラン写本が強引に読んだか。

先に紹介したマリオ・ロックの論文は、マン・シュール・ロワール北十キロの砦 Montpipeau と、パリの西の Rueil という現実の地名を指摘して、次行の ces deux lieux（この二つの場所）がそれだと論証したもので、ruel については、これはコワラン写本の表記で、アルスナール、フォーシェ、ルヴェの三本は rueil と書いているのである。Rueil は当時 Rueil en Parisi と呼ばれ、王家の城砦があった町である。それはまあ、あったのでしょう。筆生がそれを連想して、そう書いたというのは大いに有り得たことです。ひとり、コワラン写本の書き手だけが、ruel と書いて、孤高を守っているのは印象的だ。立場が逆転しているところがおもしろい。montpipeau については、実在の町の名を思わせて montpipeau と書いた筆生が、ruel と書いている。rueil と書けば、ああ、あの Rueil かと、みんな分かったのに。

だが、それにしても、だれも気がつかないというのは、いかなるわけか。あるいは、気がついてはいる。気がついてはいるのだが、それをいうことは、それこそでっかい石で、波紋どころか、堤に打ち上げる大浪を呼ぶだろうと、恐れているのか。まあ、それほどのことではないか。『遺言の歌』一三八節に、maistre jehan de rueil が登場する（v. 1,365）。パリ代官所シャトレの審問人である。いや、これは偶然でしょう。ただ、その町の出身かなんかだったのだ。そうにちがいない。ただ、ちょっとおもしろいなと思っただけです。

ruer だが、これはさすがの FEWも、それらしき意味のは出していない。AFWと同調して、「石を投げる」「打撃を与える」「地べたに投げ倒す」、そうやって「殺す」といった意味しか挙げていない。まあ、そういった悪事働きをいっているのかと諸家は逃げている。けれども、これではなにか筋が通りませんです。なにしろ RH は、この八行詩は、博奕が主題だと言い張っている。そのことは、次に問題にする、次行の rappeau の読みにからんで、かれらが強調するところなのだが、もしそうなら、ruer もまた、博奕がらみの隠語であって欲しいところだ。だが、あまりこだわりすぎるのもよくない。ruer の字は、じつはルヴェ本に出る。一四八九年に出版されたパリの出版人ピエール・ルヴェの本には、「隠語のバラッド」と題して、別建てのバラッドが六編収められている。その二つ目の第三節のはじめに、Gailleurs bienfaitz en piperie / Pour ruer les ninars au loing…… と読める。gailleurs とは、セネアンによれば、近代語の filou、イカサマ師のことで、「イカサマ師、イカサマをうまくやれよ、ninars を遠くに投げろ……」とでも読むのだろうか。ninars が分からないが、ruer という文字の、当時の使い方、しかもイカサマがらみの文脈での使い方を推しはかる上で、これは役に立つ。すくなくともストレートに、なにかイカサマがらみの言葉ではなかったようである。

「皮を大事にしな」gardez la peau だが、雑詩に分類されるバラッドのひとつに、クレマン・マロが「上訴のバラッド」と名づけたバラッドがあって、それに「おれの上訴について君はなんという、

／ガルニエ、正気とみるかい、ばかをやったと思うかい、／どんな動物でも皮を大事にするもんだ toute beste garde sa pel……」と読め、参考になる。われらがピーター・デイル氏は、ここのところをあっさり or Ruel, don't risk your neck for that「それともリュエルにか、そんなことに首を賭けるなよ」と訳してのけて、これまた大変参考になる。

さて、そこで問題の rappeau である。cuidant que vaulsist le rappeau の一行だが、これをどう読むか。文章そのものはやさしい。cuidier というのは近代語で penser, espérer, vouloir, être sur le point de といった意味で、これはレオン・クレダの『中世詞華集』巻末の「語彙」の解だが、従属文の動詞は接続法をとる。vaulsist ないし valsist は valoir の接続法半過去三人称である。それだけのことで、「le rappeau が役に立つと考えて」ということで、そこで、その le rappeau とはなにか。rappeau は近代語では rappel で、じっさい rapel の綴りもあり、意味は「判決の取り消し」、あるいは appel と同じで「上訴」、これで問題はないと従来、考えられてきた。なにしろ、cuidier の主語、次行に登場するコラン・ド・カイユーの経歴から、これは当然の解であるというのである。だが、そういうふうに伝記からこと挙げするのはだめで、ここはやはり博奕関連の言葉として読まなければならないとＲＨはいう。そうしてゴドフロワの rappeau の項に、renvoi au jeu という解があるのを引いて、これだという。renvoi は近代語では renvi の綴りで、賭けを競り上げる、ないしその賭け増しのことをいう。

わたしもその意見には賛成である。ただし、そういうふうに伝記からこと挙げするのはだめで、という態度に出たのは、わたしの目から見ると、あたかもこれは発作ででもあるかのような印象があって、RH以前はもとより、RHさえも、依然として「フランソワ・ヴィヨンとその周辺の人々」の伝記からこと挙げする態度において変わっていないというのがわたしの印象である。ここでだけ、そういわれても、なにかしっくりこない。「ヴィヨン遺言詩」の読みにおいて、どうぞその態度を貫いてもらいたい。わたしが願うのはそのことである。

ただし、とまた続くが、わたしの読みはRHの読みとはすこしちがう。あるいは賭け事についてRHほど詳しくないからかもしれないが、わたしはrappeauをrenvoiそのものと読む。これはゴドフロワが紹介する国立文書館資料の二点の読みと同調する。RHは、これに他の出典資料を付け加え、「グラン・ラルース・アンシクロペディック」まで動員して、renvi ou rachatとrenviの概念を広げ、rachatといえば「買い取り」ないし「補償」だが、そういう手がサイコロ賭博にあったという前提のもとに、vaulsistをêtre admisの意味合いで読んでいるのである。問題の一行はこう読むべきだと、最後にRHはまとめる、「もしもの場合には、賭け金をracheterすることができると信じ込んで」。このracheterはどんな意味でRHは使っているのであろうか。いずれにしても、そんな無理な読みをすることはないというのがわたしの意見で、vaulsistを素直に読めばよい。「賭け増してなんとかなるだろうと考えて」、コラン・ド・カイユーはずるずると泥沼にはまった。これが全体の趣意である。

ここまではそれでよい。だが、最後の行にコラン・ド・カイユーの名前が出て、詩文はその様相を変える。というよりも、読み手が、これはポリフォニーだったかと気づくのだ。この男の経歴自体はそう複雑でない。パリの錠前師の息子だったというコランは、若いころから悪事の道に走り、パリでナヴァール学寮やオーギュスタン修道院に盗みに入り（ナヴァール学寮押し込みは「フランソワ・ヴィヨン」も仲間だったことに「ヴィヨン遺言詩」ではなっている）、探索の手を逃れてノルマンディーに走り、バイユー司教の牢獄に入ったこともある。常に僧衣をつけて、頭を剃り、僧職身分を誇示して、官憲の手を逃れようとしたが、ついにサンリスに逮捕され、パリに送られ、パリ代官所の調べを受ける身となった。サンリス司教とボーヴェ司教の両者が、自教区内で逮捕された僧職身分のものとして引き渡しを要求したが、シャトレの法廷は、コランにその資格はないと判断して、絞首刑を宣告し、一四六〇年九月二六日、刑が執行された。

以上はオーギュスト・ロンニョンが克明に調べあげたことの、ほんの概要である。「ヴィヨン遺言詩」研究の第一世代は、「フランソワ・ヴィヨン」の悪事の仲間の素性洗いに絶大の関心を示した。コラン・ド・カイユーはその筆頭であった。調べていくほどに、悪党団の存在が浮かび上がった。「コキヤール党」である。この悪党団がらみの「ディジョンの一件調書」が紹介された。ルヴェ本の「隠語のバラッド」六編（L. f. g 7v-h3r）、フォーシェ写本の「隠語のバラッド」五編（F. f. 25r-27r）の読解の鍵が提供された。隠語（ジャルゴン）の世界、裏の世界をついに「ヴィヨン遺言詩」は蔵しているのだ……。そういうわけで、そこにはじまったのが、その裏の世界に照らして「ヴィヨン遺言詩」を読もうという態度である。

さきほど紹介したＲＨの反省の弁は、この事情を映している。だから、その反省はよい。その反省をこそ、わたしは求めてきた。「ヴィヨン遺言詩」を「ヴィヨン遺言詩」のなかで読むこと。わたしが求めているのはそのことである。外挿はいいかげんにしよう。そうわたしは呼びかけて来た。「フランソワ・ヴィヨン」を実在の人物として、「コキヤール」のともがらとして読もうとするのはいいかげんよそうやと提案して来た。だから、ＲＨの反省は喜ぶべきなのだろう。

だが、もうひとつ屈折がある。その屈折を理解してもらいたいと、さらにわたしは要求の度合いを強める。ＲＨがその反省に到達したと知ればこそである。これは文学である。「フランソワ・ヴィヨン」を主人公とした文学作品である。詩のなかで「フランソワ・ヴィヨン」は生きて存在している。コラン・ド・カイユーは詩のなかで「コキヤール党員」である。詩のなかで、「こどもら」は「コキヤール党」である。「おれの生徒たち」は「コキヤール党」である。「鳥もちよろしくしっかりつかむ」は、悪事万端そつなく勤める「コキヤール党」に捧げる讃辞である。「モンピポー」「リュエル」は「コキヤール党」の巣窟である。「皮を大事にしな」は、われらが英訳者ピーター・デイル氏の洞察の通り、「首を大事にしな」である。「楽しくやろう」は、いわずとしれた悪党の快楽である。「賭け増してなんとかなるだろうと考えて」は、コラン・ド・カイユーの最期に照らして読めば、「上訴だ、上訴だと心積もりしていて」とも読める。どこへか、だって？　教会裁判所へである。そうしてコラン・ド・カイユーは足元をすくわれた。

157

三文銭の遊びじゃないんだ、これは、
肉体がかかっている、魂だって危うい、
身を滅ぼせば、後悔先に立たずだ、
恥辱のうちに死ぬことになる、
勝ったところで、妻にめとれるわけじゃない、
カルタゴの女王ディドーの話だが、
男ってものはまったく愚かで恥知らずだ、
儲けは少ないのに大きく賭けたがる

「三文銭の遊びじゃないんだ、これは」ce nest pas ung jeu de troys mailles にせよ、四行目の「恥辱のうちに死ぬことになる」con nen meurre a honte et diffame にせよ、その次の行の「勝ったところで、妻にめとれるわけじゃない」にせよ、これらは当時一般の言い回しであって、この八行詩はかなり教訓調が強い。字面のとおり読めるということで、前節に比べて、また次節に比べてもまた、反語調、諧謔調は薄い。カルタゴの女王ディドーは、中世人のあいだで美女の誉れ高かった女性で、『ばら物語』に dido la belle と出るし（v. 13,410）、フォーシェ写本の f. 10v の、これは「ヴィヨン遺

言詩」の詩人のものではないバラッドにla belle didoと読める。さかのぼって『カルミナ・ブラーナ』に歌われ（Carmina Burana, fol. 75r-v; hrsg von Hilka und Schumann, 99b, 100）、ここでは挿絵にも描かれている（fol. 77v）。
ディドーはフェニキアのテュロスの王の娘で、兄弟のピグマリオンに夫を殺されて、北アフリカに渡り、詭弁を弄して土地を購入し、カルタゴを建設した。その地方の王がかの女に結婚を迫る。かの女はその男を嫌い、傲然と薪の山の上で自裁した。男がどうあがいてもけっきょく一緒にはなれない女なのです、ディドーは。

158

だから、まあ、みんな聞けって、　一六八四
こういうではないか、真理だよ、これは、
大樽を残さず飲み干す、
冬には炉端で、夏には森で、
金があるからって、金が増えるもんじゃない、　一六八八
まあ、早いとこ、使っちまうにかぎるって、
だれの手に、そいつが渡ると思うかい、
まあ、悪銭身につかずっていうからねえ

前節を受けて、「こういうじゃんか、真理だよ、これは」on dit et il est verite と書く。これまた一般語法で、続く二行は諺の引用だとRHは決めつける。que charecterie se boit toute / au feu liver au boys leste. たしかにモロスキーの『諺集』に、charreterie se boit toute がある。まったくそのままである。なるほど、RHならずとも、深く肯首するところだ。そこで、おもしろいのがチュアーヌの論説である。チュアーヌは charecterie なる語を『パリ一住民の日記』から掘り起こす。et la lui fut presente quatre charretes de moult bon vin de par ceulx de parys (it. 276). そうしてゴドフロワ、デュカンジュを援用して、charetee(charrete) を tonneau de vin「ぶどう酒の大樽」と読む。以前わたしは『日記のなかのパリ』に、まさに日記の該当箇所を紹介した。一四二〇年五月、イギリス王ヘンリー五世が、トロワに赴くべくパリ近郊を通過した。「そこで、パリの住人から王に献上のことがあった、すなわち馬車四台分の上等のぶどう酒」（p. 141）〔本書二六七頁も〕「馬車四台分」とは今更ながら、読みの浅さに恥じ入る。四輪の台車に乗せたぶどう酒の大樽を、まあ、ご想像いただきたいわけで、なんとなじみの光景ではないか。

　さらに興味深いのは、チュアーヌがキケロの De Senectute というのを引いて、この言表の背後に古典の素養があるのではないかと見ている点である。Pocula minuta atque rorantia, et refrigeratio, et vicissim aut sol aut ignis hibernis（IV, 46）「滴り落ちるほどのわずかばかりの飲料（ぶどう酒）が、（夏の）涼しさを呼び、冬の太陽であり、火である」。キケロが「一滴のぶどう酒」といっているのを

「大樽」と、いささかガルガンチュエスクだが、「冬には炉端で、夏には森で」というのが、キケロの et vicissim aut sol aut ignis hibernis というのを端正に本歌取りしているというのである。そうして感想を述べていうには、フランソワ・ヴィヨンはメートル・ギヨーム・ヴィヨンとその友人たちの談論の雰囲気のなかで育ったのだ、と。

　これはなにもチュアーヌに限らない。諸家が共有する理解のパターンで、古典の素養、法律知識、教会関係のしがらみ、諸事万端、「若者フランソワ・ヴィヨン」の手に負えそうにない事柄が詩の背景にありそうだということになると、それはギヨーム・ヴィヨンの、諸家がフランソワの養い親と想定するサンブノワ教会の司祭ギヨーム・ヴィヨンの督育の賜物、あるいは門前の小僧の耳学問として説明したがるのである。わたしがいうのは、そんなのより、あっさり、ギヨーム・ヴィヨンその人が詩を作ったのだと考えてみてはどうか？

　またむきになりすぎた。ともかくＲＨはチュアーヌを完全に無視しているが、わたしはこれがかなり的を射ているのではないかと思うのだ。ともかくＲＨは、こともあろうに、le gain のことをいっているのだろうと、なんとも近代主義的な説明をなさるのだ。馬車一台分の荷を運んだ駄賃を全部飲んじまう話というわけだ。大樽を飲み干すというようなガルガンチュレスクな歌いぶりは、「ヴィヨン遺言詩」の詩人になじまないというのだろうか？　ガルガンチュレスクの本家フランソワ・ラブレーが「メートル・フランソワ・ヴィヨン」と、あれほど尊敬した詩人だというのに？　デュカンジュは charetil の項で出している。「馬車で運べるがほどの物量」と定義したうえで、一四一四年のパリの王家裁判所の判決文に charetee と出て、そう呼ばれる tonnella がトゥール貨七スーとかなんとか書いているが、チュアーヌによれば「ロッシェルの tonnel には五スー、charetee と人が呼んでいる tonnel には七スー」というのが正しい文脈だそうで、一四一五年の王の令状には、同じ意味で chariotee の字が出ていて、「いかなる売り手も……件の市場においては、一度に une chariotee de vin しか売るべからず」と読めるとも用例をあげている。tonnella ないし tonnel(tonneau) は要すれば液体の大樽であって、もちろん水だったかも知れないと強弁する人が出るかもしれない。そのことを心配して、王家役人は une chariotee de vin「ぶどう酒の」chariotee すなわち tonnel 大樽と言い回しているのである。

「金があるからって、金が増えるってもんじゃない」sargent avez il nest ente. 最後の ente が問題で、この字はじつはアルスナール写本だけのもので、他の諸本はそろって quicte と書いている。これだと「なにかに縛られないってもんじゃない」といったほどの意味になろうか。RHはこちらを採って、そう読みたがっている。そうして訳を述べて、三本がそろっているのに、単独航のをとることはない、と。そりゃ聞こえませぬといいたくなる。ほんの少し前、「それともリュエルにか、皮を大事にしな」で、RHは、アルスナール、フォーシェ、ルヴェの三本が rueil と書いているのを断然無視して、コワラン写本の ruel を採った。こんな例はほかにも一杯ある。

たしかに写本民主主義は守られなければならない。写本民主主義というのはわたしのいたずらな言い回しで、ほかにとくに理由のないときは、多数派をとりましょうということである。だから、これはなにも絶対のものではない。general will ということもある。お解りにならなければ、どうぞルソーをお読みください。じつはＲＨはコワラン写本を贔屓する傾きがある。そのことは、最近、『学習院大学文学部研究年報』（第39輯平成四年度）に書いた。「『ヴィヨン遺言詩』アルスナール写本について」というのだが、ぜひお読みいただきたい。とりわけＲＨはアルスナール写本をばかにするのである。

ＲＨの読みにこだわるが、quicte は「遺言詩」にほかに一か所だけ出る。『遺言の歌』「ヴィヨンが母の求めに応じて書いた聖母祈禱のバラッド」である。lequel par vous fut quicte et absoluz (v.887)「あなたさまのおとりなしで、この方、咎めを解かれ、お宥しを受けました」。さてさて、この一行のなかでの quicte の解に問題の quicte がなじむかどうか、そこのところも一応は考え合わせてみなければならないのではないかというのがわたしの意見である。他方、ente の方は、これは近代語にも残った enter（接ぎ木する）の用例になる。「それ（金）は接ぎ木されない」と、一番プリミティヴに読んでも、一応意味は通る。ここでは、しかし、この二つの解を提示するにとどめたい。

「まあ、悪銭身につかずっていうからねえ」jamaiz mal acquest ne prouffite. チュアーヌはまたキケロを持ち出している。エラスムスがその『格言集』に拾った、キケロが引いている古い格言ということで、male parta male dilabuntur というのだが、「悪しき取得は無益に散る」といったほどの意味か。

ここにバラッドがひとつ入る。クレマン・マロが「悪い暮らしの連中に贈るよき教訓のバラッド」と題をつけたバラッドである。アルスナール写本はこれを載せていない。その他三つのテキスト間にはかなりの異同がある。これを省くのはアルスナール写本への義理立てからではない。専ら紙数の関係で、いずれ出版を予定している大著（?）『わがヴィヨン』でご紹介したい。

159

おまえたちに話しているんだぞ、遊び人ども、　一七二〇
病める魂に、健康なからだ、だがね、
おまえたちみんな、日焼けには十分気いつけな、
そいつは死んだ人間を焼いて黒ずませる、
そいつは避けることだ、なにしろ致命傷だ、　一七二四
なにがなんでも、そいつだけにはかかずりあうな、
神かけて、後生だから、思い出してくれ、
時がくれば、いずれおまえたちも死ぬのだ

「よき教訓のバラッド」を受けて、改めて訓戒を与える八行詩と理解されている。全体に文章は平易で、問題の箇所もない。四行目、qui noircist les gens quand sont mors だが、「雑詩」に分類さ

れるバラッドで、ロンニョン－フーレ第四版で「雑詩」第十四番、ＲＨ版で第十一番とされる、標題はこれまた前者がL'Épitaphe Villon「ヴィヨン墓碑銘」、後者が〔　〕付きでBallade des Pendus「絞首されたものたちのバラッド」という、大変めんどうなことで恐れ入る、バラッドの第三連冒頭に、ＲＨ版で示せば、la pluye nous a esbuez et lavez / et le soleil deseichez et noircis と読める。esbuez については、ロンニョン－フーレ第四版はコワラン写本に見られる debuez を採っていて、これがロンニョン初版以来の古典的読みである。ところがロンニョン初版、ロンニョン－フーレ第四版は語彙説明にこの語を載せず、語意の究明を放棄している。

アンドレ・ランリが、その現代語対訳で、テキストはロンニョン－フーレ第四版によりながら、現代語訳に、根拠を示さず lessiné としたのは印象的である。勇敢だという意味で。他方、ＲＨはもっと慎重であって（なにしろかれらはロマンス言語学者なのだ！）、そもそも debuer は de-buer であって、中世語で debriser が近代語では briser に変わった一事に示されているように、de は buer「洗う」の強調詞である。とすると、buer et laver と同意の語を並べ、その頭に de を付すということになるが、これはいかがなものか。ここはひとつＴ写本と呼ばれる、これはパリの国立図書館本だが、十六世紀後半の筆跡で、このバラッドと、もう一つのバラッドしか収められていない代物だが、それに見られる esbuez を採りたい。これがＲＨの提案であって、それではそれはどういう意味か。

じつはこの語はどんな古語辞典にも出ていない。しかし、フランス西部の地方語に残っていて、意味は essanger、すなわち laver する前にざっとすすぐの意だという。そこで問題の二行はこういう意味になる、「雨がおれたちをざっとすすいでから、よく洗い、太陽が乾かし、黒ずませる」。なんとも解説調の詩文だが、まあいいでしょう、ここでの問題は debuer か、esbuer かではない。noicir というのは、そういうわけで、モンフォーコンの首吊り場にぶら下がっている、風雨にさらされ、陽光に照りつけられた死体の描写だというのです。

［補遺］

一～二行目、a vous parle compains de galle / mal des ames et bien du corps のまず compains はアルスナール写本、ルヴェ本では compaings である。galle は、この表記のはコワラン写本とルヴェ本。アルスナール写本は galles, フォーシェ写本は gales. des ames と du corps の表記はコワラン写本を除いてみな同じ。コワラン写本は一行全体が異文である。ただし、アルスナール写本は bien du のところが汚れたのか、もともとの書き損じか、よく読めない。辛うじてこれでいいのだろうといったところか。問題は二つある。一つは mal と bien はどこにかかるのか。ＲＨはそっけなく「galle にかかる」と述べている。そんなのあるかな。わたしの読みは、これは独立副詞句とでもいいますか、格言めいた文言を挿入したものと読めばよい。問題の二は、なぜ des ames と、「魂」は複数なのか。ビュルジェは、corps ne ame「魂と肉体」と対応させている用例を一つにまとめていて、そのなかにこれも入れるが、ただしこの v.1, 721 の用例だけは ame が複数形で書かれていると断っている。つまり、単数と同じ用法だと観念しろということらしいが、どうも釈然としない。RHをはじめ、諸家は黙っている。

160

ひと~つ、おれはキャンズ・ヴァンに遺す、　一七二八
そう呼びたいんなら、どうぞ、トロワ・サンって、
プロヴァン、じゃなくって、パリのだ、
つくづくと思えば、あいつらにおれは借りがある、
あいつらが手に入れるのは、わがまったき同意において、　一七三二
おれの大きな眼鏡、ただし眼鏡容器はなし、
レジノッサンで見分けられるようにね、
金持ちと、そうじゃないのをさ

アルスナール写本は「よき教訓のバラッド」を載せず、一五九節から復帰したが、今度はフォーシェ写本がこの節からいなくなる。一六〇節から一六六節までと、それに続く「ロンドー」を載せていない。したがって、しばらくはコワラン写本とアルスナール写本の直接対決が続くことになる。ルヴェ本が勝負審判で脇に控えているといった格好か。第一行目の「キャンズ・ヴァン」にしても、コワラン写本とアルスナール写本はそれぞれ xv vings, xv vins と書いていて、RHは前者の表記をとっ

ているが、ロンニョン以来、大勢はそうだとしても、かつてチュアーヌは quinze vins と書いた。そうして、vins の表記も当時よく見られたことを指摘し、クリスチーヌ・ド・ピザンと『醜聞年代記』のジャン・ド・ロワを引き合いに出している。チュアーヌの表記は、じつはルヴェ本とアルスナール写本を合わせたもので、ルヴェ本はローマ数字の xv などと怪しげな書き方はせず、quinze vings と書いているのである。勝負を決めかねて、困惑の表情といったところか。

「キャンズ・ヴァン」のまたの名「トロワ・サン」の方だが、前にご紹介したパリ代官所の警邏の総人数をいうのに「オンズ・ヴァン」の例もある。一〇七節 v. 1,086 と、その数字をあてこすった一五二節 v. 1,642 だが、コワラン写本を見ると両方とも unze vings、アルスナール写本は前者については、なんと xixx と書いている。後者は、アルスナール写本は onze coups と別のことを書いているということは前に紹介した。unze (onze) 11 × vings (vingts) 20 = 220 だが、「キャンズ・ヴァン」の方は、xv (quinze) 15 × vings (vingts) 20 = 300 というわけで、すなわち「トロワ・サン」troys (trois) 3 × cens (cent) 100 = 300 というわけである。八〇をいうのに「キャートル・ヴァン」といまでもいう。フランス人の頭の中では二〇進法的思考がいまでもはたらいているのであろうか。

キャンズ・ヴァンについては、十九世紀の国立図書館古文書管理人（アルシヴィスト）レオン・ル・グランによる詳細な研究がある。これは『イール・ド・フランスとパリの歴史協会の紀要論文集』に載ったもので、単行本の形にもまとめられた。これにしたがって、概略説明しよう。一四六〇年の時点での大変興味ある資料を紹介していて（Léon Le Grand, p. 104 n. 3）、それによるとキャンズ・ヴァン「僧院」に聖母マリア礼拝堂が竣工したこと。同時にサントノレ大通り沿いに八本の列柱を備えた玄関がもうけられ、その左右三〇メートル余の石壁が構築されたこと。「グラン・ゴデ」なる標識看板を掲げた家屋と門番小屋がこれに付属していたことが知られる。「グラン・ゴデ」？「大椀」という意味で、「グレーヴ広場のグラン・ゴデ」とv. 1,039に出る看板と同じではないか。しかも、この「グレーヴのグラン・ゴデ」は韜晦で、じつはグレーヴ広場にはないとわたしは判断している代物だが、それはよい。関係注記をごらんねがいたい。

　ともかくサントノレ大通りに堂々たる構えを見せていた「キャンズ・ヴァン僧院」は、もともと十三世紀にルイ九世の名において裁可された盲人のための救護施設で、「僧院」といいながら、じつは「修道院」ではなかった、いや「宗教団体」でさえも正確に言えばなかったと、ル・グランははじめにことわっている。この団体がパリ司教と争ったある訴訟で、一三八八年に王家裁判所が下した判決文はそう律義に断っているという。ところが法王庁はキャンズ・ヴァンに対して、たいへん手厚い保護を加えて、事実上、これに教会の位格を与えた。そのアンクロ、「寺域」とかりに訳しておくが、その域内の、これを旦那寺とする信徒の教会としての資格を認定したのである。教区を持ったわけだ。これは、もともとそのあたりを教区とするサンジェルマン・ローセロワ教会（ルーヴル美術館の東門の前の教会である）の権利を侵すものであった。代々の法王は、この苦情を受けて、キャンズ・ヴァンに対し、年金の支払いを命じて、その補償としてきた。だが、サンジェルマン側はこれを不服として、事ごとに訴訟を起こしてきていたのである。十四世紀の末にも、「寺域」の範囲をめぐる訴訟が起こされた。
この訴訟において、王宮審理部委員の行なった裁定が興味深い。「王宮審理部委員」と訳したのはMaistres（Gens）des Requestes du Palays だが、次々節一六二節にこと挙げされている「審理部の役人」がこれである。このことをご承知ねがっておいた上で、さて、その裁定というのはどういうのかというと、ル・グランが資料を挙げてくれているので、それを紹介する。「一四〇六年に王宮審理部役人によって与えられた許可状、ラ・バスティルド・サントノレを越えて、ラ・ヴィル・レヴェックに沿い、ヌーヴ・サンロワ通りに居住する住民たちに対して、ここな審理部において、サンジェルマン・ローセロワ聖堂参事会とサンテュスターシュ主任司祭を一方とし、ラ・ヴィル・レヴェック主任司祭を他方とするこの訴訟が続く間、キャンズ・ヴァンの礼拝堂付司祭たちによって教会の全サクラメントが執り行なわれるべきこと」（p. 29, n. 6）
この資料に十五世紀のキャンズ・ヴァンの「寺域」が規定されている。この「寺域」におけるキャンズ・ヴァンの「礼拝堂付司祭」chappellains の「教会の全サクラメント」tous sacrements d'eglyse、すなわち「秘蹟」の執行が確認された。ル・グランの記述はいきなり一四九一年にとぶ。「一四九一年、キャンズ・ヴァンの聖職者 prêtres は、安んじて教区に関する権限を、その施療院 l'hôpital で行使することができた」と古文書保管人は、いささかぎこちなく書いている。古文書保管人の判断を疑わなければならない理由はない。「ヴィヨン遺言詩」の時代、キャンズ・ヴァンは「宗教団体」であった。それどころか、教会内部のいろいろとめんどうな仕分けを越えて、その「寺域」

の信徒にとって、キャンズ・ヴァンは教会であった。庶民感覚からいって、修道院であった。カルメル会とかオーギュスタン修道院とか、いろいろあるなかの一つだった。たしかにいささか疑わしいところはあったが。

法王庁またその意向を受けたパリ教会の保護にくわえて、王家を筆頭とする喜捨寄進が降り注いだことの事情をルグランは書いている。庶民の疑わしい目付きは、その辺りにも起因していたのである。また、かれらの門付けのやり口が、また、庶民にカチンと来た。キャンズ・ヴァンの盲目僧はユリの花を散らした模様の僧衣を身につけていたのだ！　なにしろかれらは王家公認の乞食団なのだ！　パリ市中の教会の戸口に立って喜捨を求める権利の確保においても、かれらは抜け目なかった。レジノッサンへの引っかけがここにあった。

「レジノッサン墓地」については、これがサンドニ通りに面して戸口を開いていたこと、その裏手が「レアル（市場）」だったが、そこは現在ショッピングアーケード街「フォーラム」に変貌していること、墓地の遺構（といってもそれ自体十七世紀のものに過ぎないのだが）泉水の台座がその脇にさびしく残っていることを紹介しておくことにして、なによりもまずホイジンガ『中世の秋』十一章「死のイメージ」、あとはわたしの『日記のなかのパリ』や『中世の森の中で』（共著、堀米庸三編）の関係文章をご覧いただくことにするが、墓地に付属する教会がキャンズ・ヴァンの盲目僧の最大のターゲットだった。とりわけこの教会の大祭「万霊節」（十一月二日）が最大のチャンスで、大祭の前夜には、かれらが vigilles「宵宮の祈禱」を唱えたのだという。

「レジノッサン墓地」をめぐる回廊の壁には、ダンス・マカーブル「死の舞踏」が描かれていた。これはじつはつい最近描かれたもので、一四二四年に完成したと『パリ一住民の日記』に証言されている。まだまだ鮮明な色彩を見せていたであろう。わたしたちはいまはこれを、世紀末に売り出された単彩の版画詩文集でしか見ることはできないが。これについても、さしあたり『中世の秋』をご覧ねがいたいが、「フランソワ・ヴィヨン」が盲目僧に「おれの大きな眼鏡」を遺すといっているのは、その回廊の天井組みの梁材の上に山と積み上げられた髑髏（後代、これはモンパルナスの洞窟に収められた。「カタコンブ」である）から、「金持ちとそうでないのと」を見分けるためにという触れ込みになっている。悪ふざけである。なるほど、当時、盲人に対する感性は極めて低劣なものであって、チュアーヌはじめ、諸家はこれを紹介するのに熱心である。さしあたり、これまた『中世の秋』の初章「はげしい生活の基調」をご覧ねがいたい。

盲人の宿命に対する無感覚。詩人はこれを痛烈に意識して、「フランソワ・ヴィヨン」をして「つくづくと思えば、あいつらにおれは借りがある」car a eulx tenu je me sens といわしめているのであろうか？　そう考えたくなるのは、やはりわたしたちが近代人なればこそであろう。詩人はついに時代の子である。そもそも盲人たちに眼鏡を贈るという発想自体、どうやらこの詩人が言い出しっぺなのだ。シャンピオンは「おそらくこれはそれ自体おもしろい思いつき（une idée plaisante en soi）であって、その後パリに長く伝えられるものとなった」と「評価」し、注に、十八世紀の版画集に、「キャンズ・ヴァン御用達眼鏡」と題されたものがあると紹介している。

ここで考えなければいけないのは、キャンズ・ヴァンが修道院に準ずる宗教団体であったという事実である。このことは当時まさしく時事問題であった修道院の富裕という問題と、この詩文が無関係ではないことを暗示する。最後の行は、従来からの読みだと、「まっとうなのとまっとうではないのと」とでも訳すべきところである。les gens de bien des deshonnestes. もし les gens de bien を「金持ち」と意味をとるならば、deshonnestes は「それにふさわしくないもの」の意味である。金持ちにはなじまない連中ということだ。そうして、キャンズ・ヴァンの盲目僧のお眼鏡にかなうのは、金持ちなのだ。たくさん寄進してくれる金持ちだ。そのように詩人は意味を持たせたということで、それは修道院に対するこの詩人のインテンションに合致する。詩人は修道院に反感をもっている。それは「遺言詩」各所に読み取れるところであって、とりわけて、『遺言の歌』一一六節以下の諸節をご参照ねがいたい。詩人はサンブノワ教会の司祭である。教区教会の既得権を侵す修道院ならびにそれに準ずるキャンズ・ヴァンの盲目僧はかれの激しい嘲弄を覚悟しなければならない。「つくづくと思えば、あいつらにおれは借りがある」。反語である。

長くなったが、最後に第三行について。プロヴァンに「盲人の家」があったと聞いたことはないと諸家は困惑している。チュアーヌも、シャンピオンも、プロヴァンのサンタイウール修道院が、一四一三年に、「キャンズ・ヴァン」に一軒の家と庭を寄贈している事実があるのをあげて、これのことかとしている。ＲＨはこれに疑問を投げかけ、これはつまりは詩文の読みの問題で、「プロヴァンのではなく、パリの」と読むのではなく、「プロヴァンではなく、パリの」と読めばよい。否定辞を添えて強調する手法だと、「遺言詩」中、諸例を挙げている。その読みかたにはわたしも賛成だが、その場合、わたしの脳裏に浮かぶのは、RHのいう否定辞を添えるケースではなく（たとえば、v. 739の「高いところではなく、低い所でだ」）、「雑詩」に入る「Quatrain（四行詩）」であって、こういうのだが、je suis francois dont il me poise / ne de paris empres pontoise / et de la corde dune toise / saura mon col que mon cul poise.「おれはフランソワ、この名はおれに重い、／ポントワーズのそばのパリという町の生まれ、／一トワーズの綱にぶら下がって、／おれの首はおれの尻の重さを知るだろうよ」まあ、こんな意味か。

プロヴァンはポントワーズほどパリという町に近くはないけれど……。また、これもだれもいっていないらしいので（文献全部を読み漁ったなんて、とてもとてもいえた義理ではないので）、また袋だたきに会いそうだけれども、勇を奮って書いておきます、「トロワ・サン」troys cens の「トロワ」はプロヴァンのそばの町トロワを、また「サンス」は、一行下の je me sens の sens と一緒に、さらにセーヌ川上流の町、大司教座教会府サンスを想起させないでしょうか。ちなみに cens を sans と書く例は『形見分けの歌』v. 222,『遺言の歌』v. 1,310 に見えるが、sens と書く例はないので、二行目の cens については、いまいったことは撤回する。

二行目の「トロワ」、三行目の「プロヴァン」、四行目の「サンス」、いずれもこれは「パリという町」からセーヌ川をさかのぼった町々ですね。どういうのでしょうか、これは。地名遊びでしょうか……。ただし、cens, sens は、ここでは「サンス」とは読ませないらしい。「サン」と読ませて、脚韻を踏ませているらしい。一行八音の原則に照らしてそう読める。音の響きからは「サンス」は出て来ないわけで、そのあたりかなり問題になる。

161

ここにはもはや笑いはない、あそびはない、　一七三六
いったいなんだったのか、金があった、そんなことが、
豪勢な大寝台で女とやったとか、そんなことが、
腹膨れるまでに酒を飲んだとか、そんなことが、
ダンスだ宴会だとお祭りやったとか、そんなことが、　一七四〇
ホイホイ駆け出して遊びまくったとか、そんなことが、
そういった悦楽すべては終わりになってしまって、
そういった悦楽に耽った罪だけが後に残る

二行目の que leur valut, 三行目の toutes faillent の時制は単純過去であって、無常感を強調している。アルスナール写本は leur vault il, ルヴェ本は leur vault とお説教調だ。「なんの役に立つというのか……」髑髏（leur）に向かってそういったって仕方ないと思うのだが……。三行目の nen grans liz de paremens jeu の jeu はロンニョン以来、gesir（coucher）の過去分詞 geu の異綴と見られてき

た。これだと、「豪奢な大寝台に寝たからといって」というほどの意味になる。だが、文脈からみて、これはおかしいと、ＲＨはjeuを、一行目のjeuと同じく、やはり名詞と見る。ただし、同じ意味では文脈上ありえない。こちらの方はベッドのなかのjeu, すなわちébats amoureuxである、と。

[補遺]

ＡＦＷを見れば、そもそもgesirはjesirで項目が出ていて、L’osresie u il aveit jëu(Wace, Vie StNicolas)他、類例が多い。やはり、「豪勢な大寝台に寝たからって、そんなことが」という意味ではないか。

162

髑髏の山をおれがつくづくと見るところ、
山のようだぞ、これは、納骨堂が一杯だ、
見ろよ、審理部のお役人だった方々だぜ、お世話んなった、
こっちの方だってさ、お世話んなったろうが、会計部のお歴々だ、
こっちのは、こいつは籠をもってく役の連中だった、
だからよ、これならどっちがどっちか、おれにもいえる、
それがさ、こいつら、司教屋だったか、提灯屋だったか、

こいつばかりは区別つけかねて、おれには分からない

三〜四行目、tous furent maistre des requestes / au moins de la chambre aux deniers. ともに王家家政の役人で、前者「審理部委員」については、前々節の注記に示唆したように、キャンズ・ヴァンに有利な裁定を下した連中である。そんなの、世紀はじめのことではないか、とこと挙げする方々が多分いらっしゃるにちがいない。詩人の生涯と「遺言詩」の製作時期に関しては、議論は一筋縄ではいかない。とうていここに委細を尽くしてお話しするわけにはいかない。詩人の社会的ステータスということも十分考慮されるべきである。諸家は沈黙を守っている。詩語の含意を最大限の幅で理解したいと思っている。

諸家にうかがいたいのは、それではau moinsとはなにか。「審理部委員」の方が「会計員」よりも偉いのか。そういう理解が当時当たり前にあったのか。かりにそうだとして、どうしてこの二つを詩人は等級差別的に比較するのか。au moinsの他の用例を見れば、『形見分けの歌』二五節 v. 200 に、すっぽんぽんのこどもたち三人、その実、名だたる当代の豪商三人に、au moins pour passer cest hyver「せめてはこの冬を過ごせるように」、なにか恵んでやってくれ、それがおれの遺言だとかかっているのをはじめ、諸例はすべて等級評価を含んでいるように見える。

かりに、わたしの読みが当たっているとすれば、au moins はあるていど読めることになる。見ろよ、おまえさんたち、この山は審理部の旦那方だったやつだぜ。おまえさんたちがお世話んなった。

そうじゃないってしたってさ、どうふんだって、こりゃあ王宮のお役人だった連中だよ。ほら、おまえさんたちにさ、たんまりおあしを恵んでくださった、会計院の旦那衆だったかもよ……。最後のくだりはまだ実証されていないことをお断りする。

「籠持ち」だが、これまた諸家は沈黙するか、あるいは外挿法で処理しようとする。わたしがいうのは、たとえばＲＨで、他の同時代ないし十六世紀の資料を持ち出してなにかをいおうとする態度である。それの悪かろうはずはない。わたしだってそれはやっている。だが、最後は「ヴィヨン遺言詩」の文脈にもどるこれがのぞましい。ビュルジェがそれをわきまえていた。これは嬉しい発見だ。ビュルジェというのは『ヴィヨン語彙集』を作った人だが、その portepannier の項を見ると、なにも書いていない。ただ v. 1,948 と、この語の出どころが指示されているだけである。それが念のため、pannier の項を見てみたところ、それの v. 1,364 の用例が挙げられていて、さらに「portepanniers を見よ」と添え書きしている。

そこで思い出した。pannier「籠」は非常に印象的な使い方で、一三八節に出る。「メートル・ジャン・ド・リュエルの家から取って来た籠一杯の丁子」を「代官所の書役バズニエ」「取調人モータンとロネル」「陪審人リュエル」におくる。これを前代官ロベール・デストゥートヴィルに「賄賂」に使いなさいと、こういう文脈である。ビュルジェはこれを示唆し、それだけで突き放している。わたしもああそうかと思い出したというだけのことで、だからなんだといわれても困る。「籠」がどのようなインテンションでこの詩人によってこと挙げされているか、そのことをたしかめただけのことである。いずれにしても、portepanniers は意味不明である。それ自体、なにか意味の通る言葉であるわけではない。porte- という接頭語は、なにかを持つという意味を作るだけである。このばあいは pannier「籠」を持つものということで、それ以下でもそれ以上でもない。賄賂を受け取る方と持ち込む方？　なるほど、それなら区別はできる。

提灯屋と訳した lanterniers だが、これについてはビュルジェは大まじめに注記している。これは多分作る方ではなく、持つ方だろう。ちょうちん持ちというわけだ。リトレの古語辞典は「無駄話をする奴」という意味でこれが使われたことをいっている。あるいはそれが参考になるかもしれない、とこの程度である。ＲＨもそんなもので、印象的なのは、そういった専門家たちの意見を断然無視して、われらがピーター・デイル氏が or mere porters instead; no longer clear which one is which, I cannot say this was a bishop; this would appear a lantern-maker in his day. とやっていることである。まあ、ぜんたいとして、デイル氏のはメロメロですね。あまり参考にはならない。賄賂を受け取る奴と持ってく奴といったほどの鮮烈な対比がこの場合でも浮かんで欲しいのだが、「遺言詩」に他に用例は出ない。

［補遺］

またまた問題発言。「司教のかちょうちんもちのか」car devesques ou lanterniers だが、これは T. v. 696 の et rend vecyes pour lanternes「膀胱をちょうちんといいくるめる」と関係ないか。

vecyes（vessie）の発音とevesques（évêque）の発音との関係の問題である。vecyesとevesquesでは問題にならないと片付ける前に、当時、evesqueが巷間どのように発音されていたか、調査の要あり。また、eveschie（évêché）とは十分照応する（T. v. 1,204）。「司教屋」と「提灯屋」というわけで、これが「膀胱とちょうちん」に照応するわけである。詩人が自分で思いついたアイデアかも知れない。もしそうだとしたら秀逸だ。

［補遺の二］

その後調べた結果、「司教」「膀胱」「提灯屋」の照応関係を確認した。

ＦＥＷを見てみたところ、episcopus Afr. evesque, avesque, vesque（Bueve 2, 3）［Bueve = *Der festländische Bueve de Hantone,* Fassung 2, wahrsh. aus dem Gebiet westliche Beauvais. ca. 1225; 3. südlichen Pikardie. ca. 1225］ visp（1367. Pans）［Pansier, P: *Histoire de la Langue Provençale à Avignon, du XII au XIX Siècle;* 4 vols., 1924-27］

ＡＦＷを見たところ、evesque, vesqueとして用例があげられているが、vesqueの用例だけ拾えば、Les vesques qui y furent（RClary 1）［Robert de Clary(Clari): *La Prise de Constantinople; in Chroniques Greco-Romanes,* Berlin, 1873］ Li vesques la messe commenche（Rich. 4,327）［*Richars li Biaus;* hsg. von W. Forester, Wien, 1874］ Prestre apel veske de chite Et abbe de fraternite（Rencl.c.57,1）［*Li Romans de Carite et Miserere du Renclus de Moiliens;* hsg. von Hamel, Paris, 1885］

ゴドフロワを見たところ、evesque(GIX) La nuit hebergent chez le vesque Henri（Garin le

Lorrain, 3e chans. XIII) Il vost estre vesques, ce est souverainz sires et mestres des temples (Hist. de Jules Caesar; ms. Langre, E 405. f. 44r)

évêchée を見たところ、AFWに、eveschie veschié(s. m.) Bistum として、Il(Paulins) donat totes les choses cui il pout avoir a l'us de sa veschiet, az prisons et az besonianz (Dial. Gr.117.17) [*Li Dialoge Gregoire lo Pape*; hsg. von Forester, 1876] eveschiee veschiee (s. f.) Bistum として、la vesquïe (Ruteb. II 360) ゴドフロワに、eveschiee, eveschie, evechee, evesquie, vechee, vesquee. La vechee de Tours (Chron. d'Angl., ms. Barberini, f. 118v.)

最後に、FEWでvesicaを見れば、vesiqua, Foix 142 のような用例も見いだされる。

evesque ないし eveschie (T. v. 1,204) と vecyes(vessie)(T. v. 696) の引っかけは明白だと思う。そのあいだに lanternes ないし lanterniers が介在する。

et rend vecyes pour lanternes(T. v. 696)

car devesques ou lanterniers (T. v. 1,750)

この両行は照応しているのである。

163

こいつら、生前頭をペコペコしていた、

こいつらがあいつらに、あいつらがこいつらに、

そいつらのうちこいつらは支配していた、
あいつらに恐れられ、奉仕されて、
いまはこいつらもあいつらもない、ぜんぶ終わりだ、
一つ山に集められて、相身互いに、
領主様といったって、もうそんなのない、
書記の、先生のと呼ばれることもない

問題はない。あるとすれば、最終行 clerc ne maistre ne si appelle（ne s'y appelle）「clerc と呼ばれることも、maistre と呼ばれることもない」の clerc, maistre とはなにか。大方は clerc を secrétaire と解する。根拠は『遺言の歌』五七節の par mon clerc fremin……selon le clerc est deu le maistre（v. 5, 658）。わたしもこれを支持する

164

いまは死んでいる、神よ、かれらの魂をお持ちあれ、
肉体について申しますれば、そいつは腐っている、
領主だった、奥方だったといったって、
大事大事に絹布にくるまれて、

パン粥だ、むぎ粥だ、こめ粥だと育てられ、　一七六四
それがいまは骨まで塵に返っている、
遊びも笑いも、もうお呼びじゃない、
やさしいイエスよ、かれらの罪を許したまえ

これも問題はない。「パン粥だ、むぎ粥だ、こめ粥だ」de cresme froumentee ou riz については補遺参照。なお、riz については v. 1,766 の ausquelz ne chault desbat ne riz との引っかけの作為が濃厚。ausquelz は前行の les oz ととった方がおもしろい。「骨には関係ないやね」。おもしろいが、ここはまあ諸家の読みに従う。

[補遺]

Le Viandier de Taillevent に cresme についてはcresme fricte のレシピ（調理法）があり、これはクリームを煮立たせて、それに細かくちぎったパンあるいは「ウブリ」（後注参照）を細かく砕いていれ、それに卵の黄身を混ぜて、牛乳をヒタヒタに注いで煮る。砂糖をたくさん入れて、塩で味をととのえると読める（一八九二年の版本を一九九一年、Régis Lehoucq Editeur が翻刻した版本の六二ページ）。

froumentee についてはfromantee のレシピがある。むぎをよく洗い、深鍋で時間をかけてよ

く煮る。適量の牛乳を加えてさらに煮る。卵の黄身を漉す。漉したのを牛乳に合わせて、いったん火からおろしたむぎの鍋に全部加える。鍋を揺すって、よく混ぜ合わせる。それからまた火にかけるが、あまり熱し過ぎないように。卵にあまり熱を加えると味をこわすからだ。砂糖をたくさんと塩で味をととのえる（九一ページ）。

riz については、あっさりと ris のレシピということで、米の煮方について書いている。米をとぎ、色をだすためにサフランを少量くわえて、「牝牛の牛乳」（と書いてある）で煮る。塩で味をととのえる（五九ページ）。「ウブリ」oublie だが、これは oublier「忘れる」の変化形ではない。俗化ラテン語（ラテン語がケルト語の影響を受けて方言化したもの）で oblatus「奉献されたもの」が語源らしく、英語には oblation の形で残っている。ミサに使う「聖餐のパン」をいう。転じて、煎餅型のパンのことをいったらしい。

165

かれら死せるものたちのためにおれはこの遺言を草し、　一七六八
その恩恵をまた他に及ぼさんとするものであって、
すなわちクール、シエージュ、プレの裁判人衆、
不正なる貪欲をあきなく憎むお歴々に、
このお方々、民生のよかれを図るお仕事に、　一七七二

身を砕き、骨を粉にして尽くして下さる、
神よ、宥しを、また聖ドミニコよ、宥してやって下さい、
いずれこのお方々の薨りましょうとき

この節には問題大あり。二行目 et icelluy je communique は、三行目の a とつながって、je le fais partager à の古い言い回し「共にさせる、参与せしめる」である。一行目の ce laiz は「遺言」を「詩文」に響き合わさせていて、「遺言」を、その宛て先のものたち以外のものたちに「参与せしめる」というのはどういうことか。分からない。なにか分かったような気にさせるが、じつはよく分からない、これは格好の例だろう。気持ちは分かるが。法律の方では、どういうことになるのか？

v. 1,770 の a regens cours sieges palaiz だが、これが問題である。regens だが、これは当時 magistrat「役人」の意で使われていたことが、コーアンの編集した『ファルス集』に載っている次のような文例でも確認できると RH は用例を引いている。Saint Jean, tu es un notable homme! Puis que tu as esté regent a la court, tu n'as point d'argent! (p. 392) だが、と RH は続ける、regere から造語された reger「支配する」という動詞の現在分詞と読むこともできる、その十五世紀における用例はまれなようだが……。そうしてゴドフロワを見よとしているのだが、用例のまれなのを採用することはないと思うのだが……。

まあ、それはともかく、ここでの問題は cours sieges palaiz である。regens が「役人」という意

味の名詞であるとしたら（RHのいうように現在分詞であってもだが）、それにつづけて三個の名詞を並べるという構文自体問題だが、それはまあ等置ということで説明がつくとしても、ではcours sieges palaizの言葉の意味はなにか。cours「クール」は、チュアーヌの丁寧な説明によると、les tribunaux qui jugeaient en dernier ressort, telle《la Court souveraine de Parlement》de Parisのことを呼ぶ、当時一般の呼び方だったらしい。「最終審決を下す裁判所、パリの『王家裁判所の最高法廷』のような」というのである。siege「シエージュ」はもともと裁判人の占める座席のことで（この文脈では。他の分野でのそれもある）、これ自体に意味があるわけではない。チュアーヌはdes jurisdictions de juges subalternes, de la sentence desquels on pouvait appeler「下級裁判人の裁判、その判決は上訴することができた」と説明する。

RHはf.ex.baillis「たとえばバイイの」と示唆しているが、「バイイ」は北フランスの王家支配地に配置された「王の代官」。南フランスではsénéchal「セネシャル」と呼ばれる。それぞれ「バイヤージュ」「セネショッセ」と呼ばれる行政司法管区を管理する。RHの示唆しているのはその「バイイ裁判」「セネシャル裁判」のことと思われる。パリのようないわゆる「プレヴォー都市」では「プレヴォー」がそれに代わる。「プレヴォー」こそじつは字面からいってまさに「代官」で（「前に置かれたもの」という意味）、パリだけではない。パリの場合、プレヴォーはシャトレを役所にしていた。セーヌ川にかかる橋のたもとの「小さな城」という意味だ。だから「シャトレ裁判所」がすなわちプレヴォーの裁判所である。

これ以外にも、「ヴィヨン遺言詩」にしょっちゅう登場する「オフィシャル」というのがある。これはつまりは「パリ司教裁判所」で、これの上訴法廷はローマ法王庁だということで、これをも下級法廷扱いしようとする「クール」と紛争が絶えなかった。まあ、そういった話はここではよいとして、そういうわけで、いわば一番普通の法廷が「シエージュ」なのである。「裁判所」と訳してもよい。

問題はpalaiz「パレ」である。この意味は「王宮」しかない。この時代、palaizといって、なにか特定の種別の裁判所を呼んだ形跡はない。ＲＨはpalais de justiceと、投げ出すように注をつけている。シテ島の「パレ・ド・ジュスティス」、すなわち現代フランス国家の上級裁判所のことが頭（複数。ＲＨは二人だから）に思い浮かんだのであろうか。サントシャペル見物の観光客が蝟集する、あのパレ・ド・ジュスティスである。バスの停留所の名前にもついている。つい先程もバスに揺られてそこを通り過ぎた。やはりここはチュアーヌの詳細な考証に身を委ねるべきだろう。

この一節はルヴェ本には載らず、フォーシェ写本は前にお断りしたようにいまは不在だから、コワラン写本とアルスナール写本の直接対決となるが、残念ながら双方ともpalaizと綴っていて、喧嘩にならない。チュアーヌは、そのpalaizをplaizと読むことを提案するのである。これはただそう読もうというだけのことではない。plaizは近代フランス語にはplaidの形で残ったが、これは古語扱いで、近代語には残らなかったと言うべきだろう。動詞plaindreの類縁語で、「ヴィヨン遺言詩」では、これを「惜しむ」（「青春の時代が名残惜しい」T. v. 169）、「苦情をいう、訴える」（「おれは天を仰ぎ、天に訴えた」L. v. 21）の両義で使われている。そこから読んで、plaizは「苦情の申し立て」と理解できる。

チュアーヌはまずデュカンジュ（palatia regia）が、placitum と palatium の混同がよく見られたことを指摘していることを紹介する。ところが参照文献は八世紀から十世紀までのラテン語文献だけで、これはどうかと疑問を投げかける。そうして、ここに唯一、十五世紀のものがある。これはユスタシュ・デシャンによって借用されたものだが、そこでは plais を palais と照応させていると読めるという。Cest a dire proces et plais / es sieges et es grans palais.「すなわち proces と plais, sieges と grans palais における」というのだが、これはしかし、読みようによっては、むしろ、cours sieges palaiz をそのまま読む保証にこそなれ、plais と palais が相互に交換され得たと主張する根拠にはならないと思うのだが……。

チュアーヌ自身、多少うしろめたく思うのか、あまり、これにはこだわらない。次に持ち出すのは、これは十三世紀の事例で、法王ウルバヌス四世は court palais とあだなされていた。ラテン語では de curto palatio と書く。このあだなの意味と由来についての同時代証言はない。後代の伝記作者（十八世紀のだが）は、ウルバヌスの「率直、廉直にして、不和と訴訟を嫌う」点を称揚している。これから推して、あるいは court palais は court plaid, すなわち courtes assises「短い裁判」を意味したのではないか。裁判に時間をかけない点が世人の好感を呼んだのだというのである。

まあ、さすがに論証の甘さが気になったとみえて、チュアーヌはここで「ヴィヨン遺言詩」の作者自身に責任をかぶせようと図る。こういった古例を踏まえて（ということは、作者はカロリング時代の古文献に目を通す場にいたということか？）、あいまいな表現のお得意な「ヴィヨン」は、「意図的に」plaiz を palaiz と書いたのだ、と。まあ、そういうこともあるでしょう。かりに「古例」がなくたって、そのくらいのいたずらはするでしょう。問題はあくまで文脈で、そういういたずらがふさわしい文脈かどうかだが、その点についての考察は、諸家にない。

plaiz(plait, plaid) だが、チュアーヌは『ばら物語』の著者ジャン・ド・マンが訳したボエティウス『哲学の慰め』を引く。Je empris le plait contre le prevost du palais. これは J'assignai le prévôt du Palais devant le tribunal des plaids と読める。「王宮 palais のプレヴォーをプレ plaids の法廷に召喚する」というのだが、「王宮のプレヴォー」職については、このあとの一七〇〜一七一節注釈を参照ねがいたい。いずれにしても、palais と plaids が同文に出てくる文例で、続けてチュアーヌが持ち出すのは、なんとサンブノワ教会の権益開示文書であって、一三八四年四月十八日付同文書の冒頭に premierement a paris ladicte eglise est assise en cloistre ou quel cloistre a prison siege a tenir les plaiz ……と読める。siege a tenir les plaiz は tribunal pour juger les différends「紛争解決の法廷」とチュアーヌは注記して、plaiz ＝ différends「紛争」の解釈を示している。「はじめに、パリにおいて、くだんの教会は境内に教会堂を構えていて、その境内には牢獄があり、紛争解決の法廷があり……」ここでは les plaiz がサンブノワ教会の裁判権に属している。

最後に引用するのは、一五三四年の年記をもつギルベール・ド・メッスの『パリ評判記』である (Paris et ses historiens, p. 154)。「ノートルダムの一方の側に le palais de l'evesque があり、そこで

l'official de l'evesque et devant ses auditeurs の前で les plais がもたれる……」 le palais de l'evesque は、文脈からみて「司教館」である。だから、ここでは palais は司教のそれであり、les plais はパリ司教座教会裁判権に属している。

ここにチュアーヌは総括を試みる。palaiz は plaiz と読むべきで、これは des tribunaux connaissant des causes ordinaires, des affaires courantes, criminelles ou civiles「刑事、民事を問わず、普通の訴訟、係争中の裁判を管轄する裁判所」。ou religieuses「また、教会裁判たるを問わず」と付け加えてしかるべきであろうというのがわたしの意見である。

最後から二行目、de dieu et de saint dominique についてだが、ドミニコ教団の開基ドミニコを神と並べるというのはどういう料簡かと諸家はとまどっている。ドミニコ教団は異端審問に活躍した。引っ掛けはたぶんそのあたりだろうと大方の意見は一致している。厳しい裁きの裁判人たちの親方というわけである。

166　　一七七六

ひとお〜つ、ジャック・カルドンにはなあんにも、
あいつにふさわしいものがなんにもないからだ、
だからって、あいつを見捨てたわけじゃない、
まあ、この羊飼いの小唄ぐらいかな、

マリオネットの節で歌うといいよ、ほら、
マリオン・ラ・ポータルドのこと歌ってる、あれさ、
ギュイユメットちゃん、戸をあけとくれ、でもいいな、
みんな歌ってるよ、芥子買いにいくんとき

一七八〇

ジャック・カルドンはすでに『形見分けの歌』で遺贈を受けている。十六節の注記をごらんねがいたいが、サンブノワの司祭ギヨーム・ヴィヨン（つまりわたしが作者と見込んでいる人物だが）の同僚の若年の弟ということがわかっている。おそらく一四二三年の生まれ。長兄三人は聖職者の道を選んだが、すぐ上の兄とかれは毛織物業に貨殖の道を選んだ。プチ・ポンに店を構えていた。遺贈の中身をみると、肥満体で美食家で飲み助で衣装道楽といったところか。ここでは「羊飼いの小唄（ベルジュロネット）」をもらうわけで、さてはカラオケの常連だったか。

じっさい、「マリオネット」なる小唄にせよ、「ギュイユメットちゃん、戸をあけとくれ」にせよ、当時の流行歌だったはずで、研究者の必死の探索にもかかわらず、「マリオン・ラ・ポータルド」なる女性についても、ついに不明だが、ここでおもしろいのは、じつは『形見分けの歌』の方では、詩人はかれに「わが絹地のユック」を贈っている。毛織物商に「絹地」とはこれいかにだが、ここでは「羊飼いの小唄」だ。詩人は神妙である。

最終行elle alast bien a la moustardeだが、これはelle conviendrait pour aller acheter la moutarde

「芥子を買いにいくときに、この歌はよく合うだろう」の意味で、当時、晩飯を食べる前、夕方になると、こどもたちがおつかいで芥子やぶどう酒を買いに出掛けた。そのとき、仲間と歌をうたいながら行く。歌はご多分にもれず、諷刺とエロの芥子を効かせたものだった。その風習をあてこすっている。ここから les enfants en vont a la moutarde といういいまわしが出た。これは tout le monde en parle「みんなが話している」を意味する。

［補遺］

「羊飼いの小唄（ベルジュロネット）」についてだが、チュアーヌの示唆を受けて、ジャン・ド・ロワの『醜聞年代記』を見ると、一四六一年八月、ルイ十一世の入城を叙す文章だが、ポンソーの泉水に「セイレン（水の精）に扮した裸の娘三人がいて、そのツンと尖って、左右に開いて、丸くって、カッチリした乳首をみんなが見たのであって、大変楽しい見物ではあった。娘たちは petiz motetz et bergeretes を歌っていた。」(*Chronique scandaleuse*, I, p. 27) 一四六七年九月、王妃入城の儀に際して催された祝宴において、「サントシャペル聖歌隊のこどもたちが、きれいな virelais, chancon et autres bergeretes を節回しも見事に歌った。」(I, p. 177)「ベルジュレット」bergeretes は motetz（モテット）、virelais（ヴィルレ）、chancons（シャンソン）と並ぶ詩形式であり、歌曲であったとジャン・ド・ロワは証言していて、その bergeretes が bergeronettes の指小辞であったことはガストン・レイノーによって明らかにされている（Gaston Raynaud, p. 41）。

その bergerete ないし bergeronette はまた「若い羊飼い娘」を意味していたことが、BN所蔵写本（十五世紀）に出る bergeronnette savoysienne qui garde ses moutons aux prez「牧場で羊を飼うサヴォワの羊飼い娘」といった言い回しや、ジャック・レミ（一四五六年没）の著述に出る La veis une bergeronnete chanter melodieusement「そこにわたしは羊飼い娘が上手に歌うのを見た」といった言い回しによって証言されているとチュアーヌはいう。ジャック・カルドンに「色好み」の特性も付け加えなければならないということか。だが、これは問題の「ベロジュロネット」を理解する上て、あまり助けにならない。

ここに「羊飼いの小唄（ベロジュロネット）」が入る。アルスナール写本は「シャンソン」と題している。フォーシェ写本とルヴェ本は載せていない。これは「『ヴィヨン遺言詩』アルスナール写本についいて」をごらんいただきたい。

167

ひとお〜つ、メートル・ロメールに遺す、　　一七九六
妖精の眷属たるこのおれがだぞ、遺すというんだ、
ご婦人方に愛されようて、それにはだ、どれを愛そうか、
頭むきだしの娘か、帽子をかぶったご婦人か、

どっちがいいか、そんなこって頭を熱くしちゃいかん、
その熱意、クルミ一個にも値しなかろうて、
一晩に百回も弁舌をふるうってことがだ、
デーンのオジェもこれには顔負けだ　一八〇〇

メートル・ロメール maistre lomer は Pierre Lomer d'Airaines に比定される。シャンピオンが発掘したこの人物の行状記は、まず一四五二年、ノートルダム聖堂参事会はこの僧侶をバニュー主任司祭職に補し、その執行を司教総代理ジョザスに要請した。しかし、ロメールがこの職にあることが確認されるのは一四五七年に入ってからのことである。この間一四五六年十月二九日付けの参事会記録は、ロメールに「シテのレオ－ウルススの家（不明。まさかライオンと熊ではないでしょうね）近辺に存在する街娼 meretrix を追放する」仕事を命じている。

「かわいそうな一僧侶」とわたしはエッセー「わがヴィヨン」（8）に書いたが（『放浪学生のヨーロッパ中世』悠書館、二〇一八年、二五七頁）、それは文章の調子でそうなったのであって、シャンピオンの調べあげたこの人物はかなりのしたたかものであったようで、ほかの僧禄をめぐる紛争、家屋の所有権をめぐるかしましい裁判沙汰がそれを証している。このことはこの八行詩を理解する上でかなり参考になることと思われる。シャンピオンの感想ではないが、ロメール坊主の行状は「ヴィヨン遺言詩」の詩人の熟知するところであったと思われる。

「妖精の眷属たるこのおれがだぞ」comme extraict que je suis de fee. 国立図書館写本BN. fr. 20041に収録されている『メリュジーヌ物語』Le Roman de Mélusine写稿の書き出しに、Le chasteau fut fait dune fee, / Si comme il est par tout retraict, / De la quelle je suis extraict と読める(fol. 2)。「城はひとりの妖精によって作られた。とても辺鄙なところにあって、わたしは妖精の眷属である」といったほどの意味で、メリュジーヌ伝承のまとわりつくリュジニャン城のことである。ちなみにこの写本には、「ヴィヨン遺言録」の写稿もまた収録されていて、これが「コワラン写本」である。『遺言の歌』はフォリオ一一三表(fol. 113r)から書きはじめられている。

またまた本歌取りで、extraictという語はすでにv. 1,246でつかっているが、ここではextraict de feeと丸ごと借用である。妖精が男を女に狂わせるというのは、これはメリュジーヌ伝承の手の内だが(アリエノール・ダキテーヌがからんでいる！)、これにはまた民間伝承の「惚れ薬」もからんでいたようで、『パルナッス・サティリック』にその処方が載っている(IX, pp. 63-5)。これは国立図書館所蔵の写本で、十五世紀の風俗的詩文集を、マルセル・シュオブがその標題のもとに刊行したものである。

「頭むきだしの娘か、帽子をかぶったご婦人か」fille en chief ou femme coeffee「頭むきだしの」と訳したが、en chiefは「帽子をかぶっていない」の意味でいわれる。まあ、chief「頭」の意味を活かして、こう訳した。「帽子をかぶった」coeffee(coiffé)は「ヴィヨン遺言詩」に他に用例が二箇所出る。「ちょうどお似合い、頭にかぶるは」(L. v. 103)「アミュクトゥスをかぶり」(T. v. 386)。ともに帽子に準ずるもの（前者はなんと男物の猿股であり、後者は肩衣と訳すが、司教の祭服の一部である）を頭につける。「被りものをつけた」の方がいいかもしれない。「高々と髪盛り上げたご婦人方」と訳した方がなにかわたしのイマジナリーにぴったりくるのだが、それはこの時代、いろいろな飾り物を頭に盛り上げるコワフュールのファッションが『パリ一住民の日記』などにもうかがえるので、その辺のイメージかなと思うのだが、しかしここはどうやら帽子をかぶっているのといないのと、つまり二つに一つしかないわけで、「すなわち女ならだれでも」と、わずかな行数の注記に二度も繰り返すＲＨのうれしがりようもわからないではない。じっさい、そんなことで頭を熱くしちゃいかん！

問題は最後の三行で、et quil ne ly couste une noix / faire ung soir cent foiz la faffee / en despit dauger le danois.

はじめにお断りしておかなければなるまい。わたしの訳はかなり大胆なものである。大胆というのは、従来の読み方に対して異を立てているという意味でだが、それでは従来の読みとはいかなるものか。その線で試みに訳してみれば次のようになろう。

「どっちにしたって、クルミ一個の値段じゃんか、／一晩に百回もおやんなさいって、やれやれ、／デーンのオジェなんかぶっとばせ」

チュアーヌは une noix を un rien とブッキラボウに注記している。faffe の語義は定まっていない。ＲＨは faffe については blague, plaisanterie「でたらめ、おふざけ」という意味をチュアーヌに拠って与えながら、faire la faffee の見出しを別に立てて、こちらには faire la bagatelle, faire l'amour の解を示す。「つまらぬことをする、色事をする」の意味である。そうして、チュアーヌの引いた諸例のうち、コキヤールのものは適切とは思えないなどと難癖をつける。そうして応援に持ち出すのがデュボワという研究者のあげる faire la fanfa の用例で、これは faire l'amour の意味だという。これは今世紀初頭にエミール・ピコが編集した『ソッティ集』に出るという。（一応調べるが、いずれにしても論証は弱い。というよりも、なされていない。こじつけである。）

諸家にしてみれば、ここは faire l'amour の解を与えたいところである。最終行の Auger le danois「デーン人オジェ」だが、この伝承はかなりひろまっていて、文学作品もアレクサンドラン詩格の『オジェ物語』をはじめ数多い。そのアレクサンドラン詩格『オジェ物語』の書き出しは、「そこに妖精たちは新生児に予言の贈り物をした。なかでも女たちに愛されようというそれ……」と読めるという。これはこの八行詩の書き出しではないか！　これまた本歌取りである。それが、である。オジェは女の征服者という線は、伝承、作品いずれにも出て来ないという。これはまずい。そこで別の伝承と作品が持ち出される。『シャルルマーニュの巡礼』というのにオリヴィエ olivier というのが出てくる。これは皇帝ユゴンの娘と一晩に百回やったという。これだ、数字が合っている！　olivier を ogier と取り違えたのだとE・フィリッポという研究者が推定し、RHもそれをよしとした。

まあまあ、そんなことで頭を熱くしてはいけませんと詩人も言っている。この八行詩の文章は大筋のところ、こうである。Je donne à maître Lomer……quїl soit bien aimé…… et quїl ne lui coûte une noix (de) faire ung soir cent fois la faffee en dépit d'Auger le Danois. ちなみにランリはこう読

んでいる。Je donne à maître Lomer......(le pouvoir) d'être bien aimé...... et, sans qu'il lui en coûte une noix, de faire en un soir cent fois la bagatelle. だが、なにもこんな無理な読み方をすることはない。Je donne que...... の que 以下は、donner「遺す」ものの中身を示す構文である。この用法は他に T. v. 1,202 があり、donner と同じ意味の ordonner が指示するケースには v. 1,872 がある。「おれはメートル・ロメールに……かれがよく愛されるように（という内容の遺言を）デーン人オジェをものともせず、遺す……また、一晩に百回もおしゃべりすることが一個のクルミにも値しないように（という内容の遺言を）遺す」。faffe と auger danois の語意に即した、これが表の読みである。

チュアーヌは auger danois についてはっきりと述べている。かれの見解を RH が一顧だにしないのは解せない。チュアーヌはいう。「ヴィヨンのほのめかしが狙いとしているのはオジェ・ダノワの物語の妖精がらみの脈絡だと人は思い込み、そのようにいう人が後を絶たないが、そうではない。その読みではこの英雄の恋の武勇伝が、他と張り合って、称揚されることになる。そうではなくて、ヴィヨンがほのめかしているのは、義務に殉ずる騎士、女性の名誉の守護者としての騎士オジェが、脅威を受けた処女性を守り、敵に報復するという一場面である。」そうしてランベール・ド・パリスの『デンマーク人オジェの騎士道』という物語から、サラセン人に凌辱されようとしているアンガールの娘を救出する挿話を紹介する。

なるほど、チュアーヌがさらに付言していうように、まず妖精の力がどうのこうのと連想をそちらの方に誘っておいて、最後の行に処女性の守護者オジェを登場させる。この歌い振りはいじわるである。チュアーヌは『遺言の歌』一五一節 v. 1,634-5 を引いて、感想を述べる。「だからおれはいうんだよ、看板なんか立てなくたっていい、／この商売、いたるところで大繁盛なんだから」

これは、しかし、いささか説明を要する。de quoy je dis fy de lenseigne / puisque louvraige est si commun「看板を立てる」というのは、ここが曖昧宿だぞと宣伝するということで、そんな必要はない、なにしろこの ouvraige(ouvrage)「商売」、いたるところでやっていて、みんな知ってるんだからというのが、一五一節の文脈での解だが、その ouvraige を「作品」と読めば、一六七節にもこれは使える。「オジェの武勇伝」はみんな知っているのだから、わざわざ解説することはない。

メートル・ロメールは女たちを更生させようとやっきになっているのである。それがノートルダムの一僧侶、いま崇高な使命を与えられたロメール坊主の義務である。オジェが騎士としての義務に忠実なように、ロメールもまたその義務に殉じようとする。一晩に百回のお説教は、さすがのオジェも顔負けの大サービスである。クルミ一個にも値しない、つまりタダでロメール坊主はやっている。フランソワ・ヴィヨンたるもの、遺贈せざるをうべくんや。だが、それはクルミ一個である。

もちろん、これまたなにも看板を立てることもないのだが、あえて付言する、当然、裏の読みがあってよい。「ヴィヨン遺言詩」だからである。クルミ一個は、その、なんです、値段です。つまり、役得でタダ（諸家は結局そういうことを考えているのでしょう?）。faffee は fanfa を隠している。auger は olivier のアナロゴンだ。そう読みたけりゃ、そう読みなと、詩人は知らん顔である。

［補遺］

『ソッティ集』（*Recueil Général des Sotties*）第二巻に Les sotz nouveaulx farcez couvez というのがあって、「当代の阿呆、おふざけこども軍団」とでも意味をとろうか、三人の阿呆の掛け合いで、「おれにコンがついてたらなあ、あっちこっちの女どもみたいにさ、垣根という垣根、藪という藪で、おれは la fanfa をやってやんのになあ」というセリフが読める（XII, v. 70-74）。「やりまくってやんのになあ」といった感じであろうか。編者がそれに注をつけていて、「この言いまわしはよそには出ない。意味はあきらかに fornicari である」と、わざわざラテン語を使っている。姦淫、淫売、私通と、恐ろしげな言葉で置き換えられる言い回しである。ただし、このソッティ劇、一五一三年ごろルーアンで上演されていたことが知られていて、かなり後代の作の可能性がある。いずれにしても、fanfa が faffe だという読みかえの根拠も定まらず、真相は藪のなか。

168

ひと~つ、心囚われた恋人たちに、おれは遺す、　一八〇四
メートル・アラン・シャルチエの詩に添えて、
夜ごとそばだてる枕に添えて、嘆きの涙を
いっぱいにたたえた、玉の聖水容器を、
そうして、たおやかな野ばらの一枝を、　一八〇八

変わらず緑の、これを潅水器に使えばよい、
恋人たちがお祈りを唱えられますように、
あわれなヴィヨンが魂のために

全体として平易な構文である。(je) donne……ung benoistier……et ung petit brain desglantier.「おれは……一個の聖水器と……一枝の野ばらを遺す」。この単純な主文を、ちょうど野ばらのように、脇の枝葉が飾る。

「心囚われた恋人たち」aux amans enfermes. enfermes について、まあまあ納得のいく説明をしてくれたのはクレダである。レオン・クレダの『中世詞華集』の「語彙」は、enfermeté の見出しで、これは infirmeté の二重語（姉妹語）で、enfermer の類似語である。ただし、enfermer の en は dans の意味をはらむが、enfermeté の en は否定接頭辞的働きをすると述べている。enferme が enfermé か inferme（infirme）かは定まっていないらしい。ロンニョンはその「語彙」に infirme と明瞭に述べているが、ロンニョン－フーレ第四版は、その「語彙」にこの語を載せていない。チュアーヌはこの語を特別に注記することはしていないが、かれの注釈は各節見出しにその節の梗概を書いていて、それを Aux amants malades と書き出していて、enferme = infirme = malade の理解を示している。よく分からないのは R H とランリで、R H はなんの断りもなくこれを languissants と注記し、ランリはたぶんそれをいただいたのだろう、その現代語訳（と称するもの）にそう書いている。

languissant も、その原語である languir も、「ヴィヨン遺言詩」の語彙にはない。ただし、『パルナッス・サティリック』第四〇番の詩文で、これは「ヴィヨン遺言詩」の雑詩に分類されるバラッドで、ロンニョンが「ブロワ歌会のバラッド」と名付け、ふつう「矛盾のバラッド」とよばれるもの（RH版で「雑詩のII」）と書き出しの酷似する詩文に languissant の文字が見える。……dont je suis douloureux, en languissant en sy tres dure paine……(Parnasse Satyrique, p. 96) この詩文集は十五世紀末に筆写されたものと判定されていて、これだけでは languissant の言葉遣いの当不当をいうことはできない。アラン・シャルチエにあるかどうか、目下調査中。わたしが疑わしく思うのは、なにしろこの語は十七世紀、サロン文学全盛期の例の「ランギュイスマン」languissement「物憂い風情」を連想させるではないか。こういう危険な言葉は使わない方がいい。フィリップ・ド・コミーヌの用語 honneur「名誉」を残らず réputation「評判」と置き換えてのけたある研究者をわたしは思い出す。

チュアーヌの引くクリスチーヌ・ド・ピザンに、Souvent les larmes, / Tant ne povoit estre constant ne fermes / Que couvrir peust les tresameres armes / Qu'Amours livre a ceulz qu'il rend trop enfermes / Et maladis（*Oeuvres Poétiques,* édit. Roy, t. II, p. 56）というのがある。どうも読みかねて、調べてみたら、これは『恋するものふたりの対話』という詩文からで、souvent les larmes は前行からのつながりで、tant ne povoit から文章は新たに始まる。tresameres も tres ameres と切って書いている。「Amours（愛神）が trop enfermes で maladis にかれ（il = Amours）がさせたところのものたちに与

えたところの大変に苦しい紋章を被い隠すことができるほどにはかれはつねに心をかたくもつことはできない」と、これが直訳である。「かれ」とはだれかは、ずーっと前の方を見ていかないとわからない。この対話者のひとりが観察する「恋する騎士」である。ごらんのように、enfermes は fermes と対応し、infirme の意味である。infirme と maladis(malade) と同義の語を並べるのは、この時代の詩法の常道である。だから「心の病にかかった」と訳してもいいのだが、わたしの「心囚われた」は、infirme に enfermé の意味を含ませている。アンビギュイテ（あいまいさ）を好むこの詩人の詩風になじむと思ったからである。

「メートル・アラン・シャルチエの詩に添えて」sans le laiz maistre alain chartier. コワラン写本だけは oultre le laiz alain chartier と書いている。この方が分かりやすいが、あえて難解な方をとると、RHは、アルスナール写本とフォーシェ写本を採っているが、sans の意味は sans compter「勘定にいれないで」であって、oultre「以外に」と変わらない。「アラン・シャルチエの詩」については、すでにロンニョン－フーレ第四版が「異本照合と注記」に、これはアランの『情つれなき美女』La Belle Dame sans Mercy 中の詩行と見当をつけて、八行引用している（éd. Duchesne, p. 503）。その第一行に、Je laisse aux amoureulx malades と読める。これが本歌とすれば、malades を enfermes と読み替えたわけで、これは詩人の工夫である。（Arthur Piaget 版では p. 4. この詩文は八音八行詩一〇〇節で構成されていて、ロンニョン－フーレ第四版の引用した八行というのは、第四節にあたる）。

「嘆きの涙を」de pleurs et lermes. これは先に引用したクリスチーヌ・ド・ピザンの enfermes et maladis と同じで、同義の語を重ねる手法である。次行の trestout fin plain ung benoistier にかかる。trestout は trestot が普通の綴りで、entièrement, tout を意味する副詞である。これは AFW によれば、形容詞にも副詞にもかかるから、この文脈では ung benoistier trestout fin et trestout plain de pleurs et lermes(une bénitier trés fin et tout plein des pleurs et larmes) と読むことができる。また、de pleurs et lermes はそのまま leurs chevetz「かれらの枕」にも、意味のうえではかかると読むこともできる。「涙に濡らす枕に、あふれんばかりの聖水器」。こんなふうに訳しても悪くない。

「たおやかな野ばらの一枝」ung petit brain desglantier (un petit brin d'églantier). églantier は他に T. v. 1,499 に出る。「フラン・ゴンチエ駁論」のバラッドで、「野ばらの茂みの下で踊るがいいさ」と、田園生活をバカにしている詩行である。この照応はいただけない。なんとかしてくれませんか。

「これを潅水器に使えばよい」としたのは pour guepillon だが、guepillon (goupillon) は、ミサ執行者が聖水を振りかけるのに使う器具である。これはランプや瓶の掃除に使う「棒ブラシ」の意味もある。「ヴィヨン遺言詩」の刊本は沢山あるが、一九七二年に出て、現在「リーヴル・ド・ポッシュ」という文庫本に入っている、ピエール・ミッシェルという人のがある。これの該当箇所をのぞいてみたところ、ランリがここのところでデュフルネを引いて、つまりはこういった言葉遣いは「男女の性器」を象徴させているわけで、だいたいがヴィヨンは l'amour irréalisable des poètes courtois「宮廷風恋愛詩人の現実味のない恋」はバカにしていたと書いていると書いている。そこで、手持ちのランリの本を見てみたら、Ces accessoires (bénitier, brin d'églantier pour goupillon) signifieraient que Villon souhaite que ces amans–qui représentent la poèsie évanescente–“meurent une bonne fois pour toutes” (Dufournet, Recherches) と脚注に書いてあった。「聖水器とか潅水器のかわりの野ばらの枝とか、こういったアクセサリーは、これはヴィヨンが、消え行く詩歌を表現するこういった恋人たちなんか、〝さっさと死んじまえ〟（デュフルネ、研究）と期待していたことを意味していた」という意味だろう。さすがに「男女の性器」のことは書いていない。

これは、わたしの手元のランリの本は一九九一年に出た改訂新版で、もと本は一九六九年と七一年に出たので、ピエール・ミッシェルが見たその本にはそう書いてあったということらしい。あんまりバカバカしいので、調べる気もおきない。もともとわたしはデュフルネさんを信用していないので（そのわけは事例に触れて、すでに何回か述べた）、そちらの方を調べる気も、もはや起きない。ただ、ランリが「男女の性器」を省いたのは、さすがに、というか、やはり、というか、これは改訂新版の脚注スペースの少なさ（なんとまあ小さな活字だ）だけのせいではなかったことを祈る。なお、文中signifieraient は「原文のママ」である。念のため。

『パルナッス・サティリック』ひとつとってみても、こういった宗教用語がなんと猥雑に利用されているかはすぐ分かる。無理してそんなアプローチの困難な文献にしがみつかなくてもよい。ホイジンガの『中世の秋』をお読みください。問題の概要はつかめるでしょう。「ヴィヨン遺言詩」のそういった言葉遣いが、デュフルネさんの主張なさるような意味をはらんでいないとはいわない。なんどもいっているように、裏の意味、重層の構図というものはある。それがむしろ「ヴィヨン遺言詩」である。ここに歌われている恋人たちが性交してはいけないのですか。だが、性交する恋人たちがまた、アラン・シャルチエの『情つれなきご婦人』の恋人たちなのですよ。クリスチーヌ・ド・ピザンの『恋するものふたりの対話』が話題にしている恋人たちなのですよ。なんでこんなことをわたしがいわなければならないのか。

わたしがこの八行詩に聞き取るのは清冽な魂の歌である。詩人は詩語に魂を、いわば電荷させ、閃光をとばさせる。わたしの魂はその閃光を受けて、ほとんど痛みを覚えるのだ。詩人の気分は転調する。前節にロメール坊主の奮戦ぶりを歌い、一転してアラン・シャルチエの清冽な世界に身を添わせる。そうして、次の節に、詩人は蒸し風呂屋の旦那ジャック・ジャムの醜聞を歌うのだ。この変調のあざやかさに、わたしたちはほとんど幻惑を覚える。たしかに学校で詩を教えている人たちは、幻惑されましたではすまないだろう。そこで解説する。デュフルネ教授は解説する。

デュフルネさんのことはどうでもよいので、蛇足だが、ung psaultier だが、コワラン写本だけは le psaultier と書いている。チュアーヌもＲＨも、ung は特定の psaultier「祈禱書」を指す語法だとして、le rosaire「ロザリオの祈り」を指示している。ＲＨの引く Fr. M. Willam: *l'Histoire du Rosaire*（trad. par l'Abbe R. Guillaume; Mulhouse, 1949, p. 43）によれば、当時「ロザリオの祈り」は「アヴェ・マリア祈禱文」五〇回と「パテル・ノステル祈禱文」五回を組み合わせたもので、「アヴェ・マリア祈禱文」自体、現在のそれの最初の一節分しか唱えないものだったという。わたしはこういう細部の枝葉（だから枝葉末節とおっしゃるかもしれないが）にこだわるのが好きである。チュアーヌやシャンピオンをつき動かしていたのは、この実証の情熱である。詩文のはらむ現実事態がそこに浮き彫りにされていく。

169

メートル・ジャック・ジャムに遺すは、　一八一二
粉骨砕身、財産作りに懸命の、
大勢の女どもと婚約してよろしい、
好きなだけ、ただ、結婚はだめということ、
だれのための財産作りかって、こどもたちのためよ、　一八一六
ほんのひとっかけしきゃ、自分じゃ食べない、
牝豚のものは、おれがいうのは牝豚通りにあるものは、
当然、豚ども全員のものってこと

ジャック・ジャムは、パリ市中に多くの家屋を所有した資産家ジャン・ジャムの跡継ぎと紹介される。ジャンは王命によってパリ市土木事業監督官と記録は伝えるとシャンピオンは紹介している。シャンピオンの人物列伝の「ジャック・ジャム」の項は、この父親のことが記述の大半を占め、ジャックはその息子でパリ市中の多くの不動産を引き継いだと伝えるのみである。それなのに、見

出しには父親の肩書maître des oeuvres de la ville de Paris「パリ市土木事業監督官」を付すという不可解なことをしている。たぶん、まさに「ヴィヨン遺言詩」のこの詩行に読める「メートル」maistreの文字に拠ってのことだろう。「ヴィヨン遺言詩」についてとくにみられることなのだが、詩の方が歴史現実を決めるという事態がここにもうかがえる。

父子の所有した多くの家屋のうち、とりわけガルニエ・サン・ラードル街の「蒸し風呂屋」が評判になっていたらしいが、これは一四五七年に取得したらしい。その他、ここでの引っ掛かりで問題になるのが、オ・トゥリュイ通りrue aux Truyesの家屋で、すなわち「牝豚通り」。

この謎めいた八行詩を、諸家の解説にしたがってよめば、なにしろ蒸し風呂屋だって？　その筋の女たちが集まる岡場所だ。ジャック・ジャムには当然大勢女がいたろう。その女たちと結婚の約束をするのはいいが、結婚はすすめない。ＲＨはお金がかかるからと解説しているが、チュアーヌは婚約金の問題を示唆している。当時、婚約は双方が予約金を置くならわしになっていて、婚約破棄のばあいは、破棄したほうが予約金を失う。実際はそのとき払うということで、チュアーヌは、「その金額が法外なものでないかぎり」と押さえがちゃんとしてあったと、情報に目配りを効かせている。だが、チュアーヌはそこでこの話を打ち切ってしまっているので、だからどうなんだと問い詰めたくなる。婚約予約金詐取をほのめかしているのか？

「こどもたちのためよ」と訳したのはpour les sciensだが、これは最後の二行と関係する。ce qui fut aux truyes je tiens / quil doit de droit estre aux pourceaux. チュアーヌはpourceaulx「豚（複

数)」を「庶出の子女」と読む。truyes「牝豚」のこどもたちというわけだ。したがって les sciens は「正嫡児」である。RHは慎重に判断を避けている。はっきりしているのは les truyes が rue aux Truies に引っかけられていることだけだというのだが、RHの肝を冷やすようなことをいいたいわけではないが、じつはその truyes は、「ヴィヨン遺言詩」の文脈で他に用例がひとつあり、そこでは「投石器」の意味で使われているのである(T. v. 702)。これはもちろん「投石器」の方が、形が似ているのでそう呼ばれたということなのだろうが、気にはなる。なお、「牝豚通りにあるもの」と余計なことを付け加えたのはわたしである。

170

ひとお〜つ、しし鼻のセネシャルは、　一八二〇
一度おれの借りを払ってくれたから、
お返しといっちゃなんだが、マレシャルに、
してやろう、ガチョウやコガモに蹄鉄を打ちなさい、
あわせて次なる戯れ歌を書き送るのは、　一八二四
あいつの憂鬱をはらってやるためよ、けどね、
そうしたいんなら、付木のかわりにすりゃあいい、
じっさいの話、いい歌ってわずらわしいものなんだ

171

ひとお～つ、夜警隊長の騎士殿に、　一八二八
かわいい小姓をふたあり遺す、
フィルベルとふとっちいのマルケだ、
こいつらなにしろよく仕えたんだ、知恵者だ、
生涯のほとんどまるまるね、　一八三二
マレシャルたちの親方にだ、
なんと、三人そろって馘になったら、
歩いて逃げださなくちゃなんないぞ

「しし鼻のセネシャル」le camus seneschal については、ロンニョンは、ブルボン家のルイ・ド・ブルボン、これは当主ジャン二世の庶出の弟で、一四六〇年以降 maréchal et sénéchal de Bourbonnais になっている。これではないか。シュウォブはピエール・デ・ブレゼ、これはシャルル七世の重臣で、ノルマンディー総代官 grand sénéchal de Normandie 職にあったが、ルイ十一世は登位早々これを罪に陥れた。これに違いないと品定めがにぎやかにいまなお続いているが、結論をいえば、だれだか分からないということになっている。われらがピーター・デイル氏は、勇敢にも The Seneschal with the snub nose「しし鼻のセネシャル」とやってのけたが、わたしはこの際、氏にマンコウの敬意を払いたい。

セネシャル、マレシャルと言葉のあそびだけかどうか、現実事態が反映されていないかどうかが争われているのだが、大体前後の節を見れば、前節は蒸し風呂屋のジャック・ジャム、後節は夜警隊長をからかっている。そのあいだにはさめて、そもそも「まったく住む世界の違う遺言受取人」をもってくるはずはないとRHは断じ、またもやネリを引き合いに出して、犯人は近所にいると捜査の網をせばめ、さしものシャンピオンもためらいがちに、注記に示唆している容疑者ジャン・ル・セネシャル、これは一四五四年から五六年のあいだ、サンジャック通りに居住していたと資料に出るパリの町人、香料薬種商を名指す。あるいは、こちらはシャンピオンがコラン・ガレルヌがらみで名前をあげているだけの（したがってシャンピオンにはなんの責任もない）「エチエンヌ・ル・カミュ、サンジャック通りのHeuze看板の家屋の所有者」を指名手配する（あの、「しし鼻の」というのはle camus「ル・カミュ」と書いてあるのです）。

次節に名指されたのは、たしかにle chevalier du guet「夜警隊長」である。ここで、この存在について、いささか「解説」したい。歴史的現実としては、この時点で（「遺言の歌」が書かれたと想定されている時点でという意味だが）、その職を奉じていたのはジャン・ド・アルレーJean de Harlayである。これは一四五五年九月十日付けの王家令状でその職に補されている。ところが、同月二七日（だから、わたしは月日まで書いたのです）、王家文書局発行の令状は、フィリップ・ド・ラ・トゥール

Philippe de la Tour なる人物をもこの職に補しているのである。これは実はこの職はもともと「従騎士」écuyer フィリップ・ド・ラ・トゥールのものであった。それが、従騎士は、なにしろ王に従ってイギリス勢と戦い、なんと十一回も捕虜になるという戦争屋であって、身代金は王家経理にまかせておけばよかったものの、そんなていたらくでは家政逼迫は避けられず、一四四八年の記録では、「ある香料商人に」家財を質に入れるという始末。ついには同年、ヴィル・ロベール Ville Robert なるものに「夜警隊長」職を売却した。ところがそのヴィル・ロベールがやがてそれをジャン・ド・アルレーに売ったのである。ところがフィリップ・ド・ラ・トゥールはこれを不法として、ジャン・ド・アルレーに対して訴訟を起こした。これが一四五五年九月の二通の王家文書局令状として記録に残った。王家は一旦はジャン・ド・アルレーの立場をオーソライズしながら、フィリップ・ド・ラ・トゥールの訴えを受けて、その主張を認めてしまったのである。ここにながーい訴訟沙汰が始まった。結局決着がついたのは一四六八年一月十四日のことで、この日付けの判決で、王家裁判所は、フィリップ・ド・ラ・トゥールを、一四五五年にさかのぼって、「夜警隊長」の職にあるものと裁定したのである。

この訴訟のポイントは身分の問題であった。「夜警隊長」職はなにしろ chevalier du guet と呼ばれているくらいなもので、「騎士」の身分が要求される。ところが両者とも、じつは騎士ではなかった。「従騎士」écuyer に過ぎなかった。フィリップ・ド・ラ・トゥールは、歴戦の功をもって、「騎士」に等しいといい立てた。これに対し、ジャン・ド・アルレーの弁護人は、そういうのはむかしから「ミリテスと呼ばれる」と反論したが、その辺の論争のおもしろさは、ミレスとシュヴァリエのふたつの呼称をめぐる歴史的経緯を踏まえて聞くとおもしろい。ホイジンガがこのエピソードを『中世の秋』に組み込まなかったのはかえすがえすも残念だ。

かくして法律論争では「騎士」フィリップ・ド・ラ・トゥールが勝ちを占めたが、その間も、またその後も、すくなくとも一四八五年の記録に出るまで、「夜警隊長」はジャン・ド・アルレーであった。なによりも prévôt de Paris がかれを守り立てていたことが大きかったとシャンピオンは書いていて、そこにはその証拠はなにもあげていないが、すこしはなれたところで、一四五七年、かれがパリ市収入役ジャン・リュイリの娘と結婚したとき、prévôt de Paris とその助役たちが「水差し一個と七宝仕立ての豪勢な銀器塩入れ三個」を贈ったと書いていて、それが「夜警隊長」と prévôt de Paris の親交の証拠といいたげである。とすれば、prévôt de Paris は prévôt des marchands de Paris、いわゆる「パリ市長」である。

以上、シャンピオンが楽しげに記述しているのをかい摘まんでご紹介したが、じつはすでに『形見分けの歌』の方で、「フランソワ・ヴィヨン」はジャン・ド・アルレーに「紋章楯」を遺贈している。これはＲＨも指摘しているのだが、どういうわけか、ＲＨはそれを L. v. 169-70 と指示していて、これは「ロンニョン－フーレ第四版」の数字である。このあたり、版によって多少異動があり、ＲＨみずから出版した版では十九節 v. 145-6 である。それはともかく、そういう次第で、『形見分けの歌』では、「フランソワ・ヴィヨン」はジャン・ド・アルレーの肩をもって「紋章楯」を贈る。「騎士」と認定しているのである。

以上、次節にかかわる事柄ではあるが、「夜警隊長」のことについて「解説」させていただいた。なぜこれにこだわっているのかというと、わたしは問題の一七〇節は次節一七一節と連動していると読むからである。この読み方は諸家のまったく関知するところではない。どうしてなのか理解に苦しむのだが、そうなのである。わたしとしてもはじめからそのことに気づいていたわけではない。何度も何度も読み返すうちに、また諸家の考えをなんとか理解しようと努めるうちに、目が開けてきたといえばよいだろうか。はじめから気になっていたのは、第三行目の「お返しといっちゃなんだが、マレシャルに」en recompence mareschal と、次節第六行目「マレシャルの親方にだ」ont le prevost des mareschaulx との照応である。まず、その辺が気になってしかたなく、そのうちに問題の節が前半と後半に別れていて、後半の初行に「次なる戯れ歌」ces sornectes と読める、その ces とはなにかが気になってきた。諸家はまったく問題にしていないが、いったいどういうふうに読んだのだろうか。上四行をいうのか。どうも気配としては諸家はそう読んでいるようなのだ。ただデュフルネは、一九八四年に初版を出した「ヴィヨン遺言詩」校訂・現代語対訳本で、ここのところを je lui envoie aussi ces sornettes と訳している。aussi と付け加えたわけはとりたてて述べていないが、読みの気配として、次節を考えているようだ。これはデュフルネの得点である。わたしはこれは次節をいっていると読む。このように、以下続く詩行を ce で指示する例は、格好の例として『遺言の歌』一二五節 v. 1,237 がある。cette oraison jay cy escripte「この誄詞《るいし》をおれは書いた」。後にバラッドが来る。

あるいは九四節 v. 973 もそうである。ce lay contenant des vers dix. 他にも探せばあるかもしれない。この二点を踏まえて、この二節をわたしが読めば、以下の通りである。

わたしはこの注釈の仕事を始めてから、この『遺言の歌』一七〇節にいたるまで、『形見分けの歌』を含めて、二、一四七行についてただの一度も、ここのところをこう読むとしたらと仮定をおいてものをいったことはない。天地神明に誓っていう。だが、ここでわたしはみずからその縛りを解く。わたしはこの二つの節を理解する上に、一つの重大な仮定を置く。その仮定は、この二つの節十六行の詩文の内部から、いわば起こり立った仮定であって、この二つの節の構図がそれを指し示す。わたしがいうのは、「しし鼻のセネシャル」を「従騎士」フィリップ・ド・ラ・トゥールと仮定するとき、この二節はすらすらと読めるという事態についてである。

と、まあ、まじめに構えたのはよかったが、それが大笑い。とたんにこける。「一度おれの借りを払ってくれた」って、「フランソワ・ヴィヨン」と「従騎士」とはそんなに親しい仲だったのか。さっぱり分からない。これはつまりは、「従騎士」がいかに金に困っていたかを連想させようという手だ。それにちがいない。だれが他人の借りを支払うものか。だから「お返しといっちゃなんだが、マレシャルにしてやろう」だと？

マレシャルがついにこの両節を読む鍵である。これはフランク人のゲルマン語からきた語で、「馬の世話係」の意味だ。つい最近『語彙と中世社会』という妙な題の本を出したジョルジュ・マトーレも、mareschal はフランク語の marhskalk から来て、もともとは un domestique chargé des chevaux「馬の係の家人」と説明している。それが、十一世紀のころから、騎乗の戦士、すなわちミレスと呼ばれた戦士集団が優勢になった。ミレスというのは、もともとはフランク王国の時代の軍勢の呼称で、意味は「千人隊」。フランク王国の軍制では、これは徒足の兵士集団だが、これが十一世紀以降、中核の兵士集団といえば「騎乗の戦士」集団だ。そこでミレスという言葉がそれにあてられたのである。そのミレス（複数がミリテス）はフランス語ではシュヴァリエとなる。英語に翻訳すればナイトだ。ドイツ語でリッター。まあ、それぞれの語源にまでは立ち入る余裕がないが、さて、情勢かくなれば、「馬の係の家人」の存在が重要になってくるのは当然の事態であったろう。ついにはこの呼び名が、フランス王軍の上級指揮官を指すようになった。意味合いからすれば「厩長官」だが、職の内容から「侍大将」ということになったのである。わたしはいま上級指揮官と書いた。マレシャルは複数いたが、最高指揮官がひとりいて（最高だから当たり前か）、それがコネタ－ブルである。この呼び名もじつは馬に関係するのだが、それはいまはよい。むかしマレシャルを元帥とお訳しになった方がいた。もっとも、いまでも字引をひけば、そう出ている。それがコネタ－ブルをどうするか。その方、筆頭元帥とお訳しになった。端倪すべからず！

　ところでセネシャルだが、これまたフランク語が起源で、siniskalk という。マトーレは serviteur le plus âgé と説明している。「最長老の奉公人」ということか。そこで王の顧問会議の長老を指したり、一般に「家令」をいうようになるが、やがてフランス王家がフランス全土に支配を及ぼしていくにつれて、南フランスに設定された王領に何人かのセネシャルを配置する。セネシャル管区セネショッセを預かる王の代官である。そういったセネシャルという呼び名の変遷の、いったいどのあたりに「しし鼻のセネシャル」は引っ掛かるのか。セネシャルをマレシャルにして、なにがおもしろいのか。どこがおもしろいか分かれば、謎は解けるのだが。

あるいはなんだってよかったのかもしれない。要は三行目のマレシャルとの脚韻合わせで、セネシャルがよかったのかもしれない。実際、フィリップ・ド・ラ・トゥールはセネシャルと資料に出るのかもしれない。年金支給の会計簿かなんかに。その点はじつは目下調査中である。事実、かれがその肩書をもっていたと分かっても、わたしはおどろかない。なにしろ王に従って一体何回戦場に出たというのか。なんと十一回も捕虜になったというのだから、セネシャル位にはしてやってもいいはずだ。不思議なのはシュヴァリエにしてもらえなかったことで、これはかれ自身不満を述べているわけで、だからこそ「フランソワ・ヴィヨン」はかれをマレシャルに任じたのである。マレシャルこそはミレス－シュヴァリエの親という認識において。

わたしはいま文章の流れで「親」という言葉を使ったが、なかなかいい発言だとわれながら思う。じっさい「親」なのだ。親はもうひとりこどもを生んで、それはマトーレではないが（かれはそんなことまで書いていないのだが）、フランス中世社会の語彙において、mareschal といえばもうひとつ、mareschal-ferrant「蹄鉄職人」を呼んだのである。マレシャルは蹄鉄職人の「親」でもあったわけで、その含意を踏まえて、詩人は「ガチョウやコガモに蹄鉄を打ちなさい」と諧謔を弄する。ガチョウに蹄鉄を打ってどうするんだ。せっかくマレシャルにしてもらっても、仕事がこれじゃ、泣けてくるというもので、わたしがいうのは夜警の仕事はまわしてもらえないということである。まわしてやれないと詩人は判定を下しているわけで、それは社会的政治的状況を踏まえての判断である。夜警隊長はジャン・ド・アルレーがやっている。こいつは強い。まあ、あきらめな。おなぐさめに一節（ひとふし、と読んでください）書いて送るからと、詩人はなぐさめ顔である。

「あいつの憂鬱をはらってやるためよ、けどね」の一行、原文はこうである。pour soy desennuyer combien. この desennuyer という動詞は ennuyer の打ち消しと理解できる。ennui を取り除くというふうに理解してもいい。あるいは ennyeux な状態から出るということだろう。「ヴィヨン遺言詩」の文脈では、この最後の理解が当たっている。いずれにしても、動詞にせよ、名詞にせよ、形容詞にせよ、この関連語は、このすぐあと、最終行の sennuyt on を除いて、ただ一カ所にしかでない。すなわち『遺言の歌』三四節の ceste matiere a tous ne plest / ennuieuse est et desplaisante「この話題はみんなに気に入らない、ennuieux だし不愉快だ」。ここは「わずらわしい」とでも訳すべきところだろう。

じつは、大変煩瑣なことで恐れ入るが、もう一カ所ある。タイユヴァンの料理大全に引っかけた、とんでもないレシピを並べ立てたバラッドのルフランだが、コワラン写本を除いて soient frictes ces langues enuyeuses (envieuses) と書いているのが、コワラン写本だけ、断固として ennuyeuses と書いているというケースである。RHは、なにしろコワラン写本を買っているお二人だから、断然こちらを採っている。この喧嘩にはここでは立ち入りたくないが、そのわけを説明するために、RH

は長々と注記していて、要するに ennui は中世語では近代語よりも強い意味合いで使われていて、désobligeant, malfaisant, désagréable, vexant といった意味を含んでいた。だから、この場合も ces langues ennuyeuses とみごとに平仄が合うのであるというのがかれらの主張である。かなり説得的で、わたしもそれはそれでいいと思う。

そういう次第で、ennui と、それがらみの動詞や形容詞は、「わずらわしさ」とか「不快さ」といった意味合いを帯びていると理解すべきだろう。だから、問題の pour soy desennuyer も「たいくつをまぎらわす」とか「おもしろがらせる」といった意味で読むべきではない。その点諸家はただしく理解しているようで、とりわけランリは、ここのところを tirer d'ennui と訳していて、結構である。ただし、諸家は、デュフルネをはじめとして、ここに前ノルマンディー総代官ピエール・ド・ブレゼの虜囚の嘆きを読み込んでいるところが問題なのだが。

そうしてまた、RHをはじめとして、諸家は、にもかかわらず、最終行の sennyut on を on se lasse「あきる」と平然と注記する、訳すのだが、どうもわたしはそこのところが理解できない。いくらこれは格言をもじっているのだといっても、詩人のエノンセは詩の文脈のなかで読むべきだろう。「よい歌は煩わしい」と読んで、なぜいけないのだろうか。それに、じつはこの一行 de beau chanter sennuyt on bien と、これが格言としても、最後に bien とつけくわえている。これはどう読むか。RHはなにやら理屈をならべていて、どうもよく分からないのだが、「おれの歌だって」と読みたいらしい。そんな無理な読み方をしなくても、格言にもいうじゃんか、じっさいそうだよ」と強めることによって、格言の読みをもういちど考えさせる、これは手ではないかなというのがわたしの読みである。

長くなったが、そういうわけで、pour soy desennuyer は「かれの不快な気持ちをはらせしめるため」である。「退屈をまぎらわせしめるため」ではない。詩人ははっきりと歌っているのである。フィリップ・ド・ラ・トゥールは不快だと。かくして「次なる戯れ歌」なる次節は悪意のこもった陰湿なトーンを帯びる。

前節と同じで、問題は「マレシャルたちの親方」le prevost des mareschaulx である。これは異論なく、そういう職があったのだということになっている。チュアーヌが一番ていねいに解説していて、シャンピオンがなにか上の空の感じなのがすこし気になるが。チュアーヌによると、ジャン・シャルチエの『シャルル七世伝』に Tristan l'Hermite, escuier et prevost des mareschaulz と出るそうである。さらに Charles de Melun なるものの裁判記録に Informacion faicte par nous, Tristan Lermite, chevalier, prevoust de l'oustel du Roy nostre Sire et des mareschaulx de France; Pierre de la Dehors, licencié en loix; Thomas Triboult, notaire et secretaire du Roy nostre sire; et Jehan Mauctaint, examinateur ou Chastellet de Paris（an. 1468）（Fr. 2,921, fol. 25）と出るという。

どうもこの記録から見ると、prevoust de l'oustel du roi et des mareschaulx de France なる職は、つまりは王宮あるいは王家内部および王軍内部の非曲を糺す検察官といったところか。なにしろ mareschal de France とはっきり書かれている以上、これは「侍大将」以外の何者でもなく、その

「プレヴォー」ということになれば、なんらかの管理権限を有するものということで、チュアーヌの引く資料がそれを示している。まだ調べていないが、チュアーヌによれば、シャルル・ド・ムランなるものに対する裁判を、法律専門家、書記、シャトレの検察官を率いて行なっている。それはよいのだが、RHのように la police de l'armée で片付けられてしまうと、MPかなんかを連想させられて、どうも気色が悪い。

「フィルベルとふとっちょいのマルケ」だが、これはまったく分からない。ともかく詩人が証言しているのだから、この「プレヴォー」の配下だったのだろうといわれているだけである。これが「夜警隊長」ジャン・ド・アルレーといかなる関係にありたるや？　全然分からない。そもそも「夜警隊長」と「王家王軍検察官」との関係やいかに？　さっぱり分からない。失礼だが、諸家は分からないことを何とかさりげなく隠そうとしているように見受けられる。チュアーヌが一番正直で、なんとシャルル・ド・ムランなるものの裁判に列席した面々のうち、Thomas Triboult を除いて、後は全部「フランソワ・ヴィヨン」がなんらかの形で名前をあげている連中だというのだが、だからなんだというのですか？　なにか話をそらそうとしている気配がある。

わたしがいうのは、「マレシャルたちの親方」が、歴史現実態としてトリスタン・レルミトであったってかまわない。詩人はいわばその存在を利用しているのであって、だからあえて名前を挙げる必要もない。べつに名前を挙げるとヤバイからだとは思わない。前節との関連で、ここに prevost des mareschaulx と書いたのは、これはわたしのあくまで推理だが、prevost des marchands の連想を誘い出そうとする魂胆とわたしは読む。じつはここに三人の「プレヴォー」が重なっているのである。あるいはむしろ四人の、といおうか。「王家王軍検察官」のプレヴォーである。「プレヴォー・ド・パリ」、すなわちシャトレに役所を置く「王の代官」である。prevost des marchands de Paris「パリ商人頭」、より正確にいえば le garde de la prevôté des marchands de Paris「パリ商人頭職預り」、そうして、これはまさしく戯れ言だが、prevost des mareschaux-ferrants「蹄鉄職人の親方」である。

この四つのペルソナが、ここに一挙にほうり込まれた。詩語の発する四種の音が反響し合って、なかなかに音は定まらない。そのカオスから抜け出る音はなにか。詩人はそれを聞き分けなさいと、最後の二行に意味ありげに書く、「なんと、三人そろって馘になったら、歩いて逃げださなくちゃなんないぞ」。原文は helas silz sont cassez de gaiges / aler les fauldra tous deschaulx である。その les をわたしは「三人」と訳す。夜警隊長とフィルベルとマルケである。なぜ「歩いて」か。そこがポイントである。「騎士」ジャン・ド・アルレーをあてこすっていること明白であろう。わたしはわが読みをこの二行において完結させる。「パリ商人頭」と組んで「夜警隊長」やってるジャン・ド・アルレー、油断するな。いつ足元をすくわれるか分からないぞ。

不如意のフィリップ・ド・ラ・トゥールにこの詩行を理解する理由は十分にあったのである。

［一七〇・一七一補遺］

その後ベーエヌで資料を見た。ひとつは BN. fr. Clair. 763 と番号のついたもので、これは注記に「一四四八年の記録では、ある香料商人に家財を質に入れるという始末」と書いた、その記録で、シャトレの審理記録である。一四〇一年のものから一四六四年（新暦では六五年）の日付の記事が載っていて、その一四四八年六月十一日の日付のところを見ると、たしかにフィリップ・ド・ラ・トゥールの名前が出ていて、さて肩書はと目を凝らせば、たしかに ecuyer decurie du roy と読める。ecurie du roy 王家厩舎掛職である。字引を引くと「主馬寮（しゅめりょう）の役人」などと、令制の官職名があてられている。ecuyer エキュイエというのは騎士のひとつ手前の身分で、従騎士、楯持ちなどと訳すが、王宮官職名に多く使われた。この肩書は意味がある。なんとマレシャルの家来である！

もうひとつ点検した資料は BN. fr. 32511. フランス王家の戦争勘定簿のひとつである。一四〇四年、コネターブル・ダルブレのギュイエンヌ戦争の勘定書からはじまって、御用金の徴収とか、身代金や褒賞の支払いとか、戦争経費の細目が、人名簿の形式で記載されている。それの一四四八年のところにフィリップ・ド・ラ・トゥールの名前が載っていて、その fol. 120v に SCarus de la tour と見える。これは大変だ。ラテン語で senescarus のこれは略記ではないか。なんとやはりかれはセネシャルだったのだ！　しかし、これはやはりわたしのはやとちりで、念のため、翌日、またフィルムを出してもらって（この資料はマイクロフィルムに入っている）眺めたところ、Sはどう見直してもBだ。どうやらないものねだりをしてしまったらしい。目が疲れていたか。もっとも、同じ資料の fol. 123r に philipes de LaTour Ec delecurie du Roy と見えて、fr.

Clair. 763 の証言を裏付けている。

172

ひとお〜つ、シャプランにおれは遺す、　一八三六
おれのシャペル、ただ頭剃っただけの、
ただ経文を読むだけだ、聖体はいただかん、
ミサの丸ごと司祭はお呼びじゃないってこと、
なんならおれの司祭職、やってもいいんだけどな、　一八四〇
だが、あいつ、魂の面倒みたがんないからなあ、
ザンゲを聞くって、あいつういうんだ、関心ないね、
お女中衆とか奥方連なら話はべつだが

シャプランというのは、シャトレの警邏のうち「十二人衆」（T. v. 1,071 の注記を参照）の一人、Jean Chappelain のことではないかということになっている。この八行詩自体からは、その名を確定するに足りる証拠は出ない。諸家は、前節も次節もシャトレがらみなのだから、ここにジャン・シャプランが出てくるのは当然だというが、前節の「夜警隊長」にせよ、「マレシャルたちの親分」にせよ、これはかならずしもシャトレがらみとはいえない。また、次節については、後に述べるように、

ジャン・ド・カレがシャトレの公証人だったというのは、べつにそうと決まった話ではないのである。わたしはそうは考えない。

それにしても、また、なんという言葉のあそびか、これは！「シャペル」chappelle は僧禄の最下級のもので、a simple tonsure「形ばかりの剃髪」と、詩人もちゃんと断っている。シャンピオンなどは、学生に与えられた特権だと割り切った解釈をしている。これは「四つの下級聖職身分」に属し、その権利は、世俗の司法機関に糾弾されたとき、聖職身分を楯に教会裁判所への身柄の引き渡しを要求できる権利と、これはチュアーヌの生真面目な解説である。

「ただ経文を読むだけだ、聖体はいただかん、／ミサの丸ごと司祭はお呼びじゃないってこと」chargee dune seiche messe / ou il ne fault pas grant lecture. かなり大胆な訳だとわれながら思うが、このくらいパンチを効かせないと、原文の包含する暗喩を、日本語の読者には伝えられない。une seiche messe は、直訳すれば「乾いたミサ」。ほんとうにそこから来たいいまわしかどうかは知らないが、どうやら詩人は言外にそれを匂わせているようで、キリストの血の化体であるブドウ酒は飲まないミサ、「聖体はいただかんミサ」である。シャンピオンは心配そうに付記している、この種の、ただ早口に祈禱文を、それも適当に読み上げるだけですますミサは、度重ねて教会会議で禁止されているが、葬式のミサや海上船舶でのミサなど、特別の場合に限って許された、と。

そんな大仰な話ではないと思うのだが。聖職者の末席に連なって、口の中でモゴモゴと祈禱文を唱えるだけの平僧侶ということなのだろう。だから、「ミサの丸ごと司祭」なんて、お呼びじゃないのだ。だから、聖体拝受のブドウ酒は飲まない。喉はセック（乾いている）だ。なんという冒瀆の発言！司祭の身が！

第五行目、「おれの司祭職」ma cure. なんとまあ、ギヨーム・ヴィヨンはおのが司祭職を、シャトレの警邏ごときに譲ろうというのか。なお、『遺言の歌』一三一節、『形見分けの歌』二七節の注記をごらんねがいたい。

173

我が意図を知れるは我なれば、と、　一八四四
ジャン・ド・カレ、尊敬すべき男だ、
ここ三〇年がとこ、おれに会ってないし、
おれがどう呼ばれているか、知らないはずだが、
この遺言のすべて、全般にわたって、　一八四八
もしもだれかが異議を申し立ててきたならば、
りんご一個にいたるまで、きれいさっぱり取り消す
権限を、おれはかれに遺す

174

これを批評し、注釈すること、　一八五二
言葉を規定し、説き明かすこと、
章句をちぢめ、またのばすこと、
文節を削除し　無効にすること、
ご自分の手で存分に、お書きにならんまでも、　一八五六
解釈し、意味はこうだときめること、
よくなろうがわるくなろうが、お好きなように、
このことすべてに、おれはまったく同意する

一行目からアルスナール写本とコワラン写本はまたもや対立し、ルヴェ本があいだに入ってオロオロしている。ちなみにフォーシェ写本はまたもやバカンスに入り、一七六節まで載せていない。今度の喧嘩の原因はなにかというと、アルスナール写本とルヴェ本は、pource que cest bien mon entente/ jehan de calaiz…… と書いていて（アルスナール写本 p. 711）、その cest をコワラン写本は sces と書いているのである（fol. 148r）。RHは、もとよりコワラン写本贔屓で、secs を採りたいのだが、それがどうもそのままではお気に召さないらしくて、sces を scet と直して、それでコワラン写本を採ったと称する。どうもよく分からない。コワラン写本は pource que（je）sces bien mon entente, jehan de calaiz……, je lui en donne faculte と書いている。それを pource qu（il）scet bien mon entente……と読みたいといっているのだ。

つまり、三つの読みがあることになる。アルスナール写本とルヴェ本の cest、コワラン写本の sces、その「修正」の scet。フェリックス・ルコワは一九五九年の『ロマニア』誌上で、この読みの問題をとりあげ、おそらくコワラン写本の修正を採るのがよいのだろうけれど、アルスナール写本とルヴェ本の読みも不可能ではないと発言した(Romania, 1959, pp. 493-514)。RHは、ルコワの度量ある発言を一蹴して、コワラン写本を「修正」採用しているのだが、じつのところたしかに c'est でも読めるとわたしは思う。je sais あるいは c'est とここのところは読んでおいて、Jean de Calaiz と改めて行を起こし、最終行の lui にそれをかけるという、これは構文である。

「遺言」を書いた「おれの意図をよく知っているのはおれなんだから」、おれはジャン・ド・カレを遺言管理人に指名する。文の構成はなんのためらいもない。意図もはっきりしている。RH、デュフルネはじめ、諸家に申し上げたい。写本とルヴェ本に書かれている文字がお気に召さないときは「修正して」読むという態度についてどうお考えか。いいかげんにやめていただきたい。

「おれの意図をよく知っているのはおれなんだから」、むしろ「我が意図を知れるは我なれば」と書きたい。作者がここに顔を出した。わたしがいうのはそのことで、我とはギヨーム・ヴィヨンである。Testament Villon を書いた entente(intention)「意思あるいは犯意」はわたしにあるとギヨーム・ヴィヨンは、ここにさりげなく告白する。そうして、この「遺言」の執行人にジャン・ド・カレを指名する。次節に渡らせて、この人物に、「遺言」に関するすべての権限を、「りんご一個にいたるまで」、遺す。なんとなんと、ジャン・ド・カレはわたしであり、わたしはジャン・ド・カレである。

ＲＨは、一七四節は、当時現実の遺言書前文の、遺言人が遺言執行人に当てた同意書の書式の写しであると解説し、テュテイの編纂した『十五世紀の遺言集』の参照を指示する。これはシャンピオン以来の見解で、だから、ジャン・ド・カレは un notaire「公証人」でなければおかしいとシャンピオンは断言し、ＲＨもデュフルネ氏もそれに賛同する。シャンピオンはいう、シャトレの公判記録を見てみるがいい。そこに「ジャン・ド・カレ」がいる。しかも、なんとかれこそが遺言の審査担当だったことが資料から検出できる。一四五七年、六四年、六五年、六七年、かれはシャトレの公証人であった。一四七五年、かれはシャトレ録事の要職にあった。これはシャンピオンの「人物列伝」二五番の記事だが、かれはその記事を、「ヴィヨンに対し適用すべき作業準則、それはかれがわれわれに対しその名を告げているその場を考慮することのオブリゲーションである」と書き起こしている。シャンピオンは、ジャン・ド・カレという名が告げられたその場、それはシャトレだと決めた。諸家はそれに従った。

わたしはシャンピオンのいう作業準則にとりたてて反対はしない。あるいはその発言をさかでにとってといおうか、その la place「場」を、「詩の場」あるいは「ヴィヨン遺言詩の場」と考える。あるいは作品の構図といおうか。作者自身が使っている言葉遣いでいえば、entente「意図」である。

しかるに、といった感じで、シャンピオンはオーギュスト・ロンニョンに非難の矛先を向ける。非難の、というよりも、まあ、なんとヤクタイもないことを、とたしなめるように、あわれむようにほほえみながら、といったところかな。ロンニョンの発言は、その「語彙索引」の該当項目「Calaiz (Jehan de)」に述べられている。これは全文訳出したい。じっさい、そうせずにはいられない。

「一四六一年、この『尊敬すべき男』は、ここ三〇年間ヴィヨンに会っていない、その名前さえも知らないという。このことは、かれがヴィヨンを全く知らないといっているということだ。これはパリの裕福な町人で、一四三〇年三月、フランスの首都をイギリスのくびきから解放しようと企てられた陰謀に連座して投獄され、おそらく大枚を積んで、ようやく赦免状を手に入れ、死を免れた。その赦免状は古文書庫（Arch. nat., JJ 174, n. 353; JJ 175, n. 1）の記録二通に転写されて残ったが、わたしはこれを『イギリス占領下のパリ』と題して刊行した一本に収めた（pp. 301-8）。かれの加担した陰謀が発覚した際、ジャン・ド・カレはある教会に逃げ込んでアジールの権利を行使したらしい。かれはそこである重要な詩の一篇をものしたと思われる。その詩は、「もはやジャルダン・ド・プレザンスにはいないジャン・ド・カレの嘆き」と題して『ジャルダン・ド・プレザンス』に収められたが、その題名は、この重要なフランス詩概論の作成がかれの手になったことをうかがわせるものである。それはともかく、十年後（一四四〇年）、すなわちパリがシャルル七世の手に戻ってから四年後、ジャンはパリ市助役四人衆のうちにかぞえられている。続いて一四五三年（新暦一月の記録では、かれは妻のドゥニーズと王家裁判所民事部において係争中である（Arch. nat., X27-25, 1452/01/30-31）。また、一四五三年のある判決は、かれをサンジャン・アン・グレーヴ教会の教区財産管理人としている（メルキュール・ド・フランス、一七四二年九月、p. 1,955）かれはその教会に墓所をもうけたにちがいない（ルブーフ『パリとパリの教区の歴史』コシュリ編、t. 1, p. 359)。」

以前わたしは『青春のヨーロッパ中世』にこう書いた、「ジャン・ド・カレは奉行所の書記で、遺言を検証する権限をもっていて、だからそれはそれでよいのだが、その書記殿は『三〇年このかた、おれを見たことはなく、名前だってご存じない』という。生まれてから一度も、ということか？ 詩人の指示に従って、ここはおとなしくそう読むとしても、それではこちらはどうなのか。『しがない言葉の商人』に続く『兜屋小町長恨歌』の一節である。」

「詩人の指示に従って」を、わたしはいま撤回する。詩人はそうは指示していない。我が意図を知れるは我のみなりせば……詩人は回想する。ジャン・ド・カレは老いたる兜屋小町のともがらである。

あいつも死んで、三十年、
わたしは生き残る、老いて、髪白く、
ああ、若かりし日々を想えば、
つくづくと裸のわが身を眺めれば、
どんなだったか、どうなってしまったか、
変わり果てたわが身と知れれば、

みすぼらしくて、ひからびて、やせて、ちぢかんで、
狂わんばかりに、ええい、腹が立つ

若き日の友に三〇年会わない。会わずに死ぬだろう。友がどうしていまのわたしの名前を知っていよう。「フランソワ・ヴィヨン」、この名をだれが知っていよう。我が意図を知れるは我のみなりせば……。かれはわたしの詩の教師だった。かれの書いた詩はわたしの教科書だ。わたしは言葉をそこから汲んだ。「遺言」と題したこの詩作に手を入れる資格をかれはもっている。わたしは全面的に同意する……。

ギヨーム・ヴィヨンは一四二一年に、パリ大学学芸学部の学位を取得している。メートル・エス・アール、すなわち自由七科教授有資格者である。ということは、かれはおそくとも一四〇〇年ちょうどごろの生まれということになる。二一歳以上でなければ、当時、学芸学部の学位はとれなかったからである。もっとも、年齢の証明自体がはなはだ困難な時代ではあったが。学芸学部を出たあと、法学部に入り、一四二五年まで、サンジャン・ド・ボーヴェ通りの教会法を教える学校で勉強したらしい。どうやらバシュリエの資格は取ったらしい。このバシュリエというのは、学位取得者、この場合はメートル・エス・デクレ、すなわち教会法教授有資格者の一歩手前の身分だったが、教えることはできる。じっさい、かれは一四三七年から四年間、やはりサンジャン・ド・ボーヴェ通りに教室を借りて、教会法を教えたらしい……。

以上は以前わたしが『青春のヨーロッパ中世』に書いたことである。なぜここにむしかえすのかといえば、ギヨーム・ヴィヨンの経歴のこの部分が、若きジャン・ド・カレの大冒険の時代と平行するからである。いまのところ、なんの証拠もない。あるとすれば詩文だけである。ジャン・ド・カレの詩は『ジャルダン・ド・プレザンス（喜びの園）』に収まっている。文学青年ジャンは、若きギヨーム・ヴィヨンとなんの係わりもなかったかどうか。わたしはいまそのことを確かめたいと思っている。あるいはふたりは若き日の詩友であったのではなかったか。わたしがいうのはそのことである。

諸家は「遺言」が『遺言の歌』と『形見分けの歌』だということを忘れている。忘れたふりをしたがる。シャトレの公証人が、なぜこれを検証しなければならないのか。またもやアンビギュイテを詩風とする詩人の術中にはめられたといおうか。だから、ジャン・ド・カレはシャトレの公証人だと、詩人の術中にはめられた顔をしてもいいわけである。だが、諸家にそんな気配はない。かれらは大まじめにそう思い込んでいるようだ。わたしはいうが、一七四節に取り込まれた言葉のひとつひとつがジャンの書いたとみられる詩論にそのままの順序で見いだされたとしても、わたしはおどろかない。わたしはいまそのことをしらべようと思っている。

［補遺］

八月二六日と二八日の両日、ＢＮで『ジャルダン・ド・プレザンス』Jardin de plaisance et fleur de rethorique を見た。二冊本で一巻がテキストのファクシミリ、二巻目が編者ドゥローズとピアジェの解題。はじめにアントワーヌ・カンポー、ラングレ・デュフレノワら前世紀の学者がとりあげられ、ヴィヨン、あるいはそのエコール、さらにジャン・ド・カレそのひとにこの詩集自体の編集を帰そうという考え方があったことが紹介されている。

　この詩集は一五〇一年にヴェラールという出版人によって出版された。その冒頭にl'Instructif de seconde rhétorique と呼ばれている韻文形式の詩論が載っている（fols. ijv-xvr）。これは fol. iijr 右欄（組みは二欄）に Le traictie se nomme instructif / De la seconde rethorique / Par linfortune constructif / Lequel fortune mal applique と読めるところから採られた通称である。「この論はその運命が悪い方に向かった不運者によって制作された第二修辞法の教科書と呼ばれる」といったほどの意味だが、seconde rethorique の seconde とはどういう意味か。まだ読んでいないのでよく分からない。

　それはともかく、問題はその linfortune（l'infortune）「不運者」とはだれか。十七世紀の一無名氏が、この詩集に収録された詩人たちのなかから Jourdain というのと、Jean de Calais に着眼し、これは同一人物で、この詩集の編者だとノートしているのを受けて、十九世紀のヴィオレ・ル・デュック、アントワーヌ・カンポー、ギュスターヴ・ブリュネが次々に Jourdain ないし Jean de Calais と l'infortune を同一視した。かくして Jean Jourdain, surnommé l'infortune, natif de Calais「不運者とあだなされたカレー出身のジャン・ジュールダン」なる作者像が作り出された。

ドゥローズとピアジェは批判に入る。ジャン・ド・カレと「不運者」との同一視には何の根拠もない。この名で収録されている「嘆き」Les lamentations という小さな詩と、その他アラン・シャルチエを初めとする錚々たる詩人たちとを、まあ比べてもみなさい、といった調子で、なにか実証的ではないのだが。ジュールダンについては、いささかおもしろいところがある。だが、これまた、その名が言及されているある詩の分析から、同一人物どころではない、逆に対立する同士だったとも理解できる。そんなわけで、この三者の同一視は認められないのだが、それではl'infortune とは、いったいだれか。ドキュマンはなにもない。「推理のちょっとしたあそび」に身を任せざるをえないと、批評家たちは推断に入る。

またまた『喜びの園』それ自体の作者詮議に立ち返って、ドゥローズとピアジェは、作品全体の構成と内容から、編者は一五〇一年の出版人ヴェラール周辺の文人と考えられるとし、三人にしぼるが、その中から Regnaud Le Queux という詩人が浮かび上がる。一方、「教科書」の方を分析すると、これがピカルディー方言をかなり詩作の原則に取り入れていること（脚韻の合わせ方など）が分かる。作者はピカルディー出身とは限定しないまでも、北フランスの出だった。また、詩人はこの詩論を「何人かの法学学位取得者」daucuns licenciez en loix の依頼で書いたといっている。これはル・キューの経歴になじむ。ル・キューがヴェラールに協力していたのだ。『喜びの園』はヴェラールの委嘱に応じて、ル・キューが編纂したのだ。

以上がドゥローズとピアジェの推論の概要だが、『喜びの園』の編集についての推論はともかくとして、『第二修辞学教科書』の作者についての議論は、どうも納得のいかないところが多い。以下、『喜びの園』の個々の作品解題に入るのだが、最初が冒頭のこの作品の解説で、まず製作年代の問題。よくジャン・モリネに帰せられる Art poétique『詩学』（一四九三年、ヴェラール出版）との類似がいわれ、『第二修辞学教科書』はこの模倣だろうとされるが、この関係はむしろ逆だろうとドゥローズとピアジェはいう。これはいい。だがその後、『第二修辞学教科書』に un serventois（政治的内容を含む「即興詩」とよばれる形式の詩文）が含まれているが、これはあるフランス王を歌っている。これはルイ十一世だというのだが、その内容を見ると、むしろこれはシャルル七世と読むこともできる。ドゥローズとピアジェは、だからこの詩文はルイ十一世の時代に書かれたと推論するのだが、この判断はむずかしいところである。

この詩文のなかで称揚されている詩人はアラン・シャルチエを筆頭にアルヌール・グレバン、クリスチーヌ・ド・ピザン、「クリスチーヌの息子」のカステル、ピエール・ド・ユリオン、ジョルジュ・ラヴァンチュリエ、ヴァイヤンといった面々だが、これはアンジュー侯「ルネ王」親近のメンバーであるという。詩人のメンバー表の分析とルネ王の経歴との関連をしっかり押さえた議論なのかどうかが、ここで問題になる。ジャン・ド・マンを、批判しながらとはいうが、かなり意識している点、ピカール方言を、これまた批判しながらということだが、dix と deduis を押韻させたりしているところにうかがえるように、かなり自由に詩の技法に取り込んでいる点など、気になる諸点が多々ある。まだ作品そのものに丹念に目を通していないので、これ以上のことはいえない。かりにジャン・ド・カレが若年時に『嘆き』を書き、その後、この『教科書』を書いた。「ヴィヨン遺言詩」の詩人は、これを念頭において、このあたりの詩を作っている。そう理解することができるかどうか、これはおもしろい。

おわりに

昨夏、コンティ河岸のオノレ・シャンピオン書店に顔を出して、新しいカタログをもらい、パラパラとめくったら、いきなりジャック・トマという人の『テスタマン・ヴィヨンを読む――八行詩一から四五と七八から八四』という本のタイトルが目に入った。ジュネーヴのドゥローズ社から出版されたばかりで、オノレ・シャンピオン書店はドゥローズ社のパリ総代理店である。支配人のコパン氏にいわせると、Droz は、スイスではドゥローズだが、パリではドゥロと発音するそうだ。閑話休題。という人などと、われながらいいかげんな紹介の仕方だと思うが、しかたない。さっそく買い求めて、ざっと見てみたが、経歴の紹介はない。わずかに同じ著者の他の刊行物ということで、三点紹介があり、それが全部、叙事詩「ルノー・ド・モントーバン」関係のもので、一番新しいのは一九八九年に、やはりドゥローズ社からそれの校訂本を出している。しかし、古くは一九六二年に、それがなんとベルギー国立ヘント（ガン）大学文哲学部の刊行物ということで、ブルッヘ（ブリュージュ）で出版されているし、もう一点の、これは共著の「ルノー・ド・モントーバン」論集は、ヘントで出版されている。どうやらヘント大学のフランス中世文学者ということらしい。同様にドゥローズ社から「ヴィヨン遺言詩」の校訂注釈本を出したジャン・リシュネルとアルベール・アンリ（ＲＨ）のお二人はロマンス語学者ということで、かたやジャック・トマは文学の畑を耕しているお方ということになる。

文学研究の分野で「読む」ということが正面からとりあげられたのは、たいへん結構なことだと思う。ジャック・トマの本のタイトルは Lecture du Testament Villon であって、これを「テスタマン・ヴィヨンを読む」と訳したのは、lecture レクチュールにあたる適切な日本語が思い浮かばなかったからにほかならない。むしろ「テスタマン・ヴィヨンのレクチュール」と、全部カタカナでやってしまったほうがすっきりする。それくらい、レクチュールという言葉の重みが計られている昨今ということで、「ヴィヨン遺言詩」研究においても、もう作家論は通用しない。ともかくテキストを読んでみせなければならず、作者詮議は二の次である。ジャック・トマは『遺言の歌』の第一節から四五節と第七八節から八四節までを読んでみせたのである。第一章が「ヴィヨンとチボー・ドーシニー。敵のための祈り（一〜六）」、第二章が「ヴィヨンとルイ十一世。祝福か？（七〜十一）」といった調子で、まだまだ「フランソワ・ヴィヨン伝説」に引きずられているところはあるが、ともかく読もうとしている。その姿勢が本のタイトルにあらわれている。節の数で限定する構えが読んだことを強調していて、その部分に関しては読みに責任を持つと宣言している。

読むというとき、わたしがいうのは、「ヴィヨン遺言詩」の文脈において、「ヴィヨン遺言詩」を含む時代の文の集合を成り立たせしめている文の規則において読むことである。そのときテキストはいわば自分自身をあかす。これは『中世の精神』の「あとがき」〔本書三〇二ページ〕に紹介した文章だが、ここにも引かずにはいられない。ライデン大学のセム・ドレスデンの発言である。

「わが道はテキストでできている。まずわたしはテキストに専念する。先は見ない。この道がわたしをどこへ導くか、あらかじめ眺望を得ることはできない。しかし、ここにおどろくべきことがある。テキスト、またテキストといわずすべて文化の所産は、いわばそれ自体のなかに眺望を蔵しているのである……」（『イタリアのイティネレール』に寄せた文章から）

テキストと文献

［テキストは、ここでは基本の写本三と初期印刷本一のみを掲げる］

コワラン写本 Paris, Bibliothèque Nationale, ms. fr. 20,041

アルスナール写本 Paris, Bibliothèque de l'Arsenal, ms. 3,523

フォーシェ写本 Stockholm, Kungl. Biblioteket, Fransyska Handskrifterna, Stephens LIII, Vu. 22

ルヴェ本 Le grant testament villon et le petit. Son codicille. Le jargon et ses balades. Le colophon: Cy finist le grant testament maistre francois villon. Son codicille ses ballades et jargo Et le petit testament. Imprime a paris Lan mil cccc quatrevings et neuf

[文献は掲出順に掲げる。ただし、邦語文献はうしろにまとめた。出版年の括弧内の数字は、最近の版年である。]

Marcel Schwob: *François Villon. Rédaction et Notes*; Paris, 1912(1974)

Pierre Champion: *François Villon. Sa Vie et Son Temps*. 2 vols.; Paris, 1913(1984)

Louis Thuasne: *François Villon Oeuvres: Edition Critique avec Notices et Glossaire*, 3vols.; Paris, 1923(1967)

Godefroy: *Dictionnaire de l'Ancienne Langue Française*

Clement Marot: *Les Oevres de Francois Villon de Paris*, reveues & remises en leur entier par Clement Marot valet de chambre du Roy. Distique du dict Marot: Peu de Villons en bon sauoir / Trop de Villons pour deceuoir. On les vend a Paris en la grand salle du palais, en la boutique de Galiot du Pre. (au coin bas- droit de la couverture, on voit "1533")

Le Roman de la Rose, publié par Félix Lecoy, 3 vols.; Paris, 1965–1975

RH: *Le Testament Villon*, édité par Jean Rychner et Albert Henry, t. 1 Texte, t. 2 Commentaire; Genève, 1974; *Le Lais Villon et les Poèmes variés*, édité par les deux mêmes, t. 1 Textes, t. 2 Commentaire; ibidem, 1977

Journal d'un Bourgeois de Paris, édité par Alexander Tuetey; Paris, 1881

FEW: Walther von Wartburg, *Französisches Etymologisches Wörterbuch*

AFW: Tobler et Lommatzsch, *Altfranzösisches Wörterbuch*

François Villon: Selected Poems, chosen and translated by Peter Dale; Penguin Books, 1978(1988)

Lazar Sainean: *Le Langage Parisien au XIX Siécle*; Paris, 1920

Auguste Longnon: *Oeuvres Complètes de François Villon*, publiées d'après les manuscrits et les plus anciennes éditions par Auguste Longnon; Paris, 1892

Auguste Longnon et Lucien Foulet: *François Villon Oeuvres*, édités par A. Longnon. Quatrième édition revue par L. Foulet. Nouveau tirage suivi de notes sur le texte par A. Lanly; Paris, 1982〔Oeuvres édités par un ancien archiviste; H. Champion, 1911〕〔Oevres édités par A. Longnon, revue par L. Foulet; 2e édition, H. Champion, 1914〕〔Oeuvres édités par A. Longnon, revue par L. Foulet; 3e édition, H. Champion, 1923〕

Léon Clédat: *Chrestomathie du Moyen Age ou Morceaux Choisis des Auteurs Français du Moyen Age*; 12e édition, Paris, 1932

Carmina Burana, hrsg. von Alfons Hilka, Otto Schumann und Bernhard Bischoff, Texte 3 Bände.; Heidelberg, 1930, 1941, 1970; Einer Band von Kommentar, 1961

Joseph Morawski: *Proverbes Français Antérieurs au XVe Siècle*; Paris, 1925

Du Cange: Glossarium mediae et infimae Latinitatis conditum a Carlo Du Fresne domino Du Cange

Huguet: *Dictionnaire de la Langue Française du Seizième Siècle*, éditée par Edmond Huguet

Plutarque Oeuvres Morales, tome IX, 1 “Propos de table”, Livre I-III; texte établi et traduit par François Fuhrmann; Paris, 1972

Ancien Théâtre Français, 10 vols., édités par Viollet Le Duc etc.; Bibliothèque elzévirienne, Paris, 1854–67

Anciennes Poésies Françaises: Recueil de Poésies Françaises des XV et XVI Siècles, 13 vols., édités par A. de Montaiglon; Bibliothèque elzévirienne, Paris, 1855–78

André Lanly: *Villon Oeuvres: Textes et Traduction*, présentés par André Lanly; Paris, 1969–71(1991)

Léon Le Grand: *Les Quinze-vingts: depuis Leur Fondation jusqu'à Leur Translation au Faubourg Saint-Antoine, XIIIe -XVIIIe Siècle*; Paris, 1887

André Burger: *Lexique Complet de la Langue de Villon*; 2e édition, Genève, 1974

Le Viandier de Guillaume Tirel Dit Taillevent, publié par Le Baron Jérome Pichon et Georges Vicaire; Paris, 1892(1991)

Recueil de Farces Française Inédites du XVe Siècle, publié par Gustave Cohen; Cambridge-Massachusetts, 1949

Guilbert de Metz, dans *Paris et Ses Historiens aux XIV et XV Siècles*, édité par A. J. V. le Roux de Lincy et L. M. Tisserand, Paris, 1867

Raynaud: *Rondeaux et Autres Poésies du XVe Siècle*, publié par Gaston Raynaud; Paris, 1889

Schwob: *Le Parnasse Satyrique du Quinzième Siècle: Anthologie de Piéces Libres*, publièe par Marcel Schwob; Paris, 1905

Picot: *Recueil Général des Sotties*, 3 vols., publiés par Emile Picot; Paris, 1902–12

Christine de Pisan: *Oeuvres Poétiques de Christine de Pisan*, 3 vols., publiés par Maurice Roy; Paris, 1886–1896

Alain Chartier: *La Belle Dame sans Mercy et les Poésies Lyriques*; édition publiée par Arthur Piaget; Textes littéraires français, Paris, 1949

Dufournet: *François Villon Poésies*; Texte présenté et commenté par Jean Dufournet; Paris, 1984(1992)

Georges Matoré: *Le Vocabulaire et la Société Médiévale*; Paris, 1985

Alexandre Tuetey: *Testaments Enregistrés au Parlement de Paris sous le Règne de Charles VI*; Paris, 1880

Auguste Longnon: *Paris sous la Domination Anglaise*; Paris, 1888

Jardin de Plaisance et Fleur de Rethorique. Reproduction en fac-similé de l'édition publiée par Antoine Vérard vers 1501, avec une introduction et des notes par Eugénie Droz et Arthur Piaget, 1910–24, 2 vols.; Genève, 1976

堀越孝一　『遊ぶ文化』小沢書店、一九八二年
同　『日記のなかのパリ』TBSブリタニカ、一九八五年（『パンとぶどう酒の中世』と改題、ちくま学芸文庫、二〇〇七年）
同　『中世の精神』小沢書店、一九九一年
同　『青春のヨーロッパ中世』三省堂、一九八七年（『人間のヨーロッパ中世』悠書館、二〇一二年に再録）
同　「『ヴィヨン遺言詩』アルスナール写本について」『学習院大学文学部研究年報』第三九輯平成四年度
ホイジンガ『中世の秋』堀越孝一訳、中央公論社、一九六七年（その後中公文庫その他に収録）
堀米庸三編『中世の森の中で』河出書房新社、一九七五年

エロイーズ文について

エロイーズのことはサンブネの司祭が詩に書いている。遺言の歌に収められた三つのバラッドのうち最初のむかしの女たちのバラッドの第二連だが、なんとねえ、わたしは校注の仕事で訳詩にエロイーズをエレッスと書き、注釈でそう書いたわけをとくととして述べている。穴があったら入りたいと、これは総索引〔未刊〕のエロイーズの項でエロイと訂正した。エロイッスと読んだかもしれない。

どこにいる、とてもかしこいエロイッス、
かの女のせいで去勢され、修道士になった、
ペー・レベラーは、サンドゥニッス、
女に惚れられ、つらい立場に立った

これが前半の四行で、ペー・レベラーももとはピェール・エベラールとふんぎりわるく書いている。

ペール・エベラーの連音で、この場合はリエゾンではなく、エリジョン、母音省略で、それはよいのだが、ペールをピェールは、そこがふんぎりわるいところで、近代のフランス語のピエールに遠慮している。下巻のあたりから遠慮しないことにした。

サンブネの司祭がエロイーズをどう見たかは第二連後半の四行を読めば分かる。

おなじくまた、王妃はどこいった、
かの女の指図で、ブリダンはセーンに、
ふくろに詰められ、放り込まれた、
さてさて、去年の雪がいまどこに

これはついでだが、行末の音の配列にお耳とどめねがいたい。八行詩三連反歌四行詩のバラッドは、第一、三行、第二、四、五、七行、第六、八行が、それぞれ同音で脚韻を踏む。訳詩ながら脚韻を踏んでいる。これは遊び。

閑話休題。ナバラの王妃とブリダンの逸話が前半四行にこだまして、ペー・レベラーはエロイッスに惚れられ、かの女のせいで去勢された。どうもこの理解は動かしようのないところのようだ。サンブネの司祭が歌うのは女の能動的性愛で、かれは本歌のばら物語を書き換えている。だから、はたして本歌といえるのか。

マンのジャンは七三行にわたって懇切にラ・サー・ジェロイッス、とてもかしこいエロイーズを書いていて、それを四行に書き換えるのだからたいへんだが、サンブネの司祭はマンのジャンの七三行をとてもかしこいエロイーズの一行に要約していて、だからつづいてプー・クィ、その女のせいでと書いている。その呼吸がなんともおもしろく、わたしがいうのはアベラールが去勢されたのはとてもかしこいエロイーズのせいだったとサンブネの司祭は辛辣に批評している。そこでとめておいてもよいものを、プー・ソン・ナムー、かの女の愛のせいで、だから女に惚れられて、つらい立場に立たされたと追い討ちをかけている。エロイーズのどこがかしこかったのだろうと、読み手は考えこんでしまうというものだ。

マンのジャンが『ばら物語』でエロイーズのことを書いているのは、ルコワ校注の刊本で八七二九行から八八〇二行までで、ここはジャンはジァルジー、嫉妬に語らせていて、このあたり、談義の趣意はミゾガミー、結婚嫌い。テオフラストゥのオロールなる書き物に、女と結婚する男なんてアホだと書いてある。貞節な女なんて、ヴァレリウではないが、フェニックスより探すのに骨が折れる。ジュヴェノーは白い鴉、黒い白鳥にひきくらべている。ヴァレリウはルフィンに、ジュヴェノーはポストゥムに結婚しないようすすめている。そういう文脈で、ペール・アベラーが白状するにはとマンのジャンは書き始める。

ペール・アベラーが白状するには、
女子修道院長のエロイ姉は、

パラクリの、かれの愛人だったが、
けっして承知しようとはしなかった、
いくら妻に迎えたいと申し出ても、
この年若の女性は、けっして承知せず、
なにしろ頭がよくて、学があって、
愛し愛される作法に通じていて、
かれを説得しようと議論して、
かれに結婚する気をなくさせようと、
いろいろな著述から引いて論証し、
理性に訴えて、なんと過重なものか、
なにしろ結婚生活というものは、
女性がサージュであればなおのこと、
なにしろかの女は本をよく読んでいて、
よく勉強して、知識を蓄えて、
それでいて女の性行のことを知っていて、
女の性行はかの女のものだったのだから、
そうしてかれに求めるには、愛してほしい、

ただ、権利は要求しないでほしい、
権利といえば自由の恩恵を与える権利だけ、
領主や親方の権利はなしということで、
そうすればかれは勉強できる、
自分の勉強を、自由に、縛られずに、
そうすればかの女も勉強にもどれる、
もともと知識は空ではなかったのだ、
いろいろいって、またかの女のいうには、
おたがい、喜びも大きくなるというものだ、
満足の度合いも増すというものだ、
会うのにもっと間を空けたなら、
ところがかれは、だからそう書いているように、
たいそうかの女を愛していて、だから結婚した、
かの女の忠告を聞き入れようとはせず、
そのことで、かれは不幸なことになった、
なにしろかの女が、いや、そうだったのだろうと
思うのだが、両人の合意があって、

アルジャントゥーの尼僧の衣を着けたのち、
ペールは睾丸を切り取られた、
パリで、夜、寝ているあいだに、
かれは深く苦悩し、不快感を感じて、
その不幸な出来事のあと、
フランスのサンドゥニの修道士になった、
その後、他の修道院の院長になって、
その自伝に書いているように、建立した、
その名のひろく知られた女子修道院、
ル・パラクリと名付けられた修道院を、
そこの、エロイは修道院長だったので、
それ以前、かの女は尼僧の誓願を立てていたのだ、
そのことはかの女自身が語っていて、
恥じてはいないと、かの女は書き送っていて、
かの女の愛人に、愛していることを、
かの人を父とも主とも呼んでいることを、
かの女はおどろくべき言葉を使っていて、

人はおろかな言と聞くだろう、
書簡にそのことが書いてあって、
よく読んで探せばみつかるはずだ、
はっきりした言葉遣いで申し送っていて、
かの女が尼僧院長になってからのことだが、
もしもローマの皇帝が、
なべて男のその足下にひれ伏す、
あたしを妻にとろうと望んでも、
世界の女王にしようと望んでも、
あたしの望みはそれよりも、そう書いていて、
神よ、みそなわせ、あたしとしては、
あんたの娼婦と呼ばれたい、
宝冠をいただく帝妃であるよりは、
誓っていうが、わたしは信じない、
かかる女性がまたといようとは、
思うにかの女の教養の深さが、
かの女の内なる女の性を、

女の性行の蔵する女の性を、
打ち負かし、飼い馴らすことができたのだ、
ペールがかの女を分かってやっていたならば、
結婚するようなことはしなかったろうに

テオフラストスはマンのジャンはソールズベリのジョンから借りている。テオフラストスのオロール、光冠は、テキストは残らなかった。ヒエロニムスがヨウィニアヌス駁論で引用したところだけが知られていて、ソールズベリのジャンはこれを見ている。ヨウィニアヌスは処女の身分と結婚の身分との同一性を論じていて、ヒエロニムスは二世紀ほど前の教父テルトゥリアヌスを引いてこれに反論したのだという。

テオフラストス、テルトゥリアヌス、ヒエロニムス、ソールズベリのジョンとミゾガミーのテキストが伝承された。マンのジャンはこの伝承を受けていて、ウァレリウス、ユウェナリスのテキストも拾う。わたしがおもしろく思っているのは、ミゾガミーのテキストの伝承の十二世紀の位相に、マンのジャンは、ソールズベリのジョンとエロイーズのパ・ドゥ・ドゥーを見ている。

ソールズベリのジョンは一一三六年、二一歳のころ、パリのサントジュヌヴィエーヴ修道院の学校でアベラールから学んでいる。アベラールはその数年前、おそらく一一三三年からパリに戻っていた。それまでかれは、一一二五年のころから、ブルターンのサンジルダス修道院長を勤めていて、それが

いつもサンジルダスにいたわけではない。修道士団と対立し、フランス王やローマ法王の保護を求めて旅に出たり、エロイーズがアルジャントゥー修道院を出なければならなくなった。一一二九年のことで、サンドゥニ修道院長スジェの画策があったらしい。そこでアベラールは一時パリにもどり、エロイーズとその配下の修道女たちの身の振り方を考えてやったりしている。

スジェを一方的に悪者と決めつけることはできない。アベラールは、その年のうちか、翌年かに、以前自分で建てて一時住んだパリの東のプルーヴィンという町のすぐ南にあった礼拝堂とその付属の施設に、エロイーズとその修道女たちを移すことにした。アベラールはこの礼拝堂をパラクレートゥスと名付けている。これは聖霊をいい、慰め主と日本のカトリック教会では訳している。アベラールはこの施設に女子修道院をあらたに興そうとしたわけで、これはこの土地に支配権を及ぼしていたトゥルェの伯が了解し、北フランスの教会組織の実権者であったスジェが許可しなければ始まらない事業だった。一一三一年十二月の日付で、この女子修道院の設立を裁可する法王イノケンティウス二世の書状が発行されている。おそらくスジェの斡旋があったと思われる。

アベラールはヒストリア・カラミタートゥム、災禍の物語と呼ばれるようになっている手紙を書いている。アベラール自身はアバエラルディ・アド・アミクム・スウム・コンソラトリアと題をつけている。エピストラを補って読むのだろう、アベラールの友人に宛てた慰めの手紙である。文面を見ればアベラールはいぜんサンジルダス修道院長であり、エロイーズはすでにパラクレートゥス女子修道院長である。だからこの手紙は一一三〇年から一一三三年のあいだに書かれた手紙である。

エロイーズは、フォルテ・クィダム・ヌーペル、つい先日、偶然のことからこの手紙を読んだとアベラールに手紙を書いている。これが、後代に残った分についていうかぎり、エロイーズとアベラールの手紙のやりとりのはじめだが、写本としてまとめられていった経緯から、これは第二の手紙、アベラールの友人に宛てた慰めの手紙が第一の手紙と呼ばれている。

エロイーズの手紙が書かれたのはいつだったろうか。アベラールの友人に宛てた慰めの手紙を読んだあとのことはたしかで、手紙の書き出しに、その手紙を読んだ感想を述べていて、最後にあんたはいまでも続いている耐え難い迫害のこと、すなわちかの残忍極まるエクサクトール、またあんたが息子たちと呼んでいる悪性の修道士たちからする迫害のことに話を進めて、この悲しい物語を終えているると書いている。

エクサクトールは収税人、徴用する権限を与えられた役人などの意味でしかふつうは使われず、エロイーズとアベラールの取り交わした手紙を、アベラールの友人にあてた手紙も含めて日本語に移した畠中尚志はこれをサタンと訳しているが、この文脈の取り方はわたしの理解を超えている。いくつか参照した英語やフランス語の翻訳を見ても、これにあたる言葉は見られない。アベラールの友人に宛てた手紙を見ると、自分自身をカインに擬して、サタンの迫害をいっているところがあり、畠中はおそらくこの文脈を問題の文節にあてたと思われる。

そのことはともかくとして、エロイーズの手紙のこのくだりは、いまでも続いている耐え難い迫害と、アベラールの言い分を了承しているふうであり、したがって、エロイーズが最初の手紙を書いたのは、まだアベラールがサンジルダスの修道院長であった頃合いと推し量られる。すなわち一一三三年以前である。

アベラールは一〇七九年生まれ。友人に宛てた手紙を書いたとき、五十歳を越えている。エロイーズは、これが問題で、じつは素性がよくわかっていない。アベラールがその手紙のなかでアドレスケントゥーラと書いたり、プエラと呼んだりしているので、かなり年若の女性だったろうと想像していただけで、それがどうもちがうのではないか。わたし自身、事件がおきたとき、十六か十七の少女と書いている。『回想のヨーロッパ中世』という本だが、事件は一一一七年におきたから、エロイーズがアベラールに宛てた手紙は、その十四年後から十六年後ということになる。エロイーズは三十路の坂にかかったばかり。そうもしっかり書いている。

それが最近ロンドン大学のマイケル・クランシーがしっかりしたアベラールの伝記を書いて、かれがはじめてというわけではないのだが、エロイーズの生年について別の見解を打ち出した。かれがおもに拠ったのは、アベラールがソーン河畔シャロンのサンマルソー修道院で、一一四二年四月に死去した後、クルーニー修道院長ペトルスがエロイーズに宛てた慰安の手紙文の読みである。ペトルスは当時スペインに滞在していて、だからか、その手紙文は、

あなたのラブレターを受け取りました。息子のテオバルドゥスから先頃送られてきたのです。ありがとうございました。

と書き始められている。

このペトルスの手紙文に、こう読める。

また、いかばかりか、わたしの心に、あなたへの愛情を置く場所を保持してきたことか、お示しするのが適切でありましょう。じっさい、いまになってあなたを愛しはじめたというのではないのです。思い起こしますと、たくさんの時を経て、わたしはあなたを愛しつづけてきたのです。アドレスケンティアの時期を過ぎたか、ユーウェニースの時期に入ったかの年頃に、あなたの宗教人としてのお名前ではない、あなたの誠実な褒め称うべきお勉強の噂を、わたしは耳にしたのです。人々は耳にし、口にしておりました、世俗の因縁からいまだ解かれていないムリエールにして、文学の、なにしろとても希有なことだが、人文の知識を追究して、学の大業を極めることがあるのだ、と。世俗の心身の楽しみ、無益な遊び、ペットを飼うといった享楽の源から、諸学を学ぼうとする有益な意図の下に、わが身を引き離すことができることがあるのだ、と。

アベラール自身、アドレスケントゥールスの身にして、ムランに学校を開こうと企てたと、ある友人に宛てた手紙に書いている。アドレスケントゥールスはアドレスケンスの指小辞である。だからアドレスケンスを強調する語形だ。おそらく一一〇二ないし三年のことで、アベラールは二三ないし二四歳である。また、エロイーズに出会ったとき、わたしはユーウェントゥスとフォルメ・グラティアにおいて抜きんでていたと、なんとねえ、ぬけぬけと書いている。ユーウェントゥスは中世ラテン語ではユーウェンタの語形の方がふつうで、ブレーズはユーウェンタの項に二〇歳から四〇歳とコメントをいれている。

このアベラールの言葉遣いからも推し量ることができるように、どうもアベラールとエロイーズの時代には、アドレスケンティアは二十歳代のなかごろまで、ユーウェニースは後半から三十歳代のなかごろまでをいったようだ。ほんとかね。

ペトルスは、アドレスケンティアの時期を過ぎるか、ユーウェニースの時期に入るかの年頃、だから二十歳代のなかごろにエロイーズの噂を聞いた。そのエロイーズは、学の大業を修めたムリエールと評判されていた。アベラールはアドレスケントゥーラとかプエラとかと呼んでいるが、とんでもないと、クランシーは語気を強める。ムリエールは成熟した女性をいう。エロイーズはペトルスよりも年上の女である。ペトルスは一〇九二年の生まれ。エロイーズは一〇九〇年ごろの生まれかとクランシーは推測する。

じっさい、わたしは頭が痛い。『回想のヨーロッパ中世』に、エロイーズをアドレスケントゥーラとかプエラとかと呼んでいるアベラールの尻馬に乗って、かの女を十六か十七の少女と書いているだけならばともかく、そこにエロイーズが通りかかった。ベージュに染めた麻布地のテュニカに、小紋の刺繍刺しの帯などを小意気にしめて、ひっつめ髪の長い髪束を左肩に垂らす。そんな恰好がのぞましく、学生たちの頭越しに、ピエールの視線がエロイーズをとらえて、ということになったなどと、あらぬ空想にふけっている。これは二七、八歳の成熟した女性の容姿の描写としてどうだろうか。
いいえ、それより問題なのは、続く文章で、想いも熱くピエールは、エロイーズの叔父に自分を売り込んだ。これはピエール自身の証言である。こうしてかれは、少女の家に入り込んだ、家庭教師ということでなどと書き散らしている。家庭教師のところに傍点まで振って。アベラールはそんなことは書いていない。プエラといっそう親しくなれる機会を作ろうと、と、かれはこう書いている。

わたしは何人かの友人に間に入ってもらって、くだんのプエラの叔父と取り決めを結んだ。かれは、我々の学校の近くにあるかれの家に、なにがしかの賄い料を受け取ることで、わたしを受け入れるという取り決めである。これは我々の世帯の家事が我々の勉学を阻害することはなはだしい。また、その費えは、わたしにとって、大変な負担であるという口実をもうけての作戦であった。

賄い料としたのはプロクラティオーニス・プレティオだが、畠中は下宿料と訳している。また、我々という言い回しだが、これは我々教師というふくみで使っていると思う。賄い料とともに生硬な訳語だが、あえて使った。だから、それはたしかにエロイーズの勉強をみるという話も出ていたらしいのだが、だからといって家庭教師とはねえ。

もっとおもしろいのは叔父と訳したところだが、これはアウンクルスと書いていて、アウンクルスのもうひとつの書き方らしいが、古典ラテン語では母親の兄弟をいう。それがニールマイヤーにはアウンクルスではなく、アウンクルスで出ていて、これは父親の兄弟だという。ブレーズには出ていない。もともとアウルス、祖父のクルスをいったらしく、それがクルスはなんと尻とか肛門とかの意味です。接尾辞に使って拡張、増加をいう。祖父から増加した部分ということで、だから父方にも母方にも通じる。まあ、ですからおおまじめにいえば、母系制とか父系制とかに関係する、これは話題かなと思うのだが、それは置くとして、わたしがおもしろがっているのは、エロイーズの素性をうかがう、これは根拠になるか。

アベラールはエロイーズとの出会いを書いて、かの女をフルベルトゥスと呼ばれるカノニクスのネプティスと紹介している。カノニクスは司教座教会の参事会員で、だからノートルダムのだが、ネプティスは、これまた古典ラテン語では孫娘、ニールマイヤーでは姪と意見がちがっている。こちらはブレーズも出していて、ニールマイヤーと意見を同じくしていて、古典ラテン語以後とコメントし、四世紀後半のミラノ大司教アンブロシウスを用例にあげている。ブレーズは教会人の著述家の著述から用例を拾って中世ラテン語の辞典を作っているのだから、まあ、アベラールもこれに賛成するでしょう。エロイーズはフルベールの姪です。

閑話休題、でしょうか。用語を通じての素性の詮索には限界がある。もう、ここまでです。いずれにしてもこれはアベラールの証言で、どうも全体通して推し量るに、そこまで厳密なものの言い様が期待できるか。アドレスケントゥラといったり、ネプティスといったりする。そういった言葉の穿鑿からはエロイーズの年の頃は見えてこない。そういった言葉を使いながら、アベラールがエロイーズとのフォルニカティオを書き出していく。その文章の調子にこそエロイーズの年の頃は見えてくる。

フォルニカティオと書いているはエロイーズで、ふたつめの手紙です。

じっさい、不安な愛の悦楽を享受していました折には、いいえ、不快な言葉遣いですが、表現的なのでそう申しますが、フォルニカティオに耽っておりました時には、神は厳しさをお示しにならられるのをお控えでした。

それが結婚に踏み切ったとき、神は罰を下されたと、エロイーズは言葉を継ぐ。フォルニカティオを畠中は情事と訳している。戦後、グレアム・グリーンのジ・エンド・オブ・ジ・アフェヤーがよく読まれたが、訳者は情事の終りと、まことに適切な訳語をとっていた。わたしは情事という言葉遣いはこれからだったと思いこんでいたが、畠中の訳書を読んで、なんとなんと、戦前からあったのだと知っておどろいた記憶がある。

閑話休題。情事もたしかにいいけれど、フォルニカティオはフォルニックスからの造語で、フォルニックスはアーチ天井をいう。転じて、アーチ天井の廊下や部屋をいい、なぜか、娼婦の部屋をいうようになった。ニールマイヤーを見ると、しっかり娼婦宿の語意に落ち着いている。遺言の歌にグロッス・マルゴのバラッドというのがあって、グロッス・マルゴは娼婦宿の女主人です。十行詩三連反歌七行詩の各連の最終行のルフラン、繰り返しの詩行に、

　こちとらも宮廷張ってる、このボルドーで、ボルドー？

と見える。そのボルドーがフォルニックスに当たる中世の秋の用語です。

　ここも閑話休題かな。だから、フォルニカティオはフォルニックスでの所業ということで、不快な言葉遣いですが、表現的なのでそう申しますがと、エロイーズは、まことにエクスプレッシオーレ、表現的に書いているわけです。

　十数年後のエロイーズがそう書いている。その十数年前のエロイーズはどうだったか。エロイーズとその愛人のフォルニカティオはどんなだったか。わたしがおもしろく思うのは、十数年後のエロイーズは、その愛人であり、夫であるアベラールがふたりのフォルニカティオのことを書いている手紙文を読んだエロイーズで、その愛人であり、夫であるアベラールが、フォルニカティオのメモリア、記憶をこう書いている。

　メモリアは中世の秋の用語ではメメールで、記憶とあっさり訳したが、これは場の記憶とご理解ねがいたい。どうぞ形見分けの歌三六節から三八節までの三連節をご覧ねがいたい。そこにダーム・メメール、記憶夫人が登場して、スコラ学でメモリアは、その表象像あるいは表象物が作られた、その

状況とその表象像あるいは表象物との関係を保有する能力と理解されていた事の次第を解説している。

本はページをひらいたままで、言葉を読むのはそっちのけ、愛の言葉が山積みされた。講釈はそっちのけ、接吻をかわすばかり、手は本に帰るよりも胸に帰り、愛はたがいに視線を交わさせ、読書に向かわせなかった。周囲にすこしでも疑いを持たせないようにと、時として愛は鞭を与えた。狂乱ではない、愛で、怒りではない、情けだ。鞭打はどんな膏薬にもまさる官能の喜びをもたらした。なにをいいたいのか、ですと？　愛の諸相が貪欲に追求された。どれかを省くことはしなかった。愛が考え出しうるかぎりの工夫を、どんなに異常なものであれ、すべて追加した。その悦楽が我々の経験の薄いところであればあるほど、我々はそれに熱中し、飽きるところがなかった。

わたしがいうのは、ウェルベル、鞭が架かっている場の記憶は、また、エロイーズのものだった。かの女は、夫に対して、その共同の記憶に誠実であってくれと迫る。なぜなら、その場の記憶は、かの女が積極的に、能動的に作ったものだったから。その所業をフォルニカティオと、いささか自虐的にいう。エロイーズ文はここに焦点を結ぶ。

マンのジャンと書いたが、これまでそう書いてきたが、これはどうやらメウンのジァンらしい。これは『人文』2に、『人文』1に続いてパリの住人の日記校注の続編を書いているときに気づいたことで、なんとも不明の至りだが、ルコワ校訂で一〇五三五行以下五行に、

プィ・ヴェンラ・ジョアン・ショピノー
オ・クー・ジョリ・ヴォー・コー・シノー
クィ・ネッラ・スー・レー・ラ・メウン
クィ・ア・サウー・レ・ア・ジェウン
ム・セーヴィラ・トゥートゥ・サ・ヴィ

つづいてジョアン・ショピノーが登場する。

快活で、身軽で、
レール河畔のメウンの生まれ、
満腹の時も、空腹の時も、
生涯通じてわたしに仕え

と読める。

ここのところはアムー、擬人化された愛の語りで、書き手のジョアン・ショピノーが自分自身をアムーの口の端に上せている。ばら物語は一行八音節で二行づつ脚韻を踏む。ここではレー・ラ・メウン、分析的に書けばレー

ル・ア・メウンとア・ジェウンが韻を踏んでいる。ア・マンと読んでは一音足りなくなる。ウォルトゲシュタルト、語のかたちが、ラウトゲシュタルト、音のかたちを示している。レール、近代語の発音でロワール河畔のマンは、ばら物語の環境ではメウンだった。

そこでメウンのジョアン、これはまあ、ジァンと書くとして、かれの著述の刊本だが、オノレ・シャンピオン社のレ・クラシック・フランセ・デュ・モワヤン・ナージュ叢書に、フェリックス・ルコワ校注で、三冊本が刊行されている。叢書番号九二、一九六五年、九五、一九七三年、九八、一九七五年。なお、アンドレ・ランリによる近代語版が同社から刊行されているが、これを利用するのにはよほどの注意が必要です。

アベラールとエロイーズが取り交わした手紙集は、いまのところ、依然として、ミーニュ編のラテン教父集所収のものがアプローチしやすい。一九五九年に初版が、一九六七年に第三版が出版されたJ・モンフランのヒストリア・カラミタートゥム、アベラールがある友人にあてた手紙、両人の手紙集では第一のものとされている手紙の校注本が、詳細な序文で、手紙集の写本伝来の状況、ミーニュのものも含めて刊本の状態について案内してくれる。モンフランは、また、補遺として、エロイーズの最初の手紙とふたつ目の手紙の全文を載せている。日本語版としては畠中尚志訳アベラールとエロイーズ、愛と修道の手紙が昭和十四年を初版として岩波文庫に収められている。

クルーニー修道院長ペトルス・ウェネラビリスがエロイーズにあてた手紙は、ビブリオテーカ・クルーニアケンシス、クルーニー修道院文書集に収められている。この文書集は、パリのサンマルタン・デ・シァン修道院修道士マルティーヌス・マリエールとアンドリアス・クェルケターヌスが一六一四年に出版したもので、前者はフランス名マーティン・マリエ、近代語の発音でマルタン・マリエール、後者はアンドレ・ドゥシェーン、同じく近代語の発音でアンドレ・デュシェーヌである。なぜそこまでいうかというと、じつに後者こそは、アベラールとエロイーズが取り交わした手紙集を、一六一六年に、最初に印刷刊行した文人だったからです。一八五五年、ラテン教父集一七八巻にこの手紙集を収めたジャック・ポール・ミーニュは、ドゥシェーン版をそのままとったとモンフランはいっている。そのすこし前、ヴィクトール・クーザンがアベラール全集に手紙集を収めていたが、ミーニュはこれを見ることをしなかったということです。だから、いま、わたしが見ているエロイーズの手紙は、白状すればミーニュ版のもので、なんとねえ、十七世紀のドゥシェーン版に帰るわけではないか。わたしは、いま、ミーニュ－ドゥシェーン版を超えて、モンフランの懇切な案内によると九本あるという写本探索の旅に出ようとしている。わがエロイーズ文はその旅の風景に見える。

ペトルス・ヴェネラビリスの手紙にもどれば、それはペトルスの著述集もあります。一九七四年に、トロントのポンティフィカル・インスティテュート・オブ・メディーヴァル・スタディーズ、中世学法王協会でしょうか、そこから出版されたピーター・ザ・ヴェネラブル・セレクテッド・レターズ、尊者ピーター手紙撰という本があって、編者のジャネット・マーティンは、手紙の出典をみっつあげていて、ひとつはドゥーエ市立図書館蔵の写本、ひとつはル・ピュイの司教座教会所蔵の写本、そうしてもうひとつが一五二二年にパリで刊行されたペトルス・ヴェネラビリス著述集です。エロイーズあての手紙も、さいわい拾われていて、その著述集からということで、一一五番の手紙としている。

ビブリオテーカ・クルーニアケンシスはペトルスの手紙集を六セクションに分け、エロイーズあての手紙は、第四セクションの二一番と番号を振っている。この手紙集は受け取った手紙も含めていて、だから往復書簡集になっている。第六セクションの、いま気づいたが、これも偶然なのか、意図的なのか、二一番は、アベラールの死後、ペトルスはパラクレーにエロイーズを訪ねて、アベラールの遺骸をその妻のもとに返した。その厚情に感謝してエロイーズがペトルスにあてた手紙です。

マイケル・クランシーの本は、アベラール、ア・メディーヴァル・ライフとタイトルをとり、ブラックウェル社から一九九七年に初版、一九九九年にペーパーバックス版が出版されている。二〇〇二年度のジャーナル・オブ・メディーヴァル・スタディーズ、中世学誌に、哲学畑のマーシァ・L・コリッシュ、クーリッシュかな、という方が書評を寄せているが、この書評が反面教師で、どんなにか伝来のアベラール観が硬直したものになっていたかを示している。

もっとも、わたしとしてもクランシーにいいたいことはあり、それはエロイーズ理解についてだが、その意味で、わたしとしては、本文には紹介しなかった本を、ここで紹介しておきたい。それはコンスタント・J・ミューズという方のザ・ロースト・ラブ・レターズ・オブ・エロイーズ・アンド・アベラールという本で、マクミラン社から一九九九年に出た本です。

なんと、エロイーズとアベラールという立て方がおもしろいではないか。エロイーズとアベラールの失われた恋文？　まあ、タイトルが人を惑わせるが、十五世紀の末に、クレールヴォー修道院の修道士が書写したラテン語の手紙の断簡集があって、これの校注本というのが本の組み立てだが、これがラブ・レターの交換で、だからこれはエロイーズとアベラールの手跡だと論を立てるお方もいらっしゃるようだが、まあ、それはないでしょう。どうもエロイーズとアベラールが取り交わした手紙集が手本となり、またアベラールとエロイーズが取り交わした手紙がそういうラテン語でラブ・レターを書く手習いの流れに立っていたのではないか。ミューズがいいたがっているのはそういうことらしく、本の後半がその写本の校注だが、前半にかなりのページ数をとって、ミューズは熱っぽく議論している。時代の手紙の作法を考える上でもおもしろいテキストで、これは花丸二重丸でおすすめです。

堀越孝一教授の最終講義

詩と歴史——歌は世に連れ、世は歌に連れ

以前『教養としての歴史学』という本を講談社現代新書から出しました。これは「わが史学概論」と題したかったのですが、ぜんぜん相手にされず、なんだか得体の知れないこんなタイトルにされてしまった。一九九七年初版ですが、売れませんねえ。増し刷りの話など、まったく途絶えてしまいました。おもしろい本なのに、もったいないなあと思いますけれど。「2　アリストテレスの史学」なんて、傑作ですよ。「詩学」にひっかけて「史学」としたわけですが、アリストテレスの著述の『詩学』をつかまえて、そこには詩は普遍を述べるから個物にこだわる歴史よりエライと書いてあると論じている方々がいる。どうもよく分かりませんねえ。万葉集巻二に「二人行けど行きすぎがたきあきやまを、いかにかきみの一人越ゆらむ」という歌がある。これの「あきやま」は「秋山」と読むというのが伝統の読みですが、わたしは若い頃からここは「阿騎山」と読むと決めています。「秋山」なんて普遍でこられたのでは、この歌は読めません。「阿騎野」という個別の場所をこの歌は指し示し

ています。ですから、詩は普遍を述べるなどといわれても。万葉集巻一に類歌があります。「わが背《せ》子《こ》はいずく行くらむ奥《おき》つもの、隠《なばり》の山を今日か越ゆらむ」当麻真人麻呂《たぎまのまひとまろ》の妻《め》の作る歌と題辞に読めます。隠の山はいまの名張市周辺の山道をいった。そこをトボトボと歩いているだろう最愛の夫を妻は気遣っている。イメージはリアルです。

閑話休題。堀越孝一教授の最終講義に入ります。

I

ゼノン！　クリュエルなゼノン！　エレアのゼノン！
あんたの矢はあたしを刺したか、なんと翼の付いた、
ぶるぶる震えて、飛ぶ、それが矢は飛ばない！
矢のうなりがあたしを生む、それが矢があたしを殺したか！
ああ！　太陽……なんと、亀の影、
なんとなんと、大股走りのアキレスは動かない！

ポール・ヴァレリーの『海辺の墓地』の一節である。

なんともこの詩は読みにくい。

「クリュエルなゼノン」といわれたって、それが「エレアのゼノン」だというのだから、まさか「ストア派のゼノン」ならば「きびしい」とか、「厳格な」とか、そんな訳でもいいのだが、それも自分に対してで、べつに人に対して残酷だとか、酷薄だとか、そういう意味ではない。ましてや「エレアのゼノン」にはまったくあてはまらない。どうして菱山修三が「酷薄なゼノン！」と訳しているのか、まったくわけがわからない。まさか読み手がまちがえるだろうと、わざとそう書いたのだと読めといわれても。

「なんと翼のついた」の「なんと」はわたしが付け足した拍子ことばだが、「矢」に「翼の付いた」のは当然で、翼の付いていない矢などというものは、およそ「矢」の概念に反するものである。よくは知らないが、翼が付いているからこそ「ぶるぶる震え」るのであって、「うねる」のであって、「飛ぶ」のであって、それが「飛ばない」。

「エレアのゼノンのパラドックス」である。矢は飛ばない。簡潔にいえばパラドックスはこうで、矢が飛ぶには、さしあたり的とのあいだの真ん中の地点まで矢は飛ばなければならない。それが真ん中の地点まで飛ぶには、そこまでの間のまた真ん中の地点まで矢は飛ばなければならない。またまたそこまで飛ぶには、そこまでの間の真ん中の地点まで矢は飛ばなければならない。こうして矢は「ぶるぶる震える」だけで、「飛ばない」。

だから、「矢のうなりがあたしを生む」として、その矢が「あたしを殺す」か。そういう話になる。

たぶん、この行の「ル・ソン・マンファン・テ・ラ・フレシュ・ム・テュ」という、どうしてこういうふうにいいまわすのか、読み手が一瞬とまどう詩行がいいたがっているのはその話である。

またまた、「ああ！　太陽」と、おおげさに叫んで見せる、「なんと、亀の影」しか地面に映っていないからだ。どうも、この一行、「アー！　ル・ソレイユ……クェ・ロンブル・ドゥ・トルテュ」はそういう思い入れらしい。「なんとなんと、大股走りのアキレスは動かない」と、そのことをいいたい一心かららしい。こんどは矢をアキレスに代えてパラドックスを再演しているだけで、アキレス腱が切れちゃってアキレスが動けなくなったわけではない。アキレスは、片足上げて、いざ走り出そうとする恰好のまま、凍り付いている。亀がとことこ先を行っている。

ちなみに、二行ほど原文のフランス語を片仮名読みでご紹介したが、これから原文のフランス語のかたちをご想像ねがいたいとお願いするのはこわい。なにかムリなお願いなようで。めんどうなのはリエゾンとかエリジオンとかいっている連音の使い方で、連音させないで四行目を読めば「ル・ソン・ム・アンファント・エ・ラ・フレシュ・ム・テュ」とどうしても十二音節になる。ところがこの詩は一行十音節詩なので、そこに詩人の工夫がはたらく。五行目の原文はリエゾン抜きで「アー！ル・ソレイユ……ケル・オンブル・ドゥ・トルテュ」と、どうしても十二音節か十三音節になる。もう、じっさいこれを四六音の十音節詩に仕立てるのは、もう詩人は魔法使いですねえ。

エレアのゼノンは、紀元前五世紀の終わりごろ、イタリアのエレア（ナポリの東のルカニアの町、現在はヴェリアと呼ばれている）に生まれ、四〇歳のころ、師のパルメニーデスについてアテナイにやってきたという。そのパルメニーデスの思想を何巻もの「パラドックス集」に編集したのだという。パラドックスには「逆説」という訳語が使われているが、「ふつう考えられている仕方と違う仕方で考えること」を意味する。この「矢と的」と「アキレスと亀」のパラドックスは、どう考えたらよいのか。現実には矢は的に刺さり、アキレスは亀を追い越すのだが、空論として考えると、なるほどゼノンあるいはパルメニーデスのいうとおりで、ナゾは解けない。

それを解いて見せたのがアンリ・ベルグソンという哲学者で、ベルグソンはパリのエコール・ノルマル・スューペリュールを出て、リセの教師になり、各地のリセを歴任し、その間に仕上げた論文「時間と自由」によって博士号をとった。これは「意識に直接に与えられているものについての試論」というのが本来のタイトルだが、一八八九年に出版されたのが、その後、外国語に翻訳されていく過程で、「時間と自由」というタイトルをとるようになったのだという。ベルグソン、三〇歳時の仕事である。この論文がエレアのゼノンのパラドックスを解く鍵になった。

ちなみに、ベルグソンは、一九四一年一月、八一歳で、パリの自宅で死去したが、時すでにパリはナチス・ドイツ軍の占領下にあり、コレージュ・ド・フランス教授、アカデミー・フランセーズ会員、レジョン・ドヌール大十字勲章受章者の葬式としては簡素なもので、列席者も三〇人ほどで、ペタンのヴィシー政府はなんとも気のない対応しかしなかったというが、ポール・ヴァレリーはアカデミー・フランセーズを代表して出席し、親族の依頼に応えて、列席者に対して謝辞を述べる役目を果たしたという。エレアのゼノンのパラドックスがつなぐ縁であったというべきか。

なんでもベルグソンによれば、時間には流れた時間と流れる時間とがあり、流れる時間こそが真の時間であり、流れた時間は空間にほかならないという。これはベルグソン哲学を通しての論建てであって、静と動の二項建てで発想する。これはライナー・マリア・リルケにも通ずる立場だが、そのことは後回しということで、だから流れる時間が矢に託されているわけで、矢は流れる時間の真ん中の時点にまで、空間的存在の「いま」を運ぶのであって、「いま」が流れる時間に載って、的に達する。矢は的に突き刺さる。アキレスは亀を追い越す。

わたしが、この発想はリルケにも通ずるといったのは、もう十年ほど前になる、図書新聞から出版したエッセイ『飛ぶ鳥の静物画』の書名を連想してのことで、それはリルケの詩からとったので、それはその本の「後記」に訳詩を載せた。ここに転写します。

　ほとんどすべての事物から、接触せよと合図がある、
　向きを変えるたびごとに、風は、思い出せ！　と吹く、
　余所者として、傍を通り過ぎた一日が、
　未来において開かれて、わたしたちに贈られる

だれがわたしたちの収穫を計量するか、だれが？
わたしたちを古い、すでに過ぎ去った年月から分かつか？
端緒から、なにをわたしたちは経験してきたか？
結果、他のうちの一と、自身を認知しないか？

結果、わたしたちに対して冷たく無関心なものを暖めないか？
おお、家よ、おお、草付きの斜面よ、おお、夕べの明かりよ、
突然、おまえはからくも視野に入ってきて、わたしたちに
向かって立つ、腕に抱き、腕に抱かれる

すべての存在を通って、ひとつの空間、世界内空間に
到達する、鳥たちは飛ぶかたちに静止する、わたしたちを
通りぬけて、おお、世界内空間にわたしは成長しようとする、
わたしは外を見る、するとわたしの内部に、木が成長する

わたしは傍に気を配る、するとわたしの内部に、家が建つ、

わたしは番人になる、するとわたしの内部に羊たちがいる、
愛する人に、わたしはなる、するとわたしに憩うて、
美しい被造物の像が、涙をおさめる

インゼル文庫の『リルケ詩選I』の一番最後に載っている詩だが、なぜかこの詩が気に入って、とりわけ第一連は、いままでにもいろいろなところで紹介した。それが、じつはわたしはその第三行を「心もそぞろに通り過ぎた一日が」と訳していて、このエッセイ集IVの一文も、そう題している。本のタイトルにもそれをとろうかと一時は考えた。そのこともあって、五連の詩全体の文脈で、もういちど第一連を読み直してみて、気がついた。「心もそぞろに」はよくない。ここは直訳調に「余所者《よそもの》として、傍《はた》を」と訳した方がいい。「フレムト」という語に託して、若者特有の孤立感情がいいあらわされている。

おくればせの経験の認知がこの本の主題である。余所者として、傍を通り過ぎた一日が、いま開かれるのに悔いはない。経験に対してつねに誠実であったと、はたしてだれがいえるだろう。だが不誠実の識りを受けるべきいわれも、また、ない。わたしは収穫の計量を拒まない。

どうやら「鳥ども」は絵に配置された「おれ」らしい、と「ダーレム村の鳥尽くし」に書いた。どうもこれを書いたころから、わたしには分かっていたようなのだ。第四連の「鳥たちは飛ぶかたちに静止する」だが、経験と経験の認知の関係を、リルケは「スティルフリーゲン」というふしぎな言葉

に託す。「フリーゲン」が「飛ぶ」で、それに動と静の静をいう「スティル」を冠する。これは詩人の造語である。この奇妙な動作が作動するのは「世界内空間」においてである。自他の境域を超えた場で、経験のかたちがそこに貼り付けられる。

この詩も分かりにくい。

ホイジンガが、『朝の影のなかに』で、最近の詩は分かりにくいと、ホイットマンやヴァレリー、それにリルケの名をあげているのはよく分かる[補遺1]。ベルグソンの言葉遣いでいえば「ラ・ディアレクティク」がはっきりしないということで、もっともこの「ラ・ディアレクティク」は字引を引けば「弁証法」で、これではよく分からない。「ラ・ディアレクティク」をさかんにあげているベルグソンの文章のコンテクストをさぐると、なにしろベルグソンはギリシア哲学を批評して、超越的実在のヴィジョンを知性のかなたにとらえようとする努力が、まさに力つきなんとするその刹那に、そのまだ消えやらぬ部分をラ・ディアレクティクへ伝えたと考えられる。だから、知性は、すこし先へ進んだ地点でふたたび哲学に合することになるのだが、それまでに哲学はさらに弾力性を増しており、神秘性を包摂する度合いも増していた。

「ラ・ディアレクティク」がはっきりしないということは、哲学的説明が不明瞭だといっているわけで、「ディアレクト」はギリシア語からで「話す、いう」を意味する。言葉で説明するということで、それが不明瞭だとホイジンガはいう。それは、まあ、読めなければ読めないわけで、このリルケの詩行のうち、「未来において開かれて」は「エントシュリースト・イム・キュンフティゲン・ジッヒ」と書いている。「ジッヒ・エントシュリーセン」は字引を引けば「決心する」としか出ていない。けれどもリルケは「独和大辞典」を見ながら詩を書いたのではない。「シュリーセン」は「閉じる」である。「エント」は、なにしろ開くとか、解くとか、そういう字義を持たせる接頭辞である。だから「エントシュリーセン」は「閉じたのを開く」です。「アイン・ターク……エントシュリースト・ジッヒ」で、その日が閉じた自分自身を開く。そう読むことを詩人は聴き手に期待している。この一行、「エント・シュリースト・イム・キュンフ・ティ・ゲン・ジッヒ・ツム・ゲ・シェンク」と十音節の詩行である。

お願いだから、いつかふいに私たちへの贈物となるなどと訳さないでください。

四連目の二行目、「ウェルトインネンラウム・ディ・フェーゲル・フリーゲン・スティル」については、「後記」の文章自体がご案内した。

お願いだから、鳥たちが静かに飛んでいるなどと訳さないでください。

もうお分かりだと思うが、「飛ぶ鳥の静物画」は流れる時間の「いま」なのである。ベルグソンの時間は流れる時間に「エラン」の性質を与える。「跳躍」である。時間の流れは跳ね飛ぶ「いま」の不連続線である。光は波であり、また粒子である。

しかし、まあ、こうやって詩の解説をやるというのは、なんとも無粋なもので、一九三三年、ヴァレリーは『ヌーヴェル・ルヴュー・フランセーズ』三月号に「海辺の墓地について」と題するエッセイを載せたが、これは同年に『ヌーヴェル・ルヴュー・フランセーズ』の刊行元であるN・R・Fから出版されたソルボンヌ大学教授ギュスターヴ・コーエンの『海辺の墓地解釈の試論』の序文に転載された。

わたしがこのようなエッセイを書く気になったのは、とヴァレリーは、臨場感ゆたかに書いている、ある朝、ソルボンヌ大学で、ギュスターヴ・コーエン氏が、ex cathedra、『海辺の墓地』を解説するのを聞いたとき、なにか奇妙な気持ちを味わったのが切っ掛けだった。

「エクス・カテドラ」は教授の椅子にすわってという意味。「カテドラ」はギリシア語からあり、ロマンス語にはいってchaire、十五世紀中に、すでにchaise, chaizeのかたちも出はじめていて(「ヴィヨン遺言詩」の写本に見つけられる)、音韻学者はこれを「r エール音の z ゼドゥ化」などと説明している。

ヴァレリーは、コーエンの講義を聴きながら、詩を書いている最中の自分のことを思いだして、なにかアンバランスな気分をもてあましたと書いている。またまた、ベルグソンをもちだせば、ミスティシスム（神秘主義）の炎が燃え尽きなんとする、その刹那に、それは一九二〇年のとある午後と、ヴァレリーはなんとも気分的ないいまわしをとっているが、だからその名前はヴァレリーはちゃんと証言しているのだが、わたしはきかなかったふりをして、とある編集者がやってきて、詩の原稿をもっていってしまった。そうして、十年後、（なにしろヴァレリーはそれが「ある朝」のことだったとしか書いていない）ソルボンヌ大学の、とある教室で、とある教授が、「海辺の墓地」のミスティシスムの焚き火の燃え残りを、せっせせっせと「ラ・ディアレクティク」につめこんでいる場に立ち会った。なにか奇妙な気分だったとポール・ヴァレリーは書いている。

せっせせっせと言葉で説明しようとしていたということで、『海辺の墓地』は詩なのだから、散文であれこれ説明されてもよく分からないと、詩を書いた本人はいっているのだが、言葉がラ・ディアレクティクを要求することはよくある話で、たとえていえば頭のところでお話した「クリュエル・ゼノン」の件、これは一九三三年のヴァレリーでも説明されていない。

そうして、『海辺の墓地』の最終連だが、

風が起こる！　生きるってこと、やってみなくては！
大気がとてつもの量で押してきて、本のページがパタパタする、
泡立つ海が押し寄せてきて、岩にぶつかって、くだけ散る！
飛んで行け、ページ、キラキラ光って、まぶしくってねえ！
ぶち破ってくれ、浪、有頂天の海の浪、天蓋を、
三角帆が点々と貼り付いた、このしづかな海の天蓋をねえ！

この一行目「ル・ヴァン・ス・レーヴ！　イ・フォー・タンテ・ドゥ・ヴィー」がうまく訳せない。それは戦前に菱山修三訳があって、「風が起る！　いまこそ強く生きなければならぬ！」というのだが、前後して堀辰雄の訳があって、「かぜたちぬ、いざいきめやも」という［補遺2］。

リルケの訳もあって、わたしの見ているのは一九五〇年のインゼル・フェアラーク社の刊行した本だが、「デア・ヴィント・エアヘプト・ジッヒ！　レーベン：イッヒ・フェアズフ・エス」と、ずいぶんとかたい。原詩の一行十音節は、四音節上って、六音節下がる、たぶんそういうぐあいに作ったのだろうと思うが、リルケ訳はかなり苦しい。「エアヘプト」を一音に読ませようということか。「レーベン」は「生きること」でしょうねえ。「人生」では苦しい。ところが、ここに最近の英訳があって、二〇〇四年に、イェール・ユニヴァーシティ・プレスから刊行されたメアリー・アン・コーズ編の『二十世紀のフランス詩』は、この一行、「ザ・ウィンド・ライジズ：イッツ・タイム・トゥー・スタート」と訳している。「出発の時だ」というわけで、まことに恐れ入りました。

もう、かれこれ十五年ほど前に、学習院史料館講座で「戦後、一貧書生の冒険」と題目を立てて演説したとき、「こちら人生」と立て看が立っている横道のあたりで、本を抱えてうろうろしている若者の話をした。抱えていた本の中には菱山修三訳のポール・ヴァレリーの詩集『魅惑』もあったわけで、若者のとらわれのひとつの原因を、じつにパラドクシカルに『海辺の墓地』の最終連が作っていたのです。

この『海辺の墓地』の最終連の本歌は「ヴィヨン遺言詩集『遺言の歌』」の第十二番歌と第十三番歌に求められる。

（第十二番歌）
ところでこれは真実だ、嘆き、涙し、
苦しみもがき、うめき声をあげる、
悲しみと悩みと労働の日々だった、
辛い流浪の旅路だった、そうしていま、
人生試練が、なんとも鈍なおれの心を、
まるで糸毬みたいに尖っているのを、
ひらいたこと、それがアヴェローイスの
アリストートル注解のすべてにまさって

アヴェローイス、ラテン語でアヴェロエスは、一一二六年、コルドバに生まれたアラブ人学者。一一九八年、モロッコのマラケシュで死去。ヨーロッパの知識人はかれを介してアリストートル、ラテン語でアリストテレスの哲学を受容した。かれのアリストテレス学は、新プラトン主義をベースにしていて、キリスト教神学に受け入れやすい性格のものだった。しかし、神学の体系化が進むにつれて、アヴェロエスの学説を立てるものは「アヴェロイスト（アヴェロエス主義者）」として排斥されるようになる。詩人がパリ大学で学んだころのカリキュラムにはアヴェロエスの名は出ない。

（第十三番歌）
ただしだ、これもまたたしかなことで、
というのはビタ一文もたずさまよっていた、
苦境のこのおれに、エマオの巡礼を力づけた、
福音書がそういっている、神があらわれて、
あるボーン・ヴィルをおれに示してくれた、
神があらわれて、希望の贈り物をくれた、
罪人がどんなにか悪いやつだといったって、
神が憎むのは罪に執着するかたくなさだけ

前節に「アヴェローイスのアリストートト注解」をいい、ここに「聖書」をいう。これに対して「人生試練」をいっている。「本と人生」の主題がここに示されている。
「ボーン・ヴィル」は「ボンな町」というだけの意味だが、「ルカによる福音書」はエマオの村に

主が復活して、そこにさしかかった巡礼たちを力づけた。かれらがイェルサレムに帰ると、そこにまたイエスが現れて、「高きところよりその身に力を着せられるまでは都にとどまれ」と忠告された。「ボーン・ヴィル」はイェルサレムである。

「フランスェ・ヴィオン」は『形見分けの歌』で「さらば！　おれはアンジェーへゆく」と、パリを旅立った事の次第を述べている。それを受けてここでは「辛い流浪の旅路」といっている。そこに神があらわれて、「ボーン・ヴィル」が指示された。「フランスェ・ヴィオン」が旅立って、また帰るところ。パリである。

だから、『海辺の墓地』の詩人に聞きたいのは、「ヴィーヴル」といっている、その中身は何か。何事を試みるように教唆しているのか。ベルグソンのいうヴァイタル・エランを伴うミスティシスムが「ヴィーヴル」の内訳なのだろうとは思うが、だとすれはラ・ディアレクティクは本なわけで、本を捨てて人生をとれと教唆して、ほんとうに大丈夫だったのか。

なにしろ、それは作品が作者の手から編集者に横領された一九二〇年のころはともかく、「海辺の墓地について」を書いて、ラ・ディアレクティクを脅迫した頃合いには、知識人のあいだで「リテラテュール・アンガージェ」が大流行で、なにしろ誕生したばかりのソヴェト連邦に対する態度を決めなければならないと、アンドレ・ジッドなんかが盛り上げていた。

『海辺の墓地』の詩人が「海辺の墓地について」ラ・ディアレクティクを書いた年の前年、一九三二年にソヴェトで「作家連盟」が組織された。アンリ・バルビュスたち、コミュニスムに同調する知識人たちが、これに呼応する組織を作ろうとジッドに働きかけた。バルビュスは、趣意書に添え書きして、とりわけあなたの参加が重要なのだと、ジッドに参加を要請した。ジッドは協力を約束し、じっさい協力はした。連盟の機関誌「コミューン」の編集人にジッドの名前が見られる。しかし、ジッドは参加しなかった。

一九三〇年代の後半には、「スペイン内戦」の踏み絵が知識人たちの決断を迫った［補遺3］。この「ソヴェト」と「スペイン内戦」のテーマは、大戦後、フランスの知識人たちの心性にしこりとして残り、かれらのラ・ディアレクティクをその方向へ方向付けた。その方向というのは「エグジスタンシアリスム」の方向へということで、これを日本語に「実存主義」と置き換える。ジャン・ポール・サルトルがかれらエグジスタンシアリストのリーダーであり、かれが一九四五年に出版した小説『自由への道』が、エグジスタンシアリスムのラ・ディアレクティクを公衆になじみのものとした。

『自由への道』の第一部「分別盛り」は「ヴェルサンジェトリックス通りのなかほどで、背の高い男がマチウの腕をとらえた」と書き出している。その男は、いまふうにいうとホームレスらしく、かねをせがむ。マチウがくれてやると、礼だといって、緑色の切手にマドリッドの消印が押してある封筒をくれた。ホームレスは、なにかいおうとしてもがいているふうで、ようやく、ぽつんと「マドリッド」といった。「ほんとんとこ、おれ、あそこん行きたかったんよ、うまくいかんかったんだ」

と、ホームレスはなんとかかんとかことばをつないだ。

ホームレスの気持ちはマチウ・ドラリュの気持ちそのままだった。ずっと後のところで、マチウはいまの自分を評価して、おれの部屋の外には、一方通行のゲーテ通りがある、メーヌ大通がある、パンテオンは右手、エッフェル塔は左手、正面はポルト・ド・クリニャンクールだ、ヴェルサンジェトリックス通りの真ん中に、ばら色のサテンの小さな穴がある、おれの妻マルセルの部屋だ、それからパリをかこんでフランスがある、それから青と黒の海がある、地中海は青で、北海は黒、海峡はミルク・コーヒー色、ドイツ、イタリア、スペインはおれがいかなかったから白だ、（中略）おれはマルセルのもと恋人で、いまはその夫で、教授で、ついに英語を習わず、共産党に入らず、スペインに行かなかった男だろう、ついに、とモノローグを閉じる。

ついに英語を習わず、共産党に入らず、スペインに行かなかった男が、そういうおれのエグジスタンス（存在）の根をさぐる。これがエグジスタンシアリスムである。

ついに英語を習わず、共産党に入らず、スペインに行かなかった男というのは、小説の主人公マチウに重ねてサルトルの実人生を映しているが、ヴェルサンジェトリックス通りなどともっともらしくいっているのは、むかしもいまもパリの通りの名にはない。ヴェルサンジェトリックスは、カエサルのガリア征服に抵抗したケルト人のリーダーの名前だ。けっこう、フランスのこどもの絵本のキャラクターになっている。どうしてまた、サルトルはのっけから架空の名前を持ち出しているのか？　その通りのまんなかに、ばら色のサテンの小さな穴があって、そこに恋人であり、妻であるマルセルがいる。そうサルトルは書いていて、なにかイヴリン・ウォーの『ブライズヘッド再訪』の文章を思い起こさせる。

ニューヨークの波止場を離れて、ハドソン川をゆっくりと下る大西洋航路の客船の船上、

「チャールズ、わたしは振り向いた、吸取紙のキューブにすぽっとおさまったジューリアだった。両手を膝の上に組み、気配もなく座っていたので、わたしはかの女に気づかずに通り過ぎたのだった」

なにか、いきなりイヴリン・ウォーを引き合いに出したりして、申し訳ない。イギリスではめずらしいカトリック作家イヴリン・ウォーの『ブライズヘッド再訪』は、若い頃からぜひともこれは自分の手で日本語訳をと考えてきた作品で、いまだにその望みは捨てていない。その一節ですが、ここでは「吸取紙のキューブ」というういいまわしをご紹介したく、引用した。吸取紙、ブロッティング・ペーパーはオックスフォード・イングリッシュ・ディクショナリーを引くと、二〇世紀はじめのデイリー・クロニクル紙の記事からということでとび色のそれというふうに読めるが、とび色、くすんだ茶褐色の吸取紙というのは、かなり特異で、わたしたちの尋常のイマジナリーからするとむしろ「きなり」でしょうねえ。麻や亜麻、あるいは綿の繊維を洗わずに織った布地の色です。

ジューリアは肘掛けの高い四角い椅子に座っていて、その椅子はきなりの色の革にくるまれていた。

もうすこし前のところで、ウォーは、船中の広間の絨毯や壁紙が吸取紙なことを書いていて、そこでは言い換えて、一面、ドラグ・カラーズというふうにいっている。これはオックスフォード・イングリッシュ・ディクショナリーを引くと、十九世紀の文例を見ると、第一義的に褐色の薄く、くすんだ色合い、また、黄色みをおびた褐色と、きなり地にきつね色がまじる気配の色取りだと教えてくれる。

閑話休題。だいたいが小説の主人公マチウ・ドラリュも、その情婦のマルセル・ドゥフェも、つくり名の臭いがぷんぷんする。マチウは「ヴィヨン遺言詩集『遺言の歌』」の第一一八番歌に印象的に登場する。印象的にといっても、ただ「マチューもやった」と紹介されているだけだが。で、なにをやったかというと、ローマ法王庁と托鉢修道会を向こうにまわした大喧嘩で、パリ大学教授グィオーム・ド・サンタムーや、当時『ばら物語』をせっせと書いていたジャン・ド・マンと組んで、托鉢修道会が大学教授職や教区教会司祭の利権を侵していると非難したのだという。

それはジャン・ポール・サルトルが大学教授職に執心したとか、なんとか、そういう伝えがあるわけではない。それは『自由への道』の主人公に大学教授を据えたのは、それこそ大学教授をからかうものだとしか見えないところがあって、どこかの安アパートに情婦をかこって、その女性が妊娠してしまったというので、堕胎費用の捻出にはしりまわるというのがこの小説の、まずは出だしの粗筋なのだから。

『自由への道』の第一巻『分別盛り』が出版されたのは一九四五年で、ドゴール政権が立ったのもその年だった。だから『自由への道』の執筆とドゴール政権とがどう関係していたのか、知らないが、なにしろダンケルクは一九四〇年五月で、その直後七月にペタンがフランス国家主席に就任して、第三共和制が終わった。ドゴールがロンドンに自由フランス会議を設営したのが一九四一年九月。そういう具合に政治的環境が変化していて、これまたサルトルの生涯の年代記との相関はよく知らないが、だから「ヴェルサンジェトリックス」は、パラドクシカルなしかたでサルトルがドゴールにエールをおくったということなのではなかったか。「ドゴール」とは「ガリアの」という意味ですよ。ドゴール将軍がいつ凱旋門をくぐったのか、寡聞にして知らないが。

サルトルの実存主義には多分に騒ぎ屋的なところがある。サルトルは人に対して存在を開示するというタイプの実存主義者で、その点、たとえばガブリエル・マルセルとはちがう。マルセルは、小さなサークルのなかで対話を楽しみ、超越的な存在である神に対して自分の存在を開示する。なにしろ『朝の影のなかに』にガブリエル・マルセルは預言者ふうに発言していて、印象的だ。『中世ヨーロッパの歴史』の「あとがき」にそのことは書いた。一九七七年に講談社の「世界の歴史」の一冊として出版した『ヨーロッパ世界の成立』を二〇〇六年に講談社学術文庫に納めるにあたって書いた。

堀米庸三先生が逝って三十年、『ヨーロッパ世界の成立』が学術文庫に入って、感慨の深いものがある。

この本は、はじめ堀米先生と共著の予定であった。それが先生が病を得られて、その願いはかなわなくなった。先生はあっけなく逝かれた。その前後の記憶はいたずらにあやしく、さて、どうこの本の仕事を進めたのか、思い出しようにもない。

師を失った弟子は、師ならばこうも章節をお立てになられたことであろうか、こうお書きになられたことでもあろうかと、暗中模索のうちに、ようやく書き終えた。どうぞ共著を名乗らせてくださいと、編集の先生方にお願いした。わたしは本を師の墓前に供えて、先生、これが先生とわたしの本ですと拳で眼を拭った。

堀米庸三亡き後、ヨーロッパはさらに統合の動きを加速した。一九九一年、マーストリヒトの協議は、すでに形作られていたECヨーロッパ共同体を、EUヨーロッパ連合へと、統合の度合いを深めることを決めた。

この本の第二章「フランクの平和」は、アーヘンにあったカール大帝の王宮を話題にとり、一九六五年、アーヘン市参事会に「ヨーロッパ評議会」がおかれ、「ヨーロッパ平和の礎石」が市庁舎の一隅に据えられたことを紹介し、「近代国家の時代を経て、ヨーロッパ大戦後、このような形でカールの帝国が想起されたということもまたおもしろい。ヨーロッパ共同体は、その原形をカールの帝国に求めようとする。これもひとつのルネサンスではある」と書いている。

なんと「ヨーロッパ共同体」という言葉を使っている。それが、続く第三章「冬の時代」の書き出しに、フランク王国の分割協定であるヴェルダンとメルセン両条約の説明をしながら、メルセンがマーストリヒトのすぐ北の土地の名であることに言及していない。挿入した地図を見ても、アーヘン、メルセン、リエージュの名は見てとれても、マーストリヒトの名は見えない。

これはあくまでも推測だが、ＥＣの首脳陣は、メルセンの記憶を拠り所にマーストリヒトに集まったのではなかろうか。フランク王国が解体し、諸国家が群れ立つヨーロッパがはじまったメルセンから一千年、ヨーロッパはメルセンの呪縛を解こうとこころみる。

しかし、メルセンはあくまで象徴の名に過ぎない。メルセン以後、なおしばらくのあいだヨーロッパはひとつであり得た。「中世ヨーロッパ」と呼ばれるひとつの歴史空間が、ひとつのヨーロッパを映している。

『中世の秋』の著者ヨーハン・ホイジンガは、ナチス党がオランダにも進出したころ、ブリュッセルで講演し、講演録をまとめて一本として出版した。『朝の影のなかに』である。ホイジンガはナチズムの悪を特発的なものとは考えず、深くヨーロッパ近代社会に病根を持つと見る。ヨーロッパは「精神のクリアリング」を必要としている。

「クリアリング」は、そうホイジンガは英語で書いていて、イタリック体にして強調していて、なにか特別の使い方があるのか。調べてみた記憶はあるが、とりたててそれはなさそうで、掃除とか伐採か、経済用語で手形交換とかをいう。「精神の掃除」が必要だと、ホイジンガは「わたしたちの時代の精神の病の診断」の見立てを示す。これがこの本のサブタイトルである。

『朝の影のなかに』は一九三五年の出版だが、四年後、戦争の前夜に、フランス語訳がパリで出版された。訳者のJ・ルーブルックは訳書のタイトルを「アンセルティテュード」と取っている。この本が作られたタイミングを思えば、ルーブルックの思量は理解できる。かれは複数形でこの語を使っていて、これは「予測しがたい事態」を意味する。

その訳書に、哲学者ガブリエル・マルセルが「序文」を寄せている。マルセルは、ナチズムを育てたヨーロッパが、いま、危機にあって、予測しがたい事態に直面していることをホイジンガとともに認め、こう書く。

「もしもこのクレティアンテ（この一語で、マルセルは、キリスト教徒の集合としてのヨーロッパ社会を言い表している）が、いまは考えもおよばぬ様々なヨーロッパ像のうち、ひとつを甦らせることがないならば、ヨーロッパは永遠に失われることになるであろう。ヨーロッパとともに、生にその意味と、その内容と、その完全性を与えることのできるところのもののすべてが」

「そのひとつのヨーロッパ像の甦りは」と、マルセルは言葉を継ぐ、「わたしたちはこれを、わたしたちの記憶と想像力の構造からして、中世を範型にとって、思い描かずにはいられないのである」

中世にはなかったものを近代は育ててきた。国家がそうである。自然科学がそうである。資本主義的生産と消費のシステムがそうである。そういう近代の取得をすべて拒否するものではない。ただ、近代の取得が、あるいは欺瞞であり、あるいは偽善であることはないか。ヨーロッパは反省するべきである。その時が来ている。

「この世界の危機は、これはおそらく、いったい人間はおのれ自身の征服行の頂にいるのか、それとも人間のうちには、なにか打ち勝ちがたいものがあって、それがある限り、人間には、おのれの歴史と存在の動物的境域へと、混乱のうちに立ちもどる道しか残されていないということなのか、そこのところの決着を、言葉によってではなく、行為によって、はっきりとつけるよう人間に強いる至高の試練である」

『朝の影のなかに』は、わたしの訳本が一九七一年に中央公論社から出版された。四年後、中公文庫にも収めた。出版にあたって、わたしは、原著者の「序文」ならびに堀米庸三先生にお書きいただいた「序」の文章に並べて、このマルセルの文章を「序文」のひとつにいただいた。そうすることをわたしに強いるほどの深い印象を、わたしはこのマルセルの文章から受けたのである。

いま、この「あとがき」を書くにあたって、わたしは卒然と『朝の影のなかに』のヨーハン・ホイジンガを思い起こした。「序文」のガブリエル・マルセルを思い起こした。EUヨーロッパ連合は、ホイジンガの、またマルセルの嘱望に応え得るであろうか。預言は成就するであろうか。わたしが知りたいと思うのは、そのことである。

Ⅱ

ついに英語を習わず、共産党に入らず、スペインに行かなかった男というイメージは、実存主義の風潮に乗ったシンガー・ソング・ライターズのジョルジュ・ブラッサンス、ジャック・ブレル、レオ・フェレが歌にしている。ジャック・ブレルの「ジャリーヴ（行くよ）」という歌に、「先に行ってるきみじゃあない、おくれているぼくなんだ」という一節がある。どうせ死ぬんだという諦観と諧謔の歌だが、そういうところでも、きみとぼくを、先を行く、遅れていると仕分けなければ気がすまない世代で、このていの一種マゾヒズムがまた実存主義の持ち味だった。

一九五三年、ギターをかかえてパリは北駅に現れた二四歳のベルギーの若者が、サンジェルマン・デ・プレの女神ことジュリエット・グレコのひきでシャンソン界に颯爽《さっそう》とデビューする。まあ、颯爽とはいうが、なにしろ僧侶ブレルと仲間内であだなされたくらいで、どちらかというと野暮《やぼ》で不器用《ぶきよう》なのだが、もちまえのきまじめさがどこか暗い情熱を増幅して、なにしろ人気がたかまった。自分で歌も作り、「年取った恋人たちの歌」とか「ヌムキットパ」に女たちは酔いしれた。男もです。それが十三年後に突然引退してしまった。なにか拍子抜けするほどの突然さで、なんでも病を得たらしく、それからたしか十年ほどで「この世からおさらば」した。

なんの話かとご不審か。フランソワ・ヴィヨンと名乗る二五歳の「無頼《ぶらい》の若者」が、一四五六年、『形見分けの歌』をひっさげて登場した。その登場ぶりと「僧侶ブレル」のそれとがなにか通いあう。わたしのいうのはそのことで、『形見分けの歌』に「無頼の若者」は「捨てられた恋人、拒まれた恋人」を歌う。「僧侶ブレル」の「年取った恋人たちの歌」は、捨てて捨てられ、拒んで拒まれる男女の機微《きび》をみごとに歌い上げる。

いやあ、わたしはジャック・ブレルが「フランソワ・ヴィヨン」を本歌にとったのではないかと思いますよ。いや、ブレルの歌と人生がヴィヨンのそれを写したということで、まあ、ひとつ「年取った恋人たちのバラッド」を聞いていただこうか。

いいえ、「ラ・シャンソン・デ・ヴィュー・ザマン」と、「シャンソン」と題しているが、詩のかたちは八音節十行詩三連のバラッドなんです。ただし、バラッドにはふつう反歌がつく。十行詩だと反歌五行詩がふつうです。もっとも、「ヴィヨン遺言詩」にも、反歌をつけていないバラッドらしき仕立てのものがあるけれど。「年取った恋人たちのバラッド」のジョグルールは、反歌のかわりに、各連のあとに、同一文の恋の祈禱文を添えている。

それはたしかに、風はなんども吹いた、
二十年の恋なんて、狂気の沙汰だ、
何度か、おまえは荷物をまとめ、
何度か、おれは家を飛び出した、
なに、家具がみんな覚えているさ、
ゆりかごのない、この部屋のねえ、
むかし嵐にどんなにか閃光《せんこう》が走ったか、
どれも似たようなけんかだった、

そうして、おまえは水の味を忘れた、
おれはといえば、征服の味をねえ

オ・モン・ナムール、モン・ドゥー、
モン・タンドゥル、モン・メルヴェユー・ザムール
ドゥ・ローブ・クレール・ジュスクァ・
ラ・ファン・デュ・ジュール
ジュ・テーム・アンコール、テュ・セ、ジュ・テーム
（おお、おれの恋人よ、甘く、優しく、
この上なく美しいおれの恋人よ、
さやけの明け方から一日の終わりまで、
おれはまだ愛している、知っているはずだ、
おれはおまえを愛している）

おれは知ってるさ、おまえの妖術、
おまえは知っている、おれの呪い、
おまえはおれを次々に罠《わな》にかけ、

おれはおまえを何度も失った、
アマンを何人も作ったよなあ、
そりゃあ暇つぶしもあったし、
からだを喜ばせなくちゃあね、
わかるよ、だからさ、つまりは、
おれたちには才能が要ったんだ、
大人にならずに年をとるにはねえ

時がおれたちのお供をするほどに、
時はなんともおれを苦しめる、
愛するものたちに仕掛けられる
罠で最悪なのは、平穏な暮らし、
おまえはほんのすこし早めに泣き、
おれはほんのすこし遅めに傷つく、
ふたりのミステールは守りきれない、
偶然に勝手にさせるのはやめにして、
水の流れを見張って、用心する、

これって、いつもの愛の戦争なんだ

おもしろいのは、大人にならずに年をとったと、このあわれな中年の夫婦者を批評している。いいえ、そうわたしの耳に聞こえるということで、一方でまだ戦争を挟んで反対側にいたヨーハン・ホイジンガは、一九三五年に出版した『朝の影のなかに』で、現代ヨーロッパ社会をむしばんでいる病気のひとつにピュエリリズムをあげた。こどもっぽさのイメージで、ナチズムをピュエリリズムと嘲笑するヨーロッパ社会そのものがピュエリリズムにおかされているというのが哲人ホイジンガの診断だった。

それが、いま、戦争をはさんでホイジンガと反対側の実存主義者、ジャック・ブレルはおのれ自身の実存においてピュエリリズムを告発する。ピュエリリズムは世代あるいは社会の問題ではない。ついに英語を習わず、共産党に入らず、スペインに行かなかったのはおれ個人だ。ベルギーの言語戦争はおれ個人の戦争だと、ジャック・ブレルは「レ・フラマンド（フランドル女たち）」を歌い、「マリーク」を歌う。一九六一年にジャック・ブレル自身、作詞作曲した「マリーク」をお聞きいただこう。

アーイ、マリーク、マリーク、
おれはおまえをとても愛した、
ブリュージュとガンのふたつの塔の、

ブリュージュとガンの塔のあいだで、
アーイ、マリーク、マリーク、
ずいぶんとむかしのはなしだ、
ブリュージュとガンのふたつの塔の、
ブリュージュとガンの塔のあいだで

ソンデル・リーフデ、愛なく、熱い愛なく、
風が吹く、無言の風が吹く、
ソンデル・リーフデ、愛なく、熱い愛なく、
海がなく、灰色の海がなく、
ソンデル・リーフデ、愛はない、熱い愛はない、
灯りが苦しんでいる、暗い灯りが、
砂がこする、おれのくにを砂がこする、
おれの平たいくに、おれのフラーンデルラント

アーイ、マリーク、マリーク、
フランドルの空、

あちこちに塔の色、
ブリュージュとガンのあいだ、
アーイ、マリーク、マリーク、
フランドルの空、
おれといっしょに泣いてくれ、
ブリュージュからガンまで

ウァロン語とフラマン語の歌詞が交互に組み立てられている「マリーク」は、「おれのフラーンデルラント」を狙う暗い情念の宛先であり、おそらくジャック・ブレルとの間にふたりの女子を生んだというフランドルの女性の名前であり、あるいはその名前と措定された存在である。そうして無言の風が吹いて、フラーンデルラントの砂地をこする、灰色の海が泣く、街灯が暗くまたたく、ソンデル・リーフデ、愛はない。

フランドルにパーソナルで、パラドクシカルなリーフデがあったということだったのだろうか。しかし、ジャック・ブレルの名前は、ヨーロッパ連合の文化広報戦略部のアルシーヴに登記されることはない。もともとヨーロッパ連合は経済団体だから、シャンソン歌手のパーソナルなリーフデなんかには関心をはらわない。ジャックの方もジャックの方で、ヨーロッパ連合は、一九五一年にヨーロッパ石炭・鉄鋼共同体として誕生し、その頃はベルギーは南部ワロン語圏が優勢を占めていたのである。

ジャックの戦争は、だから餓狼の戦いというにはほど遠く、シンガー・ソング・ライター、ジャック・ブレルは、くにのブリュッセルで勝ち組の凱歌をあげ、ブリュッセルのメトロはブレルの名を駅名に冠した。

ブリュッセルのメトロの「ブレル駅」の件は、最近入手したリヴァプール大学出版局出版のクリス・ティンカー『ジョルジュ・ブラッサンスとジャック・ブレル』で知った。わたしはブリュッセルは旅人で、たぶん市内案内の地図や冊子類は手に入れたのだろうが、いまさがすのは骨が折れる。ティンカーの案内では、なんでもブリュッセルの「フラミンガン」、フランドル至上主義者がその駅を廃止させようとはかったことがあったのだという。アンサクセスフルリと書いているから、けっきょくその企ては成功しなかったらしい。

ティンカーの本は、「戦後のシャンソンにおけるパーソナルでソシアルなナレーティヴズ」というサブタイトルをとっている。なんとも訳しにくいが、書いてあることから推して、「個人史的社会史的語り」とでも意味を取りますか。

だからベルギーの言語戦争はジャック・ブレル個人の戦いだったというわたしの見方をティンカーもまたサポートしてくれているようで、なかなかたのもしい。アンガージュマンの文学は、ジャック・ブレルやジョルジュ・ブラッサンスのシャンソンに息づいていたわけで、その見方からしておもしろいのは、ジョルジュ・ブラッサンスが「ヴィヨン遺言詩『遺言の歌』」の「むかしの女たちのバラッド」をしゃれのめして歌っている。

いってくれ、いまどこのくににいるか、
フローラは、あの美女のローマの女は、
あのアルシピアデッスは、タイッスは、
いとこだったか、いとこの子だったか、
音を投げれば、木霊をかえすエクォは、
川のながれにあそんで、池に住まって、
きれいだった、人間の女はかなわない、
さてさて、去年の雪がいまどこにある

どこだ、とってもかしこいエロイッス、
女のせいで去勢され、修道士になった、
ペール・エベラーは、サンドゥニッス、
女に惚れられて、つらい立場に立った、
おなじく、また、王妃はどこへいった、
かの女の指図で、ブリダンはセーンに、

ふくろに詰めこまれて、放りこまれた、
さてさて、去年の雪がいまどこにある

ブランシュ王妃は、白いユリ花のよう、
かの女の歌うはセレーンの歌声のよう、
大足のベルト、ベトリッス、アリッス、
ル・メーンを領したアランブルジッス、
またジャーン、ラ・ボーン・ロレーン、
イギリス人がルーアンで火炙りにした、
かれらは、どこに、どこに、聖処女よ、
さてさて、去年の雪がいまどこにある

王よ、アンケートに一週間かけたってムダ、
どこだ、かの女らは、一年かけたってダメ、
結果、おれがこのルフランへ連れ戻す、
さてさて、去年の雪がいまどこにある

シャルル七世はノルマンディーを回復してすぐ、一四五〇年三月にルーアンで「ジャンヌ・ダルク事件」について調査を行なわせた。これは二日間ほどかけて行なわれた証人の聞き取り調査だった。続いて、二年後の五月、教会法学の専門家、パリのカンブレー学寮の教授ジャン・ドゥ・モンティニーほか九名ほどの専門家に意見が求められた。これは一週間ほどかかった。詩人が「一週間かけたってムダ」とからかっているのがこれである。その専門家たちの意見にもとづいて、より大掛かりな証人の聞き取り調査が行なわれることになった。一四五五年の春、「ジャンヌ・ダルク」の家族が、王家の指示を受けて、ローマ法王庁に嘆願書を提出した。「ジャンヌ・ダルク」は「異端」ではないことを証明してくれという趣旨の嘆願である。その年の四月八日に就任したばかりの法王カリスト三世はこれを受理した。七月十一日付の書簡で、法王は、ランス大司教に、この件に関する調査を依頼した。十一月七日、パリのノートルダムで、調査開始の儀式が執り行なわれた。翌年に入ってから、生村ドン・レミで、オルレアンで、パリで、またルーアンで、「ジャンヌ・ダルク」を生前見知っていたものたちに対する聞き取り調査が行なわれた。七月七日、調査結果が公表された。「インクェスタ」の「サンタンス」と呼ばれている。「インクェスタ」は「アンケート」であり、「サンタンス」は「裁定」と訳すのが適当な言葉遣いである。ところが「サンタンス」は史料が残っていない。それらしいものがふたつあるのだが、どちらも公表されたものと見ることはできない。ルーアンの異端審問の審決がどう評価されたかについて、その後、ローマ法王庁がなにか意見を表明したという記録はない。「ジャーン・ラ・プセル」は現在にいたるまで異端である。「フランス教会」（フランスのカトリック教会は、一四三八年の「ブールジュ協約」以後、「ローマ教会」から独立した教会組織になっている）は、この件に関して、なんら不快感を表明しなかった。詩人が「一年かけたってダメ」といっているのは、この経緯を踏まえている。

このインクェスタを主導したローマ法王カリスト三世の名前は、「むかしの女たちのバラッド」に続く「むかしの男たちのバラッド」の冒頭に出現する

くわえて名指せば、三番目のカリスト、
そう名乗っていて、近ごろみまかった、
四年のあいだ法王表にその名があった、
アルフォンス、アッラゴンの王だった、
ブルボン侯、なんともカッコよかった、
アルトゥー、ブルターン侯、どこいった、
七番目のシャルル・ル・ボン、どこだ、
さてさて、どこだ、いさましいシャルル大王

あのスコッチ王についても同じことがいえる、
その顔半分が、なんと、うわさに聞いた、

むらさき水晶みたように、真っ赤だと、
そのアザ、ひたいからおとがいにかかった、
キプロス王はどこだ、この王、高名だった、
それに、あのボンなスペイン王はいまはさて、
なんて名だか、おれは知らんけど、どこいった、
さてさて、どこだ、いさましいシャルル大王

あれこれいうのは、もうやめだ、すっぱりと、
この世はだまし絵だ、たしかなものはなにもない、
死にはむかうなんて、とてもそんな、どうあがこうと、
死にそなえるなんて、よくいうよ、だれにもできはしない、
ようし、質問はあと一回だ、あとはやめた、やめた、
ランスロットだ、どこだ、あの王は、領国はボヘミア、
あいつはどこだ、それにじいさんはどこいった、
さてさて、どこだ、いさましいシャルル大王

ボンだった、王軍長ベルトラン、どこへいった、

いまはどこにいる、オーヴェルンのいるか紋の伯、
ボンだった、逝っちまったアランソン侯父子、どこだ、
ささささて、どこだ、いさましいシャルル大王

どうですか。だいぶ諷刺詩の気分がつたわるでしょう。訳し方によるといったって、たとえば「むかしの男たちのバラッド」の第二連の第七行「なんて名だか、おれはしらんけど、どこいった」など、ほかに訳しようがない。「どうゆうお名前だか、存じ上げませんけれど」などと訳したら、かえって諷喩感を強める羽目になる。むかし、本場フランスの方の、「フランソワ・ヴィヨン」を詠嘆調の貴種流離譚に読もうという動向に毒されたある日本人がこの一行を「つひにその名を亡じ果てたり矣」と訳した。矣はわたしのパソコンが出せない字です。矣と書く。行末につけて、断定の意味を添えるばあいは「なり」、詠嘆の意を表すばあいは「かな」と読むというが、読まないという人もいる。知人の東洋史の大家は、日中交流がようやく回復した頃合いに『吾レ龍門ニ在リ矣』という本を出版なさった。いただいたので、この矣はどう読むのですかとうかがったら、読まなくてよいというご返事が返ってきた。まあ、「かな」の方でしょうねえ。「吾龍門に在るかな」かな。「つひにその名を亡じはてたり矣」のほうも「かな」でしょう。「亡じ果てたるかな」かな。いずれにしても、「ドゥケル・ノンム・ジュ・ヌ・セ・パ」、その名をおれは知らないといっている詩人の発言の意図を大きく踏み違えている。

詩人が古代ローマの諷刺詩人ホラティウスの流れを汲む者であることは詩人自身が証言している。『遺言の歌』第三五番歌だが、ここは第三四番歌の後半四行と第三五番歌の前半四行をつなげて読むとおもしろい。

貧乏、こいつは悲しくて、愚痴っぽい、
のべつ傲慢で、反抗的で、なにかというと、
なんか刺のある言葉を口にしたがる、
口では押さえても、心中ひそかに思うものだ、
おれが貧乏なのは若いころからで、
なにしろ貧しい、下賤な家の出だ、
おやじは金持ちからてんで縁が遠かった、
オラスという、おやじのじいさんもだ

ジョルジュ・ブラッサンスは、ヴァレリーの後輩で、セトの出身である。セトだからフランス人ではないかとお思いか。それがセトをふくむリージョン、「ラングドック」と呼ばれる土地は、フランス国家からの離脱を計画し、「オクシターン」というくにの名前まで決めている。一年おくれでパリのシャンソン小屋にやってきたブリュッセルのジャック・ブレルをジョルジュ・ブラッサンスがさっ

そく仲間に引き入れたについては、「ペイ・エトランジェ」者同士、気脈が相通じるものがあったということなのだった。

やはりエトランジェの「ジョンブル」のピーター・デイルが一九七三年にマクミラン社から出版し、一九七八年にペンギン・ブックスに入れた『セレクテッド・ポエムズ　フランソワ・ヴィヨン』、これがよかった。どうよかったかは、そのほんの一端をご紹介する文章を『ヴィヨン遺言詩注釈総索引・書目一覧』に書きました。まだ、校了のゲラが出たところで止まっている。そのゲラの該当するところをコピーしてお回しした［補遺4］。一ページ二欄に組んだ、その右欄だが、左欄には、なんと「フランス人（だろうと思うのだが）」ジャン・デュフルネの『ヴィヨン　ポエジー』を紹介している。読み比べて見てください［補遺5］。

前後して、一九七四年、スイスのジュネーヴのドゥローズ書店から、ジャン・リシュネルとアルベール・アンリ御両所が『ル・テスタマン・ヴィヨン——テキストⅡコマンテール』を刊行した。十九世紀のオーギュスト・ロンニョンの仕事を二十世紀のリュシアン・フーレというのが「見直した」と称する「ロンニョン－フーレ本」というのがもっぱら出回っていたところに新版が出たというわけだが、どうもフーレは「ルヴュ」といっているのだが、この「見直し」は実体がない。勝手にそういっているだけのようで、そこにジュネーヴから本が出た。もっともこの御両所の氏素性は分からない。フランス人が隠れ蓑をかぶっているだけかもしれないではないですか。

それはそうだけれど、イタリア人やドイツ人のもあり、スペイン人の仕事もあって、『遺言の歌』に「パリ女のバラッド」と呼ばれるのがある。ペイ・エストランジェ、異邦の土地の女たちの得意のおしゃべりも、プチポンのニシン売りの口上にはかなわない。「ヴィヨン遺言詩」の詩人は、このバラッドで、いずれ数世紀の後、自分の詩の校訂本がどこの土地の人たちの手で作られることになるか、予想を立てているかのようなのだ。それが、どの土地の女たちも「パリ女のさえずりにはかなわない」とルフランを立てるのだが、「ヴィヨン遺言詩」の校訂と注釈にかんしては「パリ女のさえずり」は、やたらと思い入れと詠嘆に流れていて、聞きづらい。

それが、さすがのサンブネのも（「ヴィヨン遺言詩」の詩人を、わたしは「サンブネの司祭」と呼んでいる。それを省略して「サンブネの」）極東のジパングの住人が自分の詩に関心をもって、ジパング語版の「ヴィヨン遺言詩注釈」をモノすることになるだろうとは、ゆめ思わなかったようだ。「パリ女のバラッド」にジャポネーズはついに登場していないのだから。わたしの「ヴィヨン遺言詩注釈全四巻」は、一九九七年から二〇〇二年のあいだに小沢書店から出版された。これが大きな負担になったというわけでもないのだが、いろいろあって、小沢書店は店を閉じた。

さてさて、大判の「ヴィヨン遺言詩注釈総索引・書目一覧」はどうなるか？　またまた、「一冊本ヴィヨン遺言詩注釈」を準備中だが、その本の運命はどうなるか？ ［補遺6］

「ヴィヨン遺言詩」のあるべき読みがエトランジェによって示されて、現代ヨーロッパの環境と心性がその方向に向かって居住まいをただす。そういうふうであってくれとわたしは願っている。

わたしが「ヴィヨン遺言詩注釈」で試みたのは、ヨーロッパ文化のオプティムム、最上のものである文献学的・書誌学的人文学のおさらいである。

［補遺1］

「ホイジンガが『朝の影のなかに』で、最近の詩は分かりにくいと、ホイットマンやヴァレリー、それにリルケの名をあげているのはよく分かる。」について。

『朝の影のなかに』の第十一章「生の礼拝」にこう書いている。

「おどろくべき迷妄ではある。人びとは知識、理解にはげしくおそいかかる。ところが、いつもきまって生半可な知識、誤解にたよってのことだ。認識手段の無価値をいおうにも侮蔑の対象とするたぐいの知識はさすがにつかわずとも、ともかくなんらかの知識に証言を求めざるをえない。現実は定かならず、生それ自体は語らない。ことばはすべて知識をふくんでいる。生それ自体との直接の接触にはいろうととりわけ熱心につとめている詩にしてからが（わたしの脳裡にあるのはホイットマンであり、またリルケの詩句である）、一個の精神形式、すなわち知識であることに変りはないのだ。反知性論の原則をまじめにとりあげようとするものは、ことばを絶たなければならない。」

また、第十八章「理性と自然を排除する美的表現」にこう書いている。

「（前略）ほぼ十九世紀全般を通じて、詩芸術の表現形式は、なお原則として、理性的脈絡を保持しつづけたのである。ということは、詩心のないものでも、言語と概念システムの知識さえあれば、すくなくとも詩の形式的構造ぐらいは理解することができたのである。詩芸術がようやく理性的脈絡を意識的に放棄するにいたったのは、この世紀末葉にいたってからのことであった。大詩人たちは、論理による理解可能性という基準を詩からはぎとった。このつのりゆく理性の排斥が、はたして詩芸術を高め、みがきあげてゆくことになるかどうか、それについてはここでは問うまい。じゅうぶん考えられるところであろう、詩が、ここに、精神によって事物の根底にふれるという、そのもっとも本質的な機能を、以前にもましてより高度に発揮するであろうことは。それはともかく、ここで確認すべきはこうである、詩は理性から離れた、と。さほど詩的感受性にめぐまれていないものにとっては、リルケやポール・ヴァレリーはよく分からない。その分からなさかげんは、とうていゲーテやバイロンとその同時代人との関係の比ではないのである。」

[補遺2]

「海辺の墓地」の翻訳について

最終連（第二四連）の最終行 ce toit tranquille ou pictoraient des focs は初連の第一行 ce toit tranquille ou marchent des colombes を受けている。菱山修造は「すなどりの帆舟の行きかふこのしづかな甍を！」と「あまた鳩の歩むこのしづかな屋根瓦」というふうに訳している。初連はこう書いている。

le cimetiere marin
ce toit tranquille, ou marchent des colomes,
entre les pins palpite, entre les tombes;
midi le juste y compose de feux
la mer, la mer, toujours recommencee!
o recompense apres une pensee
qu'un long regard sur le calme des dieux!

ル・シンメテール・マリン
ス・トゥエ・トランキー・ウ・マーシュ・デ・クールン、
アンル・レ・ピン・パルピー・タンル・レ・トゥーン；
ミディ・ジュス・ティ・コンポーズ・ド・フー
ラ・メー・ラ・メー・トゥージュー・レコマンセー！
オー・レコンパン・サプレ・ウンヌ・パンセー
クァン・ロン・ルガール・スー・ル・カルム・デ・ディュー！

海辺の墓地

ここ、しづかな天蓋は、鳩たちが歩いている、
松のあいだで鼓動する、墓石のあいだで、
正午は、そこに、炎で構成する、
海を、くりかえしはじめられる海を！
おお、報いよ、ひとつの思考のあとで、
神々の静穏への長い注視のあとで

le vent se leve! … il faut tenter de vivre!
l’air immense ouvre et referme mon livre,
la vague en poudre ose jaillir des rocs!
envolez vous, pages tout eblouies!
rompez, vagues! rompez d’eaux rejouies
ce toit tranquille ou picoraient des focs!

ル・ヴァン・ス・レーヴ！　イル・フォー・タンテ・ド・ヴィーヴル！
レー・リマン・スーヴル・エ・ルフェルム・モン・リーヴル、
ラ・ヴァーガン・プードゥル・オズ・ジャイイール・デ・ロック！

アンヴォレ・ヴー・パージュ・トゥー・テブルイ！
ロンペ、ヴァーグ！　ロンペ・ドー・レジュウイ
ス・トワ・トランキーユ・ウー・ピコーレ・デ・フォック

この現代語の読みでは一行四＋六音節の決まりが決まらない。中世語ふうな読みで、ポール・ヴァレリーがたぶんこう読んでくれといっているふうに読んでみると以下のようだ。

ル・ヴァン・ス・レー（ヴ）／イ（ル）・フォー・タンテー・ド・ヴィー（ヴル）
レー・リマン・スー（ヴル）／エ・リファーム・モン・リー（ル）
ラ・ヴァー・ガン・プー（ドゥル）／オズ・ジェイー・デ・ロ（クス）
アンヴォレ・ヴー／パージュ・トゥー・テブルイ
ロンペ・ヴァーグ／ロンペ・ドー・レジュウイ
ス・トゥエ・トランキー／ウー・ピコーレ・・デ・フォ（クス）

風が起こる！　生きるってこと、やってみなくては！
大気がとてもの量で押してきて、本のページがパタパタする、
泡立つ海が押し寄せてきて、岩にぶつかって、くだけ散る！

飛んで行け、ページ、キラキラ光って、まぶしくってねえ！
ぶち破ってくれ、浪、有頂天の海の浪、天蓋を、
三角帆が点々と貼り付いた、このしづかな海の天蓋をねえ！

［補遺３］

「スペイン内戦」について

スペイン共和国でフランコ将軍の反乱が起きた。政府は人民戦線内閣。モロッコで起きた反乱はスペイン本土に波及し、一九三六年六月から反乱軍のマドリッド包囲が始まった。人民戦線政府はバレンシアに移り、さらにバルセロナに逃げるが、一九三九年一月、バルセロナは落ちて、六月、マドリッドが反乱軍に占領されて、スペイン内戦は終わった。この間、ヨーロッパ諸国は次々にフランコ政権を承認する動きを見せ、かたわら、国民が義勇兵としてスペイン政府軍に参加するのをあえて止めなかった。

［補遺４］

セレクテッド・ポエムズ　フランソワ・ヴィヨン　ピーター・デイルによる英語対訳版。初版、マクミラン社、一九七三年。ペンギン・ブックス初版一九七八年。英語ヴァージョンが韻を踏んでいる。すばらしい！　まあ、「むかしの女たちのバラッド」第三連をお聞き下さい。声に出して、お読み下さい。詩は声に出して読むモノです。

フゥェアズ・ブランシュ・ザ・クィーン・ホワイト・アズ・ア・スウォン
ハー・サイレンズ・ヴォイス・アポン・ズィエアー
ビッグ・フーテッド・ベルタ・ビエトリス・ゴーン
アリス・アンド・アランブー・ワンス・ヘアー
トゥ・メイン・グッド・ジョーン・イン・ルーアン・スクェアー
バーント・バイ・ズィングリッシュ・ゼア・ゼイ・ゴー
バット・フゥェア・オー・ヴァージン・テル・ミー・フゥェアー
フゥェア・イズ・ザ・ドリフト・オブ・ラスト・イヤーズ・スノー

余談ながら、最終行の「リフレイン」、「さてさて、去年の冬の吹き溜まりがどこにある？」とピーターは「ジョンブル気質」を剥き出しにしている。余談ながら、第一行の行末語 swan の読みに、「スウァーン」の他に、「スウォン」があることを、ピーターはこの脚韻遊びを通じて教えてくれる。「ヴィヨン遺言詩」の時代のフォノグラフ（音のかたち）をさぐる上で、このピーターの遣り口はとても参考になる。

［補遺5］

ヴィヨン　ポエジー　「テクスト・プレザンテ・エ・コマンテ・パール・ジャン・デュフルネ」と書いてある。左側ページに「原詩」、右側ページにその解説の「散文」。デュフルネ教授の大先達ポール・ヴァレリーが、一九三三年に書いた「『海辺の墓地』について」という文章がある。伊吹武彦氏の翻訳を借りて、ここに引用したい。「要するに一つの詩がポエジーに合致すればするほど、散文で考えるとそれは滅びてしまう。詩を要約したり散文化したりするのは、全く一芸術の本質を無視することに他ならない。史的必然は感覚的形式と不可分のものであり、詩の原文によって述べられ暗示された思想は、決して叙述の唯一主要な目的ではない。それは音や拍子や階調や装飾と共に、或る種の緊張または昂奮をそそり、支え、われわれの中に極めて調和的な一つの世界、または一つの在りかたを生むことに、均しく協力するところの手段なのである。」わたしはデュフルネ教授をはじめ、「ヴィヨン遺言詩」についてなにかいいたがっている人たち全員に、ポール・ヴァレリーを読んでもらいたい。自分たちの「大いなる遺産」を大切になさい。

［補遺6］

「ヴィヨン遺言詩注釈総索引・書目一覧」と「一冊本ヴィヨン遺言詩注釈」のたどるべき運命について「一冊本ヴィヨン遺言詩注釈」はまもなく悠書館から『ヴィヨン遺言詩集』のタイトルをとって出版されます。じつのところ今日のこの集会に間に合うように作りたかったのですが、間に合わなかった。（注）悠書館から、引き続き「ヴィヨン遺言詩注釈全四巻」を再版します。その上で、『ヴィヨン遺言詩注釈総索引・書目一覧』を出版します。こう、たどるべき運命の先は見えているのですが、なかなか。運命女神が心変わりしないよう、見張りを怠らないようにしましょう。

（注）『ヴィヨン遺言詩集』は、二〇一六年五月に、悠書館から刊行された。

堀越孝一先生と日本大学時代の想い出
――あとがきに代えて

本書は一九九〇年に刊行された『中世の精神』収録の論文全篇に、以下の三篇を加えたものである。
「ヴィヨン遺言詩注釈」『歴史を読む　堀越孝一先生還暦記念論集』（一九九八年、東洋書林）所収
「エロイーズ文について」『円卓　古希の堀越孝一を囲む弟子たちの歴史エッセイ集』（二〇〇六年、東洋書林）所収
「堀越教授の最終講義」

最後の論文は、日本大学文理学部で二〇一四年一月二〇日に行なわれた大学院の「最後の授業」からの書下ろしである。本書への収録にあたり、この論文タイトルについては修正すべきかとも迷った。すでに学習院大学で定年を迎えられた際に、堀越先生の正式な「最終講義」は盛大に行なわれていたためである。しかし日本大学での「最後の授業」で配布されたレジュメのタイトルも、この論文に付

されたものと同じであったことから、先生のご遺志を尊重し、これをそのまま採用することとした。関係各位にはこの点についてご理解をいただければ幸いである。

堀越先生に日本大学文理学部へのご出講をお願いしたのは、二〇〇五年の初冬であった。鎌倉のご自宅への電話で、非常勤講師として大学院授業の担当をご依頼したところ、「日本大学で教鞭をとらせていただけるのは光栄ですね」と、ご快諾いただけた。

年が明けて一月、史学科研究室会議でのこと。ご送付いただいた履歴書等の書類が配布されると、先生ご愛用の万年筆で記入された氏名・住所の筆跡に「これがあのご高名な先生の……」と、会議室がざわめいた。私にとっては懐かしくも見慣れたその肉筆から醸し出される先生の個性に、あらためて気づかされた瞬間だった。

また、履歴書等の本文はワープロソフトで作成された別紙が添付されていたが、これも実に先生らしい型破りなものだった。通常の箇条書きからなる年月と履歴情報の合間に、要所では文章で「履歴」が綴られていた。さながら「堀越孝一年代記」である。内容はいずれも過去に伺ったことのあるご経験なのだが、先生の文体を介してテクストとなるや、ひとりの著述家目線で記述された歴史の一断片のように思われたことを記憶している。

堀越先生には二〇〇六年度から二〇一三年度まで八年にわたって、人文科学研究科史学専攻の西洋史特殊研究をご担当いただいた。先生の授業を履修した当時の大学院生や研究生たちから、このあとがき執筆にあたって、多くの学びや想い出話について聞くことができた。

授業で使用された教材には、しばしば先生ご自身による過去の論考などが用いられたという。マルク・ブロックの翻訳や、堀米庸三、木村尚三郎両氏との鼎談、あるいはジャンヌ・ダルク研究など。それらを教材としつつ、恩師である堀米先生への愛情あふれる批判から、ご自身の過去の解釈への修正が論じられることもしばしばで、かつての履修生たちは先行研究への向き合い方の具体例を学ぶ授業だったとも語る。おそらくご自身の研究成果を怯まず再検証し続ける先生の姿勢は、終わりのない研究世界への何よりの指南だったのではないか。

先生の一貫したこだわりは、言葉への追究にあったと思う。ある単語や概念を切り口に、中世の、価値観が違う社会に生きた人々の世界に切り込もうとするその姿勢は、かつて学習院大学時代の先生から私が学んだものに他ならない。さらにテクストとして残された言葉を、過去の人々はどのように発音していたのかという、飽くなき探求心。これらについて思考するとき、そしてご自身の解釈を語る授業《とき》こそが、先生にとっては中世の息吹を感じるときであったのかもしれない。

美食家としての先生が懐かしまれるエピソードがある。先生を囲む食事会が履修生によって毎年企画され、すでに就職した修了生たちもしばしば参加していた。下高井戸の某所で食事会が企画された年のこと。会の翌日、青ざめた幹事が「昨日、大変なことが」と報告に来た。聞けば先生は最初の一口の後、何も召し上がらず談笑に専念され、会の終わりににこやかに出た名言が「背景に国旗がないお店はね」だったという。

「国旗」の比喩は食文化の歴史の重みと、私たちは理解した。以後は食事会当日の参加の可否にかかわらず私も店の選定には加わり、メニューに地域的、文化的整合性を欠く多国籍系統の店に近づくことはなかった。下見の際、初めて使う駅では幹事たちがエレベータ等の導線を慎重にシミュレートする様子からは、日ごろの先生とのあたたかな交流がうかがわれた。そして先生が食事を楽しまれたご様子が、何よりの想い出である。

とりとめのない想い出話となってしまったが、本書のあとがき執筆の機会を与えてくださった堀越節子氏に、この場を借りて心からの感謝を申し上げたい。

最後に日本大学での大学院授業を通じて「堀越史学」に接した若手研究者たちが、次々と博士論文を執筆し、現在大学で教壇に立ち始めていることを先生にご報告し、あとがきに代えたい。

日本大学教授
森ありさ

編集後記

二〇一八年の夏、記録的な猛暑が列島全体を覆っていた。今日も猛暑日になるだろうことを予感させる強い陽射しが照りつけていた八月十七日、鎌倉駅にほど近い清川病院に、先生を見舞った。ほぼ寝たきりで、流動物しか召し上がれなくなられてはいたが、意識ははっきりされていた。お暇しようとしたとき、奥様に促されるような形で、「(『中世の精神』の「あとがき」の) おことばをいただきたい」とおっしゃられて、わたしの手を強く握られた。「かしこまりました」とお答えし、清川病院を後にした。

『いま、中世の秋』(一九八二年初版) と『わがヴィヨン』(一九九五年初版) を合本して『放浪学生のヨーロッパ中世』を昨年 (二〇一八年) の春に刊行し、「次は『中世の精神』を中心にした論集をつくりましょう」ということになったのだが、その直後にご体調を崩され、入院・加療を余儀なくされた。したがって、本書の編集・制作は私ひとりに委ねられた。中世史の専門家でもなく、先生に学恩を受けた学生であったこともない、一介の堀越孝一ファンにすぎない私には重すぎる要請であった。

『中世の精神』収録論文のほかに、数ある先生の論文・エッセイのなかから何を選ぶか?……これまであまり多くの読者の目にはふれられていない文章を選ぶことにし、先生の還暦記念論集に寄稿された「ヴィヨン遺言詩注釈」(一九九八年) と、古希記念論集へ寄稿された「エロイーズ文について」(二〇〇六年)、そして、先生が最後に奉職された日本大学文理学部大学院での最後の授業「堀越教授の最終講義」(二〇一四年一月二〇日) のレジュメの三本を収録することにした。とりわけ最後の文章は、当日参集した数十名の聴講者しか眼に（耳に）していない、稀少な文章である。

先生は、一度発表された文章にもつねに推敲を重ねられていた由で、昨年暮れに、遺品となった先生のパソコンから「最終講義」の電子データを発掘し、お送りいただいたご長男の庸一郎氏からも、「驚いたことに、父はなにやらこの五月まで、この草稿に手を加えたり補遺をつけたりしていたようで、二〇一八年五月が最終更新日時になっております」との添え書きが付されていた。

庸一郎氏には、フランス語やラテン語などまったく解しない私に代わって、本書中の欧文のチェックを快くお引き受けいただきました。この場をお借りして篤く御礼申し上げます。

本書編集にあたって一番悩まされたのが、先生のこの「推敲癖」で、とくにヴィヨン遺言詩の引用部分をどうするか、出てくるたびに迷いが生じた。

先生は、一九九九年から二〇〇三年にかけて『ヴィヨン遺言詩注釈』の大著を上梓しておられる（小沢書店）。これが「堀越版ヴィヨン遺言詩」の定訳となっていれば事はそう複雑ではないのだが、先生はその後もつねに見直しを続けられていて、二〇一六年の一冊本の『ヴィヨン遺言詩集』（悠書館）では、小沢書店版とはかなり訳語が違っている。

先生がお元気でおられたなら、必ずや、引用されたヴィヨンの訳詩に改訂を加えられ（それは、一冊本『ヴィヨン遺言詩集』とも違っていることも大いにありうる）、その変更の根拠も明確に示されていたに違いない。それは、今回かなわぬこととなった。

詩文の訳語だけではない。『放浪学生のヨーロッパ中世』にしても、その数年前につくった『人間のヨーロッパ中世』にしても、旧著に対して要所要所に注を施されていた。その注がまさに「推敲」精神のあらわれで、調べることが好きで好きでたまらないといったご様子が手に取るように目に浮かび、それぞれのテーマに対する堀越孝一の現在（いま）を生き生きと伝えるメッセージなのであった。本文もさることながら、これこそが、堀越孝一を読む醍醐味といっても過言ではないというのに、かなわぬことになったのは、かえすがえすも残念でならない。

思いおこせば三〇年ほど前、グラント・オーデンの"A Dictionary of Chivalry"の翻訳をお願いしたことから先生（ならびに奥様・ご息女・ご子息）とのおつきあいが始まった。その『西洋騎士道事典』では、先生のお仕事のいわば舞台裏を垣間見させていただいたわけで、訳文の見事さは言わずもがな、折りに触れて挿しはさまれる訳注が秀逸で、的確・辛辣・軽妙・洒脱の四拍子そろったものであって、訳稿をいただいたり校正刷りのやり取りをするのがワクワクするほど楽しかった。

本書の編集方針としては、明らかな誤植と思われる部分を除き、原則として初版発表時のままに収めることにした。前作『放浪学生のヨーロッパ中世』では、旧著に付された「あとがき」は削除し、新たに新版への「あとがき」をお付けになられていたが、本書第Ⅰ部『中世の精神』の「あとがき」は、各論文ご執筆のいきさつやその背景などが詳細に述べられており、また第Ⅱ部でもこの「あとがき」に言及されておられる部分もあるので、これもそのまま収録することにした。

日本大学文理学部の森ありさ先生には、年度末〜年度始めのお忙しい時期に、本書「あとがき」のご執筆をお願いし、ご快諾いただいた。学習院大学での学部・大学院を通じて堀越先生の謦咳に接し、また日本大学では、若い研究者諸氏に接する堀越先生のお姿を身近に見てこられた森先生ならではの、堀越史学の学風の特徴やお人柄についてのご紹介をいただいた。心より感謝申し上げます。

鎌倉に見舞ってほぼひと月たった九月十九日、帰宅すると、奥様からの封書が届いていた。あれから、先生のご容態を知るのが怖くて、お電話一本差し上げていなかった。一晩おいて、翌朝、ようやく封を切った。「実は八日二二時二二分、主人を見送りました。家族のみで極秘。」

まだまだ厳しい残暑が容赦なく身体を苛んでいた。飽くなき探求精神、みずみずしく滋味にあふれ、しなやかさを最後まで失わなかった稀有な知性が、永遠に失われた。

悠書館・長岡正博

二〇一九年六月二二日

初出一覧

第Ⅰ部

中世ナチュラリズムの問題　『史学雑誌』73－3・4、一九六四年

中世叙事詩における騎士道　『講座比較文学1・世界の中の日本文学』東京大学出版会、一九七三年

後期ゴシックの世界　『岩波講座世界歴史11』岩波書店、一九七〇年

過去への想像力　『思想』一九七二年九月

記録と現実　『西洋中世世界の展開』東京大学出版会、一九七三年

ルネサンス問題のいま　『学習院大学文学部研究年報28』一九八一年

「スウェーデン女王蔵書一九二三番写本」の筆者について　『学習院大学文学部研究年報32』一九八五年

第Ⅱ部

ヴィヨン遺言詩注釈　『歴史を読む　堀越孝一先生還暦記念論集』東洋書林、一九九八年

エロイーズ文について　『円卓　古希の堀越孝一を囲む弟子たちの歴史エッセイ集』東洋書林、二〇〇六年

堀越教授の最終講義　二〇一四年一月二〇日、日本大学文理学部における「最後の授業」レジュメ

＊本書第Ⅰ部は『中世の精神』（一九九〇年、小沢書店版）を底本にしました。

堀越孝一（ほりこし・こういち）

1933年東京に生まれる。1956年に東京大学文学部西洋史学科卒業。卒論のテーマは「十八世紀フランスにおける『百科全書』の出版について」。4年ほどの放浪生活を経て、1960年同大学大学院入学。堀米庸三教授の薫陶をうけつつヨーロッパ中世史の研究を深める。1966年、同院人文科学研究科博士課程満期退学。茨城大学、学習院大学、日本大学をはじめ多くの大学で教鞭を執る。学習院大学名誉教授。著書に『中世ヨーロッパの歴史』、『中世の秋の画家たち』、『ヴィヨン遺言詩注釈』I〜IV、『人間のヨーロッパ中世』、『放浪学生のヨーロッパ中世』、『パリの住人の日記』I，II，IIIなど。翻訳書に、ホイジンガ『中世の秋』、『朝の影のなかに』、G.オーデン『西洋騎士道事典』、C.B.ブシャード『騎士道百科図鑑』、『ヴィヨン遺言詩集』など。2018年9月8日没。

「ばら物語」の14世紀の彩色写本から、アベラールとエロイーズ

中世ヨーロッパの精神

2019年9月8日　初版発行
2020年1月22日　第2刷

著者　堀越孝一

装幀　尾崎美千子
発行者　長岡正博
発行所　悠書館

〒113-0033　東京都文京区本郷3-37-3-303
TEL. 03-3812-6504　FAX 03-3812-7504
http://www.yushokan.co.jp

本文組版：戸坂晴子／印刷：㈱理想社／製本：㈱新広社

ISBN978-4-86582-037-9

定価はカバーに表示してあります